周蓓 主編

『民國專題史』叢書

焦敏之 著

河南人民出版社

近代國際政治史

論述近代國際政治演變的原因、事件的進程、各國實力的對比以及環繞某一問題而鬥爭的結果等

圖書在版編目(CIP)數據

近代國際政治史 / 焦敏之著. —鄭州 : 河南人民出版社, 2016. 4(2017. 1 重印)
(民國專題史叢書 / 周蓓主編)
ISBN 978-7-215-10058-9

Ⅰ. ①近… Ⅱ. ①焦… Ⅲ. ①國際政治-歷史-近代 Ⅳ. ①D59

中國版本圖書館 CIP 數據核字(2016)第 079728 號

河南人民出版社出版發行
(地址:鄭州市經五路 66 號 郵政編碼:450002 電話:65788063)
新華書店經銷 河南新華印刷集團有限公司印刷
開本 710 毫米×1000 毫米 1/16 印張 25.25
字數 370 千字
2016 年 4 月第 1 版 2017 年 1 月第 3 次印刷

定價 : 163.00 圓

出版前言

中國現代學術體系是在晚清西學東漸的大潮中逐步形成的。至民國初建，中央政治權威進一步分散和削弱，加之新文化運動帶給國人思想上的空前解放，新學的啓蒙，新知識分子的産生，民國學術如草長鶯飛，進入一個自由而蓬勃的時代。中國傳統學科乃中國學術之根基與菁華所在，民國學人采用『取今復古，别立新宗』之方法，引入西方的學術觀念，積極改造，使史學、文學等學科向現代學術方向轉型。此外，大力推介西方社會科學的新學科和自然科學，在學習、借鑒乃至移植西方現代學術話語和研究範式的過程中，逐漸建立中國現代學科，使中國的學科門類迅速擴展。一時間，新舊更迭，中西交流，百花齊放，萬壑争流，開創了中國現代學術的源頭。

伴隨知識轉型和研究範式轉換而來的，還有學術著作撰寫方式的創新。中國古代的著作向來以單篇流傳，經後人整理匯編後，方以成册成集的面目出現并持續傳播。直到十九世紀末，東西方的歷史編撰體裁不外乎多卷本的編年體、紀傳體和紀事本末體等，章節體的出現標志着近代西方學術規範的産生和新史學的興起。章節體具有依時間順序，按章節編排；因事立題，分篇綜論；既分門别類，又綜合通貫的特點。以章、節搭建起論述之框架，結構分明，邏輯清晰，較傳統的撰寫體裁容量大、系統性强。它的傳入，使中國現代學術體系從内容到形式被納入了全球化的軌道。民國時期專題史的研究、譯介、編纂、出版恰恰是在這樣的背景下欣欣而發，是學術的實驗場，也是歷史的記録儀。編選『民國專題史』叢書的初衷正是爲了從一個側面展示中國學術從傳統向現代過渡的歷史進程。

專題史是對一個學科歷史的總結，是學科入門的必備和學科研究的基礎，也是對一個時代艱深新鋭問題的解答，是學術研究的高點。民國專題史著作中，既包含通論某一學科全部或一時代（區域、國别）的變化過程的，又囊括對一時代或一問題作特殊研究的，還有少部分是對某一專題的史料進行收集的。原創與翻譯并重，翻譯的底本大多選擇該學科的代表著作或歐美大學普及教本，兼顧權威性和流行性，其中日本學者的論著占據了相當比重。日本與中國同屬東亞儒家文化圈，他們在接納西方學術思想和研究模式時，已作了某種消化與調適，從思維轉换的角度看，更便于中國借鑒和利用，他們的著作因而被時人廣泛引進。

與當代學術研究日趨專業化、專門化、專家化的『窄化』道路迥乎不同的是，中國傳統學術崇尚『學問主通不主專，貴通人不尚專家』的通識型治學門徑，處于過渡轉型期的民國學術在不同程度上保留了這種特徵。民國學術大師諸學科貫通一脉、上千年縱横捭闔之功力自不待冗言，外交家著倫理政治史、文學家著哲學史、化學家著戰争史等亦不乏其人，民國專題史研究呈現出開放、融通、跨界撰述的特點。與此同時必須看到，自晚清以來，中國的命運就在外侮屢犯、内亂頻仍的窘境中跌宕彷徨，民族存亡仿若命懸一綫。這股以創建學科、總結經驗、解決問題爲指歸的專題史出版風潮背後，包裹着民國學人企望以西學爲工具拯民族于衰微的探索精神，及以學術救亡的愛國之心。梁任公曾言：『史學者，學問之最博大而最切要者也，國民之明鏡也，愛國心之源泉也。』這種位卑未敢忘憂國的歷史使命感和國民意識是今人無法漠視和遺忘的。

『民國專題史』叢書收録的範圍包括現代各個學科，不僅限于人文社會科學，學科分類以《民國總書目》的分科爲標準，計有哲學、宗教、社會、政治、法律、軍事、經濟、文化、藝術、教育、語言文字、中國文學、外國文學、中國歷史、西方史、自然科學、醫學、工業、交通共19個學科門類。本叢書分輯整理出版，内不分科，單本發行，方便讀者按需索驥。既可作爲大專院校圖書館、學術研究機構館藏之必備資源，也可滿足個人研讀或興趣之收藏。

與目前市場已有的一些專題史叢書相比，『民國專題史』叢書具有規模大、學科全、選本精、原版影印的特點。本叢書選目首重作者的首創、權威和著作影響力，尤其注重選本的稀見性。所謂稀見，即建國後没有再版，且多數圖書館没有收藏，或即便有收藏，也是歸于非公開的珍本之列予以保存，普通讀者難以借閲。部分圖書雖有電子版，但作爲學術研究的經典原著讀本，紙質版本更利于記憶和研究之用。本叢書精揀版本最早、品相最佳的原版圖書作爲底本，因而還具有很高的版本收藏價值。

『民國專題史』的著作是民國學者對于那個時代諸問題之探究，往往有獨到之處，無論其資料、觀點短長得失如何，要之在中國現代學術史的構建與發展進程中，自有其開宗立論之地位。

著者序

近代（現代亦然）世界史的開端，是一七八九年的法國大革命。法國所發生的偉大的事件，摧毀了法國的『舊制度』，動搖了君主專制歐洲的經濟政治，加速了世界史發展的行程。它本身是一世界的重大事件。

近代世界政治的開端，是新興的資產階級與舊式封建殘餘之間的鬥爭。在法國革命以前，已開始了資產階級的革命，資產階級已在若干國家，尤其是英美，取得了重大的勝利，但是都沒有法國澈底。法國大革命給法國資產階級帶來了勝利發展的條件，爲法國資本主義的生產方式打開了一條坦途大道。資產階級做了法國的主人翁，國家的一切經濟、政治、文化、軍事、外交……均以資產階級的利益爲着眼點。法國大革命，是資本主義與封建主義鬥爭中的一面最重要的勝利的里程碑。

實在的，十八世紀末葉法國的民主戰士們所導演的這一幕驚人的事件，成爲近百餘年來全世界各國革命的推進機。西方的以及東方各國的資產階級紛起革命，資產階級在多數國家中掌握了政權。

但正因法國革命以後，各國（尤其是歐洲各國）內部的事變，具有強烈的世界的意義，影響到了其它國家的生活，所以一國的事件，動輒成爲國際或世界的事件，有的國家同情，有的國家反對。內戰變爲對外戰爭，兩個國家之間的矛盾，戰爭，往往成爲多數國家之間的矛盾，戰爭。法國革命時代就是一個明顯的例子。當時法國資產階級及廣大人民與封建主義的鬥爭，掀起了歐洲列強對法的干涉及反法的同盟戰爭。固然，在此以前，一國的問題，也有成爲世界問題者，但就其範圍和性質說，是不能與當時法國的問題並論的。因爲在基本上，封建的閉關主義，狹隘的經濟範圍，地方性的生產和科學技術的落後，一國的內政問題，是少有可能轉變的國際問題的。祇有當資產階級的生產方式在鑄造着全世界時，一國內部的政治經濟鬥爭，才成爲世界的政治經濟的鬥爭。在理論上，資本主義生產是世界性的，但各國資產階級的利益，自始至終是狹義的，民族主義的，必然與另一些民族或國家發生衝突的。不問別國的經濟政治是進步的抑或落後的。資本主義就是矛盾，就是戰爭。由此可見，近代的世界政治史，實爲資本主義國家之間以及它們與封建國家之間的鬬爭史，爭霸史。

自然，這裏並不排除封建殘餘濃厚的國家之間發生鬥爭。但是在封建國家之間，甚至在一個封建國家之內，它們的政治經濟鬥爭，也是與資本主義國家之間的鬥爭關聯着的。這一點，隨着資本主義在許多國家中的日益勝利而愈益明顯。有時。甚至可發生這種現象，封建王侯之間的鬥爭，實質上是資本主義國家鬥爭的反映，或他們之間幕後的鬬爭。落後的封建力量，祇不過是他們的鬥爭工具而已。

資本主義發展到帝國主義階段，資本主義國家之間的鬥爭，因爲它們經濟發展的不平衡，性質更爲尖銳，範圍更加擴大。特別是爲了爭奪殖民地以及解除其嚴重的經濟危機，在在均以戰爭方式解決。戰爭是資本主義國家解決一切矛盾的常規，和平談判的途逕縱然成功，也不過是表面的太平。時間久了，他們便又會互相厮殺起來。

還有一點，很明顯地，自法國革命以來，差不多很少有那一個國家的內政問題，能夠爽爽快快地由內部自行解決。特別是在東方落後的國家當中。在帝國主義時代和今日世界新民主主義和帝國主義對立的時代，一國的事件，幾乎決不可能單由內在的原因說明，也不可能單由內部的努力獲得解決，外在的因素，一天一天地在增大其重要性或決定性。很明白的例子就是中國。假定不是帝國主義者歷次對我干涉，中國人民不是早已把反動的封建官僚制度剷除而民主和平了嗎？我全國人民不是在眞正民主的基礎上團結一致將侵略我們的帝國主義勢力驅逐了嗎？時至於今，分析一國的政治問題，應當把國際形勢擺在重要的地位。

不過二次世界大戰後與以前所不同的，在於今天一國的內政問題，已不單由國際帝國主義者的力量和態度來決定了，全世界新的革命的民主的力量，也起了決定的作用。比方，我們說，以前干涉別國革命的，都是些帝國主義列強，今則帝國主義者已不是世界唯一的主導力量，蘇聯及世界許多地方新生的民主國家，至少可用它們的力量箝制帝國主義國家的一部分力量，使它們不能不有所顧慮。這是二次大戰後與以前根本不同的一點。當然我們並不否認某些反動的帝國主義國家，爲了挽救他們垂死的制度，正在瘋狂地向世界的民主力量進行絕望的鬥爭，企圖使世界倒退到德日意三國橫行無忌的時代。

但這是不易的。帝國主義國家是一個集團的力量，世界民主的力量也是集團的，甚至後一集團，其中包括的國家及人民最多，陣營堅固，遠非若干帝國主義國家的集體力量可比。因爲基本上，在世界民主的國家和人民之間，利益是一致的，帝國主義國家則除了與民主的國家與人民對抗外，他們彼此之間還有爲爭奪市場及殖民地等等的鬥爭。

今日的國際政治的主要內容，世界民主力量與反民主力量的鬥爭。要了就是民主，要不了就是反民主，中間路綫是走不通的。

著者在本書中的任務，是在於把近代國際政治演變的原因，事件的進程，各國實力的對比以及環繞某一問題而鬥爭的結果等等做一客觀而翔實的說明，指出近百餘年來國際政治的動向，借以瞭解目前轉變期中的國際政治。

本書大部分的材料，是取材於蘇聯波將金主編的世界外交史，此外參考了數十種外國文的專門論著而寫成。最重要的參考資料，比如拿破侖戰爭一章，作者參考了蘇聯科學院會員塔列爾的拿破侖傳，大陸封鎖，法國考連庫爾的拿破侖征俄筆記，蘇聯大百科全書，大英百科全書以及其它許多論文。材料或許還不夠充實，但是爲了急於供應讀者所需要的國際政治史，在目前困難的寫作環境中，祇好先行出版。

本書最初是著者在上海法學院及暨大的講授提要，所以編製上頗帶講義性質。但不純是講義，在若干問題上，作了相當詳細的分析及論述。我把一國的社會經濟政治，黨派，人物與國際事件聯系起來，我盡可能地把遠東事件加以敍述。

本來，原先想搞些地圖，插圖，國際重要文獻，大事年表，後因作者另有其它寫作，同時爲顧及到目前出版的困難，暫時都把它略去。好在本書實質是上卷，以後還有關於帝國主義時代以及世界大戰後的兩卷，那時，大概是可以把上述的缺憾彌補起來的。

我希望研究國際政治的讀者們，能對這本書提供寶貴的意見並願接受批評。

葉淑勳女士對材料的蒐集，整理以及抄寫方面費力不少，特表謝意。

焦敏之　一九四八年四月八日於上海

近代國際政治史目次（一七八九年——一八七一年）

第一章　北美獨立戰爭時代的美國與歐洲（一七七五——一七九四）

第一節　美國獨立戰爭前夕英美的關係

北美是英國的殖民地

現今的北美合衆國，在一百七十年前，卽在十八世紀的七十年代，是英國的一個殖民地。當時英國對殖民地採取着初期殖民的掠奪的政策：英國頒給各殖民公司的特許狀，賜予他們『從洋至洋』(From sea to sea)的土地，卽從大西洋到太平洋的土地。『倫敦公司』(London Company)及『樸里摩斯公司』(Plymouth Company)等壟斷了北美的經濟政治。北美最肥沃的土地被英國貴族完全霸佔，根據一七六三年英王劃的界線，他下令禁止北美人民移殖到阿帕拉琴安(Appalachian Mts)山脈以西。許多種工業製造品如鐵器甚至呢帽，英國政府禁止美洲人民製造。英國對殖民地人民實行着『工業英國，農業美國』的帝國主義政策，把北美視爲英國工業原料的儲藏地和推銷商品的市場。最使人驚異的，根據英國政府一六六〇——一六六三——一六七二——一六九六諸年頒佈的航海條例(Navigation Act)，規定(A)一切輸出與輸入品必須由英國船隻裝載；(B)某些商品例如，烟草，棉花，靛青，其後連米及皮貨在內，祇能輸出英國。威基尼亞(Virginia)的烟草種植家，如欲將烟草賣給法國的鼻烟商，前者必須先將烟草由英國輪船運到倫敦納過關稅而回頭再運到法國的哈佛爾港(Havre)後，才有權售予法人。殖民地所需要的一切商品，祇可由英商供給，或由英商做媒介而取得。殖民地無權發行紙幣，工商業的發展受到了很大的阻礙。

在政治方面，殖民地人民享受不到宗主國臣民的平等自由。英國議會沒有殖民地人民選出的代表，但却比英國本部的臣民要納更多的稅。各州人民多半無自治權，加之參加殖民地立法會議的人，是人民中的極少數：財產資格限制極嚴，大部分人民被剝奪了選舉權。英政府的官員貴族看不起美洲人民，法律公然『禁止出身微賤的男女着紳士的服裝』(Forbiddiny "men and women of mean Condition " to „ take upon them the garb of gentlemen)。

但殖民地工商的發展以及北美市民階級的形成和覺醒，引起了廣泛的獨立運動。北美人口激增。一七五〇年，人口不過一百五十萬人，一七六三年已大約有二百萬人。北部工業——漁業，伐木及造船工業——發達，新英格蘭 (New England) 的手工工場已開始出現。南部以烟草種植爲主，發展爲資本主義式的種植園，在南卡羅蘭州(South Carolina)及佐治亞 (Georgia) 的田裏，已能種稻及靛青。殖民地人民已有民族自尊心，廣大的人民要求平等自由：我們『反對奴役美國人民的苛政的企圖』 (Rejected as the attempts of a wicked administration to enslave America) (The Suffolk Resolves)。然而英國的對美政策日益反動，一七六三年格稜維爾 (George Grenville) 出任首相後，爲了彌補英國在七年戰爭(The Saven Years War) 中財政的損失，以及籌劃英國駐美軍隊的軍費，接連頒佈了許多刼奪美洲民財的法案。一七六四年——有名的印花稅案(Stamp Act)，規定一切公文，提單，契據，遺囑，書報，紙牌，骰子，甚至大學畢業文憑，均須納稅。一七六七年——達文生法案 (Townshend Act)，向美國人民徵收玻璃稅，紙張稅，茶稅等等。這樣便激動殖民地人民抵制英貨，走私漏稅之風大熾。英國海關在那一年的收入，便減少了七千餘萬鎊，三年收入總數僅僅一萬六千鎊。波士頓 (Boston) 的名律師奧提斯 (James Otis) 高呼：『沒有代議士而徵稅的就是暴君。』紐約舉行的九州代表大會一致通過決議：『凡非我們自己同意或我們的代表所同意的任何捐稅，我們概不繳納。』殖民地與宗主國的戰爭必不可免，一七六七年法王路易十五 (Louis XV) 派到美洲的科布男爵(Baron de Kalb) 調查了美洲潛伏着的動亂後有過這樣的報告：『這裏所有各階級的人民都浸染着這麼一種獨立自由不受羈絆的精神……不管倫敦如何做法，這個地方正在成長這麼大的力量，再不願久受這麼遠方來的統治。』

獨立戰爭的爆發

英國政府一貫的對外政策，是武力解決。先有英軍在『波士頓屠殺』(Boston Massacre)的傑作（一七七〇年），繼之以封鎖波士頓及取消馬薩諸塞 (Massachusetts) 州人民的選舉權（一七七四年）以回答『波士頓淹茶事件』，懲戒美洲的抵制英貨運動。最後北美英軍總司令蓋治將軍（General Gage）肆無忌憚地進攻美人。然而美洲人民正如巴特里克 (Patrick Henry) 所說：『不自由毋寧死』(Give me libenty or give me death)，於是一七七五年四月十九日英軍向勒克星敦(Lexington)的武裝冒險，便成爲北美大西洋沿岸十三個英國殖民地(註一)擎起反抗英國的信號。全美爆發獨立運動，美洲人民在獨立戰爭中獲得解放。這個戰爭是很艱苦的。一則英帝國主義是當時最強大的國家，殖民地在經濟上軍事上都比它不上，二則，英國在北美統治時期較久，曾豢養出了不少忠於英國王室的叛徒，當然華盛頓所領導的革命軍隊，是不易取得勝利的。然而北美的獨立戰爭是獲得人民的支持的，是一正義的，反抗奴役的戰爭。儘管英國有堅甲利兵，最後亦必敗無疑，勝利是屬於美國人民的。美國人民在艱難困苦中締造出了一個獨立自由的國家，從此外敵被驅逐出境，美國逐漸成爲世界上最大的強國之一。

第二節　美國獨立戰爭時期與法國同盟的形成

（註一）十三個英國的殖民地，即北美的十三州爲：新罕布什爾州 (New Hampshire)，馬薩諸塞州，羅德島 (Rhode Island)，康涅克特州 (Connecticut)，紐約州 (New york)，新澤西州 (New Jersey)，賓薛法尼亞州 (Pennsylvania)，德拉瓦州 (Delawarl)，瑪里蘭特州 (Maryland)，威基尼亞州，北卡羅蘭州，南卡羅蘭州，佐治亞州

民主外交

美國獨立戰爭的勝利，有許多重要的原因，可是當年有利的國際形勢和革命外交政策也起來了重大的作用。美國獨立戰爭時代，世界上最大的幾個國家如法國，西班牙都反對英國，同時它的外交，本質上是革命的資產階級民主共和國的外交。它本身具有幾個新的原則。在一七七六年七月四日所通過的獨立宣言（Declaration of Iudependence)中說：『對民意的禮當的尊重』(a decent respect to the opinions of mankind)，實爲殖民地宣佈它與英脫離的原因。北美共和國宣佈了人類生而平等及不可侵犯的神聖原則，在美國土地上栽培了『自由之樹』，同時哲斐遜（Jefferson Thomas 美國第三任總統，時在一八〇一年——一八〇九年；一七四三——一八二六年）尤說，爲使自由之樹花葉並茂，至少應于每二十年之中，以愛國志士及暴君之鮮血去澆灌它。因此，美國對各國的關係和它的對外政策，在形式上是頗有民主的和革命的氣味的。我們且看大陸會議所執行的外交政策。

祕密通訊委員會（一七七五——一七七七）

在獨立戰爭初期，即由一七七四年十一月五日到一七七六年七月四日（獨立的宣佈）爲止，美洲人民的最高政權大陸會議（Continental Congress）最重要的任務是團結內部，不敢奢望國外的奧援，因爲一般人認爲反英運動，是一種叛國的行爲，即北美人民亦有此種見解。同時最重要的，領導抗戰的大陸會議本身在戰爭初期，也沒有脫離英國的企圖。召開於菲拉得爾菲亞的(Philadelphia)第一次大陸會議（一七七四年九月五日），由於出席的代表多半爲保守份子，主張合法的鬥爭，所以在會議上通過的決議是『和平請願』(Olive-branch petition)：『再求與大不列顛間聯合和調和』，即是說，美洲人民還沒有獨立的決心，還對英王抱着很大的幻想。第二次大陸會議時（一七七五年五月十日）情形是大變了，戰爭已白熱化了，然而也沒有下了最後的決心與英斷絕關係仍然向英王呈了一個請願書，『再來請求英王一次』(to appeal once more to the king)。

大陸會議整個策略的開始轉變，引來了對外政策的轉變。大陸會議開始要求不列顛其他的殖民地和愛爾蘭取得一致行動，開始改善對印第安人的關係。相當於各國外交部的機構即外交委員會，是在一七七五年十一月二十九日建立的，與英國其他殖民地，愛爾蘭以及世界各地的關係是從此時開始的。

美國最初的外交機構名爲『祕密通訊委員會』，由一七八一年起，才改組爲正式的外交部，即國務院。第一任的國務卿是羅伯爾特·里溫斯吞(R. Livingston 1746—1813)。

美國政府中的國務卿有特別的地位。美國底國務院保管着許多的出版物，宣佈立法的議案與條約，簽發外交護照。國務卿掌管着總統與各州州長之間的來往公文，在總統與副總統逝世或於副總統缺席之際，國務卿可担任總統的職務。由於總統爲一國之元首，同時副總統並未積極地參與政事，所以國務卿實際上就是政府元首的代理人，即總統的代理人。

塞拉斯第安赴法聯絡

美國抗戰初期勝利的把握是很渺茫的。故大陸會議的抗戰決策未能澈底明朗，對外活動祗能採取祕密方式。一七七六年三月三日，祕密通訊委員會任命大陸會議委員塞拉斯·第安(Silas Deane) 担任駐法的祕密代表。其任務是在於獲得法蘭西的奧援，因爲法蘭西對英國的仇恨是人所共知的。早在一七六三年，即由殖民地與英國衝突之日起，法國不但在北美有她底祕密代表，而且所有來自北美的情報，亦由路易十六 (Louis XVI) 批閱。法國聯美反英的政策，大概在十八世紀的六十年代早已定出來了。路易十五的名臣紹塞爾 (Choiseul) 忠告法王：

『只有將來美洲發生的革命（雖然我們大概看不到了）才可使英國退回到歐洲而不必再怕它的那種孱弱境遇裏去！』

在獨立戰爭爆發之後，法國政府積極主張援美的有兩人：一個是路易十六的外交大臣威爾金伯爵(Count de Vergennes)，另外一個，就是名劇作家，即『塞維爾的理髮匠』(The Barber of Seville)

法廷祕密援助北美的人民

及『非加羅之婚姻』(Marriage of Figaro) 的著者波瑪什 (Cron deBeaumarchais)。前者說如法國援助美洲人民，即可壓抑住英國，使它不可能主動地攻擊我們；而後者則常常這麼說：『第一個承認美洲人民獨立的國家，將來是在這次戰爭中得到一切好處的國家』。法國的援美是爲了法國自己，而尤其是爲了波滂王室的利益。不過援助美人，却不能拖連法人，因此，法國的援助祇可用祕密方式，而不能正式承認北美獨立，也不能受條約義務的拘束。根據這個外交原則，路易便派波瑪什爲密使，前赴美洲而與大陸會議建立了緊密的聯系，同時，他爲遮掩他的活動起見，特成立了一個假的商行，取名爲『洛特林高·哈爾塔列斯公司』(Hortalezet Cie)。這個公司，負責蒐集美洲的一切情報，承辦運交美洲的一切軍火，用它的名義把法國的捐款和借款交給北美人民的代表，並担任傳達及護送祕密代表的工作。美洲的半官式的代表，均由大陸會議介紹與這個公司，法廷赴美的人員，均由該公司分派工作。這個公司在美洲獨立戰爭期間貢獻甚大，在它的支持之下，塞拉斯·第安在法國組織了軍官義勇隊或最早的國際從隊，有不少的進步份子參加，如未來的社會主義鼻祖聖西門 (Saint-Simou 1760—1825) 波蘭 (Poland) 革命志士科士修古 (Thaddeus Kosciuskō 1746—1817)，而法國青年貴族拉斐特 (De Lafayette, 1757—1834) 個人籌款買了一艘兵船，同時他本人亦於一七七七年搭這隻船前赴美國。這隻兵船命名爲『勝利號』(Victory)。

殖民地人的忠實朋友波瑪什，以驚人的熱忱完成了他祕密的使命。他曾寫信給大陸會議說：『貴會的代表們，各位先生們，認爲我是他們忠實可靠的朋友，我底房子是他們安穩的避難所，在我的衣箱中找到了金錢，同時從事充分的合作以實現我自己的任務，不問他們是否爲正式的抑或祕密的性質』。

當第安到巴黎而與波瑪什取得聯絡之際，波瑪什即把法國財政部的一百萬里佛爾(livre)(註一)交給

(註一)法國古銀幣名，約値銀一磅。

第安，其後又給他一百萬，說是由西班牙募來的。他為避免外界注意起見，就是對美洲的代表們也不說明他是法國政府的一個非正式的代表，同時這許多金錢及軍火是法國宮廷幫助的。他這種小心謹慎的態度是很可取的，因為老實的第安就曾把這一切事情告訴過他的另一個同僚愛特爾特·巴克洛佛特（Dr. Edward Bancroft 亦為大陸會議駐法國的祕密代表），然巴克洛佛特却是英國政府祕密的情報專員。

美洲殖民地在波瑪什及塞拉斯·第安合作下所獲得的援助，除法國民間的援助不計外，法廷的援助就其犖犖大者言之，有如下幾種：塞拉斯·第安通過『哈爾塔列斯公司』得到了二萬人的軍服，三萬支步槍，一百噸火藥，二百門大砲，二十四門臼砲以及為數頗大的砲彈子彈。『哈爾塔列斯公司』由一七七六年一直存留到一七八三年，同時在這個期間，一共用去了二千一百萬以上的里佛爾。我們很難說在波瑪什經手的這些金錢當中，究竟法國政府拿出了多少，同時他們又怎樣使大陸會議把法國採購的商品由美國輸出，但這個公司的存在，無疑地，對美國的獨立解放，有不可磨滅的功績。

英國緝拏哈爾塔列斯公司的船隻

自然，以英國偵探組織之完密，不久它是會調查明白第安及波瑪什活動的眞正性質的，於是向法國提出抗議，並開始緝拿『哈爾塔列斯公司』在海上的船隻，比如佛蘭克林由美到法時乘的『報復號』（Reprisal）就被英國海軍刼持過三次。有人統計，大陸會議發給代表們的信件，至少有三分之一被刼，今仍存於英國檔案保存所。有一個時期，大陸會議在歐洲的十一個代表，整整十一個月沒有接到北美來的一封信。

在大陸會議之中，英國利用生長在美洲的英國臣民，進行種種破壞抗戰的工作。他們表面上佯為民主派，暗中則盜竊一切計劃。上文說過的巴克洛佛特的偵探工作做的最好，他向兩方面都拿錢，迄革命最後成功，他還完全與佛蘭克林維持着很好的朋友關係，沒有一個人敢疑他與英國勾結。

美國的獨立宣言（一七七六年七月四日）發表以後，即預示了美國人民有爭取獨立自由的決心，同時也表明與英和談之門完全封閉。這樣，大陸會議卽開始正式派遣它的代表到法國活動。對於一個剛剛誕生的國家而言，使節們在外的活動及能力，是有着重大的意義的。美洲人的情形，歐洲各國是不大清楚的，甚至連華盛頓這個人的名字也弄不明白。然而青年的美國共和國，却能夠找到最孚人望且爲『歐洲通』的那種使節。這個人就是多年來担任殖民地駐英代表，各方面勛勞卓著，學識淵博，道德高尚而且在法國有許多朋友關係的唯一的美國人朋加明・佛蘭克林（Franklin, Benjamin, 1706—1790）。公正地說，他是當時最偉大的政治家、思想家、革命家。美國人民在獨立戰爭困難的時期，能夠選任這樣一位偉大的人物，當然，這對美國對外政策的成功是無疑的。

佛蘭克林與美國外交政策的成功

普通美國人處處講求實用，養成一些事務主義者。但佛蘭克林則把他大部分的時間，用在科學的研究，發明以及社會的活動方面。他在電氣方面有非常重要的發明，同時也是造船學的理識家。在政治經濟方面，他的認識，世界著名的革命家推崇備至。佛爾克林爲現今賓辭法尼亞大學（University of Pe-nsylvania）的創辦人，曾被選爲英國皇家學會的（Royal Society）會員，並因他的許多科學的勞作獲得了玫貝爾金質獎章。

在一七七五年，北美殖民地與英國戰爭開始之後，佛蘭克林卽入英國上院爲大陸會議的代表。佛蘭克林代表殖民地向英政府提出了十七條講和的條件。但均被上院拒絕，且遭受到上院議員們令人難堪的毀謗。祇有卡撒姆爵士（William Pitt, Chatham,1708-78）認識他的偉大，曾經爲他辯護說：『你們所看到的這個人，不僅是英吉利民族的光榮，而且全人類均應引以爲榮』。佛蘭克林鎮靜地回答了上議員們對他的遺責。關於英國上院的責備，佛蘭克林在給大陸會議的信中，曾這樣發洩了他自己的憤怒與不平。佛蘭克林寫道：『看了他們，我覺得他們眞笨拙地不配驅策的一個猪羣。傳統的立法者們！最低限度，美人是不會引到破滅的結局的。的確，被人民選舉的下院，也是不比上院好些的……』

一七六七年佛蘭克林第一次赴法之際，他為應付法人浮華的習氣，曾經脫掉了家鄉素樸的桂克（Quakers）教服，換上了一套巴黎最時髦的衣服，甚至還戴着貴族們的假髮。但一七七六年不同了，他是以美國共和國大使的資格再赴巴黎，他雖仍然穿着他樸素的棕色衣服，頭髮梳得光光的，並以貂鼠皮帽代替了假髮。但法國的進步人士並不說他寒酸，對美國民主派反而非常同情，對他的影響極好。他們不僅不鄙視他，反以模倣他為光榮。理髮店照着佛蘭克林的頭式剪髮。佛蘭克林底半身像與照片風靡一時：陳設在商店的玻璃窗中和咖啡館中，刻畫在戒指、徽章、手杖以及紙烟盒上。外交家的聲譽，是以他個人及祖國的權威來決定！嫉妬佛蘭克林最深的約翰·亞丹姆斯（John Adams）也不得不承認：

『他的名譽，比較萊不尼茲（Leibnitz）、牛頓（Newton）、菲特烈（Frederick）或福耳特爾（Voltaire）更普遍，並且他的人格比較他們更受人敬愛……他的名字，無論是政府或人民，無論是外國貴族，僧侶或哲學家以至平民都熟到這個程度，差不多沒有一個農民或市民，僕人或車夫，臥房中的女侍或廚房中的廚子不知道的，也沒有一個人不認為他是人類的朋友……如果把十八世紀後半期歐洲所有的報紙收集起來，相信關於這位偉大的佛蘭克林的讚辭尤比任何前人為多』。

佛蘭克林不獨與法國政府建立起了友好的關係，而且與巴黎的外交團接觸。他一方面利用英法兩國多年來的爭霸，而另一方面利用法國社會進步人士對美國共和國的同情，迫使路易十六和宮廷貴族宣佈法國與英國作戰。

佛蘭克林之出任美國駐法公使，予英國一直接的打擊。當時英國首相洛克根爵士（Rockingham, Charles Watson-wentworth Marquis of）說過：佛蘭克林之在巴黎，是對大不列顛的一個致命的打擊，其嚴重的程度，實遠過於英軍攻下紐約後予殖民地之打擊。

當是時，英國駐巴黎公使斯托爾摩特爵士（Lord Stormont）代表英政府向法國提出一個照會，要求法國拒絕佛蘭克林登陸，他甚至爲強迫法國遵從英國照會以個人的去就力爭。他威嚇法廷道，如『美洲匪首』來法，他便毅然離開巴黎。但是法國外交部長威爾金却這樣巧妙地閃避了問題的回答：我們原先也祇准佛蘭克林到南特（Nantes）去，絕對禁止他來到巴黎，但是他沒有收到我們的信奈何？現在，佛蘭克林旣已行抵巴黎，『那麼如將其驅逐出境，這又似乎『太不客氣』，且違反了文明國家之外交慣例。這樣，佛蘭克林就在盛大的歡迎聲中行抵巴黎。

佛蘭克林權力之大，爲中外外交界所罕見。他身兼數職，無時或暇。『不僅爲美政府在歐洲的代表，担任一個大使的活動，而且是海陸兩部，捕獲裁判權，俘虜救濟委員會，俘虜交換委員會的代表，領事，以及美國駐法的商務代表』。

大陸會議除任命佛蘭克林而外，同時還加委了兩個與他權力平等的同僚。一個是作事努力但又過分的老實的塞拉斯·第安，另一個則是紐約州的最高法官約翰·若亞（John Jay），除這三位重要的委員而外，加入委員會的還有大陸會議的兩個委員：一爲威基尼亞州底代表，名政論家亞特，李（Arthur Lee），二爲英政府的祕密偵探愛特爾特·巴克洛佛特。至於佛蘭克林被任命爲美國駐法的唯一公使，則是一七七八年的事。（註一）

法國政府與美洲殖民地迅速訂立同盟條約

一七七六年三月戰事已轉變到對美有利。華盛頓久圍不下的波士頓（由一七七五年七月圍至一七七六年三月十七日）卒被美洲軍隊攻下，英軍撤退至哈里法克斯（Halifax）。大陸會議日益健全，妥協保守份子大半淘汰，民主的革命戰士向大陸會議帶來了新的血液。湯瑪斯·賓尼（Thomas Paine 1737——1801）的小册子『常識』（Common Sense），哲斐遜和亨利·李（Richard Henry Lee）的『對自由諸邦的決議』以及某些邦州的事實上的脫離英國，卒使抗戰的領導權握

（註一）佛蘭克林被任爲唯一的公使前，亞特·李，約翰·亞丹姆斯及佛氏曾組成爲駐法的最高代表

在革命的民主派之手，同時在對外關係上，亦由過去對英的妥協政策，積極轉變爲革命的政策。是年六一七兩月美洲人民作了膽大的決定，七月四日發表了獨立宣言：『這些邦聯的殖民地原先是而且理應是自由的和獨立的邦州』(That these United Colonies areand of right Out to be free and independentStates)。一七七六年十二月二十三日，佛蘭克林，第安以及李氏第一次以美國歷史上的，正式的外交照會遞給法國外交部長威爾金。在這個照會中，美方提議法國承認美國獨立，與法政府締結一個商約及同盟條約，同時請求法政府調遣八艘兵艦以便救護被英國巡洋艦所封鎖的『哈爾塔列斯公司』的輪船。

威爾金對這個照會的答覆，是允許祕密援助，不願在國際間公開。他在一七七七年一月九日對美代表們的覆文中說：法皇『將予以祕密援助，保證及擴大他們（卽美代表）的信用與購買，以表示對於他們的親善及好感。』的確，在整整一年之中，法蘭西政府除予美國二百萬里佛爾作爲禮物外，又貸予一百萬外債。然而根本的問題——卽同盟的問題——威爾金還拒絕加以考慮。

法政府雖因仇恨英人而欲對美加以資助，然而總覺得美國人民是『叛軍』。不但如此，就是美國人民的友人波瑪什也不完全同意：他主張法國援助美洲殖民地，然在給路易十六的一封信中，却也忠告皇帝，對美洲的幫助，祇能限於金錢，以便使他們底力量與英人彼此對消，相互取得平衡，並使戰爭拖延至永無結束之境。這種意圖對路易十六已發生很大作用，甚至對『叛軍』的經濟援助，路易也覺得不甚妥當。

法蘭西與北美合衆國的商約及同盟條約的締結——一七七八年二月六日

然而殖民地底局勢還是接近破滅。英軍自一七七六年九月十五日佔領了紐約之後，一七七七年九月又佔領了菲拉得爾菲亞(Philadelphia)。英軍節節勝利，攻勢很猛。大陸會議被迫由菲城遷至巴爾的摩爾(Baltimore)。同時，英軍還企圖把華盛頓所率的軍隊佈置一包圍殲滅戰略：英將柏圭因(Burgoyne)由加拿大經過泰昆得洛加(Ticonderoga) 南下，李格將軍 (St. Leger) 由奧太里湖 (Lake Ontario) 出兵援之，豪威 (Howe) 直上哈德遜 (Hudson) 金圖與柏圭因會師。在北美抗戰的軍隊形將被英軍截斷，革命根據地新英格蘭危在旦夕。於是就在一七七七年八月，佛蘭克林等代表美國共和國正式遞給法國政府一份節略。在這個節略中說，如法國不與美國以最有效的援助，美洲殖民地人民即與英國媾和。此外在美國及英國方面，也有許多主張停戰的人們。但不論怎樣，威爾金態度鎮靜，不欲作答。當時大陸會議眞是一籌莫展，確與英國開始談判，並非完全拿談判威脅法國。不過談判沒什進展，因爲英軍打了勝仗以後，驕橫至極，決心要消滅美國的革命。但到一七七七年十月七日，美洲大陸上的軍事形勢又變化了，美軍在沙拉托格 (Saratoga) 之役對英將柏圭因獲得重大的勝利，同時俘虜英軍六千人。佛蘭克林說：『法國人民援助美國作戰的情緒高漲，視美軍的勝利如法人自己的勝利。』法國政府逐漸對美法同盟問題加以鄭重的考慮。不過，就在這個時候，美英重開和平談判仍有可能，因爲英國怕美法同盟，美國怕法國無同盟的誠意。法國外長威爾金恐怖起來了，於是他爲調查英美談判的眞相及經過，特意僱用佛蘭克林及第安底房東從門縫裏打聽談判的消息，並用其它方法搜集情報。然房東報告威爾金說，英美的談判確在進行之中，同時不久就要簽字。沙拉托格的勝利以及偵探所得來的情報，均迫使威爾金及路易十六決定馬上來一行動，不然，長此拖延不決，不僅可保證戰敗的英軍重獲勝利，並且有失掉法屬西印度殖民地的可能。此外，與佛蘭克林關係密切的波瑪什，也看情形不對，竭力導勸路易十六與北美合衆國訂立同盟。

一七七七年十二月六日，法政府宣佈法國與美國進行盟約的談判，不久並派外交部的一個祕書格蘭特 (Gerard) 爲法國駐美的第一任公使。美法同盟似乎要成功了。但這是威爾金的一個烟幕。他所以宣佈美法談判，不過是想用這種方法，使美國人對法國抱一希望，以便拖延殖民地與英國間的戰爭，以便使二者都精疲力竭，坐收漁人之利。果然，美合衆國接到法國空洞的允諾後，即與英方停止談判，拚命作戰，每天都在等待法國的武裝出援。可是威爾金現在却認為法國的目的已經達到了，於是又猶豫觀望，按兵不動。他向佛蘭克林說，關於同盟條約，祇可在西班牙也共同參加之後才能簽字。理由是法西兩國，同為波滂王室（Bourbon），且有『皇族公約』（Family pact）的約束。『陛下與西班牙王有最親密之關係，除非西王加入，共同担負，否則不可能締結任何協定。』但是在事實上，西班牙政府說，三國同盟不是這麼簡單，而且威爾金也從未徵求過馬德里（Madrid）的意見。

一七七七年冬，美國華盛頓的軍隊更有勝利的把握，英將卡伯爾（Conway Cobal）削取華盛頓軍權的企圖失敗，美軍撐過了嚴酷的佛基山谷(Valley Forge)的考驗。我們應當指出，最後還是由於美國人民的這種堅苦奮鬥以及美國民主政治的措置，佛蘭克林才與法國代表格蘭特(Gerard)正式在巴黎簽訂了兩個特別重要的條約——同盟條約與商約（Treaties of Commerce and alliance），時在一七七八年二月六日。

美法同盟條約的內容及其評價

美國與法國訂立的同盟條約，其重大的意義，首先就在於雙方在政治上完全是站在平等的基礎上訂立的，而在軍事上美國爭取法國的援助，並正式規定法蘭西必須參加對英更多的作戰。根據這個條約，一方面，法蘭西承認了並保證了『北美合衆國絕對無限的自由主權及獨立』，在另一方面，北美合衆國保證法國在美洲的屬地。此外北美合衆國還有收回英屬百爾慕他羣島(Isls. Bermudas)之權，而法國——英領西印之權。美國人民與法國訂立的同盟條約，提高了美國的國際地位，保證了美國獨立戰爭的最後勝利。這個再次地說明，一個在各方面都落後的國家 如果能本着自助天助的原則咬緊牙關苦幹，並在外交政策上時時保持獨立自主的原則，那麼，不但不會因自己是個弱國而對列強訂立喪權辱國的條約，而且可訂立一個對自己非常有利的條約。

在一七七八年塞拉斯·第安由於洩露美法祕密盟約的條款而被控，於是由美派遣約翰·亞丹姆斯

(John Adams) 來繼任。

第三節　反英同盟的擴大及巴黎和約

大陸會議與歐洲各國建立外交關係的企圖

普通一國的外交使節，祇可於獲得駐在國政府的同意後來任命。亞丹姆斯主張所謂『民軍外交』(Militia Diplomacy)，提議大陸會議否定國際的一切慣例。他這樣特徵他的理論：『民軍外交有時甚至不遵守常規而戰敗正式軍隊。』認爲凡北美合衆國願與之建立關係的一切國家，可不先徵求它的同意直接派遣公使。佛蘭克林反對這個意見。但他祇是大陸會議當中的一個委員，其他的委員均附和亞丹姆斯，亨利・李 (Richard Henry Lee) 和撒繆爾・亞丹姆斯 (Samuel Adams) 的意見，不得不服從大陸會議的決定。

實際上，佛蘭克林的主張是對的，『民軍外交』在歐洲到處碰壁。北美共和國任命亞特・李爲駐瑪德里公使，但在中途就被西班牙政府把他擋駕。其後，當他接到調赴柏林的命令而行抵柏林之後，非特烈第二(Frederich II)又不承認他。他底兄弟威廉・李 (William Lee) 被任命爲柏林及維也納的公使，但都停滯在巴黎。亞丹姆斯本人被派到海牙(Hague)，但亦遭荷蘭聯邦的拒絕。不久以後，佛蘭西斯・丹納 (Francis Dana) 要求俄國女皇喀德隣二世 (Catherine II) 及其宮廷，承認美國的計劃也成幻想。(註一)

約翰・亞丹姆斯的盲動政策，甚至還阻礙了各代表們的活動，洩露了美國對某些國家的外交關係。

(註一)一七七九年四月二十七日丹納寫信給俄國副國務總理奧斯特爾曼(Ostermann)說，他們(各州)的『獨立，已毫無限制地被英吉利承認。這種獨立就他底本質說是毫不變易的，所以全俄女皇底正義與漠不關心絕對不能夠對於派遣美國共和國的公使而到她底宮廷加以任何的阻礙』。雖然女皇喀德隣二世溫和文雅，但她也堅決地不承認美國共和國。

亞丹姆斯到柏林之後，他常常照例到鄉下去訪晤幾個朋友，並且總是照例在夜晚十一點鍾才回旅館。英國駐柏林公使Ｈ·義律（Hugh Elliot）買通茶房及其隨員趁他下鄉的時候，把他的公文夾子偷出來送交義律派人抄下。及至他發現公文遺失，呼警捉賊時，已完全趕不及了。普王並未向英國公使正式表示不滿，英國喬治第三（George III）祇因外間盛傳義律幹此不名譽行為，才對義律加以責備。但他附加了一句：『鑑於卿之忠誠，陛下很注意你所費用之鉅款，如數與你寄來。』

當然，這些魯莽從事的外交家們，佛蘭克林沒有必要聽從他們的意見。不過，這些人既然不滿意佛蘭克林，當然也想包辦一切，反對佛蘭克林預聞，這是在下文中可看到的。

法蘭西與西班牙參加對英戰爭（一七七八—一七七九年）

美法締結同盟條約之後，英國在海上的統治便被打破。此時反對英國的，除法國而外，於一七七九年六月又加入了海上的一個列強——西班牙，因為在一七七九年四月法國已與西班牙訂立了一個亞倫吉（Aranjuez）祕密條約，西班牙正式答應參戰，並承認不得對方同意，任何一方不得與共同敵人簽訂任何條約。法西兩方的條件是：法國得在敦克爾（Dunkirk）建立防禦工事，驅逐紐芬蘭（Newfound）的英人，佔有聖多明谷（Santo-Domingo）。西班牙的要求是收回直布羅陀港（Gibraltar）及佛羅里達（Florida）。然而法國伊斯登伯爵（Count d'Estaing）率領的十二隻兵艦及四千法軍很久沒有與英艦交鋒，祇奪到西印度的幾個小島。英國仍繼續維持着海上的霸權，它拼命緝獲中立國的船隻以便窒息敵國的商業，同時最毒辣的手段，便是挑撥俄國與美法等國的關係，企圖借俄國的海軍去打擊英國在海上的一切敵人。英王喬治第三（George III）在一七七九年寫了一封信警告喀德隣二世，其內容如下：

『我底姊姊！我對於你的天才偉大，性情的豪爽以及你的卓識遠見實欽佩不置。南歐現今的形勢，正是你這種大展鴻圖而完成你統治的光榮的良機。我們敵人的野心，他們雖然很小心地瞞藏着，然決不會放棄窺視陛下的野心。而且我底敵人也並不想把這些完全隱藏了起來：他們感情衝動，已暴露了他們顛覆歐洲底計劃及野心。如果陛下在這個緊急關頭仍袖手旁觀，他們底計劃卽有實現的可能。海軍力量的運用，甚至部分的示威也好，都可恢復與鞏固歐洲的太平，將反對我的那個同盟紛碎，且使那個同盟極想消滅的均勢獲得鞏固。我是願意，並且永遠愿意和平的，但是一定要遵守這個條件：保證我方的權利，保證我的友邦與盟國的利益，因爲盟國的利益與我方的利益原是不可分離的，同時在條件方面，一定要與我底王冠的價值相等方成。

我底姊姊，敬候你陛下，全俄的女皇的指教。

你的忠實的可愛的兄弟喬治』。

一七八〇年的武裝中立

在事實上，喀德鄰二世早就相信英王喬治三世處境的困難，同時根據海牙來的情報，已早知荷蘭反英情緒的高漲。因此她就在接到喬治三世的來信之後，馬上（一七八〇年春）發表了中立宣言（註一），寄給丹麥，瑞典，荷蘭，葡萄牙以及英、法、西各交戰國家，決定在海上示威。但這種示威，在本質上，不是幫助喬治三世，而是反對他。俄羅斯主動地聯合北方中立諸國以武力回答英國海軍對他們商船的攻擊。武裝中立宣言的宣佈，對英國封鎖敵人的計劃以一最大的打擊。英國已經與美洲殖民地，法國及西班牙立於交戰狀態。現在如果英國還是執意孤行，繼續破壞中立國底商業，一定有許多國家也準備與她作戰。站在法國方面的有北方諸國——俄羅斯，荷蘭，丹麥，瑞典（均在一七八〇年），而與北方諸國聯合的則又一天多似一天：普魯士，奧地利在一七八一年加入，葡萄牙在一七八二年，上下兩個西西利（Sicily）王國在一七八三年。特別是在一七八一年，當時世界上

（註一）俄國發表的中立宣言，其中最重要的一個原則，就是『自由船隻使貨物自由』。中立國的船隻，除軍用違禁品外，有與交戰國通商的權力。此原則後在法國革命時由哲斐遜加以發揚，而在克里米亞戰爭中亦被採用。

最強大的海軍國家之一荷蘭也加入反英戰爭，注定了英國失敗的命運。英國在海上的牛耳，無疑地被奪去了，她在國際上更孤立了。但是在美洲方面，由於英國於一七八〇年打了幾次勝仗，焚燬了美國南方的許多城市，英將康華里（Cornwallis）所部的軍隊攻下了查爾斯敦（Charleston），收復了南卡羅蘭而逼近了威基尼亞，所以在美國還是處在嚴重的困難時期，而大陸會議不得不加派他底全權代表拉倫斯（Henry Laurens）馳赴巴黎乞援。經佛蘭克林的努力，法國於一七八一年贈給美國六百萬里佛爾，同時它為美國又向荷蘭借到一千萬里佛爾的鉅款。法國將二萬人所用的軍火，兵器以及二十六艘戰鬥艦運到美國，此外又有幾艘巡洋艦替美國運來許多新的援兵。

七十高齡的佛蘭克林，在美國外交上的功勛是最偉大的。當時佛蘭克林已積勞成疾，不能担任職務，按理大陸會議應准其下野歸國，但是美國人民需要他工作，國家的利益超過個人的利益。大陸會議不允許佛蘭克林『對社會辭退職務』，佛蘭克林本人也為美國盡了『最後之努力』。佛蘭克林担任起與英締結和約的重大任務，佛蘭克林仍然為國家利益留職。

和平談判

一七八一年九月，英軍在約克唐（Yorktown）之役大敗。康華里將軍及其所部七千人投降。是時英國正當自由黨當政，所以與殖民地議和的主張獲得勝利。和平談判開始了。在美國方面，由佛蘭克林，約翰・若亞以及約翰・亞丹姆斯主持，在談判過程中起顯著作用的則為約翰・若亞。按若亞以紐約法國新教徒派所定的名字命名，一七七七年至一七七九年幾年担任紐約州的主席法官，由一七七九年起，經營自己的商業。現在他是紐約最富的人之一。

據確實的消息，英國不僅很可能在法國支援之下與西班牙聯合起來瓜分美國西部，密士失必河與阿帕拉琴安山脈間的土地，由佛羅里達北起至俄亥俄（Ohio）止，留給印第安人（Indians），西南部由西班牙保護；俄亥俄以北仍歸英國，美人航行密士失必河的權利予以否認。（註一）而且法國決不會反對犧牲美國利益的和平條約。但這個驚人的消息，是若亞從法國外交代表雷涅瓦爾（Rayneval）口中刺探出來的，所以他就不管佛蘭克林與英國代表談判的情形，也不和佛蘭克林商量，個人祕密地以美國代表的資格直接與英國談判。恰巧那時在英國起領導作用的人物，是一個主張分化敵人而且主張與敵人個別媾和的舍爾柏（Lord Shelburne），他見美法之間發生內訌，所以便接受若亞的提議而由英國在巴黎的一個偵探萬亨（Benc,amin Vaughan）直接與若亞祕密談判了。英美的談判背着法國，同時也背着佛蘭克林。據若亞說，佛蘭克林過分相信法國，這是太敏感的，我們沒有找到證據。

在談判過程中，大陸會議也訓令美國代表團將一切談判的情形通知法國。但若亞又與約翰•亞丹姆斯串通，不顧大陸會議的訓令，繼續避開威爾金，並且往往也不把佛蘭克林看到眼裏。當然，英吉利必須承認殖民地的獨立，雙方是在完全平等的原則上締結了條約。

巴黎和約

這個條約上的各項條款，雖於一七八二年十月三十日已在巴黎擬定，但最後是於一七八三年九月三日在凡爾賽簽字，所以這條約稱爲一七八三年的凡爾賽條約，或巴黎條約(Treaty of Paris)

在條約第一條中說：『不列顛聯合王國承認下述的北美各州，卽：新罕布什爾州、馬薩諸塞州，羅得島及波羅威丁，康涅克特州，紐約州，新稷澤州，賓薛法尼亞州，德拉瓦洲，瑪里蘭特州，威基尼亞州，北卡羅蘭州，南卡羅蘭州與佐治亞州爲自由神聖不可侵犯之獨立州，同時此約亦與彼等分別訂立。國王放棄他自己，他的後裔以及其繼承者們的一切管理權，財產權，在各州以及在各該州一部之領土權。』

第七條載明：『此約爲不列顛王國與上述北美合衆國之間以及國王臣民及北美合衆國公民之間經久

（註一）Mally; Treatres ard Conventions, I P.485, 489

不變之和約，因此，締約雙方在海上以及在陸上之一切敵對行動，必須從此停止。交戰國雙方之一切俘虜必須釋放，同時不列顛聯合王國不得有任何一種蹂躪與破壞行爲，不得掠奪黑人或其他美國人民之財產。應由上述北美各州，每一海口據點以及各該州領土之內的港灣內迅速撤退其軍隊，警備隊及海軍，在一切要塞之中所見到之美國大炮均留置原地』。（註一）

在第八條議定：『由密士失必河上游至海口，密士失必河上之航行權，對大不列顛之臣民及北美合衆國之公民均永遠一律自由開放』。

『其它幾款，是解決北美的漁業，以及調整交戰國雙方人民相互的債務關係等問題，考慮戰時在各州所沒收的親英派的財產的補償等等。

在凡爾賽條約締結之後，佛蘭克林又担負着一重大的使命——調整美法之間的邦交。他以特有的本領完成了這個任務。

巴黎和約評價

俄國革命導師非常崇高地估計了美國在獨立戰爭時期外交的價值。他在一九一八年俄國非常困難的條件下，渡過大西洋轉給美國工人一封信，其中說：

『美國人民早已爲革命的利益採取了這種策略……在爲自己解放的困難戰爭中，美國人民爲削弱壓迫者，爲加強革命者的力量以反對壓迫，爲保護被壓迫羣衆的利益而與一部分壓迫者們締結了這個『盟約』以反對另一個壓迫者。美國人民利用了法蘭西人，西班牙人以及英吉利人之間的分離與歧視，他甚至與法蘭西及西班牙壓迫者的軍隊並肩作戰以反對英國壓迫者。他初則戰敗了英人，繼而又從法蘭西人與西班牙人底壓迫下獲得了解放（部分地是用金錢贖回）。』（註二）

（註一）事實上，軍事行動於一七八三年一月二十日始宣佈停止。

（註二）以上所引，均根據蘇聯科學院歷史研究所出版的『新歷史資料選集』（第一卷第二版第二章）中之條約原本。

佛蘭克林到了七十九歲的高齡，才接到回國的命令（一七八五年）。他把他畢生精力都貢獻給祖國，貢獻給人類，在別個國家的領土上做祖國底代表，爲民主與自由的代表。他回到祖國後大受同胞歡迎，是毫無愧色的。『我終身幸福地生活着』——佛蘭克林在他底回憶錄中寫着。

從國際關係史的觀點上看，以後最有意義的一幕，是北美合衆國與法國之間的相互關係。這兩個國家一七七八年的同盟條約於一七九三年廢除。

第四節　法國革命時代的美法及美英關係

法國公使若內在美之活動（一七九三—一七九四年）

法蘭西革命時代，由人民推翻了君主專政，建立了共和，並在一七九三年一月將路易十六處以死刑以後，法國國民公會便派『若內公民』(Citizen Edmond Charles Genet) 爲法國駐美新任公使。但他赴美之後，立刻發生了許多不合外交慣例且使美方不快意的事件。愛德摩德・若內是吉倫特黨人 (Girondists) 任命爲法蘭西共和國駐美國的公使的，但若內於一七九三年四月八日赴美之際，却正是吉倫特黨人與雅各賓黨人 (Jacobins) 鬥爭激烈的時期。照例，一國的公使，首先要把他底國書送給認可他的那個政府，但若內不是在菲拉得爾菲亞下船，而是在查爾斯登上岸，並且馬上執行他底任務，所以這就引起美國的不滿。當然，我們應該曉得，自一七八九年法國發生革命以來，美國政府中就有一部份人對革命不甚同情，同時時過境遷，一七七八年美法之間的同盟條約，久已若有若無。可是若內還以爲條約發生效力，而把北美合衆國當做法國永遠的同盟者哩。這是美國不諒解若內的根本原因。

若內在短時期內做了許多工作。他把美國船隻約摸武裝了三百隻進行反對英國海軍的鬥爭。他利用這些船隻去緝獲英國軍艦，並把這些軍艦駛入美國港口而做爲戰利品。其次，爲反對西班牙，他又利用美國僑民（在密士失必河流域）組織了陸海軍的遠征，向西進軍，攻下了路易斯安納（Louisiana），且把它歸併於法蘭西的版圖。最後，在若內的支持之下，在美國成立了許多民主的俱樂部。人民大衆祝賀若內，美國的國務卿哲費遜亦在內。

美國政府認爲若內的行動，破壞了國際慣例，於是對他的態度問題，就不能不加考慮。哲費遜以及大陸會議中最有權力的一個委員麥特生（James Madison1751—1836），主張美國應履行與法國所訂的同盟條約，二者都主張對英宣戰，但他們祇佔少數，結果還是代表東北各州工商業家利益的保守的聯邦派漢密爾登(Alexander Hamilton 1757—1840)及若亞戰勝。一七九三年四月廿二日，華盛頓對中立宣言簽字（雖然『中立』一辭，在這一宣言中尙未寫明）聲明美國對交戰國雙方持『親善與不偏不袒』的態度。美國人民非常反對政府對交戰國雙方的這種不分彼此的仇視態度；與交戰國之間的走私因而被禁止。美國人民要求承認若內爲法國駐美公使；因而美政府决定予以承認。但華盛頓接見若內的那個房間，牆壁上卻懸着路易十六及瑪利安東湼特（Marie Antoinette 1755—1793）的肖像。這是很有趣味的滑稽。

同年七月法國的巡洋艦『安姆比斯克得』號在美國洋面緝獲不列顛的一隻兵艦『小沙爾』（Little Sarah）號，其後若內又將它易名爲『小民主』(Little Democrat)號。關於這件事，美國國務卿哲費遜當時對他提出警告，但若內不加考慮，竟魯莽地命令艦長祕密駛出海上參加反英戰爭。美國和若內的關係日益惡化：八月廿二日美國向法政府提出撤換若內的要求，而若內則不僅向華盛頓總統寫了一封氣憤塡膺惋惜不置的信，甚至把這件事控訴於美國人民，在報紙上公佈了他給總統那封信的內容。

一七九四年二月，若內隨吉倫特黨人的被誅終於被雅各賓黨召回而押赴法庭，滿足了美國政府的要求，同時在美國政府方面，法國所提出的要求，也得到滿意的解決。美政府下令撤換了同情國王與貴族的美國駐巴黎公使莫利斯 (Gouverneur Morris 1752—1816)。

北美合衆國正式的中立宣言於一七九四年公佈，一七七八年美國與法國的同盟條約從此失去效力。

獨立戰爭之後英美的關係

大西洋彼岸青年的北美共和國，在獨立戰爭中的勝利，並不能在短期內使它在經濟政治方面都獲得眞正的獨立。政權操在勝利的資產階級手中後，經濟上似乎是有辦法了，可是在資本地主統治的落後社會當中，它的經濟的眞正的獨立與改造，却不是十年或八年的事，特別是剛才由異族統治下求得解放的國家。因此，擺在美國面前的問題，除政治問題另立專章討論外，從今後對外政策的觀點看，這裏最主要的問題，就是美國與她先前的宗主國(英國)之間的相互關係問題。美國在獨立戰爭之後，在經濟上也還是依賴着英國。這個可由下面的統計數字來證明：在一七九〇年，各國輸入美國的商品，美國收入的關稅共値一千五百萬美元，然其中有一千三百萬美元是由英國輸入的商品徵收來的。在美國許多人都主張與英貿易，且與英國建立良好關係。譬如在聯邦中掌權的漢密爾頓及若亞等就支持這種對英的商業政策。

然而北美合衆國與英國的關係，却不易建立起來。這裏，最好的一個證明，就是英政府沒有放棄它收回美洲殖民地的企圖。舉例來說，英國往往欺他是個弱國以及中央權力的有限，不肯履行一七八三年的和平條約。她不肯把她底軍隊由西部各要塞撤退，如奥斯維格 (Oswego) 底特律 (Detroit) ，她教唆印第安人襲擊西部的移民，妨害了美國人與印第安人殖民地的貿易。

一七九四年的英美條約

一七九三年英國對法國宣戰之後，英國的軍艦即四出搜査並阻撓美國軍艦。它不分青紅皂白，英國樞密院竟下令法國出口的商品也好，運往法國的商品也好，均被英國無端扣留了。禁止美國與法屬殖民地貿易，美國船隻被刼持者，多至二百五十隻，其中有一百五十隻受了處分。此外英國許多艦長竟根據下述的理由，把過去在美國船隻上服務過的英藉水兵撤職，他們說：

『既爲英人，就應永遠爲英人』(Once an Englishman, Always an Englishman)。美國軍艦不能駛入法國的西印度。英美關係惡化，頗有戰爭危機。

美國爲報復這種壓迫，曾決定採用兩種辦法，一方面暫時禁止英國商品的輸入，另方面則派遣最高法院院長約翰·若亞赴英調停衝突，而在一七九四年與英國締結了一個緩和爭議的條約。

然而這個條約，是頗不平等的，違害美國民族的利益的。(a)航行權：英國船隻享有駛入美國一切港口之權，然美國船隻則無權駛入英領美洲殖民地。在密士失必河上，英美兩國人民均有自由航行的權利，但在西印度方面，祇准排水量七十噸以下的美國商輪駛入貿易。(b)商品輸出：根據條約，禁止美國人由西印度輸出幾種商品如蜜糖、咖啡、可可茶及棉花。其它許多問題的調整，使美國人亦大失所望。

若亞條約(Jay's Treaty)，說的正確些，該條約可名爲『漢密爾敦條約』(註一)，於一七九四年十一月十九日在倫敦簽字。可是這個條約在送往美國途中，恰巧因大西洋上的逆風滑稽地阻礙了三個半月。這是若亞有意搗鬼呢？還是有什麼特殊的原因呢？至今史家認爲是個疑案。滑稽得很，連華盛頓個人也是到後來才知道條約的內容，并開始研究原文。

條約公佈之後，美國輿論大譁，紛紛斥責若亞爲賣國賊。人民當衆焚燬了條約的原文，撕碎或焚燬了若亞的照片以及英國的國旗等等。美國人民以這種熱烈的愛國精神表現了他們對強盜國家的外交態度。法國駐美公使阿德特(Adet)到菲拉德爾菲亞看見這麼一個場面：造船的木匠們把若亞的肖像拿去燒燬，他們利用一個人裝扮爲若亞：左手拿着一個天秤，輕的一頭寫着『美國的自由與獨立』，重的一頭寫着『英國的金鎊』，右手拿着一張條約，口中說出：『答應我的要求，我把我的國家賣給你！』

(註一)此約眞正的起草者爲漢密爾頓，氏反對哲費遜爲與英談判代表，由他提出了若亞的名字，同時由他操縱若亞。

漢密爾敦在紐約的集會上，也被愛國的羣衆把頭打破，可恥地逃走。

當然，負責簽訂條約的若亞，他的地位是非常困難的，因為這個條約在美國參議院中遭遇到了強有力的反對，特別是大家不批准與西印度貿易一條。美國政府必須與英政府進行補充談判，結果英政府也取消了這一條。但是這個條約，整個地還有若干條與美國不利，還需由下院通過。在美國，衆議院雖無批准條約之權，但它有決定預算之權，它有權同意或否決一切與履行各種條約有關的支出。在這一次，衆院原想利用它底金錢支出權否決若亞所訂的條約。衆院要求把有關的一切草案繳出，但這個華盛頓首先反對，且斥衆院的行動過份放肆。因此，原先担任最高法官的若亞，便趁機利用他的職權，把這個案子提到法院判決認可了。這是美國外交史上的第一次，也是最可恥的一次。華盛頓的人格受一打擊，擁護政府的人很少了，甚至有些人不願担任他的國務卿。（註一）當然此約對法國更有害（註二）

（註一）有一時期，總統徵求亨林(Patrick Henry)等担任國務卿，但均被拒絕。

（註二）該約默認英國在海上的橫行，凡中立國船隻運法之食品亦被認為違禁品，破壞了中立。

第二章 法蘭西革命時代歐洲的國際形勢及列強反法的鬭爭（一七八九年——一七九四年）

第一節 法國革命前夜的國際關係與法國

因第三等級與封建專制主義之間劇烈的鬥爭而爆發的一七八九年——一七九四年的法蘭西大革命，使若干年來歐洲的國際形勢頓起變化，使世界史的進程加速躍進。它摧毀了法蘭西的農奴封建制度的殘餘，它奠定了法國資本主義發展的基礎。自由與平等成爲法國的以及許多民族的旗幟，解放的信號由法國震驚了全世界。法國革命實爲對歐洲（首先是法蘭西）君主專制政體或貴族王朝的一個決定的打擊。

十八世紀末葉的法國

在十八世紀的末葉，法國資產階級在各方面已健壯起來。在經濟方面，里昂（Lyon）的絲織棉織等工業，在一七八八年有一四・一七七架車床，『大工廠』(grande fabrique) 中的男女工人計有五八・五〇〇人。四百個商人工廠主的財產集中了六千萬不動產及動產。西部爲冶金工業的中心，所謂（fire spittiny）的發展，竟引起了當地居民的驚異，大家要求限制。鐵業大王底特里區(Dietrich)的工廠均係英國式裝置。造船業亦甚發展。由一七六三年至一七七六年共製造二四五隻輪船，排水量爲七四・四八五噸。一七七八年起，法國與美國同盟對英作戰，產量減退，然『生產之速，達到空前的發展』。一七七八年造出七艘，排水量一・八七五噸，一七七九年便增至二十四艘，計五・四八五噸，一七八〇年一七艘，四七六〇噸；一七八一年，竟達三十四艘，計一六・八〇〇噸，最後一七八四年——三三艘，計一六・一三〇噸。雖然近代的工廠尙少，但『十八世紀的法國，是手工工廠的典型』(馬克思語)。

在殖民地的佔有方面，在十八世紀中葉，法國超過英國。現今的加拿大，美國的大部分，印度差不多都是法國的，南特，馬賽 (Marseille) 波爾多 (Bordeaux) 與世界各地都有連系。一七八九年單同法屬美洲殖民地的貿易總額達二億九千六百萬鋰。而一七八七年法國的商品（不算殖民地的貨物）值三億一千萬鋰，而出口的商品則值五億二千四百萬鋰，其中三一一（百萬）爲農產品，二一三（百萬）爲工業製造品。因此英國吉士爵士 (Lord Chesterfield 1694—1773) 在一七五〇年寫給他兒子的信中感喟地說：『關於法國工商業的決定，對於我們是不幸的，它證明了近三十年之中驚人的發展。我們不必再說法人與東印和西印的廣泛商業了，他們幾乎把我們由里凡得 (Levant)（註一）排擠出去……』（見若列斯 (Jean Jaures) 著：法國革命史，四二頁）。

然法國君主專制政體的腐敗，引到了整個經濟政治的崩潰。國內，少數貴族領有全國土地的三分之二，二千二百萬農民生活在飢餓線上。工人手工業者每日所得不過幾蘇 (Sou)，皇后瑪麗・安東涅特的侍女們，單祇出售臘燭頭子，便有五萬佛郎的收入。貧民沒有權，資產階級也享受不到自由。全國二千五百萬人分爲三個等級：僧侶貴族爲特權階級，驕奢淫佚，不納一切租稅，第三等級（包括資產階級，農民，工人，知識份子）則爲無權階級。第三等級要担負國家及貴族的一切費用，但是在政府當中，在軍隊當中，在外交機關當中沒有第三等級的代表。在國外，由於對英戰爭中迭次的失敗，所有在北美及印度的殖民地幾乎全部喪失，定下了若干喪權辱國的條約。專制政體已不能保護民族利益，建壯起來的資產階級，不僅覺得不需要它來保護；曾認爲它是一個障礙。因此，十八世紀法國的『啓蒙』學者們，

（註一）里凡得——卽近東，包括巴爾幹半島，小亞細亞及埃及之一部。

均反對王權與君權神授的專制思想，高揭起了民主自由的旗幟，正義和理性的旗幟。人民在觀念上是神聖的，民族在觀念上也是神聖的。當然，所謂『民主』、『自由』、『平等』、『博愛』、『民族』、『人民』……也者，祇是當時資產之家的口號，與人民大衆的利益相距甚遠。然而資產階級由這些觀念出發，並使這些觀念與傳統的封建意識對立，在客觀上是合法則的，進步的。其次，單就國際關係的觀點看，資產階級能在對外政策上顯然地以『民族』二字去拒抗『貴族王朝』或代替貴族王朝；以『國家』去代替或拒抗『君主』或『朕』，充分地發揮民族或國家的利益，都是進步的現象。特別是當革命的資產階級爲自己的利益把對外政策的領導權握在自己手裏，使執行對外政策的一切機構都服從於工商業家的利益時，都是法蘭西大革命成功的必要的因素。

這時，歐洲大陸上的其它專制國家，不僅執行着專制的對外政策，服從着貴族及王朝的利益，而且繼續在發展着。因爲在奧大利，普魯士，特別是在俄羅斯方面，他們與法蘭西不同，當時既沒有一個對外能代表整個民族國家利益的階級，也沒有一個對內能爲政治權力而鬥爭的強大的階層。祇有在英國，由於十七世紀已經完成民主革命，議會已壓倒王權，於是資產之家，在對外政策方面的利益，才比歐洲大陸諸國充分地實現。可見在國與國的交涉方面，用民族或國家這個『整體』去對外，是資產階級在經濟政治方面奪取領導，剷除封建餘孽以及資產階級本身日益成長健壯的結果。

一七八九年前法蘭西的國際地位及外政策的失敗

在十八世紀的後半期，法蘭西對外政策的總的原則，就是由法奧聯姻（太子（卽未來的路易十六）與奧國公主的結婚）而鞏固起來的法奧同盟 (Franco-Austrian Alliance)（一七五六年）。最初，法國訂立這個同盟，是想利用奧地利的領地掩護法國的後方，避免普魯士的攻擊，同時使法國集中全部力量與英國爭奪殖民地和世界的霸權。然而在一七五六年至一七六三年的七年戰爭中，法蘭西毫無收獲，變成了奧地利的工具。路易十五政策的錯誤，使法國陸軍在歐洲大陸上被菲特烈第一擊潰，海軍幾爲英軍殲滅。法國在世界各地的殖民地，被英國奪去，海上的商業被英國摧毀。英國在七年戰爭中得到了法國的加拿大，印度和北美的大部份，法國爲可恨的『奧國婦女』——王后——簽訂的『奧地利制度』，使印度由一百餘萬方哩領土縮小到一百九十六方哩面積，美洲方面祇剩下紐芬蘭（Newfoundland）沿岸的兩個小島以及熱帶圭阿那（Guiana）一塊不重要的土地。第三等級則視奧地利爲法國的敵人，希望吞併奧國底尼得蘭（Netherlands）。法國與奧地利的同盟，是與法蘭西資產階級的利益尖銳地矛盾着的，是使法國遭受失敗的。

法蘭西對外政策的第二個原則，就是與西班牙同盟，以反對英國在海上及在殖民地的霸權。這個同盟與奧地利同盟比較起來是頗受歡迎的。但第三等級的人們却也把它看做維護王朝的一種工具。就事實而論，這是波滂王朝（Bourbon）的西班牙與波滂王朝的法蘭西之間的一個『皇族盟約』（Family Compact）。加之，法王又不努力履行這個同盟以便法國商品輸入西班牙殖民地，且使『皇族盟約』對於資產之家亦頗有利，因之站在第三等級的利益上批評法蘭西君主政體外交的作家們如馬波利（Abbe Mably）以及彌拉波（Mirabeau, Honore Gabriel Riquetti, 1749—1791）等，都痛恨法蘭西君主政體所招致的財政政治危機，整個法國的軟弱無能以及它出賣民族利益的外交政策。

儘管君主專制的法蘭西日益衰弱，然而英法爭奪市場及殖民地的鬥爭，在一七八九年以前，還仍然爲國際政治的主要問題。

可是法國在幫助美國作戰而獲得勝利之後，儘管在戰時糜費十二萬萬鎊，還是不得不對英國讓步。一七八六年訂立的商約：減低關稅，英國的棉織品廣泛地湧入法國，致使紡織家限制生產。打擊了法國新興的民族工業，造成了里昂和亞布維爾（Abbeville）等地數萬工人的失業。所幸這兩年中，與英競爭失敗的法蘭西，因爲和俄羅斯接近了起來，同時已遵守一七八七年的商約，結束了援土（土耳其）反俄的政策，所以這便鞏固了她與俄國在黑海（Black Sea）港口的貿易。一七八七年與俄羅斯的商約，實爲法國革命前夜法國外交上唯一重大的收穫。最後，法國商人由土耳其方面取得了紅海（Red Sea）的航權，且展開了由埃及直達印度的活動。所以在近東方面，法蘭西仍保存着她商業的霸權。但是英國堅決地企圖摧毀它。

在一七八七年至一七八八年，君主專制的法國，因爲本國的財政和政治陷於絕境，沒法對盟邦（荷蘭）履行盟約的義務，這就使法國的國際威信掃地。先是，在一七八五年，當荷蘭的反英派，即受法國影響的資產階級的『愛國黨』（Patriot Party）推翻了威廉第五（William V 1751－1802）在荷蘭當權之後，法國曾與後者締結了一個抵制英國及普魯士的盟約。但在一七八七年，威廉向普魯士借兵成功，普軍侵入荷蘭後，英普路線的王黨以及荷蘭財閥中的親德派，便乘機恢復了王黨的政權。根據條約，法蘭西應幫助荷蘭的愛國政府而反對普魯士的干涉，可是法蘭西竟拒絕了荷蘭的要求，而在外交上在全歐洲人士面前暴露了法國的無能。普魯士干涉荷蘭內政的勝利，使荷蘭投到英普兩國的懷抱當中。因此，早在一七八八年，英國，普魯士與荷蘭三個國家便締結了一個三國同盟，意在抵抗俄法及奧地利的軍事同盟。結果，在一七八九年法國革命前夜，這個由土耳其與瑞典共同支持的英、普、荷同盟，便擴大爲最強大的一個列強集團。當時與之對峙的祇是兩個支離破碎的同盟——一七八一年奧俄同盟（Austro-Russian Treaty）（目的在瓜分巴爾干半島）與法、奧、西（西班牙）同盟。

法國思想家對法國對外政策的批判

十八世紀法國市民『啓蒙』思想家對封建制度及專制主義的批判，早在一七八九年革命之前傳佈到封建君主專制的歐洲。進步人士把絕對君主專制國家之間的國際關係，視爲專制君主之間的關係，而不把它視爲民族之間的關係。『王位的繼承之戰』（War of Succession）是爲了鞏固專制王室的裙帶關係，是爲了鞏固專制主義，與資產階級的利益不合，引到了工商業的完全破產和國家的毀滅。第三等級中的溫和派想改變法國的外交方針，推翻『奧地利制度』，消滅貴族王朝在對外政策方面的作用。自由官僚貴族的思想家孟德斯鳩（Montesquieu de 1689—1755）寫道：『擄掠多了就要產生專制主義』，『軍人毀滅了』法蘭西。福耳特爾（Voltaire, de, 1694—1778）則冷潮熱罵，抨擊絕對君主專制王朝的陰謀權變和連年兵燹的王位繼承戰爭為『非正義的』、『霸道的』戰爭。他純邏輯地證明，如果兩個國王不用政治方式解決外交上的爭論而訴諸戰爭，那麼最低限度，從理性的觀點上看，其中有一個國王必然是錯了的。『由於一個國王的謊謬絕倫而置民族於死亡——福耳特爾結論中說——是不合理的，野蠻的』。

猛烈批判絕對君主專制外交的，就是法蘭西小資產階級激進主義的代表：馬波利（Abbe Mabby）與盧騷。馬波利為『奧地利制度』的兇很的敵人，他進攻王朝聯盟時寫道：絕對君主專制外交的藝術，不是由『大的原則』出發，而是以『私人的動機，小我的利益以及君主的好惡』以定取捨。馬波利說：『我們政府的組織，妨礙了關於協商的科學的進步』，因為僥倖與陰謀使人們竊取了政權。

◎盧騷（Jean Jacques Rousseau 1712—1778）對於絕對君主專制的外交政策，作了許多激烈的批評。他在波蘭改革時寫信給波蘭人說：『不要因徒勞無益的談判而倦怠了自己，不要因應酬別國宮廷的使節及代表而毀滅，不要幻想協約與聯盟會建立某種東西。』外交的祕密，祇給第三等級激進的思想家留下一個暗影：『國王欺騙人民』，國王不僅違背了民族政策，而且有方法蒙蔽他的罪惡。這些思想家一般地是否認外交上的任何祕密的。因為按第三等級『啓蒙學者』的意見，領土的合併，決不是為了掠奪，或為了王朝的權益，而首先應尊敬被佔領區域人民的愿望。君主專制所實行的合併，祇不過加強專制制度而已。盧騷說，國王自己祇有兩個目的：『對外擴張其疆域，對內則厲行專制。』至於他們在條約及通牒中所舉出的一切理由，譬如『社會的福利』，『臣民的幸福』，『民族的光榮』，據盧騷說，均不過是虛僞的粉飾吧了。它們所以被認爲需要者，其目的祇是要使君主專制的外交能遮掩其眞正的目的。其次，盧騷復進而發展了他底思想，提出一個建立永久的烏托邦的方案以及完全消除戰爭的方案。他明白地提出，這種目的祇是在消滅了專制制度與外交上王朝利益的統治之後才可實現。消滅戰爭的手段，盧騷認爲是各國的聯邦與全歐洲的大家庭，同時在這個大家庭中，如各國領土的完整能共同去保證，必可使爭奪與戰爭成爲不可能。爲解決糾紛起見，可建立某種國際仲裁機關。

在英國，邊沁 (Bentham, Jeremy 1748—1833) 於一七八九年發揚了這一類的觀點，而在德國，則康德 (Kant Immanuel 1724—1804) 於一七九五年亦抱有此種見解。在斥責王朝外交與王朝戰爭之際，邊沁甚至起而反對殖民地戰爭，咀咒祇對大商人金融巨頭有利益的條約。邊沁幻想以自由貿易，殖民地的放棄（註一），裁軍條約，祕密外交的廢除以及君主外交的廢除去消滅戰爭，因爲君主的稱號，是『王位繼承之戰』產生的根源。

應當指出，十八世紀下半期的這種和平主義的思想，是批判君主專制外交政策及英法殖民政策的武器。就他的時代性說，具有一種進步的作用。然而十八世紀『啓蒙』思想家們的和平主義，却是一種膚淺之見；凡第三等級奪取政權的國家，那個國家不久便刼奪別人，同時好聽的對外和平的政策，也變爲一種侵略的政策。

第二節　法蘭西資產階級奪取政權後的對外關係

在絕對君主專制時代，法國外交部及駐外使館，亦如其它文武機關，其目的是充當絕對君主專主政權及其政策的工具。外交部長由君主任命，且祇對君主負責。

（註一）邊沁之所以否認殖民地，可由殖民地戰爭祇會對英國中小資產階級增高稅率來說明。

革命前的數十個駐外公使及部長，幾乎無一人不是貴族，而且通常是由接近宮廷的貴族担任。少數的職員，才是資產之家出身，他們有的在部內服務，有的在宮廷服務。但他們一旦入部內作事，卽終生爲宮廷服務。這些人大部分都是薪水優厚忠實可靠，盲目服從的人們。

革命初期的對外政策

法國外交部按地域分爲兩司。第一司掌管與西歐，中歐及美國的事務，第二司則掌管與東歐，南歐及斯堪的那維亞間的事務。除上述兩大司外，還設有幾處協助其事。

一七八九年七月十四日，法國人民攻下了巴士梯爾獄(Bastille)。封建勢力開始崩潰，資產階級奪取政權。八月四日夜貴族自動宣佈廢除一切封建特權，二十七日公佈了人類史上偉大的文獻，人權宣言(Declaration of the rights of man)。人民組織了自己的武裝『國民警衞軍』(National Guard)，巴黎及各省連續不斷地發動驚人的鬥爭，如九月五日——六日向凡爾賽宮(Versailles)的請愿(March to Versailles)，各省的暴動。資產階級當權了，代表資產階級利益的國民會議 (National Assembly)，卽開始干涉皇室的對外政策，控制皇室的外交機構。新的改革令接二連三頒佈了，王黨反動派的外交權力被削弱了。因之在外交部當中以及在對外政策方面，國民會議與反動派展開了激烈的鬥爭。

國民會議與王黨最大的衝突，是關於法國對英西（班牙）兩國的態度問題。一七九〇年五月，英西兩國因爲爭奪太平洋沿岸的權益（註一），雙方積極備戰。西班牙王室根據一七六一年它與法國締訂的『皇族盟約』(Family Compact) 要求路易十六出兵聲援。路易，彌拉波，辣斐德等是同意這個要求的，於是法國外長便將路易所提出的關於武裝出擊英國海軍的計劃送達國民會議。然他在國民會議的報告却

（註一）英西爭奪美洲太平洋濱的諾特卡峽 (Nootka Sound)，卽今之英領哥倫比亞(Columbia)，英國並想由加拿大征服路易斯安那(Louisiana)。

掀起了軒然的風波。第三等級的革命派巴那夫（Barnave），拉默（Theodore de Lameth）等因不滿意西屬殖民地禁止法國商品的輸入，不同意『皇族盟約』及國王的計劃。他們有的人說，這種條約，祇是對王朝聯盟有利的，有的人則更深刻地指出，國王所以主張與英作戰，簡單地祇是企圖擴張武力，以便與革命鬥爭並解散國民會議。這種陰謀，國民會議中的左派都看出來了，所以他們便先發制人，決議褫奪國王宣戰及媾和之權，而將外交談判及批准條約之權移交國民會議。但經過熱烈的辯論之後，關於宣戰媾和，却想不到勝利的反是一個早已拏到國王的秘密津貼，且把大部分的代表拉攏到自己方面的彌拉波。失敗的則是左派。五月二十四日，國民會議通過了彌拉波的一個抑衷的方案，這個方案規定：關於宣戰與媾和之權，在法律上祇有國民會議才能享受，然而也必須有一個條件，就是：國王如提出同一議案時才可發生效力。因此，宣戰與媾和之權，實際上由國王與國民會議平分。

其次，單就法國對英西的態度問題而言，許多代表們均嚴斥王朝的秘密外交及皇族聯盟，同時聲稱，法國祇需要『與正義人民』所訂立的『民族的條約』，至於西班牙要求履行『皇族盟約』一事，大會提議設一外交委員會負責審查。可是這又上了彌拉波的大當。『外交委員會』主席一職，由彌拉波搶去，彌氏不僅利用種種方便迫使外交委員會及國民會議澈底服從了國王及外交部，使法國最溫和的資本家們於最後奪取了法國對外政策的領導權，而且迫使國民會議承認法西兩國的聯盟仍然有效。誠然，國民會議已把條約中那一切有攻擊性的條款删去而保留下防禦的義務與商業的義務。法蘭西對外政策的原則，這時就是『普遍和平與正義的原則』。

一七九一年十二月所通過的一個特別的法令也規定：『法蘭西民族永遠反對一切以刼奪爲目的的戰爭，同時不論何時，均不可用自己的武力以侵害任何一國人民的自由』。可見法蘭西第三等級現在還是革命的，他的掠奪的野心，祇是到革命把他底政權鞏固之後才發生的。在國民立憲會議(National Con stituent Assemby）（註一）時代，第三等級的政權還不甚鞏固，軍人如拉斐德動搖它的野心還可能實現，所以國民會議到一七九一年秋天解散止，還在對外政策及外交方面保存着愛好和平的傾向。

當一七八九年在奧領尼得蘭（比利時）發生革命之際，國民會議竭力主張保衞比利時而反對奧地利的干涉，同時一七九〇年國民會議享受到宣戰媾和的一部分權力後，就在那年的七月通過一個議案拒絕奧軍假道法國開入比利時境內。但它又恐懼與封建君主專制的歐洲衝突起來，所以儘管各報及各俱樂部對比利時革命深表同情，可是比利時宣佈獨立的照會，法王及外交部長不表同情，結果照會未曾啓封卽把原件退還。國民會議對這件事不問不聞，亦不抗議，容忍王黨操縱法國的對外關係。這未免有背革命法國的立國精神。

事實上，儘管國民會議愛好和平，可是國內革命的深入以及部分的封建義務的廢除，法國與專制歐洲的衝突是不可避免的。譬如在洛倫（Lorraine）在阿爾薩斯（Alsace），在許多小的德意志的公國，由於人民受了法國革命的影響而推翻了那裏舊式封建諸侯的權利，所以和各國諸侯的衝突非常尖銳。加之奧軍已敉平尼得蘭的變亂，路易偏袒各國諸侯，輭弱的國民會議便定決賠償諸侯的損失，可是它的決議，各諸侯不能滿意，法國與他們和平談判的企圖卒未成功。奧、普、西三國以及俄羅斯和瑞典借口扶助弱小羣起干涉，提出恢復特權的要求，而俄、普、奧三國則教唆各諸侯暴動借口與法國啓釁。特別是俄國女皇喀德隣，她不僅鼓動諸侯們反叛，而且公然要求普奧兩國出兵干涉，企圖把這些國家立刻捲入對法戰爭之中。這些才是使國民會議放棄妥協企圖而否決對阿爾薩斯各諸侯賠償的主要原因。

國民會議對教會土地的沒收以及對僧侶所頒佈的公民身份法案，使法國與羅馬教宗的衝突亦無法緩和下來。法國政府與羅馬進行的祕密談判未能成功，革命的風暴擴張到教皇治下法人所居住的區域亞威

（一）大資產階級操縱的這個議會，其任務是在起草憲法，卽一七九一年的憲法，故初期的國民會議亦稱國民立憲會議。

農(Avignon)（註一）。在一七九一年四月，亞威農的人民要求與法國合併，外交委員會對國民會議提議新領土合併的原則，（註二）亦爲國民會議所通過。亞威農人民的呼籲，在國民會議中批准，一七九一年九月十四日國民會議正式下令『根據公社與公民中大部分人的願望以及自由而莊嚴的民意』，亞威農從此歸併於法。亞威農的合併，不僅使法國與羅馬的關係愈形尖銳，而且與四鄰的君主專制國家直接衝突了起來，因爲他們也駭怕他們統治下的人民要求與革命的法國相合併。所以從此時起，法蘭西革命在歐洲國際政治方面所奉行的民族至上的原則，便都是以法國與聯盟國所進行的革命戰爭過程中所頒佈了的關於領土合併的一切法令爲依歸。

我們看看國民會議對於反動外交官的肅淸工作。自專制政體崩潰之後，王黨反動派無時不在陰謀復辟。彌拉波領導的外交委員會，還有若干宮廷貴族從事祕密活動，以圖引起外國的干涉。這些消息由來以久，成爲事實，所以國民會議就對老外交官不信任。加之國民會議接到了人民的許多聲請書，要求肅淸擁護君主專制的外交人員，於是在這些壓力之下，甚至祕密投降宮廷的彌拉波，也不得不於一七九○年一月承認法國駐外公使一律撤換的必要性。一七九一年三月有七個公使撤職。國民會議對各公使擬定了特別的宣誓書。有幾個老的外交官因不肯接受，於是就被召回。

法王路易十六，一七九一年夏私奔失敗，連累了老的外交人員。外交部長被控爲參預此次事件的從犯。在國王向發稜(Varennes)私奔之後，曾經有一個時期國王被奪王權，同時幾乎一切外國的宮廷都與法國的公使斷絕關係。然國民會議深恐革命繼續發展，結果又恢復了王權：根據一七九一年的憲法，國民會議賦權國王掌管一切對外關係，並有權締結條約以待立法會議的批准。

（註一）爲介於里昂與馬賽之間的一城

（註二）此項原則，在法國革命以前，祇是北美合衆國於獨立鬥爭的時期才在外交上採用過。

一七八九年至一七九一年歐洲各國的關係

法國革命爆發前夜，歐洲各國的政治家正是把視綫集中到東歐的事變上，那時（一七八八年）俄奧聯軍與土耳其在東歐作戰，企圖瓜分衰老的鄂圖曼帝國(Ottoman Empire)。戰局緊張到萬分，三國的勝負極不平衡。奧軍被土軍擊潰，俄軍則不僅大捷，且經過多日圍攻之後，最後攻下了奧卡玫夫 (Oczakov)。但結局還在未定之數，因當時俄國又因瑞典國王古斯塔發第三 (Gustavus III, 1746—1792) 侵犯芬蘭 (Finland) 而進行第二個戰爭。英國與普魯士全力支持土耳其及瑞典。然而法國的革命則馬上改變了國際政治的局勢，並起了決定的影響。它迫使各列強把視綫由東歐轉到西歐，它使舊歐洲的均勢破壞，在國際關係的發展上開闢了一個新的時代。不久，歐洲各國與革命的法蘭西的鬥爭，便成爲國際事件以及外交談判的中心。

當時在歐洲的國際政治方面，兩大列強的力量——英國與俄國的政治家們——起着主要的作用。在英國，對外政策的領導者是卡撒姆爵士 (Chatham 1708—1778) 底兒子小威廉·庇特 (Pitt, William 1759—1806)，前者是七年戰爭時代輝格黨 (Whig——即今日之自由黨之前身) 中最出色的一個部長。威廉·庇特從一七八三年起到一八〇六年逝世爲止，幾乎一直連任首相。他是個帝國主義者，所以自他於一七八三年十二月做了首相之後，即努力鞏固英國以國際間的地位，企圖把英國喪失的美國殖民地收復而解脫英國搖搖欲墜的危機。爲達到這個目的，他定下了在歐洲大陸上找尋幾個強大的同盟國的計劃。當時英國之富，同今日的美國一樣，同時恰巧歐洲大陸上的君主專制國家又多半是民窮財困，經濟落後，所以這就給庇特一個機會，實行他老前輩們的『英磅外交』，處處以金錢作後盾，拚命用金錢資助與他同盟的國家。庇特認爲英國最大的敵人是法國，帝俄在波羅的海 (Baltic Sea) 及黑海的迅速推進也很不放心。起初，庇特還想用金錢拉攏俄國，以使慫慂它反法，並借此箝制俄國和抵抗俄國的擴張政策。但庇特的計劃在彼得堡 (Petersburg) 方面碰了壁，俄國猜透了他底野心，結果逼着他與普魯士及荷蘭貴族黨接近。此外擁護英普路綫的一部份荷蘭工商巨頭也參加了。英法商約的訂立以及英、普、荷同盟的建立，確是庇特在法蘭西革命前夜外交上重大的收穫。他對同盟的政策就是竊奪盟國的一切東西。他對外從來不擇手段。他是個『大派頭』的政治家，堅定不移地規定了英國對外政策的基本路綫。

法國革命開始以後，別的專制國家均恨入骨髓。但庇特是兩重態度，他代表英國大資本家及地主的利益把革命的法國恨之入骨，深恐革命的怒潮傳播到全歐洲去，但又倖災樂禍，暗自偸笑，以爲這麼一來，法國革命便替他把多年的勁敵法國打倒了。庇特對比利時的革命亦非常恐懼，當革命在比利時爆發時，庇特便想出來調解普奧兩國在東歐的紛爭，而使它們把視綫由東歐轉到西歐共同去撲滅已經燃燒起來的革命。他在遞交普魯士的節略中提議與普國談判共同鎭壓比國革命的問題。早在這個時候，他已主張建立一個國際集團而與法蘭西鬥爭。其後，庇特本人做了反法同盟的重要的鼓動者和組織者。

俄羅斯的外交大權，一向操在女皇喀德隣二世和接近她底幾個人的手中。『第一個被任爲』外交部的副國務總理的奧斯特爾曼 (Ostermann, Andrei Ivanovich)（註一）伯爵，是一個沒有定見且沒有創造精神的人，他祇是一個接待貴賓的要人，實際上，女皇喀德隣第二和他最信任的兩個多才多智的顧問柏斯波洛特考親王和波節姆金親王 (PrincePotemkin) 才是新的外交團的主要發起人。法蘭西革命時代一般的形勢，使俄羅斯的外交僥倖成功。第一，帝俄內部沒有一個堅強的布爾喬亞能動搖它的軍事封建專制，女皇喀德隣二世還有力量把俄國歷史上最偉大的一次農民戰爭投在血泊之中，首領耶米連・普加捷夫(Emilbam pugachev)在莫斯科的紅場絞死，數萬人民被沙皇屠殺或監禁。第二，俄國地大物博，人口衆多，而且有強大的軍隊，足以臻俄羅斯於強盛的軍事封建國家之林。但俄羅斯的鄰邦，都是些落

（註一）奧斯特爾曼，爲彼得大帝時代一位名政治家之子。

（註二）波節姆金親王死於一七九一年。

後的弱國，如陷於完全崩潰的波蘭，瑞典及土耳其。這是俄羅斯在外交上巧妙地利用英法以及奧普之間的鬥爭而在歐洲大張撻伐的時代。

富有外交幹才的喀德隣二世，完全認淸了別個國家的詭計。她有彼得大帝（Peter the Great 1682—1725）的作風，頭腦冷靜，富有毅力，而且善於待機而行，把握機運。當然，她的目的，是在於爲地主商人擴展地盤，保護貴族封建帝國的利益。在一七八九年，在東方的問題方面，她企圖佔領布格河（Bug）卽古代的 Hypanis 河（在西烏克蘭 W. Ukraine）與聶斯得河（Dniestr）之間的黑海沿岸，而與奧國締結同盟，瓜分土耳其。在波蘭方面，喀德隣第二企圖保持俄國在波蘭的統治並防止瑞典的進攻。爲對抗英·普·荷三國同盟，她擬組織一個更大的同盟，卽所謂四強聯盟：俄羅斯，奧地利，法蘭西及西班牙。關於這個聯盟的談判，早在一七八七年杪就已在彼得堡及巴黎兩地同時進行。俄國爲投好法國的口味，答應法國佔領土（土耳其）領埃及及土耳其。無如法國君主專制制度病入膏肓，同時西班牙亦不愿問鼎東歐，所以這就使談判變爲泡影。後來法國的革命發生了，法國不可能加入談判了，所以女皇非常憤恨革命，稱法國的國民立憲會議爲『一千二百個頭的怪物』，『野獸與罪人的窩巢』，亟欲與革命開始鬥爭以便粉碎革命。但是與瑞典及土耳其的戰爭又阻礙了這種計劃，於是她又回頭加緊內部的統治；勵行新聞檢查，淸查戶口，用嚴刑，苦工以及流放等手段以報復自由思想的作家們。祇有旅俄的法僑報以特別的歡呼。

一七九〇年七月二十七日的列伊黑巴哈協定

在比利時，因爲受了法國一七八九年秋天革命事變的影響，於是爆發了反抗奧地利統治的革命。起義的各省宣佈獨立，奧皇利歐波爾得(Leopold 1747—1792)不得不把西歐問題放在第一位，同時以收獲尼得蘭爲主要的任務。英荷兩國在這一個問題上與奧地利是一致的，因爲比利時革命的勝利，是受了法國革命的影響，是會給英荷兩國一大打擊，而在戰略上威脅英國的。

但普魯士則於奧地利無暇東顧之際趁火打刼。普國這時已由菲特烈威廉二世 Frederich William II 1786—1797 當政，但他的外交，却完全由哈爾岑堡 (Hertzberg, Ewald Friedrich Count Van)所操縱。他是菲特烈第二的門徒，十足的風頭主義者，他很受菲特烈第1（卽菲特烈大帝）(Frederich the Greot 1740—1786) 的指揮，自一七六三年以來多年担任外交部長。但菲特烈第1逝世（時在一七八六年）之後，他便以老部長的資格欺侮皇帝（菲特烈·威廉）幼弱無能，不聽調度了。

哈爾岑堡最大的野心，是想削弱奧地利，並併吞波蘭治下的丹澤 (Danzig) 及托綸 (Thorn)，因爲把這兩個城市佔領，便可給予普魯士一個管制威斯杜拉河 (Vistula R) 下游的可能。一七九〇年普魯士，波蘭，土耳其三個國家訂立了一個抵抗奧俄的條約。哈爾岑堡及普王一面以對奧宣戰及幫助比國革命威脅奧地利，脅迫奧皇里歐波爾得與土耳其停戰，並讓與波蘭人以加里西亞 (Galicia)，而在另一方面則企圖向波蘭要挾，以丹澤及托綸作爲報酬。他打算借英國的幫助去恐赫奧地利，並利用外交的手段來獲得奧國的讓步。哈爾岑堡至少已準備與奧地利作戰。

里歐波爾得二世雖然最怕比利時起來革命，但是他仍不願讓波蘭人收回加里西亞，同時也拒絕放棄對土耳其的侵奪，因爲俄將蘇渥洛夫 (Suvaroff Aelksander Vasilevich 1729—1800) 在土耳其的勝利已有可能使俄奧兩軍在一七八九年佔領摩爾達維亞 (Moldavia) 及窩雷啓亞 (Wallachia)。奧皇亦不惜與普魯士開釁。兩國都向邊境上集軍。

哈爾岑堡以爲俄國在北部（對瑞典）及東部忙着打仗，不會再援助奧國而對普國開闢新的戰場。英國哩，它一定幫助普魯士。他想普魯士不久總有一天會成爲歐洲命運的最高的主宰，且能在西方問題，以及瑞典問題方面起調解人的作用。

英國外交家在表面上也裝作鼓勵普魯士的模樣。但哈爾岑堡不懂得這是假的，同時不懂，未把英西兩國因爲爭奪美洲太平洋沿岸的土地而發生的戰爭威脅掃除以前，這祗是庇得所玩弄的一套把戲。他甚至也不懷疑英國居然會承認里歐波爾得二世把土領塞爾維亞（Servia）的一部分領土併吞，如像英國駐維也納公使關於奧地利對土戰爭所說的話：『土耳其人必須賠償打碎了的鍋子』。實則英國是兩面政策，在維也納方面，庇特底代言人肯定在柏林所否認的，在柏林則又肯定在維也納所否認的。哈爾岑堡毫不猶疑地邀請各國的外交家們到西里西亞普軍主力集結而準備進攻奧國的地方，即列依黑巴哈村(Reichenbach）去開會。庇特在這個時候已準備對他底盟國——普魯士——給予一嚴重的打擊。一則，他絕不願爲了普魯士的利益而耗費英國的金錢去對奧國作戰，再則也不願意把奧地利送給普魯士人，雖然他也想奧國最好能退出奧俄同盟而變爲英國在東歐防止俄國侵略的前衞。庇特的眼睛是雪亮的，在一七九〇年普奧兩國逐漸勢均力敵之際，歐洲均勢命運的決定者，不是普魯士，而是英吉利。

在法國方面，一切的注意力都是集中到內部鬥爭方面，庇特用不着顧慮。至於俄國，因爲它已與兩個敵人進行戰爭：在北方同瑞典撕殺，在南方對土作戰，所以它也不是一個能解決普奧爭議的列強。因之庇特不會援助普魯士在波羅的海方面搶奪波蘭而富強起來。

庇特的詭計，後來普皇看出來了，於是就以種種口實不准英荷兩國的公使到列伊黑巴哈去，並且在北勒斯勞（Breslan）把他們擋駕。但經過嚴重的抗議後，英荷兩國公使都參加了會議。這裏庇得的一張王牌已大白於天下，哈爾岑堡的盲動告一結束。里歐波爾得二世也被欺騙。

在列伊黑巴哈會議以前，與西班牙戰爭的威脅對庇特已不存在。所以庇得對普魯士便不客氣；英國與荷蘭都嚴詞拒絕在軍事上幫助普魯士反對奧地利；他們要求雙方基於現存局勢的嚴重和好如初，並協力鎮壓比利時革命。奧地利必須放棄對土耳其的侵略（註一），同時狼狽退出克里米亞（Crimea）戰爭；祇有在這種條件之下，英吉利，荷蘭與普魯士才同意支持奧地利而恢復她在比利時的權力。奧國完全就範。在東方政策上不大感覺興趣的里歐波爾得二世，馬上接受了英荷等國的建議。他認爲吃點小虧是沒關係的，將來收復比利時後一定可使奧國滿足。但奧國外交界中的舊派，則怒發雷霆，表示與普魯士誓不兩立。

普魯士這時的對策怎樣呢？在它面前祗剩下兩條出路：或則不乞援於盟邦而單獨對奧宣戰，或則放棄哈爾岑堡的計劃。普王認爲普魯士單獨對奧地利作戰，在軍事上是不能獲得優勢的，冒險是不利的，結果他也犧牲了他外交部長的計劃。

根據一七九〇年七月二十日所簽訂的列伊黑巴哈協定，普魯士固然打消了哈爾岑堡的計劃，奧國亦放棄對土的侵略。奧國退出了東方戰爭，停止了對俄羅斯的幫助。結果奧土媾和（一七九〇年九月），在西斯托夫（Sistova），簽訂了奧土之間的徹底的和約（一七九一年八月），奧國歸還土耳其以塞爾維亞，但英吉利及普魯士則必須在恢復奧地利在比利時的政權方面協同負責。這個是庇特外交的完全勝利：防止了兩個世仇國家——奧地利與普魯士——之間的戰爭，強迫他們在歐洲一致與革命的法蘭西戰爭，並把奧地利的比利士完全控制作爲抵抗法蘭西的緩衝地。列伊黑巴哈協定締結之後，除奧軍於一七九〇年十二月佔領了不律塞爾（Brussels），壓服比利時的革命而外，在一七九〇年年杪，英・奧・普・荷四強的代表還在海牙（The Hague）會議上徹底地承認了奧國在比利時的政權。這是歷史上英帝國主義爲鎮壓革命計劃所召開的外交會議的第一次的傑作。因此列伊黑巴哈協定的歷史意義，全在於脅迫奧普兩國一致聯合起來消滅比利時的革命，並建立一個反法的反革命同盟的雛形。然英普之間究竟不無惡感而日益冷淡了起來。

（註一）此處所說侵略，是指一七一八年依照巴沙洛威茨和約（Treaty of Passarowitz）割給奧地利的塞爾維亞的土地，但於一七三九年又歸還土耳其。

一七九一年英歎的危機，庇特的失敗與俄皇喀德隣二世的成功

庇特決定以對付奧國的手段去對付俄國。他認爲俄國在對土的戰爭中的困難，遠過於喀德隣女皇所想像者。奧地利既退出戰爭，喀德隣女皇卽得不到奧國的援助，不能實現她瓜分土耳其的計劃。俄國現在祗要求把奧卡考夫以及位於布格河和得聶斯特河之間的一部份大草原合併於俄羅斯。同時蘇瓦洛夫新的輝煌的勝利——歷史意義的襲擊和土耳其在多腦河 (Daunbe) 口最堅強的堡壘伊斯曼伊爾 (Ismail) 的攻破——土耳其人亦不得不同意這個條件。但庇特很不高興俄羅斯在整個黑海及波蘭建立的統治。他覺得俄國把波蘭由南包圍了，控制了布格河到聶斯得河的一切鎖鑰和黑海的港口了，妨礙了英人在土耳其及波蘭的商業了。普魯士內閣及庇特都以戰爭恐嚇俄皇喀德隣，他們堅決主張担任俄羅斯與土耳其談判時的調人，壓迫俄國維持現狀 (Status Quo)。喀德隣二世一面佯爲接受英普的『忠告』(bone offices) 一面嚴詞拒絕調人 (Me-diation) 的建議。其實在十八世紀末葉，人們已經很清楚地分辨出這兩種談判在形式上的區別。所謂調解，是不許女皇喀德隣與土耳其直接談判，所有與土耳其的一切交涉，祗許通過英普兩國的代表；而所謂『忠告』，則是強迫俄皇接受英普兩國的勸告及建議。但俄國有與土直接進行和平談判的能力，女皇喀德隣最後索性連英普的『忠告』一併拒絕。

由於俄羅斯態度的強硬，英國氣忿地武裝了三十六隻戰鬥艦準備出擊。普魯士亦劍拔弩張，頒佈動員令，以便待機而動，佔領托倫湼及但澤。英國對俄羅斯的照會，已送到英國駐彼得堡公使的案前。但俄皇喀德隣二世胸有成竹，處之泰然，相信庇特的對俄政策，在議會中必遭受反對派堅決的反抗。英國反對派說，英國在波羅的海上貿易的日益興旺，是俄國的功勞，如與俄絕交，則首先使他們遭受損失。英國的商人決不願爲了遠方的一片草原及奧卡考夫與俄作戰。

庇特政府的戰爭公債案，在會議中祗得到少數人的擁護。於是庇特馬上撤回他的最後通牒。不久他

又悄悄解除了他艦隊的武裝。

那時，喀德隣二世以邊說邊拖的姿態接受了英國的『忠告』，並不斷拉攏英國駐彼得堡的代辦參加她底各種宴會。結果，俄國與土耳其在羅馬尼亞（Roumania）的鴉西（Jossy）簽了和約（一七九一年十二月二九日）澈底地將奧卡攷夫，布格河到聶斯特河沿岸一帶歸併於俄羅斯。

一七九一年春的東方危機，在庇特在外交上的失敗和俄皇喀德隣二世的勝利聲中結束了。前者反攻爲守，後者則展開宣傳攻勢，將渥洛曹夫在倫敦爲她所買到的有名的反對派，福克斯（Eharles Jame Fox 1749—1806）的肖像，故意貼在她的宮前，藉以對庇特示威和諷刺。

路易十六出奔的失敗及反革命同盟的形成

本來在一七九〇年的列伊黑巴哈協定中，庇特已奠下了反法同盟的第一塊基石。但各列強都忙於東歐事件，因此在法王路易十六一七九一年六月私奔失敗之前，同盟的組織簡直沒有什麽進展。

路易十六自幽居推勒宮以後，因感王權削弱，懷恨革命，每想脫出軟禁生活，聯絡外國干涉法國革命。

立憲會議的喪失民心，也是法王謀亂的重要原因。一七九〇年發行的紙幣（Ossignants）價値大跌，大量的黃金被貴族逃亡者走私國外，或被投機份子藏匿。市場開始用現金交易了，工人及下層薪水階級者握有的少數紙幣，不足維持一個人的生活。一七九一年六月十四日通過的霞伯里法案，（Loi Chapelier），禁止工人集會，結社，罷工，公然宣稱『卽令熱望增加工資，以便工資階級的人脫離絕對的或奴隸的生活……亦不得協議。』農村中地主開始報復，徵收封建稅金，且頒佈法令，嚴懲一切反地主的人們。士兵的生活亦慘，一七九〇年八月，南錫（Nancy）警備隊要求經濟公開，立憲會議逮捕了士兵的代表，拉斐特下令屠殺軍民三千人。反之，立憲會議對王室及反動派非常寬容。路易公然表示不承認革命以來的一切立法，芬底（La Vendes）安如（Anjou）布勒塔尼（Brittany）的反革命暴動，政府表現無能爲力。

國王見逃跑的形勢，在國內國外已經成熟，歐洲的反動派歡迎他，蝟集於科不林士（Koblenz）的法僑，正等待着國王的大駕。皇后與各國，尤其是與奧國宮廷保持聯系，互通消息，同時對奧國的乞援，已得到奧皇里歐波爾得二世的保證。如果她和路易能逃出法國，奧國卽加以幫助。國王積極準備逃亡，他一方面帶着假面具，佯爲與國民會議團結一致，實則他的出奔，大家都認爲是時間問題。因此一七九一年六月二十日晚間，國王裝作僕役偕其皇后及二子把俄國公使西茂林替俄國陸軍上校的未亡人向法國外交部領到的一張護照騙到手裏，坐着馬車向沙龍（cholons）進發，投奔東方的反革命軍隊。起初西茂林還不知道要這張護照做什麼，他向彼得堡報告時，還被女皇喀德隣二世嚴厲地申斥了一頓。但上峯雖斥西茂林作事馬虎，却又補允一句說，如他將護照發出而眞的使皇室出奔成功，那麼也是『在各方面合於他陛下的心意的。』

但路易十六私奔未果，他和瑪麗安頓涅特均被法國人民扣於發稜，並在『把他送到巴黎！』的威逼下，由法國人民押到巴黎。人民對路易表示憎惡，民主派主張把他『交法庭制裁』。路易這次回巴黎後，對他的防範嚴密了，專制君主的威信最後掃地。國內要求建立共和的呼聲甚囂塵上，對大資產階級領導的立憲會議深爲不滿。特別是一七九一年七月十四日在馬爾塞斯廣場(Champ de Mors)屠殺共和派之後，人民反對國民會議的聲浪益高。這對於反革命同盟的加速組成是一個直接的刺激。在一七九一年到一七九二年成立這個同盟時起重要作用的，是俄國，奧地利及普魯士。

干涉法國事變的歐洲會議的思想｜一七九一年

在一七九一年，西歐反動派的陣營裏，到處鼓吹在亞亨（Aachen）和斯巴（Ska）召集歐洲會議以組織反法同盟及鎭壓法國革命。皇后給奧皇里歐波爾得及其他君主的祕密信件，也力主召集這種會議。當時為反對法國，開始了普奧兩國的密切的合作。在一七九一年七月，奧普兩國開始磋商一致反法的問題，同時里歐波爾得第二特向歐洲各國宮廷發表宣言，提出了召開歐洲會議及成立反法同盟的計劃。（註一）此外，里歐波爾得又給普王一個特別照會，提出了行動的詳細計劃：由各國共同建議法國停止革命，如果法國加以拒絕，即召集會議討論法國政府的未來形式，並進而加以武裝干涉。在這個照會中，里歐波爾得及奧國首相卡尼茨（Kaunitz）竟想出許多理由，證明君主專制國家干涉法國內政的合法性，並將防止革命與防疫等同看待。他們武斷地說，如能照他們的計劃做去，必可成為『各國社會安全，領土之神聖不可侵犯以及條約義務之遵守的壁壘的形式』。君主專制外交這種吹牛的大話，隱藏着他保存封建特權及貴族統治的實質以及對革命的恐怖。

一七九一年君主專制國家的通牒，照會，他們起草的一切反革命同盟的計劃，及其它文書等等，浸透了十八世紀末年，甚至十八世紀初年貴族專制國家對外政策的一個最基本的原則，就是武裝干涉其她各國的內政是合理的。這個不僅是因為當時的革命非常高漲的結果，而且到一八二八年神聖同盟（Holy Alliance）最活躍的時代，亦在特洛波（Troppewe）會議上演化為一種完成的形式。那時，干涉別國內政的人們，幾乎都是根據這『特洛波紀錄』（Troppau Protocol）的公式。

迄於一七九一年，里歐波爾得沒有實現他的計劃。英國及俄國沒有接受奧皇的請柬，庇特則決定等候時機。他拒絕了法僑武裝干涉的要求，並明白表示他無意參與列強的共同行動。最後俄國亦被一七九一年五月三日波蘭所發生的反俄政變所牽制。

俄國女皇喀德隣二世雖恨法國，但亟欲取得波蘭，所以，她不與法國作戰，而首先與波蘭啓釁。在

（註一）宣言中說：『取共同行動與步驟，以期保障最此信上帝的國王及其家庭之自由與尊嚴，以防止法國革命極端的危害。

這種情形之下，誰要是希望女皇喀德隣二世進兵，那完全是一個幻想。不過她在表面上像積極反對法國的，她竭力驅策別個國家建立一個反法同盟。她自與昨日的敵人——瑞典——媾和時起，就勸導瑞典國王古斯塔發三世領導反法的十字軍遠征。在一七九一年十月，喀德隣二世與瑞典訂立了一個軍事同盟，並答應幫助瑞典海軍及士兵。古斯塔發三世與法僑保持着密切的關係，而與皇后瑪利·安頓涅特的來往，尤為密切。他親自到亞亨籌備遠征。女皇喀德隣二世對於普魯士及奧地利的態度，也完全一樣，她想假手別人鎮壓法國革命，竭力慫恿奧普兩國放棄對波蘭的野心以便讓她單獨地霸佔。女皇在一七九一年年終向她底祕書黑拉波維茨克說過：『我為慫恿維也納宮廷和柏林宮廷干涉法國，頭腦子快破裂了……有許多說不出口的原因。我有許多尚未解決的問題需要他們解決，但須不妨礙我的事情。』然俄瑞的干涉終未成功。波蘭的政變及俄波的糾紛，吸引住了喀德隣二世掌握的兵力，此外，古斯塔發三世亦賫志以去，他由亞亨返瑞時，就被瑞典的一個貴族刺殺了。

俄瑞計劃及法國的僑民

上文說過，早在一七九一年二月在柏林與維也納之間，已開始了反法的祕密談判。是年八月，奧皇里歐波爾得與普魯士國王會晤於薩克森(Saxong)的匹爾尼茨(Pillnitz)堡壘，而同月二十七日聯名簽發了所謂『匹爾尼茨宣言』(Declaration of Pillnitz)認為法國王位及秩序的恢復，『是歐洲一切國家君主的共同的利益』，進一步補充了列伊黑巴哈協定，充滿『對法國人民的威脅』。匹爾尼茨宣言發表之後，雙方對武裝進兵的問題遷延不決。狡詐的里歐波爾得看穿了俄國女皇喀德隣的詭計，也猜透了普王和俄羅斯二次瓜分波蘭的野心，所以奧國也害怕把自己箝制到對法戰爭當中。然而不管怎樣，在一七九二年二月七日，親普派卡尼茨總究實現了里歐派爾得的理想，與普魯士訂立了一個同盟條約。奧普兩國各自出兵四萬至五萬人進攻法國，雙方均把法國做為自己的戰利品：普王想佔領阿爾薩斯，而奧人——則擴充他在比利時的領地或以比利時去交換巴威(Bavaria)。

奧普反法同盟——一七九二年二月七日

立法會議時代法國的外交（由一七九一年秋起至一七九二年八月十日）

一七九一年九月，路易十六莊嚴地簽署憲法，並通告各國宮廷他已與國民立憲會議團結一致。法王對於憲法的批准，表示他已效忠憲法，促成了立憲會議事業。全國人民歡呼慶祝國王，大家都以爲列國的干涉危險免去。但這都是假的，憲法剛剛批准，皇后便在致俄女皇喀德隣二世的祕密信件中說：『國王承認憲法，不是因爲承認它很好，或者承認把它實現．國王接受它，就是因爲它完全不知道其它列強對於他的意向怎樣。』換言之，路易十六之所以如此，完全是失去自由的結果。在這條件之下，立憲會議宣布結束，立法會議（The Legislative Assembly）於一七九一年十月開幕。

戰爭的威脅在增長中。立法會議深恐國王利用外交機關以遂行其叛亂的陰謀，於是就強迫國王將參與路易十六出奔的外交部長撤職查辦。

立法會議的恐懼是有理由的，因爲接近國王的某些貴族們，不僅已成立了一個祕密委員會負責準備反革命政變，而且更組成了一個『奧地利系』的核心。

路易濫用外交部的祕密存款津貼委員會的各個委員。

一七九一年秋天，立法會議也同立憲會議一樣，選出由十二個人組成的一個外交委員會，其任務是審查部長的活動，並研究法國與列強之間來往的最重要的文件。除最溫和的委員而外，其餘多半是大工商業家的代表吉倫特（Girondist）黨的首領們。

立法會議的組織成份，規定了它對外政策的方針。當時主要的問題，雖有兩個：一，澈底廢除封建殘餘，肅清國內敵人，二，對付日益增長中的戰爭的威脅。但宮廷貴族，軍人大資產之家均強調對外，而反對內部的改革。他們渴望戰爭，希望由外國的入侵以促成盟軍及反革命的勝利。右派政黨——裴陽派（Feuillants）及其隨從者則更壞，害怕戰爭，更害怕革命，時時準備對干涉者妥協，時時怕人奪去他的未穩固的政權。至於吉倫特黨則在對外政策方面是對奧戰爭的積極擁護者。他們希望用戰爭激發全國的人民愛國主義，並把羣衆由內政的進一步改革，吸引到對外方面，以俾鞏固大資產階級的政權。他們甚至認爲戰爭會引到比利時革命秩序的建立，而將她置於法國的管轄之下。

事實上，對外戰爭對革命有益與否可由皇后瑪利安頓涅特寫的信看了出來：『這班蠢才，他們沒有想到，如果他們採取這一着（如果他們要威脅各選侯）（即向德意志各選侯進攻）便是有利於我們；因爲假使我們先動手，歐洲列強必然要捲入旋渦，以便保護其各自的權利。』

祇有羅伯斯庇爾（Maximlien Marteisidore Robespiere 1758—1974）及馬拉（Jean pauMarat, 1744—1793）看清：戰爭不能避免，然而更不能避免的，是及早消滅內部的敵人——貴族及反動的軍人。他們猛烈攻擊吉倫特黨。

吉倫特黨的領袖布里索（Brissot）認爲危害法國的根源在科不林士，在奧地利，而羅伯斯庇爾則認爲『法國的禍根，最主要的是在巴黎。』

裴陽黨及吉倫特黨根本的錯誤，就在於他們利用奧普之間根深蒂固的世仇以拆散奧普兩國。二者所不同的，祇是裴陽派企圖預防戰爭於未發之前以獲得妥協之效，而吉倫特黨人，則希望把奧地利與普魯士隔離，以便輕而易舉的各個擊破。怎樣拆散呢？裴陽派及吉倫黨說奧地利是主要的敵人，法國可能與普國接近，所以聯普拒奧，必能拆散普奧的聯盟，至少也能使普國中立，他們甚至把英國當做中立的國家。

所有這一切對外政策上的幻想均歸失敗。失敗的主要原因，第一，是因爲歐洲各國的政府，都不相信法蘭西革命的力量，所以他們的離間政策也就不爲列強所注視；第二，是因爲他們打算根本恢復專制主義，幻想把法國的許多領土做爲賜與反革命功臣的『獻禮』。

派遣到普魯士的兩個外交代表，普王閉門不納。派遣到英國的塔列蘭（Talleyrand - Rerigorade, 1754—1838）也得不到英內閣方面任何的明確答覆。

一七九二年三月十五日，法王被迫任命接近吉倫特黨人的杜摩累（Dumouriez 1739—1823）爲外交部長。杜認爲奧地利爲主要的敵人，且幻想於擊碎奧地利之後以若干附庸國做爲法蘭西的屏障。那時在外交委員會中起重要作用的，首推吉倫特黨的黨魁布里索（Brissot 1754—1793）。外交部的許多舊官吏員都是法王及『奧地利系』的爪牙。杜摩累將他們解職，任命接近吉倫特黨的新的人物們來代替他們。Ambassadeurs Ordinaires 的稱號被廢除，對歐洲各國宮廷祇任命一等的或二等的公使（Ministres）。在這種情形下，從前許多的公使們都由新的人物來接替。

吉倫特黨和杜摩累的這個思想，已包括在他們的小册子當中，革命的外交，是建立在人權宣言與反對侵略的原則之上。外交必須簡單明了，避免一切陰謀與詭計。革命法國外交的作風，必須是坦白的，直率的，使節的銜位一律廢除，他們都被稱爲『法蘭西的聖使』（Nnncia of France）。

在一七九二年三月，奧皇里歐波爾得二世崩。嗣君法蘭西斯一世（Francis I, 1768—1835）公然號召與法戰爭，吉倫特黨部長的提議（要求奧國與普魯士拆散同盟，並停止武裝法僑進攻法國）完全被奧皇拒絕。國民立法會議不得不先發制人，而於一七九二年四月二十日通過了法王關於對奧宣戰的提案。

法蘭西的戰爭時代從此開始了！

法國由君主專制政體所遺留下來的軍隊，因於他在組織指揮等等方面的脆弱性，不能，而且也不願意予干涉者一決定性的打擊。法軍節節敗退，深入比利時的法軍蒙受極大的損失。皇后勾通敵國，把一切軍事祕密洩露給普奧聯軍，路易則公然與立法會議對立，毫不畏懼吉倫特黨。一七九二年六月罷免吉倫特黨的羅蘭內閣（Fall of Roland Ministry），以裴陽黨來代替，利用否决權反對巴黎成立二萬志愿軍。

普奧聯軍在裏應外合的情勢下，已經越過法國邊境打進來了，不倫瑞克公爵(Duke of Brunswick, 1735—1806) 毀滅巴黎以及殺盡民主派的宣言發表了。宣言中說：『聯軍攻法目的，專在平定法國內亂……恢復正統權利……鄉村居民有敢頑抗聯軍者，以叛逆論，處以死刑並燒毀其住宅。巴黎市民有敢剝奪國王自由及對其不恭順者，以軍法從事，馘其首級，决不寬宥！萬一再有攻擊王宮及淩辱王族者，則燒毀巴黎全市，殺盡市民！』這個愚蠢的宣言，結果恰恰是陷皇室於更不利的地位，葬送了法國君主政體的壽命。

不倫瑞克的宣言，反動派的狂漲，國王的通敵禍國，軍事的失敗以及立法會議的威信掃地，推動了國內革命運動的繼續高漲。八月十日，巴黎三萬多市民，忿怒地擁入推勒里宮包圍王室，搗毀宮殿。衛兵倒戈了。國王由立法會議保駕逃走。巴黎公社（Paris Commune）下令逮捕國王，國王和皇后被禁錮到騰布爾宮（The Temple）。接着九月二日人民衝入監獄，將在監的王黨數千人全部屠殺。全國要求推翻專制，廢除國王，歷史上偉大的國民公會成立，宣佈共和。

第三節　由法國王政的顛覆到雅各賓專政期間法國的對外政策

國民公會時代吉倫特黨的外交政策（由一七九二年九月—一七九三年四月）

國民公會（The National Convention）於一七九二年九月二十一日根據全民普選制召開以後，同日宣佈法國爲共和政體。取消了國王的任命權，部長改由行政院選舉，並對國民公會負責。國民公會由七百五十八人組成，過去的裴陽黨已沒有人選舉他們。按人數說，最多的是沼澤派（The plain），其次爲吉倫特黨——一六五人，再次雅各賓黨

——一百人左右。但沼澤派和吉倫特黨，所以在國民公會的初期，吉倫特黨最佔優勢。不過，直屬行政院的外交部，名義上由國民公會中多數黨操縱，吉倫特黨的列不林(Lebrun Anne Elisabeth, Born Vigee 1755—1842)担任部長，事實上，担任司法部長的唐敦(Donton, Gēorges Tacquls, 1759—1794年爲雅各賓黨右派領袖)，在外交政策上起了决定的作用。

偉大的法蘭西人民拯救了他祖國的危殆。國民公會成立期間，由於廢除了『積極公民』(Active citizens)及『消極公民』(Passive citizens)的區別，全國人民獲得了選舉權，由於左派雅各賓黨的參加會議以及貧苦人民的組織巴黎公社在政治上的作用增長，由於叛國的國王已交付法庭，由於無數人民爲祖國奔赴疆場，因此普軍雖已佔領凡爾登(Verdun)，且距巴黎不過百哩，然勇敢的人民沒有幾天便大敗普軍於瓦爾美(Valny)，成爲法軍反守爲攻的轉捩點。其後法軍士氣旺發，連克名城，至十月——十一月已完成凱旋的進軍。國民公會開幕的那天，普軍退出法境，法軍渡過萊因(Rhine)，不久攻下了馬因斯(Maize)，緬因(Main)河上的福蘭克府(Frankfurt)。南方——深入薩伏衣(Savoy)及尼斯(Viec)，十一月六日杜廉累所部軍隊在宅布普(Jemappes)大捷，直搗比國布魯塞爾(Brussels)解放了尼得蘭。可以說迄至一七九三年，法蘭西共和國的軍隊，已將法軍領土上的敵軍全部肅淸，佔領了薩伏衣公國，尼斯，萊因河左岸，比利時，並爲法國與比利時的商業，將荷蘭管轄下的斯刻爾德(Soheldt)(此河介於法、比、荷三國之間)亦打通。法軍佔領區的人民，對共和軍勝利的挺進，報以熱烈的歡迎，且立刻起來推翻了他們的封建專制。

一切人民，尤其是羣衆，都爲革命的熱情所籠罩；大家認爲戰爭是正義的，防禦的，而且在事實上它的確也是如此。

在這個時期，吉倫特黨，在法蘭西境界以外確以解放歐洲人民的口號開展了革命的戰爭，這種宣傳，在法國第三等級中獲得了熱烈的響應，因第三等級在老早以前，就抱着這個幻想。十一月十九日，國民公會頒佈了一個宣言『凡愿起而推翻其暴君的人民，法軍均與援助』。十二月二十五日，國民公會訓令法軍佔領區中成立新的革命政權，並沒收革命敵人的一切財產以彌補戰爭的消耗。康盤（Cambon）在對這個訓令做報告時，曾提出了一個精采的革命軍隊的口號：『和爲瓦全，戰則寶殿！』在一七九二年——一七九三年之中，被佔領區如薩伏衣，尼斯，萊因河左岸以及比利時之一部，均依據公民投票的原則併入法國，並依據解放戰爭的原則放棄了侵略的行爲。革命戰爭的宣傳，不但有吉倫特黨人努力，而且由比利時，德意志萊因左岸以及薩伏衣被逐的許多民主派，亦從事鼓動。在革命戰爭的鼓吹方面，他們比吉倫特黨，又向前進了一步。這些黨派之中最有名的政治家，得•克羅茨（Cloatz, de Jean Baptiste du Val-du-Grace, 1755—1794）在宣傳世界革命以及世界共和之際，發展了盧騷在『永恆世界』一方案中所提出的計劃。但吉倫特黨派及唐敦的宣傳，祇求把法國革命的思想，傳播至萊因及阿爾卑士山（Alps），因爲法蘭西第三等級認爲萊因，比利牛斯山（Pyrenees）以及阿爾卑斯山，爲法國的『天然邊疆』。

然革命法國的收穫，還未鞏固。吉倫特黨爲了保護大資本家銀行家的利益，不願採取革命設施：在經濟上，限制物價，取締投機，實行累進稅，耕者有其田，保障軍民食粮，消滅鄉村中一切封建義務。在政治上，澈底消滅王權，剷除反動派，審判路易等等，借以鞏固前方勝利。恰恰相反，他們是從容屯積居奇，濫發紙幣，袒護路易，與各國宮廷談判釋放路易的條件，捕殺眞正的民主戰士如馬拉。可見吉倫特黨所以鼓吹戰爭，其目的祇是想轉移民衆改革內政的視線，而以對外政策欺騙人民。吉倫特黨說：分散聯軍的外交計劃是有特別重大的義意的，把一個故國的領土割給另一個敵人，而使聯軍內部自相火併是對法國有益的。

列不林，杜摩累，甚至唐敦，繼續發展着這一個政治外交方針。他們首先計劃予比利時的奧軍一個重大的打擊，將比利時合併爲法國的一個附庸共和國。荷蘭應受法國影響及支配。許多吉倫特黨員同杜摩累一樣，都計劃沿法國邊界（由北海到意大利）建立許多依輔法國的共和國家。他們舊調重彈，忘記了與普魯士接近的後果，也忘記了對英政策的失敗。

對瑞典及土耳其的政策也是如此，策劃瑞士同盟，並鼓動這兩個國家再行對俄作戰，以便逼迫俄皇喀德鄰二世退出對法戰爭。

除此而外，吉倫特黨把自己的命運，寄託在英國的反派對身上（註一），他們希望英國的反對派勝利以後能與法國妥協起來。在列不林和杜摩累看來，這時最好是向庇特建議恢復一七八六年的英法商約，同時以割讓塔巴高羣島（在當地居民同意的條件之下）換取英國的鉅款。爲了誘發英國與西班牙進入戰爭，並捆綁這兩個列強之手，他們決定向庇特提議西屬美洲解放的計劃，並爲英法兩國的商品在此開闢一個市場。吉倫特黨與唐敦不願意認識英法兩國之間不能和解的矛盾。事實上，英國認爲革命的法蘭西的進展以及革命在比荷兩國的勝利，是最大的威脅。因爲革命的勝利，已對法國工商業的興長繁榮奠定一個基礎。法國在歐洲所得到的，正是英國所損失的。英國人決不會中吉倫特黨的詭計。

況且法國君主政體推翻之後，幾乎一切列強與法蘭西絕交。祇是瑞士，北美合衆國以及瑞典，還勉強與法國維持着正常的關係。以這種條件之下，吉倫特黨便祇能在外交上派遣非正式的代辦進行幕後的祕密談判，或通過二等的中間人去探聽別國的消息了。吉倫特黨的沒有科學頭腦，專制君主祕密外交經驗的忘忽，早就注定了它的失敗。

在一七九二年九月，塔列蘭二次非正式地銜命赴英，英國各部長不和他談話。杜摩累命令一個與普

（註一）福克思派，主張與法妥協。

磋商換俘的使臣與普魯士進行談判，這樣好使普奧兩國互相猜忌（兩國往往發生爭論時，彼此一調查對方與法國的關係），但在一七九二年，與普妥協的政策，普皇不僅報以法蘭西君主專制政體的復活，而且口胃比從前更大，幻想併呑法國的阿爾薩斯。

在一七九三年三月一日，由於法國人民的壓力，法王路易十六被判決死刑送上斷頭台了。吉倫特黨不可能再用離間聯軍的一切手段了。封建專制的歐洲更緊密地團結起來反對革命的法國，法國與盟國的任何談判已完全停止。

威脅庇特與反法同盟的擴大

偉大法國軍隊勝利的進軍，革命形勢在各國以及在英國迅速的高漲，法國革命派與英國民主派的攜手團結，已向庇特表明單靠普奧兩國的力量粉碎法國革命，是絕對辦不到的。於是庇特在革命軍佔領比利時而威脅到荷蘭之際，就決定親自領導盟軍進攻法國，以俾用英國強大的力量，直接打擊她主要的敵人——法蘭西，從而阻止革命在歐洲的擴大與深入。英國的對法政策強化，法王路易十六被殺之後，法國駐英代辦即被驅逐。

法國對英國也不示弱。吉倫特黨人及唐敦認爲革命是會勝利的，法國有足夠的力量抵抗英國的進攻，所以便勇敢地與英國絕交，並於法國攻入荷蘭之後，國民公會於二月一日宣佈對英作戰。英國沒有許多軍隊，它祇好沿用英國的傳統政策，用金錢幫助歐洲大陸上的同盟國對法作戰。庇特與俄、普兩國，薩丁尼亞王國（Sardinia）以及那不勒斯（Naples）公國所締結的一個共同作戰的條約，就是根據着上述的原則。庇特利用威脅利誘以及挑撥等手段，把這些國家爲薩丁尼亞，那不勒斯以及多斯加尼（Tus-Canny）公國拉在自己方面。英國底黃金與津貼成爲法蘭西革命最強大的敵人。『但英國市民階級不願意自行動手作戰。她常常假手於別人。而且他在事實上，有時眞的找到一個傻瓜準備替她從火中取粟。譬如在法國大革命的時候就是如此，那時英國資產階級能夠建立起一個反對法國的歐洲諸國的同盟』。

英帝國的這種政策，一直保留到現在。

一七九三年三月，以英國為首而把奧地利，普魯士，俄羅斯，西班牙，荷蘭，若干德意志王國，以及薩丁尼亞連皮蒙特（Piedmont）在內，組成的一個強大的聯盟。

瓜分法國的計劃

反法同盟從最初頭一天起，就把恢復法國王政，瓜分法國和刼奪法國的計劃結合了起來。盟國同床異夢，各有野心。普魯士覬覦阿爾薩斯與勞倫（Alsace-Lorraine），並且藉口對法作戰向盟國提出一種「報酬」問題而要求與俄羅斯重分波蘭。奧地利想侵佔法國的佛蘭德斯（Franders），亞多亞（Artois），皮卡爾德（Picardy），一直把它的邊界擴張到索謨河（The Somme）與巴威，或則以巴威交換比利時及其境外的少許土地。西班牙及薩丁尼亞也有同樣的要求。在英國方面，庇特要求控制在戰略上有重大意義的敦刻爾(Dunpirk)。

因此瓜分法國的強盜計劃，產生了盟國外交家之間的勾心鬥角與永無寧息的紛爭。奧地利與普魯士締結協定的企圖失敗，普魯士不答應奧地利佔領巴威。在一七九二年七月，奧皇與法蘭西斯邀請普王非特烈·威廉二世(Frederich William 1786—1797年)在馬因斯（Mainz）會晤，曾把奧地利佔領巴威以及用波蘭『報償』普魯士的問題交換意見，但無結果而散。一七九三年四月，各國在安特衛普(Antwerp)召集了會議，然因俄國外交家的野心更大，使各國的胃口亦隨之增加。俄國拼命地掠奪波蘭，企圖使一切列強都為瓜分法國而互相爭奪起來，以便把各國的視綫由波蘭轉移到西歐方面而自由處置波蘭。

第二次瓜分波蘭（一七九三年）

然普魯士的條件是，假如要『獎勵』它對法作戰，必先和它第二次瓜分波蘭。俄國為抵制一七九一年波蘭志士在普王贊助下所通過的憲法，在喀德隣二世保護下，在波蘭成立了高塔維茨同盟（Confederation of Targowitz）；在一七九二年夏，俄軍佔領波蘭，普魯士亦跟着將軍隊開入，於是喀德隣被迫同意與普國瓜分。因爲在九爾美之役過後，普王不但拒絕對法作戰，他甚至將其軍隊調至波蘭。此外，菲特烈・威廉二世又毫不客氣地把他本人於一七九〇年與波蘭所訂的同盟破壞，蹂躪了他從前所支持過的（一七九一年的）波蘭憲法。『如果我們對他加以任何一種困難——俄羅斯外交家摩爾考夫說到普王時說——，那麼他便會馬上與這些法蘭西的惡棍簽訂和約，而一點也不放棄他在波蘭的利益，那時便只有用武器才能把他驅除出境了。』

但奧地利於法軍佔領比利時之後，却非常願意與法國戰爭，因爲不將比利時由法軍手中奪回，决不可能拿比國交換巴威。奧地利處境的困難，給俄普兩國一種可能在二次瓜分波蘭時把奧國排擠出去。他們於一七九三年一月趁奧國對法作戰的關係締結了一個瓜分的條約，然後將既成的事實提交奧地利人。普王對奧皇說，普國將來一定幫助奧地利收復尼得蘭，並且願意以巴威去交換。奧皇不得不同意這個提議。

第二次瓜分波蘭(Second partition of Poland)之際，烏克蘭及立陶宛土地的一部分歸附俄羅斯，而但澤，托倫 (Torun or Thorn) 及波森 (Poson or Poznan) 則瓜分給普魯士。俄普兩國認爲，關於瓜分波蘭一事，縱然波蘭貴族院能在表面上把它批准一下也是必要的，於是波蘭貴族院在格羅得諾 (Grodno) 召集會議時便被軍隊包囘，以武力威脅各代表投贊成票：代表們誰不承認瓜分，卽不放誰個退出會場。但代表對投票報以緘默，事情幾乎弄僵，如無貴族院主席（元帥）提議對劃行亦採沉默，是沒法打破僵局的。這樣，貴族院的『緘默的會議』，使第二次瓜分波蘭的行動獲得了法律上的根據。

法蘭西軍事的失敗與唐敦的折衷外交

一七九三年春，因盟軍實力稍爲加強，所以吉倫特黨統治的不鞏固，早就在一七九三年三月裏表現出來了。三月十八，考堡公爵 (Duke of Cobury) 所部奧軍在尼爾溫登 (Neerwinden) 擊潰法軍，收復布魯塞爾。杜摩累不祇投降了奧人，並且聲稱他將與奧人一致行動愱復君主立憲。結果奧軍又佔領了比利時，而普士魯亦踐踏了萊茵左岸。盧森堡（Luxemburg），荷蘭，薩伏衣，尼斯差不多都又成爲盟軍前進的基地，比利牛斯山已非法國的屏蔽。法國邊境洞開，盟軍由奧軍，普軍，厄森軍（Essen），漢諾威（Hanover）軍，皮蒙特軍，西班牙軍，荷軍……組成。外國軍隊重新侵入法國，一七九二年秋天的嚴重局面重新擺在法國人面前。在國內高漲起了反革命的暴動，芬底，布勒塔尼，南特……紛紛脫離中央，淸算革命，查爾特（Charette），斯托菲特（Stofflet）等反徽兵口號，西南各郡起而響應。法國八十三郡當中有六十郡反對中央。一七九三年夏，共和國的局勢萬分嚴重。

在這種內憂外患的局面之下，一七九三年四月六日，國民公會被迫成立了一個公安委員會（Committee of Public Safety），並將一切行政權集中該會。唐敦做了該會的首領，並與巴列爾（Barrere）共同主持外交。這本是一個比較革命的政權，但軍事政治的繼續失敗，使吉倫特黨及雅各賓右派唐敦的領導動搖起來。吉倫特黨面對着新的人民起義的威脅，吉倫特黨把全部精力由對外作戰而轉變到集中在對內政策方面。他們爲預防革命的專政起見，初則放棄了他在法國境外的革命戰爭的宣傳，繼則與聯軍進行投降的談判，以便用外部的壓力消滅內部的革命。反之，雅各賓黨及克羅茨則聽厭了乞和之聲，他們主張以新的革命戰爭的方法以及軍隊的全部改造，以達成革命的最後勝利。吉倫特黨在人民面前威信掃地了。至雅各賓黨右派的唐敦，此時雖完全腐化，但他的叛國行爲尙未完全暴露。本來他也不願聯合政府轉變爲雅谷賓左派的專政，他企望兩黨妥協。他與吉倫特黨的見解相同，主張攘外必先安內，幻想犧牲法國的利益，換取盟國的一張和平條約。然而祇因吉倫特黨太不受人歡迎，所以在這個時候，國民公會中的一部分『沼澤派』，就與唐敦聯合而拋棄了吉倫特黨。

其實唐敦的對內外政策，與吉倫特毫無二致。四中月旬，國民公會下令宣布法國完全不干涉他國事件，在法國境外放棄武裝的革命宣傳。羅伯斯庇爾不贊成這個命令，同時爲澈底打擊吉倫特黨及唐敦的行爲，提議對一切主張與敵和平談判的人處以死刑。但這個提案並沒通過，通過的是由唐敦提出的折衷方案：『與不承認人民權利的敵人進行談判者處以死刑。』唐敦利用他修正條文已有與盟軍開始和平談判的可能，然而祇因法國還附帶着一個盟軍必須承認共和國的條件，所以這又有所不能。唐敦任對外政策上究竟還握着實權，所以國民公會還撥出六百萬里佛爾的款子作爲唐敦進行祕密外交的費用。唐敦四方八面的派出許多代表以圖拆散聯盟國。在唐敦所選派的代表們之中，有不少的陰謀家和嫌疑犯。對代表們的訓令，完全是倣照列不林過去關於普魯士及其他各國的有名計劃而製出。唐敦與列不林企圖把中立國拉到法國方面，但是眞正的談判，祇限於瑞典一國，而且與瑞典的同盟條約雖已擬就，可是共和軍在前方迭遭重創，瑞典攝政亦拒絕在這個條約上簽字。

一七九三年五月三十一日至六月二日法國人民的起義，推翻了吉倫特黨在國民公會中的統制，奠定了雅谷賓黨專政的基礎。布里索，汾約（Vergniand, 1753—1793），佩因（Peion）等被捕就戮，羅伯斯庇爾，聖鞠斯特，庫通（Couton），噶爾諾（Carnvt）以及極左派厄爾貝（Collot d' Herpais）依次加入公安委員會。然蟬聯於公安委員會的唐敦（直到一七九三年七月十日），仍執行着他拆散聯盟國的外交的計劃。他不覺悟，歐洲列強在根本上是不相信革命的法國會存在下去的，同時法國在軍事失敗的條件之下，他的對外政策是毫無希望的。結果，唐敦成了雅谷賓左派攻擊的目標，吉倫特黨的命運，也就是唐敦的命運。

第四節　雅各賓黨專政時的內外形勢及其對外政策

一七九三年五月三十一日到六月二日的起義，引到了雅各賓黨的專政，而這個專政，是以當時最革命的小布爾喬亞聯盟和城鄉的平民大衆爲柱石的。雅各賓黨的對內對外政策，以貫徹革命，反對外國干涉以及發展革命的解放戰爭爲任務。外交部長吉倫特黨員列不林被免職，繼任的爲唐敦的走狗笛弗爾格。

唐敦派放寬的對外屈辱政策的總清算

在雅各賓黨專政時期，唐敦派也沒有能夠與聯盟諸列強進行眞正的談判。在一七九三年八月，英國政府的一個奸細馬圖斯（Matthews）將英國非正式的和平條件轉交法國外長。第一，英國要求法國放棄革命時期由法國所合倂之一切領土（註一），讓出塔巴高島。第二，護送皇室出國。這是雅各賓左派根本不會接受的投降條件。可是不識時務的笛彿爾格居然不看看他的主子唐敦在政治上快要走上末路，胆大地把這個問題在公安委員會上做了一個報告，很粗心地不考察一下這個條件的來歷和馬圖斯的行爲和人格，這就使雅各賓左派直接地或間接地把『賣國賊』的罪名加在唐敦頭上。國民公會嚴詞質問笛佛爾格這個提案的來源，下令逮捕馬圖斯，同時對各國更進一步地採取了強硬的政策。

在一七九三年十二月，英國另一個偵探馬伊爾斯又把英國政府欲進行和平談判的條件通知唐敦。而且更糟糕地，鑽在委員會中的荷蘭，西班牙以及奧地利的偵探接二連三地把這種條件提了出來。顯然，英倫人士以爲唐敦將來當政，所以把法國屈辱投降的條件提出來請他接受。雅各賓黨又在唐敦的罪名上加了一個罪名。

一七九三年到一七九四年的冬間，反動的唐敦派與代表新貴的『沼澤派』完全合流。一切反對革命恐怖的人如政客、投機份子以及銀行家們，都把他們的希望寄託到唐敦身上。他們覺得『沼澤派』與唐敦合流之後，唐敦權力增大，所以就把敦唐當做他們的『救星』。他們企圖唐敦執政後會不惜出賣民族

（註一）指亞威農，薩伏衣及尼斯。

利益而換取歐洲反動國家的一張和約，他們大家都變成聯盟國的偵探。至於唐敦本人，他爲了進行反對革命專政制度的鬥爭，爲了與敵國聯合，也索性接受了英國的金錢。

唐敦的政治生命完了，他在對內政策方面的動搖，以及他對同盟國的屈膝投降，成爲衆矢之的。是年七月的選舉，唐敦已被趕出公安委員會，並取消了他對外政策的領導權。唐敦與羅伯斯庇爾勢不兩立，在一七九三年十二月，腦羞成怒地投到雅各賓專政的敵人的營壘。他臨終不放棄和平談判的思想，他幻想英國反對派首領福克思在大選中的勝利來拯救他。但在一七九四年春天，『英國選舉的結果，是對庇特有利……這就推翻了唐敦的地位，羅伯斯庇爾利勝了，且將他斬首了。』（註一）巴黎接到庇特在國會中勝利的消息後，第二天雅各賓黨羅伯斯庇爾就把它逮捕。不用說唐敦的爪牙列不林，早於去年冬季被押到革命法庭而處死了。

唐敦當政時代聯盟國存在的偵探奸細

聯盟的倡導者——庇特，奧利地及普魯士——在雅各賓專政時期，派遣了許多偵探到法國進行反革命的破壞工作。英國偵探用金錢資助王黨及革命派在某些城市暴動。奸匪和暗探在林阿，在瓦拉斯，在貝雲（Bahonne）的軍火工廠，在大砲廠，兵工廠以及糧秣站中放火及拋擲炸彈。在里爾（Lille），在一個英國偵探的皮包中搜查出了庇特的訓令，英奧兩國的偵探機關，印刷許多僞鈔搗亂法國的金融。此外，並用美人計收買一般受了反動宣傳的婦女刺探軍情，担任刺客。法國政府曾破獲了這樣的一個案件，有一天，警察破獲英國在巴黎設的一個機關後，它的一個叫做波伊德——庇特及英國外交部的銀行家——的負責人（英國人），居然神通廣大，在天羅地網的巴黎，持着法國外交部簽發給他的一張獲照（唐敦發給他的）安全地逃走了。奧地利的一個偵探，即比利時的一個銀行家普波里，他不但是用錢買通前吉倫特黨員愛洛·德·塞什爾盜取公安委員會的秘密決議，並且使後

（註一）昂格斯一八八九年十二月四日致阿得列爾的信。

者在公安委員會中一直工作下去，迄至一七九三年的十二月，還列席該會的會議。在外國僑民之中也發現了偵探。這些人美其名曰各國愛好民主自由的戰士，美其名曰各國的政治犯，而被本國通緝才逃到法國。但實則，偵探多，民主份子少，像在國民公會中身當要職，並努力於人類解放事業的克羅茨及湯瑪士・柏尼這類人是很少的。其他不過是利用國民公會賦與外國前進思想家文人的民權，法國人民對各國革命熱烈表示歡迎以及尊敬他們的心理，故意戴着外國的愛國主義者的假面具混進法國。國際形勢的險惡，反革命的裏應外合以及偵探之多，竟使羅伯斯庇爾不得不對各機關的公務員重行甄別，並對外國的偵探加緊鬥爭。國民公會通過了肅奸的決議，逮捕了一切外國的嫌疑犯。

厄爾貝派與克羅茨的外交政策

雅各賓左派克羅茨與厄爾貝派，與唐敦派針鋒相對。內政方面，要求新的改革，實現經濟政治的完全平等。主張土地國有，將一切土地分給貧農佃農，提議將大工廠歸國家經營。他們是代表巴黎最下層的勞動人民的利益，是反對新富，投機商人的。他們說：「一切的安樂都建立在勞動身上」，法國人民的政權，應當是農工民主專政。這派很有勢力，其下層組織巴黎公社及里昂公社幾乎成爲一七八九年來推動革命往前發展的動力。對外方面，在原則上反對一切的外交與談判。他們主張站在公社及平民大衆的利益上，實行恐怖的宣傳，與聯軍無情作戰，以便保護人民革命的果實，爭取抗戰的完全勝利，最後使革命的措施繼續深入及擴大。

在法國，革命戰爭之所以奔騰澎湃，就是因爲得到厄爾貝派所代表的這個革命階層的支持。這個革命階層不倦地進行了革命，樹立了共和，用空前未有的力量鎮壓了法國的資本家及地主。法國反聯合君主專制歐洲的革命戰爭，正是這個階層的政治的力量及它的延續。

厄爾貝派既然醉心於革命思想的散佈和歐洲革命火山的迸發及勝利，所以他們認爲，就是與中立國家維繫對外貿易及外交關係也是不必要的。照他們的意見，革命的法國，祇能利用恐怖手段及對資產之家的徵實徵購獲取糧食，而不是由外國輸入。左派雅各賓黨在一七九三年夏天要求與丹麥及漢薩諸城(Hanestouens)絕交。在十一月初旬，蘇米特(Chaumette, Piere Gaspard)發表了取消法蘭西共和國駐外使節的原則。但是到了十一月中旬，厄爾貝派在公安委員會受到羅伯斯庇爾的壓迫，逐漸放棄了他們關於外交的理論，共和國初期的勝利，法國人民的心理安定。然而克羅茨仍繼續否認外交關係上先前的一切形式。他認爲革命的外交，歸根結蒂是在於共和國與全歐洲的戰爭以及世界聯邦共和國的建立。在外國革命家中有許多人也擁護他這種主張，認爲這是他們最後的目標。他們相信在革命的世界共和之中，各國人民的情愛，自由與平等，定會使外交成爲多餘的。

由一七九三年秋到熱月九日（一七九四年七月二十七日）的羅伯斯庇爾及公安委員會的對外政策

一七九三年的七月，羅伯斯庇爾變成爲法國唯一統治者後，制定了一個新的憲法。這個憲法比一七九一年的憲法民主的色彩更濃。它規定人民有高度的政治自由，有無限制的出板權，請願權，而且憲法保證人民以工作權，教育權。然私有財產是神聖不可侵犯的，因之，厄爾貝派猛烈反對。至於憲法所確定的雅各賓黨革命外交的原則是這樣。根據憲法，法蘭西人公認爲一切自由的人民的天然同盟者。法西蘭人民不干涉其他民族的內政，但也不容別人干涉他的內政。法國供給各國民主戰士以避難之所，然而反對他們當前的暴君，且不欲與統治他們的敵人媾和。一七九三年憲法沒有實行，因爲環境要求革命專政。可是羅伯斯庇爾的外交，在許多方面符合於他的原則，反對以世界革命爲目的與全歐洲在法國疆土以外展開戰爭，反對投降屈辱的和平，但力求國家由干涉者手中的解放。

羅伯斯庇爾在承認外交爲一種與聯盟國鬥爭的手段之際，同時也打擊了兩種對立的傾向：克羅茨與厄爾貝派不顧實際環境而領導着進行革命戰爭的宣傳暨唐敦派締結投降和約的企圖。一七九三年夏天，羅伯斯庇爾要求國民公會頒佈一道命令，主張凡是提議與侵入法國領土的敵人締結和約的人們，一律判處極刑以抵抗唐敦派。同時在對外政策的演說中，打擊了君主專制外交的瑪基雅佛里主義。（Machiavelli Niccolo 1469—1527）羅伯斯庇爾說，革命外交必須建立在正義，眞樸和合法則的原理上面。羅伯斯庇爾號召歐洲的各個小國與法成立同盟並團結奮鬥。但他認爲這種同盟，祇可在各民族自由愿望的基礎上來訂立，而不是用強制及霸道的行爲。羅伯斯庇爾醉心於法國的解放，而不是擴大法國境外的革命。委員會把吉倫特黨派往瑞士負責鼓動革命的代表們召回。可是儘管這樣，外國偵探與僑民，還是竭力鼓吹與誇大雅各賓黨在法國境外的革命宣傳以便威嚇歐洲列強，並鼓勵他們更堅決地與法國作戰。這樣，就在國外揑造出了一份聖·鞠斯特關於雅各賓黨在歐洲宣傳革命的計劃，以及對歐洲宣傳費用的報告書，並且在各報上登載了出來。

羅伯斯庇爾與唐敦不同，他認爲英國是主要的敵人。爲打擊唐敦派與英國的陰謀，並在對外貿易政策的原則上謀一轉變起見，巴列爾於九月廿一日代表委員會發表了一篇反英的演說。國民公會通過了一個和有名的克倫威爾(Oliver Cromwell 1599—1658)航海條例同一意義的航海條例以抵抗英國。法國下令禁止英國船隻開入法國。雅各賓黨這個條例，不啻一箭兩鵰，對外給英國的商業以打擊，對內根絕了吉倫特黨的自由貿易政策，使法國的貿易政策更加保護工業布爾喬亞的利益，並給唐敦派的聯英計劃以一大打擊。其後在雅各賓黨覆沒以後，航海條例的原則，且普及到法國佔領的一切區域裏面。拿破侖把它變爲對英國的大陸封鎖。

雅各賓黨在對外政策上的三大任務

以羅伯斯庇爾爲首的公安委員會，在對外交關係方面有三個重大的任務要解決：（一）把法國由經濟政治的孤立狀態中解放出來，增加糧食的輸入；（二）與某些國家維持友好的關係，並與它們建立一個同盟以抵抗英國領導的同盟；（三）在反法的同盟國內部散佈恐怖與不和的種子，加速其崩潰。

關於第一個任務，羅伯斯庇爾已獲得相當的成功。羅伯斯庇爾猛烈反對厄爾貝派對富人的恐怖及徵發，認爲法國軍糧的重要的泉源，是由國外入口糧食。爲了消除法國在經濟政治上孤立的危機，他與瑞士，北美合衆國，丹麥及漢薩諸城保持着良好的關係。法國向這些國家購買了大宗的糧食。羅伯斯庇爾堅決拋棄了吉倫特黨劫奪瑞士邊疆的野心。同樣地，委員會鑒於駐美公使，吉倫特黨人對內的宣傳，已引起北美合衆國政府的反感，特下令把他召回免職。

爲完成第二個外交任務，羅伯斯庇爾提議建立一個由瑞典，丹麥，熱那亞（Genoa）以及土耳其所組成的同盟。在唐敦執權時代，本已派遣馬林及謝摩維林爲駐君士坦丁堡（Constantinople）及意大利諸城的外交代辦。但當他們出發時，因未縝密考慮一切技術問題，結果二人道經瑞士途中，突然被奧軍執爲俘虜。盟國把襲擊外交使節及外交差遣的勾當，做爲獲得革命政府祕密情報的手段。法政府訓令謝摩維林鼓動土耳其對俄實行軍事挑撥的機密文件，落入維也納宮庭手中。委員會認爲土耳其爲抵抗聯盟國的力量，不願意刺激土耳其政府對法國的忿怒與驚慌，所以決定在東方以及在法蘭西的商業殖民地之中放棄革命的宣傳。巴黎的雅各賓俱樂部，不承認在法國殖民地和在君士坦丁堡所組織的『人民協會』爲其支部，而在君士坦丁堡的法國使節留考爾什，更因他老早是由列不林任命的一個富裕的貴族，狡猾的差遣及陰謀家，他底活動更受到阻礙。委員會投以大批金錢資助土耳其。除此而外，土耳其的政治家們，既怕俄羅斯及英國，也不相信一七九三年杪法蘭西共和國能在最困難的關頭取得勝利。留考爾什企圖把轉交他的謝摩維林的行李饋送土耳其人，也是白費氣力。他甚至想通過法國駐巴格達（Bagdad）的領事館去再度反對俄國及波斯。委員會祗與一個瑞士正常地進行了關於同盟及津貼的談判，然而委員會的缺乏金錢以及軍事事件結局的莫知所測，阻礙了他們的順利的完成。同時，雅各賓黨人對一七九四年波蘭勇敢的民主戰士科修斯古（Kosciuszko Thaddeus 1746—1817）的起義，表示完全不加過問。當科修斯古的少數軍隊被俄普聯軍圍困，糧盡彈絕，岌岌可危，而派他的代表到巴黎乞援時，他甚至連一句口頭的頌揚也沒獲得。羅伯斯庇爾及聖．鞠斯特不願幫助波蘭人，他們認為波蘭的運動不夠民主，不夠革命。反之，他們認為列強瓜分波蘭的準備，倒可以把聯盟的注意及力量由法國方面轉移。波蘭人悲憤填胸，最後失敗，坡納托甫斯基 (Stanislaus Poniatowski) 傀儡政府下台後，波蘭從此在地圖上消失了。

為實現他的第三個任務——加速盟國的崩潰——，委員會於一七九三年之秋，特成立祕密偵探網搜集各國情報，挑撥各聯盟國之間的關係，散播挑撥離間的種子，製造消極失望的空氣。此外，他們還必須負責與各國政府的要人拉攏，與部長及宮庭中可靠的人們建立關係，做為法國的第五縱隊。法人亦招僱外國人當偵探，組織訓練班研究偵探、通訊、宣傳鼓動，並隨時考察他們的成績及對法蘭西共和國的忠實及信心。法人克拉特沙伯 (Cloud Chappe, 1783—1805) 於一七九四年發明了『信號機』(Semephore telegraph) 能在同一時間與國內各地及國外通報，第一道路線，已由里爾(Lille) 敷設到巴黎。人選問題，通訊聯絡問題以及一切情報的蒐集和考察問題，委員會均責成法國駐瑞（瑞士）公使巴爾特爾 (Barthélemy, François Marquis de) 負責。巴爾特爾駐蹕的巴塞爾(Basel)曾經成為法國偵探的大本營，同時因為這是一個便於指揮的地方，委員會曾將由各國所得來的情報，都集中於他之手。巴爾特爾在十一月已經選擇到兩個偵探——一個駐在荷蘭，一個駐在柏林。

雅各賓黨與盟國和談的原則

在雅各賓黨專政時期，法國與聯盟各國的和談之間所以終不能打開，最重要的是因為在盟國之間日益增長着的對法國的恐怖以及法國在軍事上的勝利，已快使他們自己拆台。法國需要和平，但和平要有軍事的勝利做保證；和談也未嘗不可，但要把內部的敵人肅清再說。

這時，西班牙駐丹麥公使，企圖與法國駐哥本哈根 (Copenhagen) 代表進行和平談判，普魯士及奧地利的代表亦屢屢照會巴爾特爾提議協商，然公安委員會均未接受，期待着法軍更大的決定性的勝利。羅伯斯庇爾說，打敗盟軍，再來開始議和。雅各賓黨的期望，最後完全實現。

一七九三年夏，法國面臨着失敗的危機。但雅各賓黨以驚人的姿態改造經濟，刷新法國政治。舉國上下開始了總動員，所有的人都爲戰爭而服務。糧食的缺乏，因最高物價緊急命令的實施暫告解決，新生產計劃，至一七九四年春已著成效。在政府幫助下，戰時荒蕪的土地，變成蓬勃的田園，在科學家的合作之下發明了許多農業技術，軍火被服的產量大增，人民把一切破銅爛鐵造成武器。十一月初，法國每天便產步槍約兩萬枝。數十個鍊鋼廠成立，熔冶方法改造，火藥原料解決，其他各種作戰物資如皮革，被服等等均能在短期內造出。五十萬裝備齊全的新兵上火線了，無數新的指揮官員訓練出來了，其中如青年將軍何士，(Hoche Lazare, 1768—1797)，智勇兩全的殊爾洞，(Jourdon, Jean Baptiste, Count 1762—1833)，摩洛 (Moreau Jeam Victory, 1763—1813)，皮士格律 (Pichagreu Charles, 1761—1804)。再加上永不枯竭的兵源，激昂的士氣以及主動的作戰方式——集中突破——等等，一七九三年十月即開始法軍的反攻。十月初里昂光復，十月二十日芬底人在考萊特 (Chollet) 被敉平，接着馬賽，波爾多相繼攻佔。英國的強大部隊，被一個砲兵中尉拿破侖由『不可攻破的』土倫驅逐。最後，北部聯軍亦開始渡過萊茵河滾滾後退：這樣勝利地結束了一七九三年的戰爭，肅清了法國領土上的敵人。戰爭移到了敵人的領土之上。

一七九四年春，革命軍的攻勢繼續展開。消滅了外國侵入的威脅，荷比及萊因等地的人民熱烈歡迎法軍。一七九四年四月十八，皮士格律進佔托考 (Turcoing)，六月二十六日的佛勒洛斯 (Fleumu —比利時境) 之役，法軍斬獲甚大，考堡將軍率兵逃遁，法軍又把全部比利時及荷蘭的若干重鎮解放。此時雅各賓黨專政穩固了，新的強大的羣衆的革命隊伍，已建立起來了。法國在軍事上獲得的勝利，捷報擴傳，在前方作戰的軍隊推進到異國的領土上面。法蘭西的大布爾喬亞都幻想侵奪萊因左岸，但羅伯斯庇爾出而反對。他認為法國雖有抵抗外部進攻的能力，但其當前的任務，是在於與戰敗國簽訂勝利的和約以及對國內民主敵人的鎮壓。他說軍法保衛薩伏衣及尼斯則可，但佔領萊因左岸則是大錯特錯。

羅伯斯庇爾為什麼不繼續進攻呢？這完全是因為他不願進行無後方的進攻。當時反對雅各賓專政的一切人們，正在利用國家打仗，準備暴動。殘餘的吉倫特黨，唐敦派以及厄爾貝派正在聯合，正在以革命果實作為繼續擴大戰爭的賭本。他們已結成一個統一陣線，想利用左右兩方不滿意革命的情緒以作反革命的政變，內而推翻革命的專政制度，外而奪取比利時及萊因左岸。巴列爾及其他未來的熱月派，已經在一七九四年春天，時刻注視着羅伯斯庇爾的對內政策，想盡一切方法，使他把鎮壓資本地主的政策轉變為新的勝利的追求。羅伯斯庇爾預見到他們的陰謀了，所以他現在的對外政策已開始轉變。不過，這些陰謀未能肅清，不幸到一七九四年的七月二十七日便發生政變，即所謂是熱月政變（I Thermidor）將政權移交大工商階級了。革命的解放戰爭逐漸轉變為侵略戰爭，法蘭西革命時代的革命外交，完全變為帝國主義的外交。這一點將在下章之中詳細說明。

雅各賓外交的組織

在雅各賓專政時代，外交機關徹底全部改組。由一七九三年秋起，巴列爾及羅伯斯庇爾握了公安委員會中的外交大權。委員會維持着與土耳其，瑞典，北美合衆國，丹麥，日內瓦，熱那亞以及阿爾及爾（Algeria）的半官方的外交關係。外交部長權力很小，他在政治意義上是渺不足道的。國民公會直接發佈命令及通過決議，甚至也不聽取外交部長在對外政策上的意見。由一七九三年夏天起，一切重要的外交問題——談判，使節的任命及對於他成績的考核——完全集中於公安委員會。在一七九三年九月，按委員會所通過的『臨時外交原則』，祇有在北美合衆國及瑞士還保留着共和國的正式公使。（註一）在其它國家中，委員會祇能有祕密的代表。這些『原則』，本質上祇不過是既存事實的反映，也可說列強不承認『共和國』的原因。

外交人員中的反革命份子，被羅伯斯庇爾剷除。凡是不可靠的外交代表們，特派專使監督。自一七九三年九月開始，委員會已與交戰國的特使停止一切談判。最後，一七九三年十月五日的命令在形式上把一切外交移交與委員會。在一七九四年三月，委員會決議自行簽發公使的文書，頒發特使的全權委任狀及談判的命令，而部長則祇根據這些決議，起草他的『訓令』。聯盟國四面八方的封鎖，偵探對法國駐外使節一再的刼持以及與軍對馬林及謝摩維爾的槍刼，法國無法發展外交活動。一切均入於祕密狀態，督促外交官員嚴守外交的祕密，在可能範圍中，廢除書面的訓令。唯一特別的地方，祇是一七九三年羅伯斯庇爾提出了封鎖英國工業的主張後，海關亦移交外交部長指導。國民公會取消了各部院，由十二個政治委員分掌軍事、財政、司法、教育等職務，受公安委員會的指導。『部長』二字，革命政府認爲是不妥當的。外交部改組爲外交委員會，由公安委員會的政治委員布什特爲首領。所以外交委員會眞正變爲外交機關，祇是在一七九四年熱月九日之後的事，祇是在法國澈底戰敗敵國，而事實上和平談判的問題已提出來之後。在此以前，很少有人注意到外交委員會。

雅各賓時代的外交委員會，由於外交不是急迫的任務，同時由於雅各賓黨倏忽垮台，簡直沒訓練出雅各賓的外交家。所以當時彌補這個缺憾的方法，就是加派專使監督正式交外使節的行動。但這又有時引起了他們之間的磨擦，比如派遣到君士坦丁堡而担任監督的愛尼，就與留考爾什因政見不同而公開發生爭論。當地溫和的布爾喬亞援助留考什爾，而愛尼則有當地的雅各賓派爲後盾。他們二人公開的相互的責備及衝突，在土耳其當局眼前損害了共和國的威信。

巴爾特爾所成立的偵探網，在委員會的外交組織方面起了很大的作用。最初在這個偵探網中祇有四

（註一）在事實上，他們在那裏祇是非正式的行動，因爲還沒有正式承認共和國。

五個偵探，以後偵探的數目就增加到一二〇八。但是他們活動的範圍日益縮小，因爲要廣泛的展開工作，除擴大組織外，尚需大批的金錢。然而一般地，在革命戰爭尚未全部勝利以前，自然，外交是會被軍事任務擠於第二位的。結果，這些偵探的大部分留在法國國內，而駐在外國的有許多人簡直也沒寫過報告。

第三章 法國熱月逆流時代及督政府時代的國際形勢及國際關係（由一七九四年至一七九五年）

第一節 熱月逆流時代的國內外形勢（由一七九四年至一七九五年）

法蘭西在歐洲的軍事優勢及熱月逆流派的外交

一般的說，雅各賓專政是有廣大的市民階層，中農以及進步知識份子擁護的。然而由於它不能更滿足最下層的人民的要求，實行土地農有，改善工人待遇，嚴格肅清一切破壞革命的人們如吉倫特黨殘餘，沼澤派，反而絞殺在民衆中有信仰的厄爾貝派及巴黎公社，這就喪失了廣大人民的擁護，把他們視爲革命的敵人。另一方面，資產階級又覺得他過分革命，威脅到他們，因此也對他們不信任。左右兩派都把他們視爲暴君，以羅伯斯庇爾爲首的雅各賓專政便在孤立無援的情形下，被葬埋了。這就是歷史上所說的一七九四年熱月——九月——（即七月二十七日）（9 Thermidor）的政變。羅伯斯庇爾及其兄弟，庫通，聖鞠斯特等被梟首示衆，革命時代人民爭取的一切權利及自由，均被熱月逆流派付之東流，法國開始走上資產階級統治的天下。『共和滅亡，強盜統治開始』，轟轟烈烈的法國大革命，就此閉幕，拿破侖帝國主義奴役各族人民的侵略戰爭，從此很快地踏上了舞台。

熱月九日留政的大財閥們繼承了雅各賓黨專政新式的革命軍隊。在革命時代，法國人民在作戰方法方面表現了『驚人的革命的創造精神，改革了全部的戰略體系，打破了戰爭的一切腐舊的法則與慣例，廢除舊式軍隊而建立新的革命的人民的軍隊與新的作戰方法。』這種軍隊，予法國人民以絕對的軍事優勢壓倒歐洲封建君主國家。法國的軍事優勢，長期地規定了歐洲的國際形勢，它成爲法蘭西與歐洲進行連綿不絕的（直到一八一五年）戰爭潛在力，它成爲法蘭西資產之家爭取歐洲及世界霸權的勝利的基礎。

因之，熱月政變之後，法軍在前線展開攻勢。這種勝利，尖銳了聯軍內部的矛盾，同時早在一七九四年終已開始顯露出它的崩潰。法軍再度佔領比利時，同年的冬季勝利地攻入了荷蘭。法軍的勝利展開，因之，適應着這種形勢，法國在對外政策方面，就把瓦解聯盟，各個擊破以及保證法國侵略野心的實現，作爲中心的問題。雅各賓黨人，革命分子以及反對侵略的人們，早由外交人員中清算了，批判絕對君主專制對外政策及外交方式的洪亮的演說家，已無人再爲他們鼓掌了。工商巨頭們在準備戰爭，在準備以武力做爲談判的後盾。如果說在羅伯斯庇爾當權的時代，法國外交是停頓的話，那麼現在，大工商銀行老闆便大刀闊斧地展開外交攻勢，且把外交當作軍事行動的必要部份而追蹤他們底利益了。在外交委員會中，成立了專門的『分析委員會』，負責研究法蘭西對外關係的經濟政治原理，並做歷史的考察。一七九四年冬，在原則上決議恢復從前外交機關以及公使代辦等的一切銜位。但後者已決非代表君主個人，而是代表民族——即以新的法蘭西共和國爲首——了。

熱月派的國民公會，在名義上也保留着公安委員會，但把它完全置於自己隸屬之下。一七九五年春，國民公會付權委員會進行和平談判並締結條約。在條約中許可訂立祕密條文，如果這些條文不與公開的義務相抵觸，且不損害共和國的話。委員會之下組織了密碼委員會。

熱月派的目的初步實現。普魯士第一退出戰爭。一七九四年年尾，與普魯士開始了和平談判，一七九五年四月二日，與普魯士在巴塞爾簽訂了和平條約（Treaty of Basel）薩克森（Sexony），漢諾威

(Hanover)，黑森·加塞爾 (Hessen-Cassel)亦先後與法和好如初。這個條約規定萊茵左岸割與法國，北部德意志保守中立。普王承認萊因爲法德的『天然邊疆』，德意志北部各公國和丹澤的中立，打破英國拉攏他們夾攻法國的計劃。這樣神聖羅馬帝國 (Holy Roman Empire) 由此開始完全崩潰，而於一八〇六年由拿破侖最後結束。英、奧、普諸國聯合進攻法國的計劃破產。

一七九五年七月二十二日，在巴塞爾同樣與西班牙簽訂了和約，後者退出反法戰爭。法國割取西班牙的聖多明谷 (St. Domingo)。先是在五月中與荷蘭簽訂了和約。荷蘭變爲法蘭西的附庸，改爲巴達維亞附庸共和國 (The Batavia Republic)，佛蘭德斯 (Flandes) 向法國投降。依照一七九五年十月一日的法令，比利時及萊因左岸亦併入於法。由一七九四年起，法國已經不是以解放者的姿態對待鄰邦，而是將它們作爲被征服的土地，焚燒殺戮，橫徵暴斂，作爲各民族驕傲的藝術作品亦被運入法國。起初，賠款及徵發還祇加諸於富人及貴族之身，後來便壓到廣大的人民肩上。關於人民自己同情歸併於法一事已開始忘忽毋遺。以談判過程中法國爭執得最起勁者，要言之，不外下述的一個動機：軍事治安的保證以及軍費的彌補。法蘭西的勝利，證明她有足夠的力量推毀封建君主政體的歐洲，然而以侵略戰爭代替革命戰爭，則爲無可諱言之事，這是大家所公認的。從前有一個巨人說道：『從前無情的進行戰爭，且以人民解放爲目的而戰爭的黨，它是完全正確的，同時共和國亦借此喚醒了全歐洲。但是在該黨自己早已沒有領袖，同時以巴塞爾和約及工商巨子督政府的紅燈綠酒代替了革命宣傳式的戰爭之後，才是悲劇的。』

一七九五年最後瓜分波蘭

筆者在上一節中說過，法軍的勝利，惡化了盟國的關係，然在另一方面，聯盟的坍台，與波蘭事變有密切的聯系。一七九四年春間，波蘭人民在科修斯古底領導之下開始了起義。民衆佔領「克拉科 (Cracow)，繼又強迫俄軍退出華沙 (Warsaw)，但不久因貴族抱着『寧附友邦，不與家奴』的心理，進兵反對波蘭人的蘇渥洛夫底軍隊，便長驅直入，取布洛克（Plock），下華沙，科修斯古亦爲俄軍所執。普（魯士）王深恐俄皇喀德隣一人獨吞波蘭，同樣也派兵向華沙及克拉科挺進。俄普兩國的戰爭迫在眉睫。最後，奧軍亦怏怏不樂，亟欲分享盧布林（Lublin）。這時，俄國女皇喀德隣二世已知道普魯士不讓她獨吞，於是爲了避免與普作戰，最後忍痛同意了瓜分波蘭的計劃。但一波未平，另一波繼起，在奧地利與普魯士之間開始了爭奪克拉科——重要的戰略據點，雙方都想爭取——的外交戰，而這一爭奪戰，竟使兩國的關係無從排解，普魯士氣忿地退出聯盟。所以，普王由一七九四年春，即駕臨波蘭，而且到後來幾乎不參加對法的戰爭了。以組織反法同盟爲職志的庇特，他看到這種情形，對普魯士亦不表同情，因於一七九五年曾決定停止英國對普魯士的津貼。至於俄皇喀德隣的態度更不必說了。她在普魯士強佔克拉科之後，覺得普王貪婪無度，得寸進尺，因之她急忙表示與奧地利親近。因爲除協力抵抗普魯士外，奧地利對俄羅斯還有兩種用處：第一，奧國可作爲俄國攻打土耳其的同盟國，第二，奧國可作爲革命後的法蘭西的最積極的敵人。奧俄兩國攜手了，在普魯士拒絕了奧地利對克拉科的要求之後，喀德隣女帝即我行我素地避開普魯士而與奧地利締結了最後瓜分波蘭的密約。她先孤立普魯士使他承認既成的事實，然後再壓迫他接受自己的條件。俄皇喀德隣此次又利用了一七九三年二次瓜分波蘭時反對奧地利人的同一手段，以反對普魯士。

一九七五年三分波蘭之際，俄羅斯得到了立陶宛，庫蘭特（Courland）以迄尼門河（The Niemen）及布格河(The Bug)的區域，沒有併吞一塊波蘭居民佔多數的土地。普魯士得到華沙和馬撓瓦（Mazovia）；而奧地利則分得盧布林與克拉科及其州區。『在波蘭的搶奪——曾有人就一七九三年與一七九五年的瓜分波蘭寫着——掏空了一七九二年——一七九四年聯盟的力量，削弱了它抵抗法蘭西的抵抗力，給予後者一個大加鞏固的機會使他完全用自己的力量獲得勝利。波蘭覆沒了，但他底反抗拯救了法蘭西革命，並與法蘭西革命同時開始了一個沙俄亦無力抗抗的運動。』俄國女皇利用普奧兩國的衝突以及他們與法的戰爭，擴張了她底帝國。『法蘭西革命是喀德隣二世的一個新的鴻運。』但俄、普、奧任瓜分波蘭方面初步反動的合作，成爲他們彼此接近及其進一步反對歐洲革命和民族解放運動的共同政策的基礎，尤其是在神聖同盟時代。

一七九五年英俄奧的聯盟

在普魯士，荷蘭，西班牙以及其他國家退出反法聯盟之後，祇有英國與奧地利繼續對法苦戰。在波蘭事件中勝利的俄女皇喀德隣，開始準備六萬軍隊進攻法國，並任命蘇渥洛夫(Suvorov Aleksander Vasilevich, 1729—1800)爲俄國遠征軍司令。在一七九五年俄國與英奧兩國簽訂了新的同盟，並且由英國供給俄國以大批津貼。但她在一七九六年十一月六日死了，這便暫時阻止了俄國對法國的憲兵的作用。

繼承皇位的保羅一世(Paul I, 1796—1801)，比她的母親喀德隣尤爲忿恨革命。然而由於在對外政策方面，宮廷貴族分爲兩派。一派主張與英協同作戰進攻法國，另一派（以首相伯斯波洛德爲首領）則主張維持傳統的對外政策，反對與英聯盟，甚至主張與法妥協。督政府也竭力接近保羅，以便挑撥英俄關係，而保存戰時的勝利。

英，俄，奧聯盟無甚行動的另一原因，就是盟國在這時的強盜計劃：庇特爲了瓜分法國，拒絕路易十六之長兄普洛汪斯親王(Count of Provence)承繼王位，然喀德隣則因對法國無領土野心，承認普洛汪斯爲法國未來的君主。路易十六的另一個兄弟亞多亞 (Count of Artois) 情形亦完全相同，照亞多亞自己的話說，英國的財閥不僅把自己的荷包看得比什麼都貴重，而把法國的皇冠及貴族看得比什麼都微賤，而且他本人根本不敢赴英覓取英國的援助，以免英國的債權人向他討賬，或在他登陸時把他送到拘留所押了起來，因爲這位驕傲不遜，揮霍無度的親王過去欠了英商一千萬至二千萬里弗爾。反之，彼得方面，則在一七九三年曾大張筵席，歡晏亞多亞親王。最後，普魯士亦不贊成英、俄、奧的反法聯盟。

第二節　督政府時代的對外侵略政策（一七九五年至一七九九年）

督政府及督政府的本質

熱月派當政以後，國民會議還苟延了一年有餘的殘喘。人民思慕羅伯斯庇爾時代，巴黎成了人間地獄。新富溺於酒色，國民公會亦成爲貪贓玩法的官僚機關。然工商之家究不欲王黨恢復君主專制。熱月派曾兇狠地血洗幾次人民的暴動——如一七九五年種子月十二日（12 Germinal）（即西曆四月一日）的暴動，及牧月一日（1. Prairal 即西曆五月二十日）的暴動。然對王黨的葡月（Vender miaire）暴動亦切齒痛恨，幸賴拿破侖慣用的大砲始掃蕩殆盡。在這種情形下，當然，賊黨日落西山，武人當道，法國的全部政權，逐漸過渡到拿破侖的手中。以下就敍述督政府時代法國與各國的關係。

根據一七九五年八月二十二日的憲法，普通稱共和三年的憲法，法國的國民會議解散，一切政權移交立法院（Legislative）。立法院分兩院，一爲元老院（Council of Elders）二爲五百人院（Council of Five Hundred）。立法院選出五百位督政，組織督政府（Directory），而以巴拉（Barras）爲首席督政。

督政府時代，法國表現出一種畸形的現象：內政方面腐敗到過去專制貴族的程度，軍事上則蓬蓬勃勃富有朝氣。而且不僅如此，內政的暮氣沉沉，更反映出了軍事上的煥然一新。但是應當曉得，法國軍隊的新的現象，正是雅各賓專政時代革命空氣的繼續高漲，而法軍帶給法蘭西的戰勝聯盟的輝煌勝利，正是雅各賓軍事勝利的光大發揚。但是這種現象，是不能長久存在的，以反動工商家爲柱石的督政府越腐爛，軍人越是氣焰萬丈，特別是拿破侖。督政府日益低首下氣看情人們的眼色行事，它完全變成些歌功頌德的人們。拉．列威里．列拉克斯（La Reveillere-Leleaux）督政向拿翁阿諛道：『好呀！自由的神靈精明！你一個人能獨立創造……意大利軍，創造波拏怕特！幸福的法蘭西呀！』在一七九六年拏破侖被任命爲意大利遠征軍的司令時，四千里弗爾的軍費無法籌措，可是九個月之後，不僅軍費無需督政府籌劃，拿破侖解交督政府之款，單由倫巴底（Lombardy）解至巴黎者，就有一千萬佛郎。同時拿破侖在王黨陰謀滋事，而督政府經濟困難萬分時，還慷慨地允許繼續捐送三百萬金佛郎以供緊急關頭時的經費。領土的拓張更無限制，南歐，埃及，敍利亞及地中海中的若干島嶼變成法國的領土。在一七九六年到一七九九年，政權受軍權的支配，軍人們用戰爭，賠款以及在被征服國中的刼掠，豢養着督政府中的一羣寄生虫。拿破侖成了法國強盛的象徵。巴黎的一家報紙寫着：將領們成爲『共和國的搖錢樹』，而不把督政府看在眼裏了。

對外政策

督政府時代法國的對外關係，也由軍事來轉移。法國外交的主要任務，就在於跟在將領們的屁股後面收拾果實，並利用軍事勝利與戰敗國締結有利於法國的條約。在法國的東部及北部利用附庸國建立一個樊籬地帶，用以抵抗奧國的進攻，同時進攻意大利，以保衛法國南部的邊疆，鞏固法國在中歐的統治。因爲法國自喪失大西洋上的殖民地以來，法蘭西工商業家便把這些作爲生命綫，作爲殖民地政策的主要目標。地中海東部的伊奧尼羣島（Ionian Islands）的奪取，馬爾太島的佔領，以及拿破侖的遠征埃及，都是這個政策的最後一着。此外，拿破侖還計劃直接打擊英國在印度的統治。

意大利的遠征（一七九六——一七九七年）

一七九五年拿破侖敉平五黨暴動之後，他的名字雖已在巴黎和全國開始被人們注意，但是他的地位還不能與噶爾諾（Lazare Nicolas Marguerite Cornot），摩洛等相比。一七九五年留在同盟中對法作戰的，祇剩下英國，奧國，俄國，此外尚有幾個小國如撒丁尼亞王國

（Sardinia Kingdom），西西里兩小王國以及德意志方面幾個小國：符騰堡（Wurttemburg），巴威(Baviria)，巴登(Baden)等等了。督政府的看法與列強不謀而合，大家都認爲一七九六年春夏兩季的主要戰場是在西部德意志，法軍進攻的箭頭，是指向奧國的腹地。

督政府把一切賭本都注在這個戰場上面。指揮人員是法國當時數一數二的名將如摩洛，殊耳洞及皮士格律，而軍隊也是最精銳的隊部。至於對意大利的遠征，督政府則不甚重視。認爲拿破侖的征意計劃，祇可以分散奧國的一部兵力，所以把意大利當作次要的戰場，軍隊方面也多是老弱殘兵。

但摩洛渡過萊因之後，戰事勝敗無常；殊耳洞被奧軍擊退，摩洛在萊因右岸的德軍，卒被肅清。祇有拿破侖在意大利的遠征，則收到了意外的收獲。一七九六年四月九日越過阿爾卑斯山的『飛檣』，六天當中打了六次勝仗。四月二十八日皮蒙德的國王維多利亞·亞梅德(Victor Amadeus)與他簽訂了和約。薩猶衣及尼斯割與法國，皮蒙德不得與他國（未得法國同意）訂立條約。

擊潰意大利之後，拿破侖移兵進攻奧地利。帕爾馬公國(Ducky Parma)不戰而降，洛地(Lodi)的奧軍盡截。會戰於五月十日開始，十五日法軍已進入米蘭(Milan)。『倫巴底(Lombardy)立刻歸共和國的版圖』，（拿破侖這樣報告督政府）成立了倫巴底共和國(Lombard Republic)。

拿破侖軍隊，以後差不多每天有新的勝利。六月初旬佔領了里窩那(Livarno)及波倫亞(Bologna)，中旬兵至摩德納(Modeno)。中立國多斯加尼(Tuscany)如同帕爾馬公國一樣，被拿破侖大兵壓服，法軍『見物就取』，把一切金銀珠寶擄掠一空。名城孟都亞(Mantua)七月被圍，但不論奧軍如何頑抗，紛紛馳援，四次擊退法軍，然以拿破侖特有之機動，最後將歐洲最堅固之要塞衝破。名軍事理論家若米諾(H. Baron Jomino)頌讚拿破侖稱：縱使拿翁在二十七年前時陣亡，亦堪保證其在歷史上之『不朽光榮』。

孟都亞既下，拿破侖揮兵前進。維也納民心惶惑，奧國宮廷急忙準備撤退。羅馬被恐怖所籠罩，那不勒斯(Naples)的富翁向四處逃避。一七九七年二月羅馬教皇庇佑六世(Pope pius VI, 1717—1799)乞降，同月十九日在托倫蒂諾(Tolentino)與拿破侖訂立了割地賠款的條約(Treaty of Tolentino)：教皇割讓羅馬納(Romagne)波倫亞(Bologna)及菲拉臘(Ferrara)與法，其後羅馬(一七九八年二月)亦被法國佔領，改爲羅馬共和國(Roman Republic)。奧國亦於四月十八日與拿破侖締結了休戰條約，卽列奧伯休戰條約(The Preliminary peace of Leobeu)；在十月十七日正式在坎波•福米多正式簽字，稱坎波福米多條約(Theaty of Compo-Formio)。奧國承認比利時合併於法，放棄了萊因右岸和倫巴底，而在另一方面，接管了威尼斯，伊斯特里亞(Istria)達爾馬提西(Dalmatra)。米蘭，摩德納，非拉臘合組爲西薩里平共和國(Cisalipine Republic)，熱那亞共和國改爲立究立亞共和國(Ligurian Republic)均歸法國總督管制。最後端士亦被法滅亡，改爲赫爾維細亞共和國(Helvetia Republic)。

這種情形，當然，在法國國內，是拿破侖壓倒了督政府。從而也使其他老資格的將領們在他面前屈就，而在對外關係方面，造成了拿破侖一手包辦的侵略政策。

法國的內亂

正當法軍在意大利攻城略地的時候，在法國內部接連發生了革命和政變。這些內亂，督政府雖是最後鎮壓下去，然而它的無能爲力已充分表現了出來。

首先督政府成立以後，經濟危機全面襲來，政府的財政完全破産。在一七九五年十二月初，一八五個里弗爾紙幣尚能換到一個金里弗爾，但到月尾就要二六〇個里弗爾紙幣。一七九六年四月發行的新紙幣，最初一百個紙幣尚可換到十八個金里弗爾，但不到一月就需一二五個。工人的實際工資銳減。一七九五年，工人平均每日工資爲一百至一百二十里弗爾，然而一磅最壞的麵包就要五十至五十五里弗爾，一磅肉——一百二十里弗爾。工資實際上等於三五仙(Centum)(一七八九年巴黎的工資爲一二五——一五〇仙）。而且更嚴重的，自一七九五年巴塞爾條約以及一七九七年的坎波・福米多條約簽字之後，外國商品流入法國市場，工人成羣失業。於是在這種情形之下發生了巴比夫（Babecif, Francois Noel, 1760—1794）領導的叛亂。

巴比夫派的陰謀於一七九六年五月十日破壞，但一波未平，它波繼之。王黨捲土重來，擁護波滂王朝(Dynasty of Baurbon)復辟。而且最嚴重的，新法院的新委員中不僅王黨佔了多數，而且立法院的議長皮士格律，居然此時叛變了共和勾結普洛汪斯。但王黨不得民心，同時拿破命在經濟上幫助了督政府，阿若洛(Augereau)率領的軍隊由意大利兼程回到巴黎，督政府先發制人，於菓月十八日(18 Th Fructitor)即一九九七年九月四日包圍立法院，逮捕了皮士格律，及另一督政巴特萊摩(Barthelemy)。接近王黨的噶爾諾逃亡。被捕的王黨份子被處死刑或充軍到圭亞那 (Guiarra) 的開云(Cayenne)。共和政體的轉危爲安，又是拿破命的功績。

一七九七年十二月七日，拿壞命由意大利凱旋歸國。督政府事實上名存實亡。他所以沒有公然踐踏督政府，祇是『時機尚未成熟』而已。

軍閥外交

根據一七九五年的憲法，對外交政策的領導權交與督政府。宣戰之事祇可由督政府提交立法團批准。政督府享有媾和談判，締結條約以及任命駐外代表之權。祕密條約概不批准，同時也不准有割讓法國領土的條文。

其次，督政府爲了操縱外交，把外交委員會改名爲外交部後，拉攏進了從前的許多官僚政客，不許部長起重大作用。

然實際上，在督政府時代，法蘭西的外交大權，既不是操之於部長，也不操之於督政府，而是操之於共和國的將領手中。他們締結條約，並幾乎簽發一切外交的文件。武功顯赫的拿破命於一七九七年與多斯加尼締結了協定，與教皇及奧地利訂立了和約。然所有這些，他既不預先徵求督政府的意見，亦不管督政府的訓令而擅自簽字。軍閥操縱（還是拿破侖及摩洛）了簽訂休戰條約及草約之權（祇是一七九六年與西班牙的同盟，才由督政府自己簽訂），祕密協定在坎波福米多亦附帶簽字。這是拿破侖軍人外交的典型的表現。

軍人外交的另一特質，就是對戰敗國的蠻橫無禮以及侵略行爲。拿破侖覺得是在軍事上很佔優勢，不僅在外交談判中對別國提出一種苛刻的條件，而且態度野蠻，動輒以武力做後盾。譬如一七九七年在坎波福米多 (Compo-famido)與奧地利全權代表考柏茨里進行和平談判之際，他就是這種樣子，他咆哮說：『你們皇帝簡直是個老婊子，生來總是非壓迫他不成……你忘記你與我談判的地方，至今還有我底擲彈兵包圍着嗎？』他氣洶洶地把俄皇喀德隣二世送給考柏茨里的一個寶貴的瓷盤摔到地上。當然，在這樣的談判中，奧地利祇有服從，祇有被迫放棄比利時以交換威尼斯，同時威尼斯的命運，也就是波蘭的命運。威尼斯最後是被奧地利與法蘭西瓜分了。法蘭西革命的辭句，已掩護不了公然的刼掠。這時，所謂扶助弱小以及由被壓迫人民自行投票决定領土問題的口號，祇是一句空話與偶然在表面上的辭句而已。古語說：『勝利者不受裁判』，在與拿破侖談判中，既無民意可言，領土的割讓與否，完全看戰敗國的土地有無軍事經濟價值。稍不履行，拿破侖就以血腥的剿伐來威脅人民。在意大利，拿破侖殺盡了魯高(Lugo)及比納斯考的一切不願投降的人們，下令槍殺了巴費亞(Pavia)市政府全體人員，並准許他們的士兵在城中搶刼二十四小時，焚毀法國軍民被害的一切鄉村。

先是在一七九六年，英法兩國因作戰疲憊不堪，雙方都表示願意和平。庇特於是年秋季派遣馬爾姆斯伯爾爵士(James Harris Malmesbury 1746—1820)至巴黎議和，但兩方均無誠意，目的不過是贏得休息時間，準備實力，並將延長戰爭的責任轉嫁到對方的頭上。在一七九六年十二月，馬爾姆斯伯爾毫無成就地回到倫敦了。

塔列蘭與拿破侖

在一七九七年，塔列蘭被任命爲外交部長。塔氏出身貴族，曾任主教，抱着投機發財的目的投到革命隊伍當中。早在一七九二年，他在表面上與裴陽黨及吉倫特黨聯絡，然事實上祕密服務於王室。在一七九二年，他爲解脫革命的恐怖，帶着若干使命到過倫敦。他由英國又被派赴美，要在一七九五年接到了返法的命令。塔列蘭在一七九七年時，就已是一個人所共知，非常聰明且有外交才能的人，但也是一個目中無人而且毫無道德的人。他祇知投機取巧，吹牛拍馬，從來不說一句實話。但儘管如此，他却能道貌岸然，態度嚴肅，而以貴族愼重不苟的風度以應付一切環境。塔列蘭當了外交部長之後，第一件事就是設法升官發財。部長的職權成爲他貪贓納賄的泉源。在他們皮包中裝滿了各國宮庭的賄賂，如德意志各王侯，西班牙宮庭，俄皇以及意大利僧侶們的賄賂。在政治方面，塔列蘭如同一個深謀遠慮的政治家，最早料到了督政府的覆沒以及軍事專政建立的必然性。拿翁快要當政時候，他熱烈宣傳法國爭取東方及北菲新市場的理想，支持拿破侖遠征埃及的野心，把這種野心與法蘭西工商業家的商業利益聯系了起來。他料到拿破侖必有一天專政，於是就把拿翁捧到天上，不惜奴顏婢膝地去逢迎他。在一七九九年督政府崩潰的前夕，塔列蘭故意裝作辭職的模樣，表示他與督政府的不欲妥協。結果拿破侖由埃及返法之後，他就成爲霧月十八日政變（The coup Detat of 18 Th Brumaire）的主謀者。但塔列蘭也很知足，他覺得拿破侖好大喜功，氣焰萬丈，萬不可同他爭奪政治地位，所以就樂得做拿破侖的一個部下。霧月十八政變過後，拿破侖很器量他，於是又任命他爲外交部長。

在督政府時代，塔列蘭曾在外交部的組織方面進行了若干的改革。同時他規定領事專爲法國工商鉅子的利益服務。在革命以前，法國君主政體的領事（往往爲貴族出身而反對商人利益的人們），並非以保護法國商人的利益爲職責，譬如在東方吧，他們祗注意商業上的瑣細事項，所以在革命的初期，法國商人便直接推選他們的全部代表以代替從前的領事。在雅各賓專政年代，一切政治問題已被提高到第一位。領事館受外交部政務司的管轄；其職務與共和國政治代表的活動相吻合。塔列蘭恢復了外交部直屬的領事委員會，領事底主要任務，是保護法國商人的商業利益，並蒐集有關商務的情報。在霧月十八日政變之後，領事易名爲『商務代表』，因有領事一名具有另一種政治的意義。

塔列蘭在領事委員會中又組織了幾個青年翻譯學校 ，以使爲法國駐東方的使館及領館培養翻譯人員。翻譯學校的學生約有二十餘人，其中不乏僑居東方的法商子弟。塔列蘭重新起用從前的官僚，禁止外交使節在私人通訊中談論政治問題。

第三節　拏破侖遠征埃及、二次反法聯盟及霧月十八政變

一七九六年至一七九七年，是英國最嚴重的時期，陸上北部意大利被法軍佔領，英國的第一道防綫荷蘭及比利時投到法國懷抱。海上西班牙與法聯合，英國海軍因地中海撤退到直布羅陀(Gibraltar)。科西嘉(Corsica)的英軍亦撤退。英國單獨與法國作戰，退出聯盟的國家日多，第一次的反法同盟完全瓦解。

遠征埃及

英國在財政方面亦感受困難。由於連年軍費的浩大，黃金的儲蓄枯竭。

一七九七年十二月拏破侖回到巴黎後，不久便趁英國在國際間孤立的機會，向督政府提出了遠征埃及的計劃。拏破侖早在一七九七年八月說：『要在事實上擊潰英國，必須先佔領埃及』。遠征埃及是拏破侖在對意作戰時頃刻不忘的。另方面這也是符合於法國資產階級傳統的要求的。馬賽及法國南部的工商業家早就把利凡得(Levant)諸國，敍利亞(Syria)，埃及，地中海中部各島，多島海 (Archipelago)

與法國的經濟聯系起來。十八世紀末葉法國的僑民對東方的財富作過許多令人垂涎的調查或報告。法國朝野把埃及視爲爭奪印度和印度尼西亞 (Indonesia) 的據點，有名的哲學家萊不尼玆 (Leibnitze, 1646—1716) 曾勸導路易十六(LouisThe great, 1638—1715) 攻佔埃及。埃及的爭奪與佔領，是法國資本主義發展的必然的邏輯。

拿破侖的計劃，得到了督政府的批准。一七九八年三月五日法國政府任命拿破侖爲征埃總司令，五月十九日即由土倫啓椗。所有的軍隊都是經拿破侖親自挑選的，武器是精良的。大小船隻三百五十艘，載着三萬餘遠征軍向東方進發。

英國海軍大將納尼遜 (Nelson Horatia 1758—1805) 被拿破侖的攻英宣傳所欺騙，把英國的全部海軍集中直布羅陀海峽。結果法軍順利地佔領馬耳太，七月二日在埃及當年的第一名城亞歷山大港(Alexandria)登陸。

一七九八年七月二十日，拿破侖已遙望金字塔，瘋狂地向兵士呼喊：『士兵們！從金字塔上已整整地望你們幾千百年了』(Soldiers! From the height of these Pyramids, Centuries look down upon you!)。二十一日戰敗馬麥留克(Mamluk on mameluke)騎兵，開入埃及當年第二名城開羅 (Cairo)。

埃及名義上爲土耳其蘇丹(Sultan——土耳其國王名)之領地，向君士坦丁堡 (Constantinople)朝貢，實則它是一個比較獨立的軍事封建國家。主要的居民爲阿拉伯人(Arabia)，經營商業，手工業，駱駝運輸農業。立於統治地位的爲馬麥留克中的地主貴族即所謂柏雅 (Bey)。最卑賤的人民爲土著居民考波特人(Copts)，亦即所謂『費拉哈人』(Veilaheen)。

拿破侖在表面上與土耳其蘇丹和衷共濟，敦睦邦交，並向土耳其表示，法軍攻埃，完全是爲了解放阿拉伯人，實則對阿拉伯人的殘暴與對待馬麥留克同：『在開羅一個廣場上發現馱着口袋的驢子，但解開袋子一看，便有許多犯了國法的被殺男子的頭顱滾遍了廣場。』

埃及被拿破侖攻佔之後，於翌年（一七九九年）三月通過蘇彝士海峽（Isthmus of Suez）向敍利亞（Syria）進發。三月四日法軍圍攻扎發（Zaffa），該城六日投降。但全部出降守軍均被拿破侖殘殺。法國的一位將領後來回憶說：『我不欲那一個人看到我所看到的殘殺。』拿破侖好殺的本性，於此可見一斑了。

一般地說，拿破侖在敍利亞連戰皆捷，勢如破竹。但阿克爾（Acre）一役，由於守軍粮彈充足，土耳其軍力雄厚以及英人悉得尼·斯密斯（Sidney Smith）指揮得宜，法軍久圍不下，折兵三千餘人。埃及和敍利亞人到處暴動反對侵略者，人民堅壁淸野，法軍在沙漠地帶找不到點滴飲水。加之，鼠疫流行，士卒病傷甚多，拿破侖不得不回師埃及。

法國海軍最初雖逃避了英國海軍的搜索，但早在一七九八年八月一日，已被英艦於亞歷山大港附近的阿布基爾（Abukir）發現。法國艦隊全部被殲，拿破侖與本國已有數月失去聯絡，更不要說援軍了。『不是拿破侖的軍隊注定死在被他們征服的國家，便是他本人死在這裏！』

二次聯盟

自一七九六年四月意大利遠征起至一七九八年拿破侖在埃及的勝利上，法國對外是進行着攻勢的戰爭。戰爭的特性是，所有的戰爭，都是在異族領土上進行的。拿破侖的『暗影』遮蔽了當時的全世界，東方帝國（The Empire of East）的建立已迷醉了拿破侖。印度邁色爾（Mysore）的王子第普·沙黑不（Tippu Sahip）向英人挑戰，進攻印度總督莫甯呑爵士（Lord Mornington）（卽威靈呑之兄）所部英軍，佔領部分的英國領地。

但拿破侖的計劃，引到了二次反法聯盟的形成。改變了同盟作戰的性質，英國單獨對法作戰的形勢，變爲歐洲各大列強對法的進攻。戰爭由異族領土上移到法國境內，過去對聯盟動搖（如俄國）或退出聯盟（如奧國）的國家均團結一致加入反法聯盟。

俄國：俄皇保羅一世卽位之初，在對法政策上是動搖的。但法軍進攻馬耳太，埃及和敍利亞的結果，俄法關係突起緊張。保羅一世聲稱，吾人應當想遍一切方法以反對『暴亂的法蘭西共和國』，因爲它以『法律，權利，財產及道德的全面破壞威脅着全歐洲。此外，法國對整個中歐的統治，尤使俄國侷促不安，因爲拿破侖遠征埃及的成功，無異法國佔領了土耳其，並建立抵抗俄國勢力的基地。』野心勃勃的保羅，企圖擴充俄國在東方的勢力，他以馬耳太騎士國（Kright of Malta）的保護者自命，幻想在馬耳太島建立俄國在地中海的一個前哨。

其次，土耳其與法國的關係，在歷史上是正常的。土耳其因懼俄國勢力的南下，把法國當作它抵抗俄國的友邦。法國革命最高張的時代，土耳其也對法國採取着親善的政策。但現在，拿破侖征埃及了，這就激起了土耳其反法的情緒。不錯，拿破侖征埃，是爲了打擊英國，切斷英帝國的東西航路，作爲進攻印度的跳板。他一再宣稱，法國無意與土耳其作戰，土耳其是法國的友邦。然而由於埃及是土耳其蘇丹的領地，同時拿破侖的軍隊又侵入敍利亞。因之不論拿破侖在口頭上與土耳其如何友好親善，事實上是損害了土耳其的權益。因此土耳其破天荒地向英俄乞援，而跑到聯盟國方面。

第三，奧國當然也覺得報仇雪恥的機會到了，於是也轉過來投到聯盟方面。

在這種情形之下，用俄皇保羅一世的話來說：『在倫敦在維也納以及在彼得堡，敲了號召推翻法國的喪鐘。』這是過去未有的景色。

二次反法聯盟的主要領導者，除英國的庇特而外，就是俄皇保羅一世。保羅與庇特一樣，担負起了反法的前鋒。二次反法聯盟的兩個核心，於一七九八年十二月二十四日締結了作戰聯盟，卽英俄作戰聯盟(Alliance Between Russia and Great Britain)。其後加入這個聯盟的有奧地利，那不勒斯，葡萄牙及鄂圖曼帝國(Ottomen, Empire——卽土耳其)。俄國出兵四萬五千，英國答應予俄國以一大筆津貼。聯軍實力甚大，合計三十五萬人，法國祇有十七萬人。

一七九九年三月，戰事又在德國西南部萊因河的上游，瑞士和上意大利同時發生。殊耳洞將軍的軍隊被阿克杜克·查理(Archduke Charles)所部奧軍擊潰，退出萊因，俄將蘇渥洛夫的軍隊在卡薩諾之役(Battle of Cassano)予法軍以致命的打擊(四月二十八日)，翌日他的軍隊已攻入米蘭(Milan)。上意大利的法軍不久被蘇渥洛夫肅淸，其後接連告捷，逼到法國邊境。五月二十六日克都靈(Turin)，在六月十七——十九的特萊比戰役(Battle of Treppia)中，消滅法軍一萬五千人。八月十五日，法軍在諾維(Novi)失敗，名將朱伯特(Jaubert)陣亡。荷蘭北部亦被英國遠征軍佔領，英國在塔克斯爾(Texel)俘擄了荷蘭全部的海軍。法國督政府在一年多當中所喪失的土地，幾乎等於拿破侖過去所征服的土地。

法國內部的王黨活躍了起來。波滂到處鼓動暴動，王黨的軍隊約有三萬餘人。

法國軍事政治的失敗，反映到了外交方面。

正當二次同盟對法戰爭開始之際，奧地利破壞國際公法，殺害法國的全權代表。在一七九七年法國與奧國訂立和約之後，在拉什塔特召集各國外交界舉行會議(Congress of Rastadt)以調查與神聖羅馬帝國有關的領土問題。在軍事行動開始以後，奧國宮庭要求留在拉什塔特的兩個法國的全權代表洛伯爾特(Roberiot)和波尼(Bonnier)迅速撤離。但他們二人到了城郊後，奧國埋伏的古沙爾(Hussar)驃騎兵把他們兩位刺殺，並當着他們妻子的面前把他們斬成肉泥(時在一七九八年四月八日)。這種暴行，奧國人承認爲『遺憾的誤會』；其後，奧人又放出空氣說，法國代表的遇害，是由督政府自行指使。督政府的威信掃地，許多人都對這種謠言信以爲眞。

霧月十八政變及拿破侖專政

一七九九年夏盟軍打到法國邊境時，國內愛國運動高漲，督政府中的反動派被肅淸，（如與王黨合謀的兩個督政是），同時頒佈了一些民主的法令（如制裁王黨及對富商徵募公債一萬萬佛郎）。這就是所謂牧月三十日(30th Prairial)（一七九九年六月十八日）政變。

這次政變之後，法國的戰況好轉。荷蘭的敵軍（英俄）因合作不力被肅淸，蘇渥洛夫將軍的軍隊因得不到奧國的援助撤出了瑞士。幸經蘇渥洛夫完成故事式的突圍，卽所謂『阿爾卑士的行軍』，俄軍最後才到達奧國。法將瑪森納(Massena)在沮利克(Zurick)的大敗科爾沙考夫(Korsakov)（俄軍），布魯(Baune)在波金(Bergen)的粉碎英俄聯軍，是這次改革的最大的軍事收穫。

其次最大的收穫，就是聯盟的瓦解。俄軍退出了二次聯盟，聯盟缺少了歐洲最大的一個反法的國家。一七九九年冬俄軍已退入捷克，俄皇保羅一世修正了對法的政策，與法接近。

在這情形之下，督政府的下台也是時間問題。有產階級認爲督政府輭弱無能，有害無益，勞動人民把它當作豪紳強盜的代表。軍隊也非常厭惡它，覺得它是保護不住軍人們的勝利的。因此，客觀的環境，需要一個獨裁者，保護資產階級利益及勝利的堅固的政權。

一七九九年八月，在埃及作戰的拿破侖突然從報上看到了盟軍逼近法境，王黨猖獗以及全體人民反對督政府的消息。拿破侖決定回到巴黎，把一切軍權委託給克列伯爾(Kleber)。

十月八日，拿破侖經過海上四十七天的風險，終於在法國南部的佛列儈士(Frejus)岬登陸。全國人民報以熱烈的掌聲和歡呼聲，迎接他的人們都『悲憤交加，泣不成聲』，把一切希望都寄託在拿破侖一個人身上。督政府的壽終正寢，已非以月計算，而是按日計算了。督政西耶士(Sieyes)，堵列蘭以及福什(Fouche)替他佈置政變，『挽救法國，需要頭腦與劍！』(To save France, a head and a sword are needed)（西耶士）。

霧月十八日 (18 th Brumaire) 卽一七九九年十一月九日，拿破侖實行政變。被他送到聖・庫路特(Saint Cloud) 的立法院武力解散，首席督政巴拉被迫在退位宣言上簽字。這時議員們雖高呼『打倒獨裁者！打倒刺刀！』(Down with the dictator! Down with the bayonets!)，無如民主派已被督政府粉碎，沒有拯救共和的力量了。結果督政府從此消滅，拿破侖做了首席執政 (First Consul)，卽實際的獨裁者。

第四章　拿破侖時代歐洲的形勢及拿破侖與列強之間的關係（由一七九九年至一八一四年）

第一節　第里斯特和約前的歐洲及拿破侖的對外政策（由一七九九年至一八〇七年）

拿破侖是個外交家

在霧月十八政變之後，法國的軍政大權集於拿破侖一人之手。他在往後的十五年之中，做了法國人民的主宰者，前五年他自稱首席執政，後十年則索性以皇帝自稱。就本質而言，拿破侖時代的法國，不論共和或帝國，都是代表反動工商業家的軍事獨裁國家，甚至可以說是代表反動的軍人。他覺得他的政權是他的擲彈兵給他的，他最喜歡講的一句話就是『軍隊永遠是對的』（Les gras balaillons out tougouss raison,）。不過進行談判，抑或與馬麥留克人（Mameluke）（埃及從前的騎兵）作戰，而其後又於一七九八年至一七九九年在埃及與敍利亞和土耳其的常備軍作戰，拿破侖雖非全權代表，可是已把外交職權掌握在自己手裏，代表法國進行談判並簽訂條約。及至法國與印度邁色爾蘇丹共同計劃與英鬥爭之際，這次代表法國負責談判的也完全是拿破侖。拿破侖非常專制，在一七九九年十一月以法國最高元首的名義代表法國進行談判，他一點也不把他底全權分配給其他的人。

在霧月十八之後，拿破侖任命塔列蘭担任他的外交部長，直至一八〇七年秋天。繼任塔列蘭的，起初為香賓尼（的・卡道爾親王），其後為巴桑諾親王。在這三位部長之中，祇有塔列蘭一人具有眞正外交的才幹。其他兩人——的・卡道爾及巴桑諾——祇不過為外交部底一個執行的中間人，及總務司的一個經常勤苦的司長而已。不獨如此，拿破侖甚至也把塔列蘭當作他底一個意志的簡單的執行者，雖然他也很看重他。拿破侖在臨死時說：『塔列蘭如同我一樣，是個很聰明的部長。』當然，塔列蘭所寫的照會，節略，要比別個部長聰明得多，漂亮得多。但他起草的外交文件的內容，永遠是由皇帝決定。塔列蘭的建議，祇是在它與皇帝的意旨投合時才被採用，否則同樣受到批駁。

拿破侖外交活動的兩個階段

塔列蘭認為拿破侖是外交藝術的行事，因此他在老年時雖為法國駐倫敦的一個公使，也驕傲地看不起外交部長路易・菲力普（Louis Philippe 由一八三〇年——一八四八年為法王），而且直接與大帝合作，並向他學習工作。塔列蘭覺得第里斯特和約是拿破侖活動的關鍵，在此以後，皇帝的政策便引到了大法蘭西的覆沒。但分析了拿破侖外交活動的一般性質後，我們可以斷言，關鍵之來還要早些：一八〇六年十一月廿一日封鎖不列顛三島的有名的封鎖令才是帝國沒落的先兆。

波拏帕特竊取督政府的外交大權，與法國危急的形勢有關，因為當他正在埃及和敍利亞作戰時，俄將蘇渥洛夫已把法軍由意大利趕出；奧地利準備向萊因及阿爾卑斯山邊界發動新的遠征；威廉・庇特領導下的英國，正戎裝以待，並堅決表示不妥協的精神；普魯士動搖不定，每日都可能破壞他自己宣布的中立；最後，芬底的暴動，庇特尤寄予同情，企圖把芬底做為英國支持下的法僑海軍陸戰隊登陸的戰場。

拿破侖對英、對奧，以及對俄的態度

拿破侖做了首席執政後，最初就定了一個計劃，首先打擊對法國的危險最大的一個強國奧地利，而對歐洲大陸諸國，則在法國沒有取得這種勝利以前，表面上虛與委蛇，與他們進行疲勞談判。拿破命的對外政策，祇有一個目的：打擊奧國，孤立英國，拉籠俄國。拿破侖覺得祇有俄將蘇渥洛夫才是他的對手。他讚揚蘇渥洛夫時說：『由雄獅所統率的紳士的軍隊，實在比紳士所統率的雄獅的軍隊堅強』。因此在與奧地利未決勝負而蘇渥洛夫在意大利勝利的成果未消滅以前，還是儘可能地與外國代表進行談判，並對各國表示溫和與鎮靜。

一八〇〇年五月拿破侖集中兵力進攻奧軍。六月二日越過阿爾卑士山的聖·伯爾拏山隘 (St Bernaard Pass) 攻至上意大利，佔領米蘭，恢復了西薩里平共和國。六月十四，在馬速格一役 (Battle of Marengo) 大敗奧軍，奧國退出了意大利。馬連格一役法軍戰勝後，奧地利雖不肯承認它最後失敗；但其它國家的觀察家們都已相信奧軍已一蹶不振，不復有勝利的希望。普王也不敢再向法進攻，西班牙波滂王朝已對法表示屈服；此外，西部德意志諸國亦先後表示願與法國敦睦邦交。

在這種情形之下，波拏伯特便更有可能定出一八〇〇年至一八一二年法國對外政策的計劃，一方面集中火力戰勝英國，在另一方面，與俄國訂立軍事的攻守同盟。關爲法國如不與俄國同盟，則拿破侖在大陸上的統治永遠不能鞏固，更不能予不列顛三島以粉碎的打擊。拿破侖積極執行這種計劃，他不僅把一七九八年至一七九九年戰爭期中所俘獲到的六千俄人及軍旗全部歸還俄國，下令由法國國庫支出一大筆經費，爲全體俄俘縫製新衣，並按照俄軍的隊形發給新的軍裝，新式皮鞋，且將武器歸還，讓俄俘荷槍實彈回到俄國。爲表示誠懇聯俄起見，拿破侖不但沒有對俄王提出交換法俘的條件，而且對俄王俯首下情恭維備至。他對俄皇說，戰勝法軍者，不是英軍，也不是奧軍，而是俄軍在意大利對法軍的勝利。爲使保羅與英國最後斷絕關係，拿破侖提議俄皇出來担任馬耳太騎士勳國的大帝，並把馬耳太島慷慨地『贈送』俄國，按這個小島是英國海軍陸戰隊經過兩年的封鎖後，於一八〇〇年十月從法軍手中奪來的。

一八〇〇年十二月，奧軍在和亨林敦之後(Battle of Hohenlinden)接連打了一次敗仗（時在一八〇〇年十二月二日及三日），奧國處境非常困難，有受到法俄兩國東西夾擊的危險。奧國處處讓步，滿足法國的一切要求，於一八〇一年二月九日對呂內微爾(Luneville)和約簽字，把北意大利及奧地利在萊因河岸的領地割與法國，承認了赫爾微細亞共和國（瑞士），西薩里平共和國，立究里亞共和國（熱那亞及倫巴底）爲法國屬地。奧國首席代表考伯茨里在簽訂和約後感喟地說：『這就是我被迫簽字的不幸的和約，它在形式上和內容上都很赫人』。

法軍對奧軍的第二次勝利，使首席執政和保羅接近的政策逐步實現。本來，早自一八〇〇年年終起，雙方信件往還，感情融洽。對拿破侖的豐功偉績表示欽佩，稱他爲歐洲『和平』的締造者，拿破侖亦故作謙虛，以花言巧語和阿諛奉承的態度討好俄皇：戰爭只是對英國需要，而首席執政已無情地懲戒過一七九九年欺騙善良的俄皇的奧地利等等。拿破侖的聯俄政策大告成功。一八〇〇年十二月二十六日，瑞典、丹麥、俄羅斯三國締結了北方的中立聯盟(Northern Comention)，一致抵抗英國破壞海上貿易，其後普魯士亦宣佈加入，佔領了漢諾威。最後，保羅派遣斯波萊格波爾金前赴巴黎，其後到三月初，接着又派考爾切夫爲全權代表與拿破侖進行和議，並授權他得見機行事與法締結同盟條約。

俄法同盟是雙方都需要的。第一，兩個列強在歐洲大陸上沒有什麽衝突，第二，雙方均欲消滅英國在印度的統治。一八〇〇年春，俄法在互助的基礎上簽訂盟約：俄國全力援助法國對英作戰，法國答應土耳其一部分領土割給俄國。野心很大的保羅熱烈擁護這個同盟，並已編制二萬二千五百個哥薩克(Cossackor Kazak)騎兵出頓河(The Don R.)開赴中亞偵察攻入印度的道路。

但歐陸兩大強國的接近，使整個歐洲非常不安起來。人們都在揣測一八〇一年春季的拿破侖攻勢，英國尤惶惶不安，危急萬分。這樣就定出了暗殺他們兩人的計劃。奧皇不論在口頭上抑或在出面上，希拿波拿帕特和保羅『短命』。英國駐彼得堡公使威特渥爾特計劃刺死俄皇。他經過摩登夫人奥爾格・亞歷山大洛甫娜・若列不曹娃的介紹，與他底皇兄普拉圖・蘇波夫伯爵，尼克金・滂尼以及其他同謀異動的指導者們發生祕密的關係，結果刺死了保羅。

保羅死後，俄法同盟瓦解，北方的武裝中立亦拆散。英艦砲擊哥本哈根（Copenhagen）。一個二十四歲的青年，亞歷山大第一（Alexander I）在俄國卽位。亞歷山大足智多謀，聰明過人，常以一個理想家自居，好像不大關懷他切身的利益。他很會替自己吹噓，裝扮爲禮賢下士的姿態去和各國進行談判。結果有不少的公使，部長及大人先生們屢屢上了他的引誘。

自一八〇一年起亞歷山大卽位以後，俄國的對外政策逐漸改變。亞歷山大指責波拿帕特侵略全世界的野心，最後一定使全人類陷於窘困。其次，俄皇叫人們相信，眞正的和平，祇可由他，卽亞歷山大皇帝爲首而建立的反法同盟才可得到。

俄皇保羅一世的被刺，給拿破侖一個重大的打擊。拿破侖氣忿地說：『英人在雪月三日沒有在巴黎打中我（按一八〇〇年十二月二十四日，卽共和新曆雪月三日—3th Nivose——英國佈置一暗殺機關謀刺拿破侖，但並未命中。結果民主派被槍殺及流放者甚多），但卻在彼得堡打中了我。』國際形勢大變，拿破侖速與英國進行和平談判。

亞眠和約（一八〇二年三月二十七日）

英國這時也需要和平。首先與歐洲大陸亟欲恢復商務關係的工商業家渴望和平，英國的工人階級也因戰時慘酷的剝削和飢餓對戰爭非常憤慨。加之法國已對奥訂立最有利的和約，俄皇亞歷山大第一祇是紙上談兵，實際與法締結了和約，因之英國統治階級便以爲擊敗法國的希望已成泡影，主張與法媾和。主戰派庇特下野，繼任的首相阿丁格吞（Addington）接受了法國的提議。和議進行於亞眠（Amiens），拖延的時間差不多已有半年，但是一八〇一年十月一日起，英法之間的一切敵視行爲，已因倫敦『和平草約』的簽訂而停止了。一八〇二年三月二十七日英法和約在亞眠簽字，拿破侖及塔列蘭在亞眠獲得重大的勝利。的確，根據和約拿破侖撤退了法國在埃及的駐軍（事實上在一八〇一年九月法軍被土耳其軍擊敗，大部撤退），同時把埃及繳還土耳其。然英國已幾乎放棄了它在一切殖民地的勝利（除錫蘭以及大西洋上的特立尼達島Trinidad）。但最重要的，是英國從此不得干涉荷蘭，德意志，意大利（亞平寧半島）(Apennines)，瑞士（赫爾微細亞——Helvetia——共和國）諸國的內政。英國甚至承認同時撤退亞得里亞海 (Adriatic Sea)，地中海各個據點，以及馬耳太的軍隊。不過，一八〇二年與英國在亞眠所訂的和約，祇是一個短期的休戰而已。

英國工商業家以爲從此以後一直由法國邊境起在他們面前開放了全歐洲的市場了，但這却樂觀得太早。在霧月十八政變前，法國鎖閉着英國商品的出口，現在仍然鎖閉着。荷蘭，意大利，萊茵左岸及皮蒙特等地，英國仍不能插足。英國全權代表在亞眠爲英國商人定出的計劃失敗，拿破侖繼續着反英政策。其次，由純軍事的觀點看，亞眠條約也未能保證英國不受法國的進犯。荷蘭被拿破侖統治着，而『安特衞普就是對準英國胸膛的一支手槍』。拿破侖展開了反對英國的經濟戰，同時採取一切手段禁止英國商品輸入他的保護國裏。一八〇三年三月，英國對外政策的領導者們承認英國在亞眠犯了一個錯誤，英國與波拿帕特的和約，祇是幫助拿破侖鞏固他的統治，以便擊潰歐洲，並奪取歐洲的霸權。另一方面，拿破侖也清楚地知道，不久，他一定會和英國决裂，英國的庇特一定會發動另一次反法同盟戰爭。他開始將海軍陸戰隊，大砲和運輸艦集中在多維海峽(Straits of Dover)及布倫(Boulogne)一帶，一八〇三年冬，已擬定了在英國本土登陸的日程。他與英國公使最後一次會見時說，如英人破壞亞眠條約而不撤出馬耳太島，法國卽對英國宣戰。他對英國公使厲聲說道：『馬耳太！或者就是戰爭！』結果，一八〇三年五月十二日，英國公使離開了巴黎。不過一八〇三年到一八〇四年所以沒有發生戰爭，只是因為反法的三次聯盟沒有組成，同時拿破侖的準備工作亦尚未就緒。

拿破侖獨裁政權的鞏固與帝國的建立

實在的，拿破侖因為得到一個休息的機會，在歐洲的統治加強，爭霸的條件成熟。霧月十八之後，法國三百萬在他的高壓下人民投票通過了共和第八年的新憲法（The Constitution of the year VIII），拿破侖以第一執政的身份，總攬了軍政大權：他不僅有任命一切官吏和公使之權，並且有權任命法官，批准法律。依照憲法，第一執政為陸海軍的最高統帥。各省的匪患肅清，全國八十八郡的自治權，完全集中於郡長之手。他的走狗，最壞的一個傢伙福什(Foreche)建立了一個完備的警察制度。法國的神祕警察，不僅佈滿法國，而且潛伏整個歐洲。一切言論自由均被取消，被封閉的報紙，在最初一個時期就在八十二家以上。槍斃書商，逮捕編輯是常有的現象。拿破侖曾對他的弟弟路易（Louis）說：『我的兄弟，如人們說某個皇帝和順，那意思就是說他的統治快失敗了！』

拿破侖不信神，但為了替人民『佈種牛痘，以防天花』，他認為教皇無論如何要比康德和其他哲學家們好些。他與教皇庇佑第七（Pius VII）共同簽發一份『親善條約』（Concordat），把天主教定為國教，恢復一切禮拜儀式，將革命時代被沒收的土地發還神父。

一八〇二年拿破侖的獨裁政體已相當鞏固，對外戰爭暫時停止，國內的暴動已全部戢平。他憑恃他對聯盟國的勝利，要求加強他的政權。

五月十九日，第一執政創立榮譽軍團勳章（Order of the legion of the Honor），八月二日，拿破侖變為終身執政，並有權指定執政的繼承人。他的政權，在軍隊，官僚，警察，教會的基礎上鞏固起來了，因此於一八〇四年五月十八日宣佈稱帝。法蘭西共和國讓位於拿破侖帝國。

拿破侖稱帝之後，英法的戰爭不久爆發，同時在陸上也向俄奧聯軍展開攻勢。

法國與英國之間的戰爭，成爲一切國際事變的中心。

由於法軍攻英的形勢日益緊張，一八〇四年五月，庇特又被召在英國當政。事實上，自一八〇三年以來，庇特就領導着英國對外政策的總的方針。庇特對組織歐洲各大列強反對拿破侖的第三次新的同盟，盡了最大的努力。他相信祇有形成這樣的一個同盟，才可防止法軍在英國登陸，打破拿破侖在布倫(Boulogne)的佈置及計劃。

庇特組織新的同盟。拿破侖與亞歷山大的關係轉化

庇特的計劃，馬上獲得俄皇亞歷山大第一的共鳴。亞歷山大宣稱，他要把『歐洲由波拿帕特的暴政之下解放出來』，決定參加庇特所計劃的同盟。雖然當時拿破侖所佔領的地方，只限於德意志諸國，荷蘭，意大利，瑞士，未曾觸犯俄羅斯絲毫的權益，然而亞歷山大與拿破侖兩人之間的關係，在一八〇四年春天還是惡化了起來。

一八〇四年三月二十一日，法軍奉命在芳森堡(Vincennes)，即在異族領土上槍殺了法國波滂王朝的愛格親王(Duke of Enghien)。法軍沒搜出絲毫證據及見證，惟一的藉口，祇是說他同情王黨卡杜達爾(Georges Cadoudal)反對拿破侖的陰謀。拿破侖的行動，確實引起了歐洲一切王室的恐佈與忿怒。然而單祇忿怒是無用的，除俄皇亞歷山大而外，沒有那一國的國王敢向拿翁提出抗議。但拿破侖對亞歷山大的抗議，也完全不放到眼裏，並對他發動一次宣傳攻勢。他宣佈亞歷山大爲刺殺保羅一世的幕後人，他命令塔列蘭在致亞歷山大的節略中說道：如果亞歷山大皇帝已調查明白在外國領土上有刺殺保羅的刺客，並把刺客逮捕的話，那麼，拿破侖也是不會出頭抗議的。譏諷與辱罵是公開的，挑釁式的。因爲拿破侖最痛恨的，不祇是亞歷山大向他提出抗議，而主要的是因爲亞歷山大破壞了保羅一世與他訂立的俄法同盟和亞歷山大幫助他最大的敵人英國。

可是拿破侖的辱罵，倍加堅定了俄皇與拿破侖作戰的決心。俄皇接受了庇特送來的津貼，俄羅斯開始備戰。這個時候，奥地利也被拉到庇特方面，因爲奥地利早想從呂內微爾苛刻的條件下獲得解放。此外瑞典也參加了第三次反法同盟。

普魯士的態度

英，俄，奥三國結成一條反法同盟陣綫之後，即開始壓迫普魯士加入。但這些企圖，普魯士堅決反對。一則，菲特烈・威廉第三（Frederich William III——1770——1804，在一七九七——一八四〇年爲普王）深感普魯士在戰爭中首當其衝，遭受拿破侖的威脅最大。第二，拿破侖集結在布倫的大軍，並不是對付普魯士，而是對付英國的。三則，菲特烈・威廉第三覺得俄國及奥國的援助都是不可指望的，而英國的援助也不能完全相信。亞歷山大眼看光陰一月一月地過去了，可是還不能達到預期的效果，於是他便直接恐嚇普魯士以便達到同盟的目的。俄普關係惡化，俄軍駐防普國邊境，普王則聲稱俄國破壞中立，號召軍民與俄國作戰。加之亞歷山大魯莽從事，居然派遣了他的一個親信，青年的參軍彼得・道爾格魯玫夫公爵前往柏林，並偕同俄國的駐柏林代表阿洛柏烏斯一同當面警告普王：如果普王還執拗拒絕入盟，俄軍立刻開入普魯士境內。於是俄普戰爭便有一觸即發之勢。普王發表了武裝自衛的宣言。但在這個時候，普王接到法軍攻入普境的消息了，整個國際形勢突然發生變化。拿破侖的破壞普國中立和大軍的壓境，硬逼着普王在剎那間改變了對俄的態度。普王當時召見哈爾岑堡部長說：『整個形勢已變。現在你就快去會見道爾格魯玫夫公爵，把我這封信請他面轉俄皇，並告訴他我已把我的王國的邊境爲他打開了。』結果普國站在俄國方面，驚惶失色地向亞歷山大及奥地利乞援。但亞歷山大對普魯士政策的急速轉變空喜一場，及至俄皇飛速駕到柏林之後，柏林的空氣又頓然改觀，因爲菲特烈・威廉第三又接到奥軍大敗的驚人消息。按一八〇五年十月二十日被拿破侖圍困於烏爾姆（Ulm）的奥地利精銳軍隊已被消滅，奥軍統帥馬克（Mack）將軍被俘，奥國獻出要塞，同時三萬二千人奥軍向法投降了。菲特烈・威廉覺得對法戰爭是要失敗的，奥國在烏爾姆大敗以前，普國還不敢抵抗拿破侖，那麼今天對法作戰就未免失策了。俄皇向菲特烈・威廉整整苦勸了八天八夜之久，但結果毫無所得，後來還是普王詭計多端，提議與亞歷山大在其先祖菲特烈二世的陵前宣誓俄普的互相敦睦，以便爲亞歷山大留一個面子。俄皇同意了普王的提議，有名的柏林會晤保存下了俄普之間微妙的關係。

拿破侖說過：『再過十五天我不打到倫敦，那麼在十一月中旬我一定駕至維也納』——拿破侖攻英前夜說。但敦倫確乎得救，維也納則做了階下囚。

拿破侖在海上失敗，在陸上則大勝奧俄聯軍

實在的，俄普之間能保存這麼一種微妙的關係，還是因爲俄皇在柏林期間，英國在海上打了一次最大的勝仗。我們在上文說過，拿破侖自一八〇三年以來，即時刻不忘在英國本土上登陸，以便消滅他爭霸的障礙。但是這個計劃終未實現。一八〇五年十月二十一日，英國海軍大將納爾遜指揮的艦隊在西班牙加的斯(Cad.z)岸的特拉法加角(Trafalgar)擊潰了法西（班牙）的聯合艦隊，其中十八艘軍監被擊沉，七千人被俘。納爾遜雖是在這次戰役中殉國了，可是拿破侖從此再沒有用海軍進攻英倫三島的可能。這一次海上的勝利，對於英帝國在海上的繼續統治有極大的意義。

但是嚴格的說，戰爭的決定意義的勝負，不是在海上，而是在陸上。而且盟國在海上的勝利，並不能挽救它在陸上的失敗。一八〇五年十一月十三日法軍攻入奧國京城維也納，十二月二日拿破侖御駕親征，在奧斯特里齊（Austerlitz在摩拉維亞——Moravia境內），大敗俄奧聯軍。這是拿破侖生平最大的勝利之一，在軍事上創造出了最光輝的範例。聯軍被殲一萬五千人，被俘二萬人。奧皇法蘭西斯出降，訂立了城下之盟。在十二月二十六日的普勒斯堡和約(Treaty of Pressburg)中，奧地利喪失了她做爲一個強國的最重要的領土與人民。奧國割給法國威尼西亞（Venetia），伊斯特里亞(Istria)，達爾馬提亞(Dalmatia)。奧國將提羅爾(Tyrol)讓給法國的盟國巴威，將德意志西部割給法國的盟國符騰堡。

總計喪失人口四百萬。自然，奧國退出第三次聯盟，從此降爲二等國家。奧皇被迫放棄一千餘年來『神聖羅馬帝國』的光榮的皇號，從此被稱爲奧皇法蘭西斯第一，而拿破侖則自命爲古羅馬偉大帝國的繼承者。

與普魯士作戰的外交準備。普魯士的潰敗（一八〇六年十月十四日）

與普王菲特烈·威廉會晤的亞歷山大剛剛由柏林行抵奧地利，可是，奧斯特里齊事變(Battle of Austerlitz)已經發生了。第三次同盟瓦解，俄國亦無能爲力。不待言的，普魯士更加沒趣。上文說過，普王在法軍開入巴威之後，曾送了一個通牒給拿破侖。普王派遣的專使是哈烏黑威茨，但哈烏黑威茨於一八〇五年十二月二日馳赴指定地點後，奧斯特里齊會戰已經結束，拿破侖全部勝利，奧皇正在拿破侖的司令部前屈辱求和。聰明的哈烏黑威茨急忙把『通牒』藏了起來，笑容可掬地跪在拿破侖的面前慶祝勝利。可是拿破侖比他更聰明，早已窺透哈烏黑威茨是來幹什麼的，所以在回答俯伏在地的哈烏黑威茨時說：『你們送來的，並非一封慶賀我勝利的信。』拿破侖對普王百般諷刺，他覺得在奧斯特里齊一役後，普魯士決不會再威脅到他在歐洲的統治。結果，哈烏黑威茨前來面謁法皇，不是把普王的一份抗議書面呈前者，而是換來一份同盟條約。普國的大好河山也讓與法國。我們把事變的進程略說如下：

普國代表見過拿破侖之後，法國外交部長塔列蘭就替普魯士佈置好另外一個圈套。他勸告拿翁與普魯士維持友好，利用友好的辭句強迫他速與法國訂立『同盟』。拿破侖接受了這個勸告，強迫哈烏黑威茨代表普魯士與法蘭西帝國簽訂了普法『同盟』條約(Treaty between Prussia and France)，拿破侖答應割給普魯士漢諾威(Hanover)，而普魯士則允諾割讓法國以下列的領土：涅沙特爾公國(Neuchatel)，阿斯巴哈(Ansbach)以及克列夫(Cleves)。但漢諾威是英王管轄的一個選帝侯的遺產，且由法軍佔領着，法國所以玩弄這種把戲，只不過是企圖以一誘餌挑撥普魯士與英吉利的關係，並使兩國互相爭門。實際上普魯士是一指土地也沒有得到的。

反之，拿破侖束縛普魯士的『同盟』，尤使拿破侖便於對普魯士的作戰從容準備。根據普法同盟條約，拿破侖成立了『萊因同盟』(Confederation of Rhine)，卽十六個德意志小邦的聯合。他強迫這些奴才們當面尊他爲他們底『保護者』。『被保護國』的代表們在奴役的條約上簽字無條件地服從。拿破侖底兩個兄弟直接由他封爲王：約瑟夫(Joseph, Bonaparte 1768—1844)爲那不勒斯王，另一個兄弟路易(Louis Bonaparte 1778—1846)爲荷蘭國王。所有這一切措置，便把普魯士重重包圍在內，與外界斷絕關係。從此英國沒法救它，俄國沒法救它，奧國更沒法救它。

在奧斯特里齊之役，拿破侖的槍彈打中了奧國的胸膛，也打中了庇特的胸膛。庇特一病不起，在奧斯特里齊之役過後不到二月便憂鬱地死去。他臨死時指着牆上的地圖說：『快捲起這幅歐洲地圖吧，在十年之內是用不着它的了！』

拿破侖花樣翻新，把戲很多，早在一八〇六年六月庇特死後，新成立的英國內閣，便上了拿翁所設的圈套，出來與拿破侖議和。二月二十日，英國新任外交大臣福克思(Fox)竟不顧英法之間外交關係的毫不存在，破例報告拿破侖一個驚人的消息——信封上是書明交塔列蘭的：現在已有一個目的在刺殺法皇的陰謀團體，希望他小心保護自己的生命。

英國內閣外交陣線的突然轉變，使菲特烈．威廉第三完全失望。他乞援亞歷山大了。俄皇馬上答應普魯士與拿破侖開戰時加以援助。一八〇六年，英俄組織了反法的四次聯盟，普魯士與瑞典也都參加。

普王菲特烈．威廉第三收到了邊境各地紛紛地發來的驚報：法軍已開始向前推動，大戰迫在眉睫。他看到法軍的進攻是決不可避免的，於是在絕望之中送給拿破侖一個類似哀的美敦書的通牒，要求他將軍隊撤出邊界。但對這個要求的答覆，是拿破侖的侵入薩克森，以及後來的攻入柏林。

一八〇六年十月八日戰爭開始，六天以後（即十月十四日）普魯士在耶拿（Jena）及阿威什達特(Auerstadt)兩役全軍覆沒。大約十八萬軍隊潰不成軍，被殲俘者達四萬人。一八〇六年十月二十七日，拿破侖駕臨柏林，佔領了普魯士的許多土地，最重要者如律柏克(Lubeck)耶爾福(Erfurt)及勃蘭登堡(Brandenburg)廣大的土地。普魯士陷於萬劫不復之境。菲特烈·威廉第三失去了做人的人格，也丟盡了一個國家的國格：『臣罪該萬死，冥頑不靈，遠勞陛下親征，而今而後，敢不圖報，以效犬馬之勞！』

第二節　第里斯特和約時代的拿破侖帝國（一八〇七年）

亞歷山大與拿破侖接近

一八〇六年俄普的接近，俄國不僅挽救不了普魯士，而且它自己也打了敗仗。一八〇七年，俄國在事實上單獨對法作戰。二月三日俄軍在愛勞(Eylau)激戰失敗，損失二——三萬人，接着到六月十四日的孚利德蘭之役(Battle of Friedland)，英勇的俄軍又被拿破侖擊敗。法軍佔領了華沙，但澤(Danzig)，東普魯士的哥尼斯堡(Konigsberg)。拿破侖最後的勝利，決定了俄國的命運。因此在孚利蘭德之役過後，亞歷山大不能不在政策上來一個大的轉變。可怕的敵人已來到俄國的邊境。由一八〇五年起，法軍在兩次嚴重的戰爭中戰勝俄國的軍隊以後，現在越發威風凌人，兵臨尼門(Niemen)了。過去與俄聯合的普魯士已不復存在，英國政府則只口頭上允許對俄國幫忙，實際上當俄國參加反拿破侖戰爭時，英國是把它底金庫密密封閉，毫不履行過去的諾言，以援助正在與拿破侖在失望中進行苦戰的俄國。同盟作戰有如烏合，『現在已到應該保全自己的時候了。』這是在孚利德蘭之役失敗後，亞歷山大所遣派的洛巴諾夫·羅斯托夫斯基親王向拿破侖提議媾和時說的話。

在這種情形下，俄法的關係有了好轉的希望。亞歷山大與拿破命的和平談判之門打開。一八〇七年七月八日兩國皇帝在尼門河畔第一次晤面，他們倆在和諧的氣氛中解決了許多懸案。拿破侖最初問亞歷山大：『皇帝，我們爲什麼與你打仗？』可是亞歷山大的回答是：『我同你一樣的痛恨英人。你在什麼時候決定打擊他們，我總是陛下的一個援軍。』俄皇的回答，使拿破侖感覺心滿意足，於是拿破侖說：『果眞這樣，就締結和約吧。』第里斯特（Tilsit）和平談判揭開了，兩位皇帝三言兩語討論了一切問題，條約就在刹那間簽訂。誰也沒有料到談判這麼痛快，『我做你底祕書，你也做我底祕書』，拿破侖和亞歷山大這麼親密地合作着。

第里斯特的會見（一八〇七年七月二十五日）

當然，兩國這樣誠懇合作，是有原因的。俄皇得到拿破侖的保證，可以放開膽子向芬蘭和土耳其做去，而亞歷山大答應了拿破侖的要求——共同對付英國。俄皇歇斯特里亞地問：『歐洲在什麼地方？』拿破侖也故意親暱地問：『在什麼地方？不是在你我之間嗎?!』拿破侖主要的目的達到，他不單得到一張和平條約（Peace of Tilsit），而且與亞歷山大訂立了同盟。素來不肯犧牲自己而慫恿別個爲自己『火中取栗』的英人，把自己的盟邦推到敵人方面了。

當然，拿破侖所得到的，要比亞歷山大所得到的多些，同時，應當指出，第里斯特和約，是在瓜分普魯士的基礎上訂立的。拿破侖向俄國代表洛巴諾夫・羅斯托夫斯基指着威士都拉河（Vistula）說：『看吧，這裏就是我們兩個帝國的邊界。河那一邊歸貴國皇帝管轄，河這一邊歸我管轄。』但這是很自然的，前者是一個戰勝者，後者俄普兩國都是戰敗者，特別是普魯士，由於菲特烈・威廉的反覆無常，一敗塗地，拿破侖早就沒把它看成一個國家。根據和約，亞歷山大負責：(a)在俄羅斯帝國境內推行拿破侖的大陸封鎖法令；(b)對英宣戰，承認拿破侖在西歐所造成的事實以及今後將要造成的一切事實：法國得自由處理萊因與易北(Elbe)之間的土地，歸拿破侖的兄弟哲羅姆（Jerome）爲王的威斯特發里亞王國（Kingdom of Westphalia）管轄，普魯士由一七七二年以來所搶得的波蘭的土地，都劃給拿破侖的衛星國華沙大公國(Duchy of Warsaw)，但澤被宣佈為自由區。

拿破侖為報答俄皇這種好意，『允諾』亞歷山大第一由普魯士的一個地方撤退法軍，同時在瓜分土耳其時，分給沙皇一大塊肥美的土地。拿破侖本着拆散俄普關係的一貫的政策，提議亞歷山大把普魯士的領土吞併——一直至威士都拉河（The Vistula）。最初，亞歷山大還不贊成這個意見，然而他總是同意了對普魯士的掠奪，接受了拿破侖送給他的柏洛斯托克（Bialystok）。和約於一八〇七年七月八日簽字。同時與普魯士的和約亦分別簽字。普國喪失了的人口，等於當年現有的兩倍（計一千萬，餘者尚不及五百萬），而領土則幾乎也多至兩倍。普魯士完了，祗好對拿破侖負責遵守大陸封鎖法令了。

第四次聯盟又垮了，歐洲陷在地平線以下去。由此時起，歐洲大陸上的諸國固然已被拿破侖一一擊破，同時大英帝國也似乎朝不保夕了。一八〇七年是拿破侖帝國的登峯造極時代，自大的專制魔王已覺得他『樣樣都能辦到了』——拿破侖於簽訂第里斯特和約後對他底兄弟呂希安（Lucien 1775—1840）說。拿破侖直接地或間接地統治了歐洲，他底爪牙（如在異族領土上由拿破侖提拔而當了國王的他的兩個兄弟，元帥和將領）佈滿了歐洲。奧皇以及普王變為家臣，拿破侖除了在表面上對亞歷山大第一客氣而外，已不屑和任何人商談，而祇有對他們下命令了。誰不服從他底命令，誰就得準備忍受他底壓迫。很明顯地，拿破侖曾允許亞歷山大自由處置瑞典，奪取整個芬蘭，直至托爾涅河（Tornea R.）。但是，一八〇八年春俄軍開入芬蘭，法國的盟國丹麥也派兵侵入瑞典。俄國雖用了很大力量佔領了芬蘭及奧蘭羣島（Aland Islands），法國則以波米拉尼亞（Pomerania）歸還瑞典，操縱了瑞典的政治。瑞典國王古斯塔發第四退位，派他的老將伯爾納佗特元帥（Marshal Bernadotte）監督新王查理第八（Charles VIII）。可見奪取芬蘭，對於俄羅斯的金融巨頭及出口商簡直是得不償失，因為它既與英國絕斷了商業關係，而瑞典和丹麥亦威脅着俄國。俄國貴族大商人認爲大陸封鎖埋葬了俄國，一致指責與法國的同盟。尤其是一八〇七年在俄國邊界跟前成立了所謂『華沙公國』以後，更使俄羅斯人民寢食不安。

自然啦，軍士坦丁堡及各海峽的佔領，摩爾達維亞以及窩雷啓亞(Wallachia)的奪取，可把俄國在第里斯特和約中受創的傷口稍稍塡平。然而拿破侖正在對土耳其，決不願履行他在第里斯特的諾言。亞歷山大於一八〇六年巳與土耳其作戰。在俄土這次持久的戰爭中，土耳其人正是從巴黎方面得到祕密的援助，及至俄國外交官質問塔列蘭，爲什麼從前拿破侖在第里斯特對亞歷山大親自答應的話現在又不履行時，塔列蘭却巧妙地囘答他說：在外交方面，也如同在音樂方面：假如一個意見沒寫在照會上面，它是一點價值也沒有的。換言之，這話是要亞歷山大明白，拿破侖欺騙了他。空口無憑，毫無證據！

第三節　大陸封鎖政策與各國的關係，拿破侖征俄的失敗及其帝國的滅亡（一八〇七——一八一四年）

大陸封鎖

拿破侖雖做了歐洲大陸上的主人，但英國還繼續與法國鬥爭。主張與法妥協的福克思去世，新組成的保守黨內閣(Tory Government)，由積極的反法派卡斯爾累(Lord Castlereagh 1769—1822)及喬治坎寧(Canning George)(1770—1827)領導着。英法的鬥爭尖銳了起來。

但拿破侖征英的計劃是不能實現的。一七九八年三月愛爾蘭人民發動獨立運動時，其首領淄爾夫·托尼(Wolfe Tone 1763—1798)曾要求法國派兵援助，但法國海軍陸戰隊尙未登陸，卽遭失敗。一八〇五年法國聯合西班牙派遣三十八艘軍艦與納爾遜的二十艘軍艦大戰於特拉法加角，結果，亦完全失敗。法國的海軍消滅，武力征服英國的企圖，卽最好戰善戰的人如拿破侖者亦不得不自行放棄。怎麼辦呢，在經濟上打擊英國，用經濟絕交的方式困斃英國。當然這是一種最毒辣的政策，如果能確實執行，是會打中英國的要害之處的。

一八〇六年十一月二十一日，拿破侖趁歐陸上軍事的勝利，在駐蹕柏林時公佈了經濟上封鎖英國的命令，卽所謂有名的『柏林命令』，(Berlin Decree)，在拿破侖命令第一條說：『宣佈不列顚三島完全封鎖』，第二條說：『與不列顚三島的一切貿易一律停止』。跟着在命令中又說：與英國人的一切郵件及通訊聯絡一概不准，並命令迅速逮捕英國在大陸上的一切臣民，幷沒收他們的全部財產及貨物。全歐洲大陸與英國在經濟上絕交，大陸封鎖英國(Continental system)。

這個命令頒佈以後，塔列蘭卽奉令通知歐洲各國一律遵守。他把大陸封鎖政策作爲對英政策的唯一鬥爭手段，他把各國對此政策執行的程度，作爲考察各國對法是否友好的尺度。

這一政策，其後又發展到驚人的地步。一次比一次嚴厲的命令頒佈，封鎖的對象毫無止境。一八〇六年十二月十七日的『米蘭命令』(Milan Decree)規定：『一切商船，不管它是那一種貨船，假如它是由英國港口開來，或由英國殖民地和英軍所駐紮的國家開來，抑或向這些地方開去，一律沒收』。進入英國港口的中立國的商船也被沒收。此外，一八〇七年正月的『華沙命令』(Warsaw Decree)，一八一〇年十月的『封騰布羅命令』(Fontainebleau Decree)，比上兩個命令還要嚴厲：凡在法國勢力範圍內的國家，祇要查出英貨，卽依法懲辦：充公或焚毀。

大陸封鎖令實行以後，拿破侖卽下令佔領北部及波羅的海的一切港口，如漢堡(Hamburg)不來梅(Bremen)。律柏克(Lubeck)，逮捕英人，沒收英貨。幷加緊緝私工作。單在梅格稜堡(Mecklenburg)於一八一〇年八月沒收殖民地商船十二艘，在沿海各地的緝私人員約計二千餘人。法國及被佔領國均無船來品，英國的棉織品以及英國殖民地的商品、棉花、咖啡、白糖均絕跡。

自然，大陸封鎖政策，祇是受到法國及傀儡國工業家的擁護的。薩克森的工業資產階級呼籲人民遵守大陸封鎖政策．在對拿破侖的宣言中，表示他們全力擁護。但正如拿破侖自己所相信的『祇有人民之中的一個階層——工業資本家，而其餘各階層人民如地主，商人，小農以及勞工則堅決反對』。

英國對拿破侖的大陸封鎖令，報以反封鎖令。一八〇七年正月至十一月，卡斯爾累及坎寧發出命令，凡開到法國及法國的同盟國的一切商船，均無條件捕獲，中立國的商船，亦須經過英國港口。英國不許其它國家和法國和它的同盟國通商。

英國的反封鎖

英國對於反封鎖令的執行，比法國執行封鎖令時容易，因爲英國是海上的強國，容易封鎖法國，法國則無法封鎖英國。英國商品通過黑爾郭蘭(Helgaland)，英倫海峽，荷蘭，漢薩諸城運入北歐，通過西西里及馬耳太運入東南歐。萊比錫(Leipzig)及福蘭克府(Frankfurt)爲殖民地商品最大的走私中心，英國的棉花照常輸入俄國，意大利的生絲輸出英國。英國趁機奪取法國及荷蘭的殖民地的商業，英國對外貿易在大陸封鎖期間反而增漲。一八〇一年，英國的出口與入口共值七千一百萬鎊，一八〇五年九千萬磅，出口增加一千萬磅，而她的商船由一萬六千隻增至一萬八千隻。反之在法國方面，一八〇六年至一八一一年發生嚴重的經濟危機，工廠關閉，失業增多。法國對外貿易，由一八〇六至一八一二年之間，由九三三(百萬)減至六四〇(百萬)佛郎。政府對工商業的任何津貼及援助，沒法使經濟復興。

大陸封鎖政策，對中立國更加不利。丹麥因不願受英國的約束，英國海軍曾於一八〇七年九月砲擊哥本哈根，破壞了丹麥的兵工廠，繳獲丹麥軍艦。而法國則因教皇及其弟路易(荷蘭王)不執行大陸封鎖令，被拿破侖嚴加處分。前者被囚(一八〇八年)，後者則被革職(一八〇九年)。

大陸封鎖沒有達到孤立英國的目的，反而引起了無數惡果。一八〇七年拿破侖決定驅逐

侵略西葡兩國及西班牙的人民戰爭

英人在葡萄牙的勢力，并與西班牙國王查理四世 (Charles IV 1788—1808) 密謀瓜分葡萄

牙。

葡萄牙在商業上與英國早就訂立了互惠條約。自一七〇三年的麥條恩條約（Methuen Treaty）簽字以後，一百餘年來，英葡兩國均在優惠條件下獲得發展，（英國羊毛輸入葡國，葡國葡萄酒輸入英國）。拿破侖宣布大陸封鎖令後，葡國已經加入，沒有問題。但法國現在要她嚴厲執行，并且要佔領它，於是它就决心假定西班牙侵入葡萄牙。

這時西班牙宮廷正發生內訌。國王查理四世老朽昏聵，大權握在一個陰險的大臣格道（Godoy）手中，無所不爲。太子費迪南（Ferdinand）則自成一黨，謀篡王位，於是國王，王后及格道聯成一氣，企圖廢除太子，剝奪其未來的王位。雙方均乞援於拿破侖，後者乘機把勢力伸長到西班牙。所以早在一七九五年，西班牙就是法國的附庸。

一八〇七年拿破侖引誘西班牙王室訂立了瓜分葡萄牙的密約。十月九日，法將詹諾特(Junot)的軍隊假道西班牙攻入葡境，十一月三十日佔領里斯本(Lisbon)。葡萄牙布蘭格斯王室（Braganza)逃入巴西。法軍未受到什麼抵抗，佔領了葡國。

法國佔領了葡國之後，拿破侖又藉口對英作戰，把軍隊開入西班牙境內，并佔領了瑪德里。他先勸說西班牙王室逃至拉丁美洲，後又借宴會爲名，將他們扣留到貝雲(Bayonne)。西班牙王位由拿破侖的長兄那不勒斯王約瑟(Joseph Bonaparte)繼承，他的妹夫繆拉(Murat)則做了那不勒斯王。

西葡兩國的王室雖已被推翻，然而西班牙人民不久却展開了眞正的愛國戰爭。一八〇八年三月二日瑪德里人民起義，革命組織『詹特』(Junta)在各地建立了起來，如薩拉哥撒(Saragossa)（在亞拉岡省Argon），法連西亞（Valencia），卡斯提爾（Castile)。最初法國遠征軍在西班牙打了一次敗戰：法將杜邦特(Dupont)的一萬七千人在安達盧西亞(Andalusia)的拜稜(Baylen)投降。

葡萄牙人民也燃起愛國戰爭。在西部的一個大港奧玻托(Oporto)組織了臨時政府，正如西班牙人民在加的斯(Cadiz)的政府。

英國自亨利第五 (Henry V) 以來，除了聯合盟國陸軍而外已沒在大陸上作戰了。甚至在威廉第三 (William III) 及馬爾巴羅 (Marlbarough 1650—172z) 時代，英國的陸軍不過幾營。但是在半島戰爭 (Peninsula war) ，卽在意卑里亞 (Iberian Peninsula) 戰爭中，却派出許多軍隊協同西葡兩國的人民作戰。英國軍隊在人民援助下打了許多次勝戰，衛爾茲力爵士 (Arthur Wellesley) 卽日後的威靈呑 (Wellington) 公爵從此聞名。一八〇八年八月法軍撤出葡萄牙，同時也放棄了瑪德里。

後來，拿破侖在耶爾福與亞歷山大會晤後，由於以摩爾達維亞及窩雷啓亞的割讓換得俄皇的援助，親自率領十八萬大軍進攻西班牙，這才又保駕約瑟回到瑪德里。但西班牙人繼續抵抗，他們在薩拉哥撒英勇抵抗兩月。加的斯的保衛戰使法軍傷亡甚大。法國需經年留守二十五萬人在西班牙維持『秩序』。法軍在西班牙的失利，開始引起全歐洲人民的解放戰爭。

反拿破侖的歐洲民族解放運動的高潮

一八〇九年春，歐洲被征服國的人民，因受了西班牙人民的影響，燃起了人民的愛國思想，暴發了反抗拿破侖的民族解放運動。費希特(Fichte)發表『告德意志人民書(Addresse: o the German Nation)，號召普國人民與拿破侖作戰，他說：『你們沒有失敗，而且不會失敗。假定你們倒下了，那麼全人類就會倒了下來。』

奧國法蘭西斯委任斯塔底溫 (Stadion) 計劃新政，實行『全民皆兵制』，祕密製造軍火，聯絡英國；它的軍備的擴張，已使拿破侖感受到很大的威脅。普國的改革，也收到相當的成效。一八〇七年十月九日，新任大臣斯泰因(Baron Von Stein 1757—1831)公佈『解放敕令』，廢除農奴制，一八〇八年，各城市及鄉村實行『自治』。軍事方面，法國祇允許普國有四萬二千軍隊，但沙倫哈斯特 (Scharnhorst）避開拿破侖的注意，一批一批地訓練出許多軍隊。拿破侖已感到在歐洲大陸上，也將如同在西班牙一樣臨到發動偉大的人民戰爭的前夕。奧地利人民趁拿破侖在西班牙的困難，亦起義反抗他的戰勝者、拿破侖的法蘭西帝國不安起來了，不得不首先壓迫奧國的反法運動。奧地利駐巴黎公使梅特涅（Mi-etternich, Von 1773—1859）不得不拚命掩飾奧地利的武裝。拿破侖認爲普魯士也在等候奧地利出兵，以便共同反法。所以他暴怒地強迫普王驅逐斯泰因。可是一八〇八年斯泰因被迫下台後，他的反法活動更加努力，煽動奧國，也說服俄國。拿破侖更不放心的是俄羅斯，所以先拉俄國。

耶爾富城的會晤（一八〇八年九月廿七日至十月十四日）

一八〇八年夏，拿破侖邀請亞歷山大作私人的會晤。但俄皇已猜透他的心意，不欲馬上會他。一八〇八年九月二十七日兩國皇帝二次會晤於耶爾富城（Erfurt），拿破侖用很大的代價才獲得俄皇中立的保證。他過去的外交部長塔列蘭也不可靠了。名義上退職的塔列蘭却在耶爾富會談後得出了一個結論：大陸封鎖定引起與俄作戰以及全歐洲最後的起義。塔列蘭已開始與亞歷山大勾結。他於祕密談話中再三勸告亞歷山大說：『陛下必須急救歐洲。』亞歷山大聽了塔列蘭的勸告後，不欲簽訂條約，他祇保證俄國在法國與奧國作戰時，一定站到拿破侖這一方面。兩個皇帝表面上似乎非常親熱，他們在鼓樂喧天，萬人空巷的隆重典禮中互相擁抱分手。實則拿破侖的心境是憂鬱的，不樂的。幾個月之後（一八〇九年一月杪），他看出塔列蘭有背叛他的行爲，結果完全罷免了他，（但未處分他，因爲沒有絲毫證據）同時，幾個月之後，他又看到反對他的戰爭在歐洲大陸上眞的爆發了。

五次反法聯盟（一八〇九年）

上文說過，奧普兩國已在對法國備戰，俄國也不欲同法國簽約。因之在這種衆叛親離裏應外合的情形之下，以英國爲首的第五次反法聯盟，於一八〇九年又組織成功。英國答應以一億佛朗津貼奧國，奧軍趁拿破侖遠在西班牙鏖戰中開始動員。

一八〇九年四月，奧軍十七萬人，在查理大公（Archduke Charles）統率之下，攻入巴威。拿破侖急忙由西班牙回國督戰，在阿賓斯堡(Abengsburg)及厄克謬爾(Eckmühl)的五大激戰中，擊潰奧軍，俘獲六萬人，將奧軍驅逐在保希米亞(Bohemia)及上多腦河一帶。五月十三日法軍佔領維也納。但五月廿一日和二十二日在阿斯本(Aspern)及厄斯令(Essling)的戰鬪，拿破侖却打了敗仗。法軍四萬被殲，其中有二十四個軍官。在這些戰役中，哈佛(Andreas Hofer)所領導的人民給法軍以重大的打擊。

其後七月七日的瓦格拉姆大戰(The battle of Wagram)，拿破侖才最後擊敗奧軍。雙方的損失約二萬五千人，拿破侖再次進入維也納。十月十四日雙方簽訂與勃隆條約(Treaty of Schonbrunn)，奧國損失了三百五十萬人口，軍隊減至十五萬人。奧國將撒夫河(Save River)西南的全部土地，包括維拉奇(Villach)，伊斯特里亞，奧屬達爾馬提亞及拉古薩(Ragusa)割與法國，連同一八〇七年割予法國的伊沃尼羣島，由拿破侖組織爲一個新的行省，卽伊利里亞行省(Illyrian Province)。保證與英斷絕一切關係，加入大陸封鎖。劃給巴威者有薩爾斯堡(Salzburg)，布却泰斯加登(Berchtesgaden)，英維提亞(Innviertel)及漢斯雷克維提亞(Hausriickviertel)的一半。西部加里西亞(West Galicia)——，劃給華沙大公國；東部加里西里的塔諾坡爾(Tarnopol)割給俄國。

奧國投降之後，奧國的人民抵抗運動繼續高漲。最初配合奧軍作戰的哈佛仍然在巴威和法軍英勇作戰，他的軍隊曾三次攻下提洛里(Tirol)的音斯浦路克(Innsbruck)。他一直英勇抗抵到十一月。南提洛里(Tyrol)祇是在拿破侖把他逮捕並在孟都亞槍斃後才割給意大利王國。

同樣的人民戰爭，也發生於德意志。斯奇里少校(Major Schill)領導的民衆武裝，參加了一八〇九年的解放戰爭，在斯特拉爾松德(Stralsund)與法軍激戰兩月。

與俄國衝突的發生

在耶爾富會議上，亞歷山大答應幫助法國作戰，但戰爭發生後，亞歷山大不曾參戰，他祇是在奧國邊境佈置了一些『監視兵團』。所以，爲報復這種仇恨起見，拿破侖也不欲依照耶爾富會議的協定，將奧國的加里西亞（西烏克蘭）割給俄國，而是割給他的附庸華沙公國。俄皇很不滿意。拿破侖以為俄國不勞而獲，今既得到奧地利的塔諾波爾（Tarnopol），也就算是便宜他了。這是一八一一年八月十五日拿破侖對俄國駐巴黎公使庫蘭克親王說的。其後一八一二年六月與巴拉雪夫將軍在維爾諾談話之際也是這麼說的。法國對亞歷山大已經有過兩次饋送：一八〇七年把普魯士的柏洛斯托克割給他，一八〇九年，把奧地利的塔諾波爾割給他。

與俄國關係的惡化，還有另外一個原因，就是一八〇九年年尾與一八一〇年年初，當拿破侖向亞歷山大的妹子，阿娜．帕佛洛甫娜求婚的結果是失敗了，於是拿破侖向奧皇公主瑪麗．路易撒（Marie Louise）求婚。法奧關係的鞏固，又威脅到俄國。

因此早自一八一〇年夏天起，這兩個帝國已開始準備戰爭。法國駐彼得堡公使考列庫爾（Armand Augustin Louis Marquis De Caulaincourt 1772—1827），俄皇首相魯米柴夫伯爵以及法俄兩國的其他外交家都努力維持法俄同盟，但他們的努力無濟於事。俄國貴族及商人都吃了大陸封鎖之苦，很怕與法親善的結果會動搖了俄國的農奴制度，如第里斯特和約訂立之後在普魯士以及在大部份德意志所發生者。在拿破侖方面，他與瑪麗．路易撒結婚之後，也覺得自己與奧地利聯合密切，所以很藐視俄國。加之俄國不僅不遵守大陸封鎖法令，拒絕沒收中立國的商船，而且於一八一〇年十二月把外國入口品的稅則提高，公然禁止法國的侈奢品及葡萄酒的輸出，或對法國商品課以重稅。這使拿破侖非常憤怒。

一八一一年八月十五日，拿破侖在外交團隆重的招待會上，毫不客氣地當着庫蘭克親王的面責備俄國。他說鄂爾敦堡公國（Oldenburg）已併入法國底版圖，俄國與華沙公國締結同盟的野心也是枉費苦心；俄國割去了奧國的塔諾波爾，割去了普魯士的柏洛斯托克，所以這些國家決不會跟俄國跑！瑞典也不會跟俄國跑，因為俄國奪去了它底芬蘭！『歐陸反對你們：我不曉得我是否出擊你們，但我們總一定打仗！』——他結尾說。

這件事情過了以後，誰都不能懷疑雙方劍拔弩張了。當然，拿破侖以爲『歐洲反對俄國』，這是一個空想。恰恰相反，歐陸由拿破侖的統治下解放出來的全部希望，都寄托在俄國身上。但它們在最近還沒有獲得這種解放的信心。拿破侖還能夠逼使奧普兩國與他在軍事條約上簽字。根據這個條約，上述兩國必須出兵援助法軍，而同時奧地利及普魯士都打算得到俄國的土地：奧地利想得到渥爾尼（Volhy-nia），而普王菲特烈·威廉則垂涎全部波羅的海沿岸。拿破侖回想起人們從前向他做的一個報告：亞歷山大第一的朋友普魯士國王請求沙皇什麽，而同時向沙皇宣誓永遠忠實親愛時，譏刺地談：『在菲特烈大帝墓上宣誓是種什麽東西？』

拿破侖甚至期望與俄作戰的土耳其以及被他封爲世襲親王的法國元帥伯爾納佗特（Marshal Bern-adotte 1764—1844）治下的瑞典，都能給法國以援助。

但俄國大將庫圖梭夫（Kutusov）不僅在土耳其表現爲一個卓越的戰略家，並且爲一個光耀的外交家，恰恰在戰爭前夜——一八一二年五月——巧妙地使土耳其總理大臣驚慌失措而締結了一個對俄非常有益的布加勒斯特和約（Treaty of Bucharest）。俄國得到了比薩拉比亞(Bessarabia)及多腦河上的一部分，土耳其方面來的威脅完全掃除。拿破侖看到俄土這種出其不意的和約時，瘋狂地怒吼道，至今我不知道怎樣的一些傻瓜們統治着土耳其。

說到瑞典的伯爾納佗特，他也開始動搖。法俄兩國對伯爾納佗特均付出一些代價。拿破侖提出如瑞典出兵反俄，即可將芬蘭割與瑞典，但亞歷山大提議，如瑞典出兵反對拿破侖，以挪威割歸瑞典。伯爾納佗特把這兩個提議的利害權衡以後，決定站在亞歷山大一邊。這個不但是因爲挪威比芬蘭富庶，而且是因爲在海上受着法國的包圍。結果，一八一二年四月俄瑞訂立了聖彼德堡條約（Treaty of St. Peter sburg)，瑞典在北部德意志對法作戰。拿破侖後悔地說，他在知道土耳其和瑞典都不欲與俄國作戰時，是不應再與俄國作戰的。

戰爭剛剛開始之後，英國就與亞歷山大締結同盟。

拿破侖征俄的失敗（一八一二）及俄國對外政策的兩條路線

一八一二年雙方在這種陣容之下，開始了歷史上最大的一次戰爭。拿破侖動員五十餘萬大軍，其中大部分爲意大利人，波蘭人，瑞士人，荷蘭人，普魯士人，奧國人於六月二十三日——二十四日，不經宣戰由尼門河侵入俄境，八月十七——十八進佔斯摩稜斯克要塞(Smolensk)，九月初已推動到波羅底諾(Borodino)。法軍前進了八百英里，俄軍在巴克壘·得·托利(Barclay de Tolly)錯誤的戰略計劃之下望風而退。普軍包圍里加(Rige)，奧軍楔入渥爾尼。但俄國人民是不可侮的，而繼任統帥的庫圖梭夫又是出色的軍事組織家，因此在他的指揮之下，最後擊敗了敵人。波羅底諾會戰，俄軍本來退了，而且更使人驚異的是，庫圖梭夫甚至堅決主張撤退莫斯科。但是正如庫圖梭夫所說的『戰爭並未失敗』。莫斯科人報以火攻，拿破侖險些兒被焚，游擊隊狂風急雨，法軍腹背受敵。結果拿破侖在俄人堅決抵抗之下，不久潰不成軍，由俄國敗退。五十餘萬人最後剩下二萬餘人。拿破侖征俄的失敗，成爲他帝國覆沒的主因。

一八一二年的戰爭結束之後，全歐洲緊張地注視着亞歷山大與庫圖梭夫之間的一種幕後的鬭爭，尤其到戰爭最後結束之際。這個鬭爭，本質上是兩大彼此排斥的外交方針的鬭爭。庫圖梭夫貫澈他在許多戰略行動中的觀點，但俄皇僅對庫圖梭夫一八一二年十二月和一八一三年一月在維爾諾（Vilna）的戰略，表示慶祝。

庫圖梭夫向英國代表威爾遜（Wilson）將軍，玫諾威尼茨將軍以及參謀部其他等人所表示的意見，要言之就是：在尼門爆發的戰爭，亦必到尼門結束。爲拯救歐洲繼續流血是無意義的——讓他們自己用力量拯救自己。特別是完全消滅拿破侖的企圖也無意義——這對於英國的利益比對於俄國的要多。如果這個可咀咒的『島國』（庫圖梭夫這樣稱呼英國）完全消滅，乃最愉快的事。庫圖梭夫提出這樣意見。反之，亞歷山大認爲與拿破侖的戰爭祇在開始，英國正用全部力量幫助俄國。俄軍固然已把法軍趕出尼門，但尙應經過威士都拉河向西挺進。拿破侖專橫暴戾的統治動搖，歐洲各民族的起義遍地燃燒了起來。

一八一三至一八一四年戰爭同盟力的佈置

一八一三年二月二十八日，普王見拿破侖大敗歸國速與俄國訂立一個卡里士條約（Treaty ob Kalisch）。這個條約規定，雙方在攻守中一致行動，互相供給作戰物資。俄國答應勝利後恢復普國在一八〇六年前的地位，並邀請英奧兩國參加同盟。三月三日，英國與瑞典也成立協定。英國津貼瑞典，瑞典派三萬人加入盟軍。普王發表了『告人民書』號召德意志各族人民爲解放而戰，三月十六日歐洲第六次反法同盟建立。參加者有英國，俄國，普魯士，瑞典，西班牙及葡萄牙。當時國際問題的第一把交椅是屬於軍事，而不屬於外交。但粉碎拿破侖的事業大大拖延起來了。拿破侖又有機會徵募四十萬人的大軍，於春夏兩季擊敗聯軍。是年五月二日的呂層（Lutzen）之役，五月二十日——二十一日的寶層（Bautzen）之役以及八月二十六日——廿七日的德勒斯登（Dresden）之役，幾乎使聯軍拆散。普王非常畏縮：『我不久就又得逃到威士都拉河』了——他在一八一三年夏天失望地重複着。在一八一三年五月寶層之役戰敗後，堅決主張作戰的亞歷山大不得不勸導菲特烈·威廉第三求助法蘭西斯皇帝。但奧皇聽了梅特涅的話，不欲馬上加入同盟。第一，梅特涅害怕俄國的優勢，比較害怕拿破侖的統治還厲害，早在一八一三年時，他已怕勝利過分地鼓勵了亞歷山大。第二，照他自已的話說，他永遠認爲拿破侖是一道『防止無政府禍害的堤壩』，是全歐洲專制主義的保衛者。據他說，顚覆了拿破侖可能放縱了全歐洲的革命力量。第三，法蘭西斯第一希望拿破侖手創的偉大帝國的繼承人，將來就是法蘭西斯第一的外孫，卽拿破侖和瑪麗·路易撒的兒子，小羅馬皇帝（拿破侖封與其子的帝號），以使他即位以後能眞正站在奧國方面。但話雖如此說，梅特涅却也避開拿破侖與盟國在布拉格（Pragu）進行談判，試圖調解。他覺得如戰爭繼續下去，拿破侖必先借對全歐作戰的名義犧牲奧地利。所以他就拏奧地利維持中立的態度，強迫拿破侖把先前奪去的一部分奧國的土地交還奧國。

與拿破侖和解的企圖

梅特涅決定担任『調解人』。在一八一三年六月，由奧國代表偕同俄國代表涅塞爾洛德和普魯士代表哈爾登堡一道向拿破侖提出下列的和平條件：（一）拿破侖交出華沙公國；（二）繳還普魯士但澤；（三）將一八〇九年由奧國割去的伊利里亞（Illyrian）繳還奧國；（四）撤退漢堡及律柏克兩城之軍隊。哈爾登堡本想再向拿破侖提出放棄萊因同盟的保護權及歸還普魯士土地的要求（雖然是依照第里斯特和約所失土地的一部分）。但梅特涅希望早些締結和約，沒有贊成普魯士的這些要求。和平條件對拿破侖一點也不苛刻，亞歷山大還覺得他仍然在實質上保存着他廣大的帝國：『如果他接受這些條件以後怎樣辦呢？』亞歷山大很不客氣地質問梅特涅。不過梅特涅說，這幾條祇可作為開始談判的基礎，在眞正進行談判之際，大家還可要求拿破侖再做讓步。

六月二十六日，梅特涅以調解人的資格到德勒斯登拜晤拿破侖。決定歐洲命運的談判延長了好幾小時，但結果梅特涅的使命完全失敗。拿破侖不高興聽讓步的話，他咬牙切齒地質問梅特涅由英國方面得到多少賄賂而擅敢向他提出這種條件，並威脅地說，他不久就要帶兵到維也納去。梅特涅說，如若拿破侖不欲同意談判，奧地利就於拿破侖與同盟國休戰期滿之日舉兵反對法國。一切都無濟於事，拿破侖不肯讓步。法國皇帝希望全歐洲大陸都變為法國商品的市場及殖民地，決不想到在他宰治時代，他底領土便被人分割，同時他與英國的鬥爭，結果是英國戰勝。要了全部是他的，要不然全部都什麼也不要：這就是他的座右銘，『貴國的皇帝簡直發狂了，』——梅特涅胆戰心驚地與拿破侖談話之後由宮中出來對柏爾提元帥說。『你不要向我宣戰』——拿破侖於握別時故意裝作不信梅特涅的威脅。由布拉格所開始預備的談判，結果毫無所得。一八一三年八月十日，奧地利正式參加反對拿破侖的戰爭。九月六日俄、普、奧三國重申最後擊敗拿破侖的決心。他們在塔不里茨條約（Trtatg of Teplitz）中說：三國堅強團結，互相保衞各自領土；各方出兵協力作戰；三國信守條約，決不單獨與法媾和或休戰。

戰爭重啓。一八一三年十月十六日至十九日三天爆發了可怕的萊比錫大戰（Battle of Leipzig）。在這次戰爭中，參加的人有六十萬，所以歷史家稱爲『民族會戰』（Battle of the Nations）。法軍大敗了，戰爭快移到法國領土上了。這個時候，可以說是拿破侖帝國土崩瓦解的時候；西班牙的國王約瑟逃回法國，威靈呑澈底擊敗如耳洞（Marshal Jourdan）的軍隊，逼近法國領土的邊緣；威斯特發里亞王國崩潰，哲羅姆逃出了加塞爾（Cassel）；那不勒斯王繆拉特準備投降盟國；荷蘭人民暴動，漢諾威，鄂爾敦堡，加塞爾等地的老統治者又都當政。

在法國內部，人民亦怨聲載道，反對戰爭。兵原枯竭，少年被征入伍；國庫空虛，雖然加倍收斂，租稅也不及往年的百分之五十。公債由八十七金佛郎跌到五〇點五；大工業資產階級，金融巨頭均不欲支持作戰。在這種情形之下，本來應當休戰，可是拿破侖始終不欲言和，不欲停戰，這就造成了他整個帝國的覆沒。

一八一三年十一月八日，盟軍再度向法提出和平條件，法國得領有它的天然邊疆，即是說路易十四以來法國的領土；北起萊因，南達阿爾卑士山。但拿破侖拒絕。

一八一四年二月五日，在卡梯里諾盟國與拿破侖的全權代表考列庫爾·維倩茨克親王之間開始和談（Congress of Chatillon）。各國主張拿破侖爲一七九二年的法國皇帝，即是說，放棄侵略之地。但拿破侖怒火冲天，連這些條件也不去看它一眼。他向考列庫爾說：『你怎麼敢把這種豈有此理的提議報告我皇帝。』其實法軍在這個時候的幾次新的勝利，如在康巴伯特（Champaubert），滿特米拉里（Montmtrail)，南基(Nangis)，及滿提拉(Montereau)諸役，並不鞏固，何足助張拿破侖的不妥協精神？

英國的偵探們調查出，因拿破侖勝利而狼狽周章的梅特涅，早在他底盟國背後與致連庫爾發生關係，並商量好和他怎樣談判了。

紹摩條約（一八一四年三月一日）

拿破侖的至死不降，堅定了盟國戰到最後的决心。當時英國外相是由卡斯爾累爵士(Castlereagh Robert Stewart 1769—1822)担任，他因恐怕盟國破裂，於是要求盟國締結一個條約，大家保證共同作戰到最後勝利。這一個意見，盟國一致贊成了，因此訂立了一個紹摩條約(Treaties of Chaumont)。這個條約規定：(a)每個加盟國出兵十五萬人；英國負責担任戰費，計五百萬鎊。(b)盟國負責使歐洲回歸到拿破侖時代以前的局面；戰勝拿破侖之後，四強共同監視法國履行和平條件。(c)條約有效期限為二十年。英、俄、奥、普四國的代表於一八一四年三月一日正式簽字。這個條約，可說是歐洲列強外交活動的經久的基礎，它一直存在到一八二二年。然創製這個條約的英國，却在事實上首先使它變成了零。

這樣，一八一四年三月三十日盟軍開入巴黎，法國的將領們拒絕與拿破侖死守到底。『全世界史上最偉大的英勇的史詩結束，他與他的禁衛軍從此分手』（當日英報社評）。幾天之後，拿破侖被迫遜位，當年歐洲的主人被趕到厄爾巴島(Elba)去做那個島上的『皇帝』。被革命所推翻了的波旁王朝復辟，普洛溫斯親王，卽被殺的法王路易十六的兄弟被召登極，稱為路易十八。

幾乎二十五年連綿不絕的流血戰爭結束了，由革命母胎中產生而其後又絞殺了它的那種軍事獨裁的專制主義，在拿破侖被逐後是由普式庚於一八二三年所說的那種制度，卽俄皇亞歷山大第一的計劃『賜與世界以靜肅的奴役』所代替。這種『靜肅的奴役』，大部分已不是用武裝來維持，而是借用資本主義國家的會議，外交談判及協定的方式。但戰爭還照樣不可避免。

舊的君主專制貴族制度的死灰復燃——有些地方爲農奴制度，在另外一些地方爲半奴農制——這個，就是聯合國締結紹摩條約的宗旨。可是這是烏托邦，它本身已表明，一八一四年各國對法勝利的不堅固性，因爲在經濟及政治方面要於法蘭西革命把舊制度粉碎，並由拿破侖和他三百一十五萬健兒（其中已死一百七十五萬），把民主自由的口號帶到歐洲各國之後，再來恢復專制制度，這不僅是不易，而且是一種空想。法蘭西皇帝拿破侖所起的這種歷史的作用，決非他個人想要如此，而祇是代表資產階級的經濟政治利益推動法國向外爭霸而已。

第五章　維也納會議（一八一四年十月至一八一五年六月）

第一節　維也納會議上英奧法三強與俄國的明爭暗鬥

巴黎和約（一八一四年五月三十日）

一八一四年五月三十日，列強由於在鞏固波旁王室方面，大家獲得一致，締結了第一次的巴黎和約 (The Fisst treaty of Paris)。第一，法國保持一七九二年的領土，包括亞威農 (Avignan)，威納森，(Venaissin)，薩伏衣的一部，德意志的一部以及一七八九年前屬於法國的比利時的一部份領土。第二，法國承認尼德蘭，德意志諸國，意大利諸國以及瑞士的獨立。第三，除托把高(Tobago)，聖硫細亞(Saint Lucia)以及毛里西亞(Mauritius)（在馬達加斯卡(Madagascar)之東）而外，英國將戰時所奪去的法國的殖民地，全部歸還法國。英國仍保有馬耳太島。聯合國不要求法國賠款，若干歷史家認為巴黎條約對法國非常寬厚。

但事實上，這不是寬厚問題，而是在列強之間存在着嚴重的矛盾以及法國外交政策的成功。這個，列強在巴黎以及亞歷山大第一及菲特烈．威廉第三於是年六月在英國相晤時未成協議而提到未來的維也納會議的方案，便是有力的證據。

亞歷山大與英奧的衝突

在一八一四年的四月——五月，俄皇亞歷山大憑恃他所統率的大軍，已不可爭辯地雄視歐洲，駕臨於歐洲其他一切君主以及破落的統治者之上。當時歐洲局勢混亂，被解放的領土，羣龍無首，亞歷山大便成為實際的主宰者。正因為如此，早先恐懼俄國勢力的梅特涅，便出來阻撓俄國勢力的西侵。他沒法把會議展期秋天舉行，以待奧國扶衰振起；他拼命聯合其他國家，與俄國對抗。亞歷山大雖不滿意梅特涅，並且很清楚地知道他和其他的政治家玩的是什麼反俄的把戲，但因卡斯爾累爵士及法王路易十八，也是在表面上屈意奉承他，所以不得不讓步。歐洲的政治家們都心神不安，都覺得亞歷山大要做新拿破侖和歐洲的統治者。盟國之間的關係惡化．他們老早就準備在疆場上解決。據當時的一個目擊者，卽梅特涅的祕書和親信，政論家海特茨於以後寫道：『亞歷山大駕臨維也納後，已與奧國，英國及法國發生爭執。』卡斯爾累爵士對亞歷山大的仇恨，要比對梅特涅小些。英國外相頑固地害怕英國本部發生革命，不相信俄國外交，於是亞歷山大對他起了一個渾名『古板的腐儒』。但卡斯爾累最低限度不像梅特涅那樣故意造謠，極端攻擊俄國。梅特茨寫着：亞歷山大在不列顛政府前面並不發抖，他認為除了俄國之外，不列顛政府也是最強的一個，不能不對英國小心。此外，俄皇對那個自以為『受上帝寵賜而做了法王』(King by the grace of God)的那瓦(Navarre)的頑固基督徒，卽路易十八也非常討厭。最初亞歷山大不欲扶持路易十八為解放的法蘭西的國王。曾經有一個時候，他甚至想教『拿破侖第二』，羅馬小朝廷登極。及至大家擁戴路易十八入承王統之際，他又堅決主張他給法國人民頒佈一個憲章。當然，這並不是因為俄皇傾向立憲制度，而是想用一紙憲法作為抵制革命爆發的避雷針。據說俄皇所以這麼做，原先是受了一個狡猾的科西嘉人波茨•的•波哈，卽俄皇的參議的影響。他對法國的內政有這樣的一種見解，就是為使波滂王朝不為新的革命所傾覆，或使革命再次威脅歐洲，由上面頒佈一個憲法，是一種最好的辦法。顯然路易十八和他底兄弟卡爾•亞多亞都害怕亞歷山大的手伸入法國而處處監視他們的行動。

維也納會議上的重要人物及重要的議程

在維也納會議時代，歐洲各國宮廷對俄皇的印像都不好。

一八一四年十月一日，決定歐洲未來命運的維也納會議(The Congress of Vienna)開幕了。出席會議的人，在元首方面，重要的有俄皇亞歷山大第一，奧皇法蘭西斯第一，普王非特烈・威廉第三，此外有三個配角：丹麥、巴威和符騰堡的國王。在使臣之中，重要的爲梅特涅，塔列蘭，卡斯爾累，此外有威靈吞爵士，俄國的涅塞爾洛特（Nesselrode, Charles Robert 1780—1862），普國的哈爾登堡（Hardenberg）等等。他們都是些頑固反動份子，大家來到會議，是爲了掠奪戰敗的法國和被解放出來的小國。

因此維也納會議上重要的問題，就是：（a）處置戰敗的法國，（b）重分被解放的領土，（c）改選德意志諸邦。

會議始終是採取祕密的形式，俄國和普魯士站在一邊；奧國和英國站在另一邊。兩個強盜陣營衝突得很利害，有時幾乎破裂，好像有訴之於戰爭的樣子。

塔列蘭的樽俎折衝

在雙方爭執不下的時候，法國代表塔列蘭跳出來了。他陰險狡詐，推波助浪，使兩個對立集團越爭越僵。他爲了法國的利益，聯合英奧兩國打擊俄國及其幫凶普魯士。這種策略是毒辣的，不然，俄皇亞歷山大更加沒法駕馭。塔列蘭獲得很大勝利，把俄普對法國的野心制止。議題的重點轉移到其它弱國的瓜分方面，法國巧妙地逃避了列強的瓜分。

但雙方的不肯讓步無法打開僵局，因此這便給被囚的拿破侖一個機會，重返法國，再次掀動大戰。拿破侖返法後，列強開始認識現實的危機而在某些觀點上接近了，然因對付拿破侖的戰爭迫在眉睫，不允他們坐在維也納從長計議，所以一八一四年的維也納會議毫無結果而散。現在先敍述塔列蘭在會議上的手腕和姿態。

一八一四年九月二十三日，卽維也納正式會議開幕前的一星期，路易十八的代表，法國外交部長塔列蘭——格里格里親王行抵維也納。他一到維也納，俄王亞歷山大就先拉他，因爲俄皇跟他在過去已有一段姻緣，並且很曉得他的爲人，如果他向人要錢的時候，祇要別個能慷慨解囊，他是不會對送他錢的人傲慢地打官腔的。然塔列蘭的聰明英俊，權謀機詐，和隨風轉舵的本領，光用錢是走不通的，他是比梅特涅更危險的人物，因梅氏祇是自作聰明，實際上他是沒有什麼才幹的。塔列蘭所不幸的，祇是在維也納會議上，他是戰敗國的一個代表。塔列蘭必須使出政治家和外交家的兩重手腕，一方面在政治上要堅定不移，把握大的原則，但在外交上，還要能不卑不亢，以不變應萬變。眞的，塔列蘭初到維也納後，他就把握住大會在最初幾日所討論的中心問題。他看了波蘭問題及薩克森問題爲一複什的『兩個死對頭』的問題。亞歷山大攫住波蘭死也不放，而梅特涅則心急如火，恨不得馬上從前者的嘴裏奪出。大家知道，亞歷山大在拿破侖的隊伍退却之際，即利用近水樓台的關係，調遣他的軍隊佔領了華沙公國，同時毫不客氣地宣佈這個地方是他的，不能讓別人奪去。但所謂華沙公國，主要地係由普魯士手中奪取的土地（當然普魯士也是由波蘭人手中搶奪來的——見第三章三分波蘭），而且祇是在一八〇七年才由拿破侖奪上普魯士的土地揑造成的，所以普王菲特烈·威廉第三就提出一個賠償的問題。亞歷山大知道不能白白地呑進肚裏，於是他以薩克森王國合併入普魯士以報答普王。他說，薩克森王在拿破侖戰爭期間，不僅長期爲拿破侖的忠實同盟，而且拋棄拿破侖也太遲了，所以理應割讓薩克森補報普魯士。塔列蘭登時看出奧俄兩國在波蘭爭執不下，而普魯士對薩克森的要求，不僅奧國決不贊成，而且英國也不苟同，於是利用這千載一時的機會，決定衝破束縛法國的紹摩同盟，打破一八一四年戰敗法國的奧、俄、英、普之間的聯合。

正統主義

這裏，塔列蘭在會議上所使用的武器，就是針對列強的瓜分計劃而提出的所謂『正統主義』(Principle of legitimacy)。他理直氣壯地說：各國君主與代表們在維也納會議上，應當在重新分配土地及變更邊疆之際，不破壞革命戰爭以前的各國的國界，即一七九二年以前原有的形式。塔列蘭所以提出這一原則，不僅是爲了避免列強宰割法國，保持法國領土的完整和歐洲政洽舞台上的地位，而且也可以壓制一下普魯士、俄羅斯擴張領土的野心。當然，這個問題，塔列蘭最好是同梅特涅商量，因爲祇有梅特涅最不願意把波蘭割給俄國，而把薩克森割給普魯士。同時這個問題，也得與卡斯爾累商酌一下，因爲在這個問題上，他是支持梅特涅的。但因各國在未共同磋商以前，他就把這個問題弄得天翻地覆，所以梅特涅和卡斯爾累都對他有些戒心，怕他又背叛了他們。

波蘭、薩克森問題

一八一四年十月四日，塔列蘭晉謁亞歷山大，在他們二人之間發生了衝突。塔列蘭提出了他底有名的『正統主義』，主張亞歷山大放棄波蘭的一部分——在革命戰爭前波蘭不屬於俄的那一部分——而普魯士取消薩克森的要求。塔列蘭就沙皇的指示而回答說：『我把公理提的比利益高！』俄國祇可獲得它勝利中所應獲得的利益。一般地說，亞歷山大是頗有涵養，不會感情用事的，但這一次却使亞歷山大大發脾氣。哼！你是什麼東西？似乎心裏在這麼想：在耶爾富把你的主子出賣給我，曾經爲出賣拿破侖得到了我們俄國財政部的一筆賄賂，如今你到教訓起我來。亞歷山大氣忿地說：『我們最好是戰爭好了！』

亞歷山大怎樣對付卡斯爾累爵士呢？亞歷山大向卡斯爾累宣稱：『瓜分波蘭時所犯的道德上的罪惡，我已决定懲辦。』俄皇表示他在維也納會議上不主張馬上合併先前屬於波蘭的全部領土。他現在所要求的，祇是想在一八一四年他的軍隊所佔領的一部份波蘭底領土上去建立一個波蘭王國，而自稱爲立憲君主。他不僅要把他理應併入俄羅斯的那幾州重新建立爲一個波蘭王國，他甚至準備把一八〇七年俄國所得到的柏洛斯托克州，以及一八〇九年所得到的塔爾諾——波蘭州，也完全犧牲，以便建立立憲的波蘭。但卡斯爾累覺得俄皇給予波蘭憲法的話，對奧普兩國是非常危險的，因爲這樣一來，普奧兩國的波蘭人，就會因此騷動起來，援例要求憲法。梅特涅更着急，他雖與所謂『自由英國』的大臣一樣，相信亞歷山大不過是掛羊頭賣狗肉的傢伙，可是立憲一辭，究竟很不妥當，所以他祇同意亞歷山大的一個要求，將薩克森讓給了普魯士。但是對俄國本身的要求呢，則覺得萬萬不能答應。他怕俄國把波蘭的一部分土地合併以後，加強他底實力，威脅到奧國的安全。梅特涅定出離間俄普兩國的計劃了，他向卡斯爾累建議：現在，要打擊俄國，祇有犧牲法國而與普魯士全權代表哈爾登堡商量一個緩衝之道。奧國與英國同意把法國的近鄰薩克森讓給普魯士，但普魯士必需與亞歷山大脫離關係，並與英奧兩國聯合起來，共同阻止亞歷山大佔領波蘭（華沙公國）。梅特涅說，薩克森是可以讓給普國的：但以普王出賣亞歷山大為條件。

梅特涅和卡斯爾累這個計劃，法國不能接受，同時想不到的是，普王菲特烈·威廉第三也拒絕了這個計劃。顯然，普魯士已經點破梅特涅及卡斯爾累的計劃，是背着塔列蘭偷偷定出來的，是有意玩弄普王。本來併吞薩克森，普魯士是沒有不同意的，問題是如果塔列蘭這個朝三暮四的危險人物，把這一切告訴了亞歷山大，那麼法俄不是一致反對普魯士嗎？要不得，要不得。法俄同盟的夢魘，第爾斯特和約時代，法俄兩國給普魯士的苦頭吃夠了。結果，普王菲特烈·威廉第三便把梅特涅的這種提議都報告給亞歷山大，證明他自己對俄皇的問心無愧。亞歷山大與梅特涅反臉，要後者坦白地解釋這是什麼意思。

奧法英三國的反俄普祕密協定（一八一五年一月三日）

塔列蘭見盟國內部的鬥爭愈演愈烈，同時會議停頓，於是高興地報告路易十八，主張法國立刻改變它的策略。法蘭西所關心的，不僅是防止俄國的強大，而且根本上不願法國的近鄰普魯士強盛了起來。因此，塔列蘭便暗示亞歷山大，法國不支持英國與奧國的計劃而阻礙在亞歷山大帝國的範圍之內建立波蘭王國，但是法國無論如何，不同意將薩克森讓與普國。菲特烈·威廉第三如同他底兩位代表哈爾金堡及洪姆波爾德（William Von Humboldt）一樣，在會議中不起什麼作用，完全聽別人指使，相信薩克森已允諾割給他了，同時當亞歷山大說薩克森王是一個變節者，他要把他押到俄國時，普魯士更覺得他所失去的一部份波蘭，將來一定有薩克森做交換條件，所以普王有一時期躊躇滿志，不願多事。但這是作夢。塔列蘭玩弄的手法，不僅套住了普王，而且竟以三寸不爛之舌說服梅特湼及卡斯爾累。英奧相信必需立刻締結三國——奧、法、英——協定，以便集中火力打擊俄羅斯及普魯士，防止將薩克森併入普魯士，避免把薩克森以獨立王國的形式讓與普魯士。

一八一五年一月三日，這個協定由三強——奧地利，法蘭西及英國——代表簽字。當然，這個協定必須對亞歷山大及其他任何一人絕對嚴守祕密：第一份條約原文，交給維也納宮廷，由梅特湼保存；第二份則交與塔列蘭，馬上送至巴黎，由法王路易十八保存；第三份由卡斯爾累當面交給英國的攝政喬治親王(George, Princl ao Regent)。

這個祕密條約加強了法國的力量，打破了普國對薩克森的野心。在亞力山大面前祇留下兩條路可抉擇：或則與三國破裂作戰，或則讓步。亞歷山大選擇了後一條路，他得到了他想在波蘭所得者之後，即不願爲普魯士再來爭執了，更不便與三大列強作戰了。法國勝利了，塔列蘭高興地說：『現在盟國已被永遠拆散。』結果薩克森王最後保留下他的領地，普王祗好聽命運支配。

德意志同盟的組織（一八一五年）

再次，會議討論了德意志的立國問題。這裏沒發生特別的爭論。亞歷山大與奧地利抱着同一見解，認爲鞏固德意志的封建割據是有益的。英國對這個問題完全漠不關心，而普魯士又極衰弱，不敢單獨出來與列強鬥爭。維也納會議中一切人物們的聰明辦法證明了他們都不願意滿足德意志各邦日漸抬頭的布爾喬亞的希望。打破德國聯合的希望，是反動勝利中最可恥的一幕。

依照梅特湼的計劃，維也納會議於一八一五年六月八日決定成立一個所謂『德意志同盟』（Germane Confederatron）。並在這個同盟內部，設立一個『德意志聯邦議會』掌管各項事務。加入這個同盟的有奧地利、普魯士及其他德意志國家，計有卅八國；『議會』由這些國家任命的代表組成。『議會』的決議案不能普遍執行，祇限於同意它的地方政府施行。梅特涅想出的這種畸形的組織，不是着眼於德意志民族的聯合，反之是希望它永遠割據。這些就是維也納會議所討論的問題。

然而會議快要結束的時候，出席的人們却爲一意外的消息所震驚：拿破侖帶着一千五百人於三月一日在法國的坎城 (Cannes) 登陸，其後經過三禮拜的戰爭以後，拿破侖又在一八一五年三月二十日進入巴黎。

第二節　百日戰爭與最後一次的反法同盟

百日戰爭（一八一五年三月二十日至六月二十八日）

帝國復興了。用不着爭辨，關於維也納會議中分贓不勻的消息，對於拿破侖的決心離開厄爾巴起了不少的作用，同時，巴黎人民極度驚惶恐怖的生活，也期待着他的捲土重來，路易十八在拿破侖回到巴黎的前夕，即一八一五年三月十九日夜半，由巴黎狼狽地逃到根脫 (Ghent)，拿破侖在路易十八的密室中發現了一八一五年一月三日的那份祕密條約，即塔列蘭由維也納寄交路易十八的那三份草案中的一份。國王跑的很急促，所以就慌忙地忘記帶走他放在桌子裏的那個文件。拿破侖下令派遣專使馬上把這份文件帶到維也納後，親手交給亞歷山大第一。

據布加親自說，在他到了維也納之後，亞歷山大即首先讀這份交給他的祕密條約。俄皇頓時冒火，祇是過了一個時候才按下心來。哈巧梅特涅聽到拿破侖返抵巴黎的消息後，也來立刻拜會俄皇，要求他拯救歐洲。但是他決沒想到，兩人寒暄以後，俄皇便把一份奧國首相的外交創作親自遞給他。梅特涅羞恥地簡直面紅耳赤，口呆目瞪，不知如何是好。眞是出人意料之外的事。

但亞歷山大馬上慌忙地安慰梅特涅，並且對他說，他們底敵人祇有一個——就是拿破侖。這點很可佩服。那些不識大體自相殘殺的人們讀了這段應該愧死！

拿破侖在法國領土上橫行不成了。原先對立的英奧與俄普又聯成一氣。拿破侖回到巴黎的第五天頭上，俄、奧、英、普四國又結成了反對拿破侖的新的同盟（New Allianсl betweln England, Austria, Prussia Russia)。拿破侖送交亞歷山大的祕密條約，沒得到他預期的結果。一八一五年六月十八日四國捐棄前嫌，由威靈呑和普將不留哈爾(Blucher)等所統率的一百萬大軍，在滑鐵廬一役(Water-loo)中最後戰敗了拿破侖。由拿破侖二次回到巴黎那天起，到六月二十九日離開法國為止，恰恰百日，所以史家稱這次戰爭為『百日』(Hundred day)戰爭。野心不死的拿破侖被英艦『白洛芬號』(Bellerop-hone)送到大西洋上的聖赫倫島(Sf, Helena)，波旁王朝第二次在法國復辟。

法國的第二次投降條約，又在巴黎與盟國簽訂了。這個條約，就是歷史上所說的『第二次巴黎和約』(Seeond Peace of Paris)。其重要條件如下：法國的要塞讓與盟軍佔據五年；賠款七億佛郎；波旁得領有一七九二年前的領土。路易十八坐着了法國的四輪馬車囘到了巴黎。

維也納會議的結束

在滑鐵廬戰役前幾天，即一八一五年七月十五日，維也納最後一次集會召開，並簽訂了他的『締約議定書』。出席會議的各國代表們，覺得他們現在非有一種極為堅固的東西不成了。但在事實上，他們還是同床異夢，建築了一棟在外表上看似輝煌金碧，而事實上不久便倒坍下去的捆綁房子。反動派的幻想，在於他不僅沒注意到新的生產關係，搗毀歐洲可怕的專制封建制度的二十年來的風暴，反而幻想在殘餘的制度範圍內，撑持世界上的這一塊土地。會議的全部活動建立在這種空想之上。血的教訓，『他們絲毫沒有忘記，』但是他們『也沒有學到一點東西！』維也納會議後，歐洲政治的動亂頻仍，梅特涅和亞歷山大第一應負最大的責任。

列強依照堵列蘭的正統主義恢復了封建王侯的固有地位。根據一八一五年六月八日維也納會議的決議(The Act of the Congress of Vienna)，比利時歸荷蘭王室統治；割了丹麥的一塊土地成立了德意志的什列斯威．好斯敦(Schleswig Holstein)；純意大利人住的倫巴底及威尼斯割與奧地利；德意志仍分爲三八個獨立的小邦，名爲德意志同盟(Germanl Confederation)；最後，最重要的，四強爭分不勻的波蘭仍舊分爲三部，由俄、普、奧三個分別保護。薩克森五分之二的土地割給普魯士。丹麥的挪威讓給瑞典，英國除在戰時得到荷屬錫蘭(Ceylon)，南菲基阿那(Guiana)以外，現在又得到了馬耳太，托把高，(Tobago)，特里達里(Trinidal)，洪都拉斯(Honduras)等等。維也納會議是強盜的會議，他們執意孤行，不顧各民族的利益和願望，強迫各族受別族的統治；也不管貴族王朝能否統治，便把他們扶上王位。這祇能相安於一時，決非長治久安之計。況且分贓的強盜，首先自己並不都感覺滿意。

歐洲的外交家們在維也納分手時，都已清楚，雖然歐洲表面上計有『五大列強』，而且在一八一五年十一月二十日成立『四國同盟』(Guadruple Allance)，其中有英、奧、俄、普四國，並且大家都答應遇有一國破壞『巴黎和約』時，各國出兵六萬共同擁護和平。然實際上，一切國際政策的方計，都操在俄國，奧國及英國手中。至於普魯士及法國，他們均孱弱不堪，那配與英俄等國佔取同一獨立的地位？梅特湼是那些會議的參加者之一，他——特別是在最初——對會議的工作抱着很大的希望！相信他的成就一定很堅固。但亞歷山大早在會議結束之後，他就馬上覓求另一種經常共同討論或由各國君主合作的更好的形式，以達到他保衞舊制度的目的。不錯，梅特湼的座右銘『莫教萬事變化』或『維持現狀』(Let noihing be Changed)，但亞歷山大的『神聖同盟』也好，梅特湼的『維持現狀』也好，甚至堵列蘭的『正統主義』也好，都不能熄滅歐洲各族人民未來的解放火焰。

曾經有一個時期，不僅俄皇，而且全歐洲都覺得這種形式在『神聖同盟』中找到了。但連創議他的亞歷山大本人在最後崩潰之前，也不相信『同盟』會堅固起來。

在這種情形下，會議的重要參加者不歡而散。梅特湼見人趾高氣揚地批評『俄皇搖擺不定，爲了每一件小事，他都無禮漫駡。他底處置是用任何代價所買不動的。所以對於我們及其他國家都非常困難，不易與俄皇建立一嚴正的堅固的親善關係。俄國由於它地理上及政治上的優裕條件，可動員別的文明國家所不知道的內部儲備，可能地毫不受責地拒絕一切同盟而最後出來結束一切戰爭，所以它一定常常闖出危險，尤其是在那種沒有堅定的原則，而祇遇事慌張行事的政府時代。』而俄皇亞歷山大第一由維也納歸來以後，則替梅特涅下了一個評語：『說謊的騙子大王及叛徒』，而奧地利——『爲任何一個想進攻俄國的敵人的現成的盟『國』。

但梅特涅派在歐洲以阿拉克切夫(Araklchoyeff, Aluis Andreye Vitch, Caunt 1769—1834)派包圍着俄國，而阿拉克切夫派在俄國則爲梅特涅制度在歐洲的助手。不論亞歷山大抑或梅特涅，都須隱瞞自己眞實的感情，口蜜腹劍地在會議上表示與虎謀皮。梅特涅往往忘記了俄國的實力，他覺得他是在領導着亞歷山大。甚至塔列蘭也迷信他底『正統主義』，將永遠順利地戰勝俄皇。實則，昂格斯非常透澈地指出，正是這種正統主義，才由亞歷山大利用而在歐洲擴張了他無比的勢力。同時正是梅特涅到後來也完全相信，他在維也納會議上所計劃的全部建築，其堅實與否，最終不是由他自己决定，而是這位瞇着眼睛看人，謙虛不置，而究其實，不但非常強悍，不佩服任何人物而且有着強大實力做後盾的俄皇。『俄皇很少與人爭長論短，但在他特別客氣的時候，也正是對人最危險的時候』。

第六章 由神聖同盟的成立到法國七月革命（一八一五年——一八三○年）

第一節 神聖同盟鳥瞰

神聖同盟

神聖同盟（Holly Alliance），嚴格地說，在形式上，並不是一個由各列強對它共同負責並担負一定義務的協定。它的宣言，措詞曖昧，各人解釋不同。連梅特涅爲了互助對一切基督教國家所發表的這個宣言，下了這樣的一個定義：『空洞無物的文獻。』

一八一五年九月廿六日，俄皇亞歷山大第一，奧皇法蘭西斯第一，以及普王菲特烈·威廉第三在共同簽字的宣言中說：我們三人莊嚴地宣佈我們的『決心是，凡國內和國外政務的處理，均以公正、慈祥以及和平的神聖教義爲唯一南針。這種美德，不僅適用於個人的關係上，且對於君主們的朝政，亦必有直接之影響，而爲彼等一切行爲之指導。這就是固定人類制度和改善其缺陷的唯一方法。』

至於所謂基督教義國家之間的互助，宣言上說：『大家本忠實友愛的態度聯合起來，以國人相待，隨時隨地互相扶助……』

上述三國皇帝把這個條約簽字發表後，各方均嚴辭抨擊。教皇深咎奧皇（信奉天主教的）不該與異教徒（指俄羅斯等）共同發表侮辱基督教義的宣言，奧皇則坦白告訴俄皇他不知道宣言的意義。上文已經述過，梅特涅說它『空洞』，而卡斯爾累則斥它『荒謬玄奧』。但除英國羅馬教皇及土耳其蘇丹以外，全歐洲的一切國家，均先後加入。

在本質上，神聖同盟是一個反動力量的集團。其目的，對內在於鎮壓革命，掃除民主力量；對外是窒息民族革命運動，武力干涉別國內政。它是掃蕩一切政治宗教解放思潮的基本工具，也是僧侶，專制君主以及一切頑固份子的國際性的組織。無論在什麼地方發生了革命以及有什麼政治的宗教的解放思想，它都視爲異端，橫加壓迫。它是人類進步的障礙物。梅特涅所以特別重視它，不過是想利用它把歐洲倒退到中古黑暗時代。

神聖同盟的三個時期

在神聖同盟的政治生活上，可分爲三個時期。第一個時期——實際上最有力的時期——由一八一五年九月同盟成立起至一八二二年年尾止，共計有七年。第二個時期——由一八二三年起，到一八三〇年法國七月革命止。當時神聖同盟在對西班牙革命（一八二三年）的干涉方面，雖獲得它最後的成功，但同時也就是喬治·坎甯（George Canning－1770－1827）開始猛烈攻擊它的時期；坎甯於一八二二年年中做了大臣，給神聖同盟以一重大的打擊。在一八三〇年的革命過後（第三期），神聖同盟實質上已破產了。

神聖同盟的夭折，不僅可由卡斯爾累對外政策的淸算及坎寧所領導的反對同盟的頑強的鬬爭來說明，不僅可由一八三〇年法國七月革命(Galy Revolution)的後果說明，甚至在同盟的黃金時代，即在最初的七年之中，就已表現出它內部虛弱的徵象。

神聖同盟最重要的工作，已由各國代表在同盟的三次會議——（一八一八年九月的亞亨會議，即（愛斯拉沙柏會議）(Congress of Aillachapelle)，一八二〇年——一八二一年的特洛波，萊巴哈會議(Con- gress of Troppan Laibach) 以及一八二二年十月的咪羅納會議 (Congress of Verone)——上的決議以其行動證明，它的主要的工作目標祇有一個，就是消滅一切革命運動，並視革命運動發展的程度，積極對歐洲的以及全珠各個角隅的革命，組織武裝干涉。這在大體上各國是一致的。

然而在事實上，與這一種目的並立的，還有各國爲自己的利益所抱的另一個目的。他們或許把這一個目的有時比第一個目的還看得重要些。奧國首相梅特涅害怕革命，但同時也甚畏懼俄皇亞歷山大第一；他甚至相信，俄國巨熊吞併了許多隣邦以後，其對於哈布斯堡王朝（Hapsburg）的威脅，尤甚於內部的革命運動。菲特烈·威廉第三的觀點也一樣，他畏懼革命，更畏懼

神聖同盟內部的矛盾

亞歷山大。此外最使他恐怖的，就是醞釀中的法王路易士十八和亞歷山大的同盟。所以他在法王查理第十（Charles X 1757—1836）與俄皇尼古拉第一（Nicholas I 1796—1855）（七月革命前夜）同盟快要實現的時候，倍加消沈憂鬱。以上兩個人最恨亞歷山大。亞歷山大怎樣呢？當然他本人視革命如同蛇蠍，這是用不着說的，但是他也最憎惡神聖同盟中的友人們，他咒罵他們反覆無常，出賣朋友；他懷疑他們都是些壞種，沒有一句話不是說慌，沒有一件事不耍詭計，特別是對梅特涅，他從來沒有忘記後者怎樣在一八一四——一八一五年時，與英法兩國締結祕密同盟來對付他。顯然，各國因現實的經濟政治利益的矛盾而產生的相互之間的畏懼，相互之間的磨擦，就在神聖同盟初期，使他們底視線，由空洞的理想轉移到領土的擴張和尋求「盟國」方面。

但首先應當知道，同盟成立之際，對俄羅斯的恐怖，成爲各國一致的心理，比如對拿破侖的處置吧！大家在同意把他放逐到聖·赫倫島之際，心裏便有一個暗影：拿破侖被逐之後，俄皇則抱着一個比拿破侖在位時更可怕的征服歐洲的野心。其他的人雖不相信俄皇會要成拿破侖，但究竟也心情不安，戒愼恐懼。

第二節　梅特涅反動政策的勝利（一八一八年至一八二三年）

亞享會議

當然，神聖同盟內部的矛盾，在最初兩年還沒有完全表現。同盟的力量還在增加。在一八一八年，由於法國國內反動統治的鞏固，法國首相黎塞留（Duke of Richelieu）在亞享會

議上迫使盟國將法國領土上（滑鐵盧一役後）駐紮的軍隊提早兩年撤退，而將法國領土解放，同時法國以第五個新興列強的資格加入四強（『戰勝國』——俄，奥，普及英）同盟。

宰治歐洲的『四強』（Tetrarchy），變爲『五強』（Petarchies—即五倍政治）。支持神聖同盟的，除俄、奥、普以外，還有一個君主立憲的法國。至於君主立憲的英國，那麽，它從神聖同盟最初成立時起是表示支持的，雖然在神聖同盟的議案上並沒有英國人的簽字。一般地說，亞亨會議是一致的，四強當時通過了一個決議：『如在那一國爆發革命而威脅到隣國的安全』，四強得用武力恢復其秩序。

可是在亞亨會議上，已開始發現同盟的破裂，特別是在英國與俄國之間。英國在最初幾年之中，雖不積極擁護神聖同盟，但也不公然反對。常識判斷，昔日發起歐洲『五強』的英國，是革命危機最成熟的一個國家。國內人民生活窮困，慘遭剝削，且由于工業革命的結果，勞工階級大批失業，這是大風暴或大騷動襲來的預告。其次，英國資產階級因不滿意政治設施，亦大聲疾呼要求選舉改革。在這種情形之下，卡斯爾累(Chastlereagh Rohert Stewart 1769—1822)爵士，威靈吞公爵，里溫普爾爵士（Lorel Lwerpool 1770—1828)以及攝政喬治親王，自然均視『革命爲洪水猛獸』(Hydra of revalution)完全抱着神聖同盟不可和解的態度。但是在亞亨會議上，當俄皇提議建立全歐洲君主專制的阿勒拍果斯（Areopagus ——古雅典一小丘，裁判所設於此），並主張干涉土耳其時，英國就覺得這是暗示反對它的，如果俄國在巴爾幹的擴張不予以制止，將來必威脅英國的東西航路，所以英國代表團卡斯爾累及威靈吞便首先堅決反對俄皇的建議。英國的態度引起了亞歷山大的懷疑。起初，後者還以爲這是少數人幹的，立刻整裝首途赴英，到倫敦親自勸導親王攝政。亞歷山大希望『五強』一致爲神聖同盟所標榜的目的奮鬥。但沒想到里溫普爾首相，卻無論如何不歡迎俄皇的訪問，火速函請卡斯爾累勸告俄皇不必多此一舉。結果，俄皇怏怏不樂，倫敦之行最後作罷。自然，俄皇亞歷山大第一所計劃的『阿勒拍果斯』，是沒有眞正實現過的。

亞享會議後到特洛波會議

在一八一八年亞享會議之後，直到一八二〇年十月二十日的特洛波（Trappau）會議，俄皇在這個時期的對外政策不僅動搖，而且也充分反映到了俄國外交機關的改組上面。非常奇怪的，在外交部掌權的在俄國有兩個人，這兩個人不僅都有上奏之權，且在一切事務方面，均握有同等的權力。這兩人就是涅賽爾洛德及希臘人卡波金斯特爾伯爵(Capod' Iotria, Tohn Antony, Count 1776—1831)。前者爲保守思想的代表，他從頭到尾都是神聖同盟的思想代表人物。涅賽爾洛德崇拜梅特涅，梅特涅正是通過他的關係才使神聖同盟成爲奧國政策之可靠的工具。但後者，則是一個努力於希臘解放的愛國志士，是亞歷山大另一些計劃卽曖昧的『自由主義』的執行者。卡波金斯特爾首先主張亞歷山大援救希臘的暴動。他用兩根線牽掛着俄皇的心：第一，俄國援助希臘解放，不獨可使俄國的勢力推進到巴爾幹半島，使它再把彼得大帝（Peter the Great 1682—1725）以來的海口的問題舊話重提，控制韃靼尼爾海峽（Dardanelles）；第二，保護希臘正教的十字架以及反對回教的新月，在意識上是可使情緒不佳的亞歷山大舒暢些的：因爲祇有藉口保護希臘『革命的』正教，才可反對他正式的君主土耳其蘇丹並抵制英國。

特洛波會議（一八二〇年）與萊巴哈會議（一八二一年）

在一八二〇年十二月二十日在特洛波所開幕而其後在一八二一年五月十二日在萊巴哈（Leibach）所結束了的國際會議上，通過了一個非常反動的決議：『各國政府因革命變動而危及他國，卽將其逐出同盟，必待其政治已經鞏固，始得准其恢復入盟……如因此種變改而危及它國，則列強得因當事國之『正式的邀請』而爲和平計，聯合一致以武力恢復其秩序』。梅特涅打倒了卡波金斯特爾的影響，奧國軍隊根據這個決議壓服意大利的革命運動。

但，梅特涅干涉別國內政的政策爲什麼在這時收到很大的效果呢？這裏，有三個因素幫助了梅特涅。

第一，特洛波會議，本身是爲討論一八二〇年在西班牙，那不勒斯以及在皮蒙特接連發生的暴動而召集的。他說：『如果俄皇對一八一四年——一八一五年的事件抱着另一種態度，那麽是不會有一八二〇年的事變的』。梅特涅把日益高漲的革命完全歸罪於俄皇的『自由主義』。第二，使梅特涅僥倖的是，各國君主及外交家甫抵特洛波，他就接到了一八二〇年十月在彼得堡爆發的所謂『謝米諾夫史』的消息。謝米諾夫彼得堡警衛團竟殺死虐待士兵的團長什瓦爾茨而蠭起暴動。梅特涅在俄國專差卡達耶夫（Chedayev）尚未把信件送給亞歷山大以前，他已先得到這次事變的情報。梅特涅先把這消息報告了亞歷山大，說在陛下統治的俄國，如今也已開始發生了類似西班牙及那不勒斯的事變。亞歷山大默不作聲，跟着卡達耶夫眞地也帶着信趕來了，於是僞善的皇帝下了毒手，完全變成一個極端殘暴的皇帝，與梅特涅簽訂了一個在歐洲『不容有非法變革』的協定，並聲明放棄對希臘事件的任何干涉。從此我國外交部的領導人，就祇剩下了涅賽爾洛德，即梅特涅的忠實走卒，而俄皇的外交政策，也駛入了梅特涅的大港。

第三，英國保守派的反動政策尚未清算。這就幫助梅特涅進一步地壓迫亞歷山大第一澈底轉變，同時迫使亞歷山大第一對梅特涅採取了放任政策。亞歷山大轉變之後，梅特涅雖非常高興，但是還沒保證，所以在特洛波時，他就與英國代表斯圖亞特（Sir Charles Stuart）商妥，把英國反對俄國干涉希臘革命的態度一併馬上通知亞歷山大。不錯，卡斯爾累已受國內自由派的攻擊，訓令斯圖亞特不准英國代表團參加特洛波及萊巴哈的一切決定，但是歡迎奧國派遣軍隊到那不勒斯及皮蒙特作戰。至於說到希臘，那麽卡斯爾累也同梅特涅一樣害怕亞歷山大的變化無常，因而於一八二一年七月二十一日寫了一封信請英國駐彼得堡代表威格特轉給俄皇：『希臘人已形成那種有組織的暴亂精神的派別，這種精神有系統地在歐洲宣傳着，並且已在各地表現爲一顆炸彈，有種種原因削弱了各統制當局的權力』。結果，亞歷山大第一最後與『自由主義』絕緣，堅決地與希臘人脫離關係。梅特涅勝利了，奧國出兵撲滅了那不勒斯及皮蒙特的革命；希人亦被交給土耳其蘇丹恣意處決。此外對南美的民族解放運動及在西班牙的革命的火藥庫，神聖同盟亦準備動手。不過對西班牙的干涉，現在尚未完全成熟，決定在一八二二年秋集議於奧領北意的味羅納(Verona)。

但在味羅納召集會議之先，在英國已發生了一次對歐洲國際關係的發展有極大意義的事變。

第三節　神聖同盟解體的開始及英國對外政策的轉變

一八二二年春天，梅特涅親自跑到德意志去會見在那里醫病的卡斯爾累爵士。他們在那裏議定，如俄皇在今秋的味羅納會議上再提出干涉希臘的問題，英奧應聯合反對。此外，卡斯爾累完全同意了梅特涅的意見，認為法國對西班牙的干涉，盟國應加以援助，而西班牙王斐迪南七世(Ferdinand VII 1814—1833)因懾於變亂而恪遵一八一二年的憲法所恢復的憲法，應當用武力消滅。不過卡斯爾累聲明英國祇能在精神上援助，不能直接武力干涉。這次協定過後，梅特涅以為哈布斯堡國家今後可將英國作為盟友了，但突然而來的事變改變了一切。在八月中英國與歐洲被一消息所震驚：卡斯爾累爵士以一七首自刎，不列顛內閣決議任命喬治·坎寧(George Canning 1770—1827)繼任首相之職。一八二二年九月，坎寧出任外交大臣。

坎寧

坎寧為保守黨員，但他底出身却不能與他底同僚一樣高貴：父親是中等貴族出身，母親則為一女伶。但喬治·坎寧畢竟是一個天才的政治家，而且在那個時候，英國政府在用人方面，採取人才主義，所以他在可怕的拿破侖時代已做了部長，坎寧胆識巨大，剛毅堅決，永遠本着目標行事。他早以鐵的意志，冷酷，明斷，老成持重及剛毅而著名。坎寧在一八二二年就職時，對當年的同僚（若干部長公使，大使）均不信任，幾乎一切工作都自行兼任。他不與任何人商量，亦不高看任何人。

一八二二年英國對外政策的轉變

英國外交的激烈轉化，是與喬治·坎寧的名字相聯着的，其原因是由於當年英國國內的整個變化，坎寧非常精明地看到，如果貴族欲避免革命，並阻止勞工階級與資產階級一道聯合起來反對貴族，是應當對後者讓步而允許資產階級參加選舉的。他覺得外交部的同僚也好，國王喬治也好，當日的貴族院也好，過去都是沒有遠見的，不懂得因勢利誘把資產階級革命的情緒，納入正規。因此在他當政之後決定了一個特別的行動綱領：（一）主張給工商業家及銀行巨頭以一種可能發展生產，擴大貿易，利用經濟的高漲及繁榮來軟化日益襲來的政治危機，並鈍挫工商階級爭取選舉的鋒芒。（二）根據這種原則，英國的外交政策，必須澈底轉變。他反對英國壓迫歐洲及美洲的民族解放運動，恰恰相反，而是全力來支持這種運動，因爲祇有被壓迫的民族都織成新的國家，才能爲英國開闢許多新的市場，才能使英國在政治上支配他們。他說這些國家如不建設則已，倘若它們要發展它們的工業，航運及金融，處處都必須依賴英國。英國的資本及機器，是它們經濟建設中不可缺少的，特別是在最初一個時期，他們必須首先求助於英國，把英國當成它們的保護者及救星。最後他肯定地說，在十九世紀的初年，歐洲是沒有那一個國家配在經濟上援助別國的，所以英國對弱小國家的援助，正是爲英國勢力向外擴張奠定一個基礎。這是種以退爲進的政策。

坎寧的對外政策，是與梅特涅和亞歷山大所操縱的神聖同盟的整個政策針鋒相對的。

味羅納會議上坎寧對列強的計劃（一八二二年）

根據一八二一年列強在萊巴哈的決定，味羅納會議於一八二二年十月召開了。坎甯沒有親自出席，他是請威靈吞帶着他一字不動的訓令赴會。第一，英國決不干涉西班牙而在幾大列強已經準備好的決議上簽字；第二，竭力阻止俄羅斯單獨對土耳其進攻；第三，決不在列强關於西班牙及南美殖民的任何宣言上簽字；第四，不贊成神聖同盟將南美及反對西班牙王裴迪南七世的革命份子視爲暴徒。

在最初的會議之中，已發現梅特涅及亞歷山大第一擁護法國的干涉。當時法蘭西全權代表穆孟拉斯(Matheu de Montmorency)於十月二十日提出一個問題來問：如一旦法國與西班牙革命派發生戰爭，而王黨需援助時，這些列強是否願意幫助法國？十天以後，卽到十月三十日，會議繼續召開。亞歷山大，梅特涅及普魯士代表柏爾斯托豐(Berstroff)對法國所提的問題給了一個完全肯定的答覆。但英國代表威靈吞却毅然反對這種干涉。

當是時，亞歷山大及梅特涅已對瑪德里的政策商得一個協定。十一月二十日，他們召開了會議，並邀請威靈吞參加。這裏，英國全權代表重申對西政策，堅決抗議俄奧預謀的事件。穆孟拉斯頗爲煩惱，於是遄返巴黎會見國王路易十八和威列里(M. de Villele)相晤。臨行把一切事情交代另一個法國的全權代表沙托比里。但這位詩人及宗教的熱狂者，因爲政治慾望過分強烈，同時又極會大吹大擂，因此在味羅納會議上發表了許多極爲囂張的謬論，他當衆聲稱，法蘭西已因情勢所逼，不得不單獨在西作戰。此外，他爲強調他演說的重要性在末尾竟放肆地中傷到別人，好像味羅納會議上的人們都不主張干涉，而祇有他一個人，卽德國的狄摩西尼(Demosthenes 384(?)—322 B. C.)才能決定一切。

一八二二年十二月十四日，味羅納會議照常開會。而十二月二十二日穆孟拉斯便代替沙托比里被任命爲法國底外交部長。這是法國與西班牙決心作戰的直接的表示。法國在一八二三年二月間開始武裝干涉西班牙，而一八二三年五月二十四日，德軍總司令安古列姆親王(Louis Antoine Angouleme 1775—1844)已帶兵進入瑪德里。九月，戰爭全部結束。裴迪南七世殘酷地殺死一切自由派，顢頇的王黨又恢復了專制政權。

這是神聖同盟最後的勝利，但恰恰也就是它崩潰的開始。坎甯對神聖同盟展開堅決的反攻，第一次予四強的干涉政策以迎頭痛擊。

坎甯最後決定，他不僅不害怕與神聖同盟正面突衝，而且採取公開鬥爭的形式要與它決一雌雄。他認爲實力最大的是俄皇亞歷山大第一，而決不是梅特湼。當然，其它國家更不是坎甯的對手。

俄國、奧國、普魯士及法國在一八二三年所擁護的神聖同盟，不僅以壓服西班牙的革命爲滿足，現在的問題是西屬南美洲的革命，也在鎮壓之列。特別是法國，它把西班牙本土的革命絞殺後，又要派遣遠征軍渡海鎮壓西屬南美殖民地的暴動。爲了這種遠征，法國提議斐迪南七世從他所領有的廣泛的領土中，劃出一部分作爲法國的報酬。

梅特湼及亞歷山大第一完全同意這種計劃，並鼓勵德國外交當局直接向斐迪南提出。但這是做不到的。斐迪南的王位自己還沒法保全，他有什麼資格把南美諸國讓與法國？法國又有什麼本領戰勝南美的人民？

第四節　味羅納會議上的南美問題

梅特湼和法國爲什麼要干涉南美人民的內政呢？

以梅特湼爲首的神聖同盟所以干涉南美的革命，一方面是爲了宣揚神聖同盟的專制主義，另方面是想與英國爭世界的牛耳。這兩個目的，本質上合起來是一個目的，就是建立梅特湼支配的世界範圍的神聖同盟。

拉丁美洲

歐洲自拿破侖戰爭以來，如果說西班牙的民族解放運動，它是美國獨立戰爭之後近代民族運動史上的第二個里程牌，那麼南美的民族解放運動就是第三個里程牌了。

十九世紀初年的西班牙，是當時的世界上最大的殖民國家之一，它在海外的領土僅次於英國。南美的巴拉他阿(Rio De La Plata)一帶的地方，即現今的阿根廷(Argentina)，烏拉圭(Uruguary)，智利(Chile)巴拉圭(Paraguay)，以及祕魯(Peru)，玻里維亞(Balivia)，委尼瑞拉(Venezula)，哥倫比亞(Colombia)，以及墨西哥等等，都是它的殖民地。面積比宗主國大了十倍，人口約一千餘萬。大部份人口爲印第安人(Indian)(七——八百萬)，黑人(五——六十萬)，其他爲純西班牙人克列里(Creales)及雜種麥斯提司 (Mestezas)。大部份人口散佈鄉村，都市人口甚少：如當時最大的都市墨西哥(Mceico)有十萬人，布宜諾斯•愛里斯(Buenos Aires)三萬人，蒙特維德亞(Montevidia)一萬五千人。

南美均以農立國。由於西班牙落後的統治階級不可能關心到殖民地農業的發展，耕地少而荒地多。一切土地集中西班牙大地主手中，烟草，咖啡，靛青，糖菜等種植園上均利用着印第安土人及黑奴的勞動。西國貿易公司壟斷了一切工業品的輸入，利市百倍，殖民地的工業，則無理的封閉或禁止。當時唯一的工業，就是墨西哥及祕魯的金礦和銀礦。殖民地人民的購買力非常有限，對外貿易由西班牙人壟斷，且祇准許與宗主國貿易。十八世紀末年政府才允許商人通過宗主國港口與外國貿易。祇有英國自一七一三年烏特勒支條約(Treaty of Utrecht)簽字後，得輸入黑奴及某些商品。財政糟糕萬分，稅收的大半解至瑪德里供波滂王室過紙醉金迷的生活。

政治更不必談，總督大權獨攬，每人都有一瓊樓玉閣的宮殿，完全照馬德里的形式。上自總督下至各部負責官員，都由瑪德里任命西班牙貴族担任，市自治會的決議，總督亦有否決之權。這裏根本不懂輿論和民意，稍有反抗，不論何人處以極刑。

此外，最嚴重的一個問題，就是對別個民族的歧視，有白種與有色人種之分，甚至西班牙人之中，也待遇不同。生在美洲的西班牙人克列里也多半無參政之權。因此這裏的階級矛盾，在民族問題上表現的很尖銳。

西班牙美洲的人民早就不滿意這種貴族官僚封建制度。一七二一年至一七三五年，在巴拉圭，祕魯及哥倫比亞暴動，安提奎拉(Zose de Antequera)及沙烏斯(Fernando Mompo de Zayas)領導的民軍與西班牙政府軍激戰。一七八〇——一七八二年，圖巴斯·安馬魯(Tupac Amaru)率領六萬印第安人曾解放了大部分祕魯。當然這些暴動，最後都被西班牙投到血海之中。

法蘭西大革命給殖民地人民的解放以一推動。一七九三年起，因西班牙不斷與法國作戰，所以各地人民便利用西班牙王室的困難，不欲飲泣吞聲，以施報復。米拉達（Francisco de Miranda 1756—1816），奔走倫敦與巴黎之間，企圖勸導他們幫助革命。他在一八〇六年對委尼瑞拉的遠征，曾經獲得暫時的勝利，攻下了攷洛(Coro)。這是革命最初醞釀的時期。

一八〇八年至一八一五年，西班牙本身也因對拏破侖戰爭的關係，幾乎成為地理上的一個名詞。宗主國與殖民地差不多斷絕關係，殖民地人民的起義開始了一個新的紀元。殘暴的統治者的讓步（如一八〇九年允許殖民地人民可與外國通商。）不能滿足人民的要求了，現在的問題是要與西班牙完全脫離！一八一〇年，委尼瑞拉的卡拉卡斯(Caracas)所部民軍不戰而奪取政權，一八一一年國民會議第一次宣佈委尼瑞拉獨立，改制共和。這個政府因過分代表地主利益，不得民心，於一年之後被西班牙推翻。一八一五年委內瑞拉二次革命，成立共和，首領波里維亞(Simon Bolivar 1783—1830)的軍隊肅清西班牙的勢力。不過他是企圖獨裁的人，『這個胆小卑賤的可憐蟲，居然想做拏破侖』，所以到一八一四年他的統治又為西班牙打倒。其他各地如巴拉圭，烏拉圭，智利，祕魯，哥倫比亞均蠭起反抗，以舒積恨。大都宣佈獨立成立議會。特別是六十歲的老人黑達爾高(Miguel Hidalgo1753—1811)所領導的十萬民軍，因爲他本人眞正爲民衆着想，將地主土地分給印第安土人，解放黑奴，改善人民生活，所以他領導的眞正全民性的革命運動，雖然一時受挫，然始終繼續下去。他的繼承人摩列洛斯 (Zose Maria Morelos 1765－1815)更是個民衆中間出來的領袖（他父親是印第安人，母親是黑人，少時牧羊，長大趕驢），意志堅決，人民受戴，是個最偉大的愛國志士。他在一八一三年宣佈獨立，改革經濟政治，成爲中南美最民主的國家。後來雖是敵人二度攻破革命根據地，繼和他的老前輩一樣被俘槍斃，可是墨西哥的革命竟究是有民衆做基礎的，所以繼續發展下去。

以上是南美民族解放運動的第一個時期。

西班牙波滂王室的勝利，是不可能鞏固的。因爲它自從隨英軍回到瑪德里以後，依然故我，不願反省一次。因此，西班牙人民在一八二〇年的革命，便又激盪了殖民地人民。

早在一八一六年至一八一七年，南美殖民地的人民又爲自己的解放而與奴主鬥爭。逃亡的波里維亞返國，因爲得到英國的援助（軍火金錢及數千英國志願軍），於一八一八年收復一部分委尼瑞拉，解放了今日的哥倫比亞。翌年國民會議成立大哥倫比亞共和國(Great Colomfia)。

就在這個時候，智利宣佈獨立（一八一八年二月十二日），一八二〇年聖馬丁 (San Martin) 將軍的軍隊，也因得到英國的兵船及軍火包圍了祕魯的海岸。登陸者約五千，與祕魯人民裏應外合地攻進了里姆(Lima)。翌年宣佈共和。

西班牙人有一個時期想奪回他的領地，但是祕魯共和政府已認識淸楚，當前共同的敵人是波滂王室和梅特涅在歐洲的統治，所以委屈求全便把上文述過的野心軍人波里維亞擁戴起來做了他們的獨裁者，以便用聯合的力量打擊西班牙政府。一八二四年十二月九日，哥倫比亞的軍隊在阿亷喬戰役(Battle of Ayacucho) 大捷，西班牙的統治從此被南美大陸上的人民消滅。上祕魯改名爲波里維亞以紀念波里維亞將軍，後者就做了這個新的國家的終身的獨裁者。

雖然西班牙軍隊在某些地方負嵎頑抗，可是他已一蹶不振，命運注定了投降。

在墨西哥方面，自從西班牙暴君把摩列洛斯定讞之後，農民有一個時期悲觀消沈下去，可是到西班牙本國的人民革命的時候，他們又懷緬他們過去光榮的歷史了。所以不顧一切，決心以武裝的批判來代替近兩年來文字的批判了。一八二一年宣佈獨立，一八二四年人民產除了背判革命的伊特比德(Iturbide)及其所建立的帝國，組成墨西哥共和國，並倣照美國的憲法制定他們的憲法。

英國對南美的政策

由此可見，法國冒險地出征南美，是不堪設想的事。怎麼辦呢？企圖拉籠英國。當時梅特涅背着坎寧在英國內部造製了一個複雜的陰謀，他通過奧國住倫敦公使愛斯節爾哈司伯爵(Esterhozy 1765—1833)與坎寧的政敵英王喬治四世談判。英王喬治四世親自出來領導倒閣運動。後來坎寧自己寫道，如果國王方面有『不壞的估計及不耐煩』，陰謀是能使他（坎寧）下野的，喬治四世魯莽地派遣愛斯節爾哈司到法國去見當時住在巴黎的奧國首相梅特涅，並邀請他到倫敦相晤。梅特涅興奮極了，高興地在佛蘭西斯第一面前誇耀他對寧的勝利。但梅特涅沒有弄清這時誰是英國的主人。坎寧決不因英皇的指責隨便退步，同時他認爲必要的話，還打算把這個案子控訴於英國的臣民。他不僅向輿論呼籲，他的退職，是神聖同盟干涉英國內政的結果，並且公開揭穿喬治四世勾結外國的黑幕。照坎寧的意見，那時沒有一個英國的大臣同意英王那種舉動。

坎寧訓令英國駐巴黎公使格連維爾爵士(Lord Grenville)無論如何要把梅特涅擋駕。起初，梅特涅很不願意放棄這一次會晤，但格連維爾態度懇切，語意堅決，梅特涅不得不讓步。

事實上，坎寧對南美的政策，是英國傳統的政策。法國自一七八九年革命喪失了海外的殖民地而由英國搶去之後，英國就打定主義不欲法國在海上抬頭。其次，英國也想趁機消滅西班牙在南美的勢力。

南美的革命，不僅多半都有英國在背後支持，如前一段講過的米拉達，波里維亞等人，英國甚至公然進攻過南美（一八〇六——一八〇七年），佔領過阿根廷的若干土地。總之，法國革命和拏破侖的進攻西班牙，使兩國（法國及西班牙）都喪失了它們海外的殖民地。

其次，法國和西班牙的軍艦在這個期間也差不多在海戰中被英國殲滅了。法國沒法子渡海遠征，西班牙在加的斯的大軍，也因缺乏軍艦不能送達南美。是的，俄國曾送給西班牙若干兵艦（在一八一七年到一八一八年時），但駛到加的斯一看，原來都是些廢物。這當然是英國在海上對法國強硬的重要原因之一。

第三，那就是經濟上的利益。在法國革命前的十年當中，即由一七七八到一七八八年，英國與西班牙美洲的公開貿易增加七倍，大量的英國商品走私到南美。英國已把南美做爲它的市場，一切礦產之中有大量的英國投資。自然，這些都是英國資產階級所要求的，英王喬治的倒閣運動必然失敗。

坎寧說：『如果我們對問題處理的非常適當，解放後的西班牙美洲須是英國的：』西班牙的美洲形將變爲英國的美洲，美國與英國在南美的鬥爭從此激烈地開始。

第五節　門羅主義

美國對南美的立場及門羅主義

坎寧戰勝英王及梅特涅之後，首先便向美國公使拉什（Rush），表示英美兩國對西班牙美洲殖民地的獨立問題，有一致行動的必要。

坎寧在給拉什的一封非官方的信中，這樣敍述了英國政府的立場，坎寧斷言西班牙已無挽回地喪失了它在美洲的殖民地，美英兩國必須認識這個事實。此外，他再三暗示拉什，英帝國對這個殖民地絕無領土野心，但它亦不允其它列強侵佔它的任何一部份領土。他在這信中說：『如美國也抱此見解，那麼兩國採取不承認主義以示抵抗，實爲最實際而（對其它國家）最少遺憾的』。

在本質上，坎寧的提案，歸納起來，就是想與作爲英國世仇的美國，現在提議締結一個英美同盟。美總統門羅（Monrol James 1758—1831）接到拉什關於英國提議同盟的重要文書之後，在未向部長會議提出這個問題之前，先把這道公文的抄本遞給哲費遜及麥德遜——他底兩位老前輩美國總統——請求他們對此問題撮供他們的意見。

哲費遜在十月二十日的答覆中說：

『我們第一個基本的任務——是從來不過問歐洲的爭吵。第二——決不允許歐洲干涉西部大西洋的事件。南北美洲有其與歐洲不同的特別的利益。我們可以不必對全世界恐懼的』。所以哲費遜表示可與英國密切攜手，他甚至主張與英攜手並肩作戰。但哲費遜認爲，如英國一旦與南北美洲大陸上的國家同盟，那麼甚至整個歐洲也不敢進行反對他們的戰爭，因爲海軍的優勢是在英美方面。此外，哲費遜提議宣佈反對非法同盟，卽『神聖同盟』的舉動。

麥德遜不祇同意哲費遜，並提議對神聖同盟侵入西班牙及列強干涉希臘事件提出抗議。

門羅好像很拜服麥德遜的勸告，但國務卿約翰·奎因斯·西丹姆斯（Adams, John Quincy 1768—1848）（約翰·亞當姆斯之子）及美國國務院的其他幾個部長則反對門羅，哲費遜——麥德遜的提案。

亞丹姆斯對坎寧提案的本質，比總統和他底兩個顧問研究得更透澈。他說如美國承認這個提案而與英國同盟，不啻給英國干涉美洲一個權利。亞丹姆斯提議，在原則上，美國同意這個提案，但是有一個條件：就是美國應獨立行動而不與英國採取一致行動。亞丹姆斯以下述的話特徵了他的綱領：『嚴格抗議歐洲列強武力干涉南美，同時也不允許歐洲對我們新世界有任何的干涉』。

亞丹姆斯認爲英國也同樣地不能反對美國。英國在這個問題上對美國採取親善態度，祇是因爲歐洲的利益。

約翰・奎因斯・亞丹姆斯認淸英國一定在對美關係上被迫採取親善態度時，定出了這樣的一個政策：在對南美國家的關係上，美國可滿足英國的慾望，但不是同他共同攜手，而是獨立行動。

一八二三年十二月二日，門羅諮文國會。這個諮文在開頭就說，歐洲與美洲的政治制度不僅有存差異，而且是彼此對立的。北美合衆國宣言，『美洲是美洲人的』，如今他們正假借名義干涉歐洲各國的內政，美國堅決反對這些國家把他們的政治制度輸送到美洲大陸上的任何一個地方。

這個諮文的下一句話，是直接反對法國和一八二一年九月四日亞歷山大第一所指示的：『美國大陸利用他所具備以及他所擁護的一切自由和獨立的條件，在今天已不欲被任何一個歐洲強國把它當作未來殖民地的對象……』

無疑地，門羅主義(Monrol Doctrine)是美國外交政策的勝利。但這個勝利，並非歸功於門羅，而是約翰・奎因斯・亞丹姆斯之功。他反對使美國成爲一個跟着英國軍艦的尾巴跑的一個小海軍國。

英國對門羅主義的反響

門羅主義發表之後，坎甯認爲是對英國挑釁，於是美國與英國在爭取中美及南美方面正面發生衝突。

在一八二五年，當約翰・奎因斯・亞丹姆斯就任總統之際，宣佈了一個召集汎美大陸會議的主張。坎甯爲這事實宣稱，組織中南美國家聯盟的企圖，英國不擬反對，但如美國想做全美底領袖，那麽對於不列顚政府是種非常不友好的行爲。坎甯認爲西屬美洲現時應當成爲英國的，因爲它反對美國的泛美主義(Pan-Americanism)，不承認美國爲新世界的主人。

因此，門羅主義宣佈之後，不久，英國利用它對美國的工業優勢與前西班牙殖民地締結了許多商業，獲得了比美更多的特權與優惠。這樣，門羅主義便與英國發生了新的衝突，也可說是無法緩和的衝突。

在門羅主義中有兩大原則：第一，防禦性的，不許歐洲國家的殖民地向外擴張及侵略；由這個前體出發，美國企圖打破歐洲各國對它的束縛。但第二，門羅主義却也含着另外一個極積的意義：美國不能應坎甯的要求放棄在拉丁美洲方面的領土及其他特權的要求。美國自命為美洲一切國家的保護者，同時除了已經變成它國殖民地的那些領土而外，要求為兩個美洲大陸的統治者。

味羅納會議否決了對南美洲的干涉

自門羅總統把他對美國國會的諮文宣佈以後，亞歷山大第一卽有意把南美問題由議事日程中取消；因為坎甯為南美殖民地的問題鄭重地發表談話後，他覺得俄國沒有必要在反英鬭爭中替梅特涅當馬前『小卒』。坎甯粉碎了梅特涅的計劃；拒絕參加梅特涅討論南美問題的會議。梅特涅孤掌難鳴，坎甯進一步與南美結成友好關係。一八二三年英政府在南美各地設立領事館，一八二四年卽首先與布宜諾斯．愛勒斯（Buenos Aires）共和國（卽一八二四年所謂阿根廷共和國）締結了通商條約。最後，對英王喬治四世的攻擊，他亦毫不在乎，他成功地同里溫普爾爵士和威靈吞結成一個戰線，一致認為南美問題嚴重萬分，如不與南美的市場趕快建立關係，否則南美就會落入美國之手。倫敦的大銀行家工商業家均對坎甯的政策報以熱烈的歡呼。

一八二五年正月，英國正式承認阿根廷共和國，哥倫比亞以及墨西哥的獨立。亞歷山大第一因見坎甯的政策成功，不欲自尋苦惱知難而退了。梅特涅非常氣忿，他竟煽動起普王菲特烈．威廉第三，共同提出一個抗議，反對坎甯承認在新世界革命的勝利。但坎甯更為掘強，他仼面斥普國公使時說：『我請你不要對我講述吧：拿這種話同我們說是不可以的，我覺得已充分地向大陸上的所有三大巨頭說得明明白白的了』。

俄皇對坎甯讓步了，梅特涅和菲特烈．威廉第三碰釘子了，但是英王喬治四世還不知趣，硬要做梅特涅在英國的尾巴。喬治準備了一個備忘錄發散給英內閣底全體閣員，並忿怒地要求他們答覆他一個問題：他們是否已經完全忘記了『一八一四年，一八一五年以及一八一八年的偉大原理』（卽維也納會議的，神聖羅馬的以及亞享會議的原則）？爲什麼他們竟採取了革命信條的重要部分呢？而且最重要的，英國的閣員們怎能允許某一個臣民拿那種與他完全對立的原則壓迫他，國王去接受？當然，所謂某一個臣民，是指坎甯的，但坎甯因有工商業及銀行鉅子的同情和支持毫不畏懼國王的申斥。在議會也好，在報紙上也好，他底外交政策獲得反對派方面熱烈的讚助。

坎甯感覺到他在國內和歐洲都有他的勢力。神聖同盟受了他的一個嚴重的打擊。

第六節　在味羅納會議上的希臘問題

在另外一個對當時的歐洲極爲重要的問題，就是在希臘的暴動，但在這裏，坎甯對『先八一四年，一八一五年以及一八一八年的原理』也給了一個致命的打擊。現在順便把希臘一立運動的情形略爲敍述一下。

希臘概況

首先應該有一個認識，希臘由一八二一年所爆發戰獨立戰爭，是近代史上弱小民族獨立解放的獨聲。它是正義的，革命的。

希臘是歷史上最文明的古國，但從十五——六世紀被土耳其人佔領以後，一直被它統治着。希臘人的土地完全爲土耳其人所搶佔。舉例來說『馬其頓(Macedonia)的地主是土耳其人及穆罕默德人(Mohammedan)，而農民則盡爲斯拉夫人及基督教人民』。在政治及軍事方面，貪汚成風，暴戾恣睢，有『沙場將士半戰死，美人帳中猶歌聲』之概。加之耳土其人異常仇視異族，且不准人民信仰基督教，所以階級的仇恨，在宗教與民族鬭爭的形式上表現得異常銳利。

希臘革命與列强

一八二一年希人在摩利亞 (Morea) 樹起了獨立的旗幟，趕走了土耳其人，後來攻下了的黎波里查 (Tripoeitsa)。暴動蔓延到全希臘和愛琴羣島 (Aegean Islands)，聲言他們要恢復軍士坦丁大帝(Constantine I, The Great 324—337)的希臘帝國。

革命發生之後，土耳其人即殘酷鎮壓，軍士坦丁堡的希臘大主教被殺，單在賽奧島(Scio)就屠殺二萬五千個基督教人民，被賣給歐洲做奴隸的有四萬五千人。希臘人在一八二一年到一八二二年反抗土耳其人的暴動，遭受了嚴重的失敗，亞歷山大給希臘的外援，遲遲不見動靜。希臘愛國志士卡波金斯特爾及喜不斯蘭提(Alexander Hypsilando)等對俄皇亞歷山第一的乞援，曾經有一個時候，獲得應允，並於一八二一年七月二十七日向土政府提出一個最後通牒，限令土耳其蘇丹恢復基督教會，保護希臘教民。但是有一個最重要的原因阻礙了俄國對希臘的援助，這個就是奧國首相梅特湼的反動政策。他說，希臘人所遭受的苦難是『自作自受』，任何革命應『任其這樣文明而自焚』。

神聖同盟對希臘革命的敵視態度，助長了土耳其人的橫暴。當俄皇對賽奧事件表示忿怒時，土耳其外交部對俄皇的有名覆文竟是：『我們知道我們應當如何對付我們的人民』。自然，亞歷山大義憤填胸，但梅特湼十二分歡迎。馬摩德二世(Mahmud II 1785—1839)的態度非常強硬，雖然味羅納會議歡迎他參加，但他亦拒絕派代表出席。

但希臘人民並不因此屈服。正在一八二二年孤立無援困難萬分的時候，於一月十三日宣佈『希臘獨立』，向全世界明示他們最後爭取獨立的決心，同時通過憲法，奠定了勝利的基礎。希臘人的英勇犧牲不是無代價的，幾年的苦戰慢慢爭取了外援。

一八二三年國際形勢轉變了。坎甯利用亞歷山大及梅特湼的矛盾，即刻隨風轉舵，改變了不列顛對希臘問題的政策。他的手腕非常敏捷，在倫敦的外交家們對英國的政策捉模不定的時候，竟連他們當中的一個人也不去通知他，而於一八二三年三月二十五日，正式隆重地宣言英國從今承認希臘人及土耳其人爲兩個交戰國。這個宣言，就像是打到梅特涅頭上的一聲霹靂。坎甯準確地打中了梅特涅神聖同盟最弱的一環：在對土問題上，梅特涅及亞歷山大第一之間潛伏着的然而光銳的仇恨。根據宣言，英國不僅承認所謂希臘革命的『叛黨』及『土匪』爲交戰國，希臘人的暴動爲合法，同時承認暴動者方面最初所固守的領土爲希臘獨立國家的領土。

坎寧這種措施，對歐洲社會及文化界的援希運動給了一個強有力的推動。英國底拜倫(1788—1824)及俄國的普式庚，毅然援助希臘作戰。特別是拜倫的『哀希臘』至今人們讀起來，還覺得悲壯激昂，涔涔落淚。

在另一方面，坎寧底主動倡導，又於一八二三年尾感動了亞歷山大第一。他與涅賽爾洛德共同擬定了一個非常模糊而顯然又不能實現的計劃：將土耳其的希臘各省分割爲三個自治省，而祇承認蘇丹爲他們最高的元首。但管理權則屬於歐洲列強。

但亞歷山大本人對他這個計劃也無信心。結果必然是在信仰正教的希臘人不欲被瓜分之際，使希臘的革命家被迫服從他合法的君主馬摩德。梅特涅看了這種計劃及對於他的評論後，祗明白亞歷山大要把俄國已經佔領了的土耳其及由土國割離出來的巴爾幹南部結合爲一個單位，並以希臘『自治』區的名義，建立三個俄羅斯的總督管地。但坎寧則決定對泥潭似的希臘問題來一澄清。他非常清楚地知道，爲了他的經濟政治目的，他需要脫離土人的希臘，正如需要脫離西班牙人的南美殖民地是一樣的。

確實，在這個時代的外交家之中，以有像坎寧那樣會趁熱打鉄的。俄皇與坎寧建立了友好的關係。俄國駐倫敦公使黑溫伯爵夫人於一八二五年和坎寧做私人談話時竟說，照亞歷山大的意見，俄國必須與英國祕密謀劃希土問題。不待言地，里溫伯爵夫人說這話時，是完全得到了坎寧的完全諒解及原則上的同情的。所以當一八二五年十二月初從南俄窮鄉僻壞的小城突然飛來亞歷山大逝世的消息時，問題就這樣提出來了。

第七節　尼古拉第一與神聖同盟的進而崩潰

亞歷山大第一暴卒以後，在俄皇巳寶座上，似乎命運已經注定將有一個屠夫被載擁而上。他在數十年中成爲歐洲政治的裁判官，威脅中歐各國人民生存，鎮壓歐洲的一切進步力量，而最後由於他的對外政策完全成爲一匹無韁之馬，以致突然步上了一道鴻溝，把自己摔死了。這個人就是繼承亞歷山大第一的尼古拉第一（Nicholas I 1796—1855）。

尼古拉第一的奴隸政策

在他卽位的初期，他在俄國的對外政策上頗爲謹愼，對人亦虛懷若谷。他自稱武人當政，不無缺乏經驗之感。『但突然做了皇帝的師長』，尼古拉，自始卽感覺涅賽爾洛德的奏摺，形同嚼臘，毫無意味，感到一種森林中的寂寞。尼古拉比涅賽爾洛德聰明，他馬上看出他是個事務人，如有人在旁確實指示，他是會用法文起草一個吸人的照會的，但是無論如何，他却沒有獨自解答一切問題的能力。尼古拉開始努力學習外交政策，而且外交政策成爲他最喜歡的一門知識。

作爲俄羅斯對外政策的領導者尼古拉，在他當政的第一個時期，確曾小心謹愼，處事認眞，並且凡是與他發生過關係的人們，他都知道他的性格。他上台不久，就提摸到梅特涅的個性。比如有一次梅特涅與他相晤時，前者用軍人的風度去迎合尼古拉，直爽地對尼古拉說：『你知道我，陛下！』，而後者（尼古拉）便也以這樣感動而神祕的口氣回答說：『是的，公爵，我瞭解你！』，結果，連梅特涅也覺得難乎爲情。

尼古拉的弱點，是他的極端無知。譬如，他過分評價了英國的維多利亞女皇（Victoria 1837—19

01），以爲她可眞正左右英國的對內對外政策。他反對立憲的原理，但不懂什麼是立憲，有時竟以不懂而自傲。他底對外政策的一貫的思想，就是相信土耳其不久解體，俄國一定承繼土耳其大部分的領土。他對土耳其根本沒有研究，連土國的制度也弄不清楚，祇是盲來一套自作聰明的陰謀。比方在一八三〇年土耳其蘇丹馬摩德二世的特使哈里爾親王到彼得堡交換雙方已批准的和約時，尼古拉就在隆重的招待會上，要求哈里爾把他的意思轉達蘇丹，奉勸蘇丹放棄回教而改信希臘正教。

尼古拉第一外交活動的另外一個中心的思想，就是必須撲滅任何一地發生的革命鬪爭。這裏，除了盲目地遵守神聖同盟的原則，復興一切衰微的封建社會的殘餘及厲行專制外，其它一切，概不思攷。他不欲研究各黨派，不欲明白法國社會主義者與共和派的區別。不論那一派，他認爲都是些混蛋。但當共和派康文克將軍（General Louis Cavaignac 1802—1857）於一八四八年六月槍殺了一萬工人之際，尼古拉雖熱烈慶祝他的勝利，並替他宣傳，但還覺得他的共和主義是個遺憾。在此以前，懵懂的尼古拉簡直把康文克同其他共和派或社會主義者等同視之。

尼古拉的頑固和自作聰明，使他的顢頇無知達到驚人的程度。他做的是俄國的皇帝，但是他並不明白俄國的實際情形，更摸不着俄國衰弱的眞正原因。一班小人重重包圍了他，一部分人對他的阿諛獻媚，完全使他墮入五里霧中。在他看來，俄國風平浪靜，一片太平景象，很可以自慰和樂觀似的。尼古拉的昏瞶，祇是於阿爾姆（Alma）與伊可爾曼（Inkerman）兩役（以上兩役均在克里米亞）之後，卽是說，當他快踏上墓口的時候，才稍微淸醒過來。

尼古拉與英法兩國間的接近

一八二五年十二月杪，尼古拉在冬宮第一次接見外交團。他對法國駐俄大使拉·佛洛納表示特別親近，招待會散後，又特別邀他一同步入他的內室，興奮地談論十二月十四日登極的經過，並津津有味地談到他未來的外交政策。在這個時期，俄皇已竭力證明在土耳其問題上，卽在一八二八年到一八二九年的對土戰爭中極願與法國密切合作。同時，通過里溫夫婦的關係，尼古拉也與坎甯發生接觸。在表面上，他還故意表示，他是眞心要別的國家幫忙，以便解除由梅特涅方面來的威脅和要挾，因爲梅特涅正對全歐洲表示，俄國王位的變更，好像對奧地利是有利的，特別是使梅特涅感覺欣慰的。

無疑地，尼古拉也一定知道他已故的長兄亞歷山大曾與坎甯開始接近，並且對梅特涅非常冷淡。這是同英國攜手的機會。所以尼古拉便把他長兄的遺志在克里米亞戰爭以前根深蒂固地映入他底腦中，繼續執行亞歷山大通過里溫爵士轉達坎甯的意見，卽是說，英國與俄國必須共同談判土耳其問題。這裏所不同的，衹是亞歷山大首先是指的希臘暴動，而尼古拉處理問題的態度，雖比較寬大坦白，但他所說的希臘問題，很明顯地，不單指着希臘，而且將韃靼尼爾海峽一倂包括在內。英相坎甯歡迎俄皇與英接近的政策。

威靈吞出使彼得堡

一八二六年年初，滑鐵盧之役的英雄，不列顚保守主義及君主政體熱烈的代表，有名的威靈吞爵士出使聖彼得堡了。尼古拉對威靈吞特別敬重，時時想與這位有名的公爵進行一次非常重要的談話。威靈吞於出使彼得堡之際，由坎甯方面接到了一個非常繁複的訓令。坎甯知道他的老同事頭腦簡單，思想遲鈍，且不善於外交的巧妙辭令。所以不倦地諄諄解釋他的訓令。他的要求是：第一，儘可能地由英俄共同對土耳其施以壓力，強迫它放棄對摩利亞半島（在希臘）上希臘人民的成見，因爲這自一八二四年以來，這種思想不祇馬摩德二世，而且反對他的一個附庸，卽埃及的帕沙(pasha)（卽埃及王）穆罕默德·阿里(Mohammed Ali)也抱着這種思想，這個問題，威靈吞弄的明白。但第二，如果英俄的壓力不生效力，那時怎麼辦呢？威靈吞便弄不淸了。勸阻俄皇對土宣戰？抑或不勸阻呢？威靈吞始終不能理解坎甯的意見，所以他在動身之前便向倫敦的友人訴苦說，他將來見了俄皇的時候是束手無措的。實則坎甯最願俄皇與土耳其作戰，同時並把這作爲解放希臘的手段，但是有一個條件，就是俄國不能瓦解土耳其帝國，首先不准奪取海峽。其次，在坎寧的訓令中，還暗示着這樣一個意思，就是英國一方面要鼓動俄皇與土作戰，但在另一方面，還要不露出蛛絲馬跡以便日後向國會報告或與俄皇辯論時，推卸鼓動的責任，並證明這完全是俄皇自已有意與土耳其啓釁。當然，這是不能完全用筆墨寫在白紙上的。但是遲鈍的威靈吞却不明白這是不能夠明明白白用英國話確實寫出來的。威靈吞與俄皇最初的談判，已表現把坎寧的訓令打了折扣，不能確實完成。

三大列强反土同盟的形成

但這時，尼古拉不僅不欲單獨與土作戰，而且要拉英國和俄國一同作戰，同時要借這次戰爭的機會一道解決土耳其問題。他根本不同威靈吞交換意見，也不把他想做的事通知威靈吞，而竟然勇敢地突然遞交土耳其一道類似最後通牒的照會。俄國要求土耳其恢復一八二一年前在多腦公國(Danubiars Principality)的原狀(Status guo)，恢復由馬摩德二世所取消了的自治機關，根據一八一二年俄土布加勒斯特和約恢復塞爾維亞人所享受的特權。尼古拉送出這個通牒之後，才向威靈吞表示俄國現在準備與英國簽訂協定。威靈吞手忙脚亂，不知如何應付，經過一度的動搖之後，於一八二六年四月四日與俄國簽訂了一個『聖彼得堡議定書』(St, Petersburg protocol)。依照這個『外交工具』，英俄承認希臘爲一獨立的國家，希臘享受完全的自治，得有它自己的政府及自己的法律，但是必須承認蘇丹有至尊無上的主權。其次，最重要的一條，條約規定如土耳其不接受這個方案，俄英必須負責彼此『支持』！尼古拉斯騙威靈吞了；坎寧接到這個聖彼得堡議定書後說，現在不是英國驅使俄國作戰，而是俄國把英國拖着下水。而且事到如今，萬一戰爭立刻暴發，（這是必然的，因爲馬摩德決不會白白地不戰而喪失這塊領土）那麼，英國根據議定書必須極積地參加這次戰爭。

一八二六年五月二十六日，梅特涅神志不安地知道了這個議定書。不獨希臘問題忽然比什麼問題都可怕地提到面前，並且更不幸的一件事是，可恨的坎寧已對神聖同盟取得決定的勝利。俄國依照坎寧的提議締結了同盟，他竟與『暴徒』的保護者坎寧合作。此外，奧地利非常不安的是：第一，土耳其人聽到俄英協定之後，匆促地接受了俄皇關於多腦公國以及塞爾維亞的要求，企圖以此種讓步請俄國撤回希臘獨立的要求；第二，馬摩德二世恰恰於一八二六年夏慘酷削平了禁衛兵『正利薩里』(Janissaries)的暴亂，並屠殺了一萬個叛軍，土耳其的力量因而削弱，抵抗英俄的戰爭更加困難。

遵照彼得堡協定，不論俄國或英國於對土戰爭時，雙方約定不能爲自己的利益奪取任何領土。所以當法國方面也要求共同解決希臘問題時，坎寧亦不堅決反對。坎寧向法國駐倫敦公使波里尼克宣稱，他本人對法國的要求很感愉快，但尼古拉不欲第三者參加奈何？跟着，法國政府又訓令駐彼得堡公使拉．佛洛納去會晤尼古拉，尼古拉也是這樣的答覆，他說：他本人歡迎法國參加，但寧坎阻止他。本來，尼古拉是很不願法國參加的，但是祇因坎寧讓步，所以他現在也被迫讓步了。一八二七年七月六日英、俄、法三強在倫敦締結了倫敦條約（Treaty of Tondon），三大列強對土耳其的同盟形成。第一步，三國同盟要求希土雙方停戰，如土耳其方面拒絕要求，第二步，三國才出兵在海上協助希臘作戰。梅特涅的政策最後失敗，三強在軍事上一致行動。

三國同盟宣佈之後，不僅奧國首相感覺到這是對神聖同盟的一個打擊，非常憤懣，而且在歐洲專制國家中的極端的反對派，亦不甚愉快。譬如，老早做了別人工具的威靈呑公爵——起初爲坎甯的工具，其后爲尼古拉的工具——也不滿意。他說，英政府與自傲的俄國專制魔王攜手反對土耳其，實爲不智，因爲這個專制魔王不祗巧妙地欺騙了他，也就是說，使轟轟烈烈的英雄在一個小丑面前丟人：他對希臘所說的是一件事，但做起來又是一件事，並且還遮掩着另一個可疑的方案。威靈呑不僅懷恨尼古拉，而且也恨死坎甯。所以當一八二七年春坎甯被任爲首相，並邀威靈呑担任一部的大臣時，威靈呑公爵斷然拒絕了坎甯的邀請。他向坎寧解釋拒絕他的理由：他不欲幫助俄國破壞土耳其，不論在什麼地方，都不應該扶助革命黨反對他合法的政府。自然，威靈吞的拒絕入閣，並非一件了不得的事，所以坎甯就把威靈吞丟開，自己担任起組閣的工作，並且做了英政府的主人。

坎寧把他在歷史上的事業差不多都成功了。英國首相勝利地說，神聖同盟，是一個亂七八糟的東西，俄國與英國已一致站在希臘解放的立場上。

坎甯組閣不久，在一八二七年八月四日，英國和歐洲便突然得到坎甯暴卒的消息。坎寧之死，幾乎把梅特湼和馬摩德二世笑死。傀儡馬摩德二世跳起來說，如果我們敵人中最可怕的一個已消滅的話，其意義便是上帝還沒忘記他的信仰者。土耳其果不出預料拒絕了三國的要求，竟由埃及調動強大的艦隊進攻希臘軍了。

但是『誰笑的最後，誰才是勝利者』。坎甯雖死，但三強與他們的戰爭尙未休止。三大強國——俄國、法國與英國——因土耳其的拒絕停戰，組織成新的聯合艦隊進擊土耳其。三國艦隊在一八二七年十月二十日，已在那瓦里諾港（Navarino）殲滅土國海軍。聯合國與土國絕交，各國的駐土大使在是年的十二月廿八日離開了軍士坦丁堡。

希臘的解放以及其整個的東方問題走上一個新的階段。

第八節　俄土之戰及希臘的解放

尼古拉第一的對外政策，追求着兩大目標，其一，撲滅歐洲的革命運動。這個目標在二十年代的末年，已相當達到。其二，由這個大前提出發，引出了俄國外交的另一個重大的任務，即是從事奪取港灣的鬥爭——『由本國通至海的門窗』。

英俄外交動作的配合，使他相信縱然英國不站在俄國方面，然它也不會出來反對俄國的推進。第一，希臘解放成功後，祇可繼續抵抗馬摩德二世的革命鬥爭，不會妨礙到俄國，同時坎甯的繼任人選，也祇好對俄國繼續的這種鬥爭認爲滿意，第二，因爲坎甯死後馬上担任英國首相（時在一八二八年一月八日）的威靈呑，他雖然不十分滿意希土問題的急轉直下，但儘管如此，也不可能受到威呑靈方面的任何威脅。因爲（一）威靈呑是個反動派或不可調和的保守黨，是選舉改革的勁敵，他決不會反對俄國成爲保守主義與反動勢力的主要的強大的柱石。（二）英國沒有那個人願意爲土耳其作戰而反對希臘，不會在對外政策方面容忍威靈呑來一這樣的轉變。

至於奧國的態度雖堅決反對，但因得到法國方面的支持，也不敢冒然行動。

因此，尼古拉的步伐便大搖大擺起來了。

俄土之戰（由一八二八年至一八二九年）

一八二八年四月廿六日，俄國冒險地對土耳其正式宣戰。同時到五月七日，已開始對了俄羅斯堅苦的持久戰。土耳其雖打了一個大的敗仗，但俄國社會的腐敗，並不能使它馬上取得勝利。加之在純軍事方面，俄軍的技術及裝備不良，對於現代軍事（但非操場訓練）訓練差池，沒有很好的指揮官員，軍隊完全受俄皇不合理的干預。因之在這種情形下，俄軍全體士兵雖英勇作戰，亦不能粉碎土軍的抵抗。祇是在小亞細亞方面情形好些，但在歐洲方面，情形却是如此：有時俄軍簡直聞風潰退，尼古拉的計劃結果失敗。梅特湼又歡騰雀躍起來了，他對歐洲各國故意揑造俄軍失敗的消息，把俄軍在巴爾幹半島的局勢描寫成一幅暗淡的圖畫。但是事變的發展，與他這種斷語相矛盾。倫敦，巴黎，柏林沒有答應他的請求與奧訂立協定迫壓雙方迅速停戰。不論普魯士，英國或法國，都認爲干涉俄土關係是不必要的。特別重要的是，那時在所有這三個國家之中，財閥社會的自由派，都希望在一八二八年——一八二九年擊敗土耳其。

奧國首相建立四強反俄同盟的計劃（這種計劃，直由一八二八年十一月至一八二九年六月都努力進行）沒有絲毫結果。俄國外交家中第一個注意梅特涅的行動與他的間牒的，便是俄國駐巴黎公使波茨•的•波爾格，他即時把這一切都通知彼得堡，而本人則拼命在法王查理第十面前說梅特涅的壞話。他把眞情告訴查理第十時，同時又加上了一句謊話：梅特涅已與波那怕脫派祕密取得聯絡，打算支持拿破侖的兒子萊伊哈什塔特親王(Dwke of Reischstadt)奪取法國的王位。此外，他又恐嚇查理第十，好像梅特涅還建議俄國共同擁立萊伊哈什塔特親王。我們不知道查理第十是否相信狡猾的科西嘉人的報告，但法國與俄國之間的關係，却總是在一八二九年比從前還要密切。波茨•的•波爾格的報告對尼古拉發生很大的印象，而且這些報告都由各方面證實：梅特涅確實祕密提議三國政府組織四強同盟以及三國政府決定拒絕這種同盟的事實。俄皇非常忿怒他，向奧國公使（芬克爾曼）說，梅特涅的政策是可憐的，同時宣佈梅特涅對俄國步步所擺佈的陰謀圈套是什麼意義。

梅特涅驚惶失色。他竭力寫信到巴黎，柏林和倫敦證明這是無中生有的事，他一點也沒想到仇視俄國。但最後，俄軍終於在對土戰爭中獲得勝利。俄將地彼奇(Gen Diebitsch)的軍隊於一八二九年初夏轉爲進攻，八月二十日已攻入安得里諾波爾 (Adrianople)。俄軍與軍士坦丁堡相距咫尺之地，馬摩德二世慌忙要求與地彼奇媾和。不過應當指出，俄軍傷亡甚大，軍士坦丁堡是不易攻克的，如俄軍總司令不用另一種方法蒙蔽他大約四千個士兵的傷亡是不易壓迫土耳其就範的。因此他爲了佈置一次軍事的示威遊行，不得不由安得里諾波爾調出他一半的軍隊。

安得里諾波爾和約——一八二九年九月十四日簽

一八二九年九月十四日，土耳其人在安得里諾波爾接受了俄國對他提出來的和平條件。條件相當温和，土耳其人喪失了由庫班河 (Rulan R）起至尼古拉也夫 (Nikolayef) 灣以及差不多整個的土國總督管轄區。在西吐味納河上，直到俄國的西吐味納河口的島，該河的右方，劃爲俄國的邊疆。俄國商輪獲得了航行韃靼尼爾海峽及博斯普魯斯海峽（Bosporus gtr.）的權利。多腦公國及西里斯的黎亞(Silistrea)在履行安得里諾波爾條件之先都由俄軍掌握。土耳其失去了西吐味納河南部的移民權。至於希臘，那麼它祇是每年付蘇丹一百五十萬土幣（Pioster）的一個獨立國，同時這筆賠款，祇是土耳其於接受條件的五年之後才開始償付。

希臘人民從此得到解放，同年十一月三十日的倫敦議定書(London Protocot)確定了希臘的獨立。它的版圖規定由伏羅海灣（Gulf of Volo)到西方的亞爾塔（Arta)。希臘人民得按照歐洲基督王朝的任何一種原則選舉元首，但不是英人，俄人和法人，而是由其它民族中任選一個。第一任希臘國王，列強替它選的是巴威的鄂圖親王(Prince Otto)。

這樣，俄國得到許多好處，而在安得里諾波爾條約簽字後結束了對它危險的戰爭。尼古拉知道，在他的宮廷之中並非都滿意戰勝者的溫和態度的，首先是覺得沒有佔領軍士坦丁堡。但他比安得里諾波爾條約的批評者更了然的是，地彼奇是在怎樣的環境下引誘土耳其人簽訂了這個條約。俄皇認爲非常滿意，沒有軍士坦丁堡也是可向東方大踏步伐前進的。

第七章　法國七月革命到一八四八年革命時代的歐洲政治與國際關係

第一節　七月革命與俄國

七月革命前的法國（由一八一五年至一八三〇年）

拿破侖帝國從地平線上急速沉陷以後，反動的同盟國家照舊把革命所推翻了的波滂王朝送回到法國。大資產階級與舊日的貴族、地主、教士妥協，法國差不多回到革命前的局面。由一個最革命的國家轉化爲最反動的國家之一。在以前，是反動勢力統治的歐洲，害怕革命的法國，而今則是反動的法國，敵視被它的革命影響所召喚起來的或逐步覺醒的歐洲。

照說，在外流亡多年的波滂王朝復辟後的第一個國王路易十八，是該反省一下他們的寶座過去是怎樣丟掉的，現在又憑什麼奪回來的。他初次回國的時候，還給了法國人民一個『憲章』(Charte Constitutionelle)，虛僞地接受了國會的監督。可是不到五年，他便把過去對人民的允諾一筆勾銷。一八二〇年取消了憲法中對人身自由的保障，嚴厲檢查出版，剝奪了人民選舉的權利（每年納一千佛郎者始可享受選舉權）。據一祕密的報告，在一八二四年，反對派的報紙其份數不過四萬一千份，官辦的報紙不上一萬五千份。

一八二五年，法人最嫌惡的亞多亞伯爵繼承路易十八，稱爲查理第十 (Charles X, 1824—1830)。他是王黨極端派(Ultra-royalists)的首領，主張根本消滅革命以來的改革和事業，完全恢復舊的制度。革命時代貴族教士喪失的土地由人民拿出十萬萬佛郎賠償，資產階級的『國民軍』(National Guard)

亦被其解散。復辟時代最大的特徵，不僅是工農勞苦大衆不見容於王室，卽資產階級，甚至王室中的立憲派，也受到查理第十的打擊和迫害。單在半年之中（年代不詳），二千三百餘亡命的上層貴族回國担任要職，爲維持六千個『革命的犧牲者』（貴族），曾組織了一支皇軍，每年國庫支出二千二百三十萬佛郎養活他們。波滂會企圖恢復行會，阻礙新興工業的發展，同時爲保護『工業封建主』的利益，而壟斷了國內外市場。它在對外貿易方面，提高國外商品的關稅，發展法國工業所需要的幾種主要原料的入口均遭禁止。稅率之高，有如拿破侖的大陸政策。英國入口的鐵，課原價的百分之七十，運一架蒸汽機到聖德田(St-Etienne)需納稅七千佛郎。大陸封鎖時期，一千公斤鐵板繳四十四佛郎，現在則爲一六五佛郎。比較幼弱的資本，被最大的官僚資本所操縱，在法國國內市場上，工業家買不到生鐵、羊毛。最大的資產階級利市十倍，工業家則必須購買他們所操縱的最昂貴的原料而生產。

農工生活慘不忍睹。穀稅無限制增多，其原則是把稅率增加得使穀物無人購買而下跌時才終止。

復辟後的波滂王朝，是代表法國一萬多個最大的官僚貴族地主以及大資產階級（卽所謂工業封建主）的政權。

但十九世紀的法國，資本主義關係已正式確立，在這個基礎之上，恢復絕對君主專制是不可能的。一七八二年，法國始按照英國的方式以煤熔鐵，但到一八二五年，這種生產已達四萬四千噸，約佔全部鐵產的三分之二。在拿破侖帝國時代，工廠裝置之蒸汽機計十五座，但到一八二〇年爲六十五座，一八三〇年又增加十倍，計六二五座，共六四，七八九四馬力。煤的消費，在波滂王朝復辟的前幾年之中，由六十萬噸增加到一百七十萬噸。一八〇七年美國富爾敦（Robert Fulton 1765—1815）發明輪船，在一八一六年橫渡英倫海峽(English Channel)的第一隻輪船，就是用法國資本建造的。一八一四年斯梯生(George Stephenson 1781—1848)發明火車，而英、法、美三國在鐵路建設方面無分軒輊：美國的第一條鐵路卡波達爾——哈湼斯達爾線 (Carbondale-Honesdole) 建設於一八二九年，法國的第一條鐵路盧昂——聖德田 (Lyon-St. Etienne line) 亦建設於一八二九年，英國第一條鐵路利物浦——曼切斯特線 (Liverpool-Manchesten) 敷設於一八三〇年。法國資產階級茁壯強大，要求打破波滂的經濟政治的桎梏。

法國七月革命（一八三〇年七月二十八日）

早在一八一六年到一八二〇年，里昂工人已發生暴動，資產階級與王黨在議會中的鬥爭，像是一場惡戰。一八二七年，資產階級成立一祕密團體 (Aide-toi, le ciel t' aidera)，革命的爆發似乎已在等待信號。

而且也就在這個時候，連最反動的俄皇尼古拉第一也看不慣亞多亞伯爵的反動政策，曾經寫信勸他不要過分地倒行逆施。尼古拉在給俄國駐巴黎公使的一封信中說：『要好好地勸勸亞多亞伯爵醒悟才成。如果他還照舊執行他不可思議的反動政策，他別幻想列強援助他在將來登極』。俄皇的驚告沒發生效力，剛復自用的亞多亞（即查理第十）硬是要『重新改組社會，恢復教士管理國事的責任，建立擁有特權的及強有力的貴族政治』。

一八二九年八月，查理第十任命一位比他更反動的傢伙坡里雅克親王(Prince of Polignac) 担任首相。他的頭腦怎樣，可由各方面對他的影響做一註解。法國人稱他爲『極端的極端』(Ultra of the ultras)，尼古拉對他也很不相信。

他上台不久，二百二十個議員聯名呈請查理第十罷免他的首相職務。然查理第十不但不聽，而且竟出之於一種最愚蠢的手段，把國會解散。他說『這不是首相問題，而是君主問題』，即是說，國會陰謀推翻查理第十的統治。這是一八三〇年三月十八日的事。

因此，解散國會以後，查理第十下令另行改選（五月十六日）。但改選的結果，初非國王所料，反對派佔了大多數。國王氣忿塡胸，誓不承認，不久在官報上頒佈了一道『七月法令』(July Ordinances)：(一)嚴格管制出版，(二)解散國會，(三)改變選擧法，過去議員的四分之三不得當選。歷史不會倒退，革命的爆發就祇等待一個信號，現在『七月法令』就做了一八三〇年『七月革命』(July Revolution) 的導火線了。

七月法令宣佈的那一天，議會的大多數議員和一再叛賣革命的記者退爾 (Adolphe Thiers 1797—1877) 和拉斐特等人均提出抗議。巴黎市內的工人，小市民更不要說，他們是革命的動力，是推翻波滂王朝的唯一力量。二十八日巴黎市民們建設起障礙物，與政府軍展開激戰，雙方相持三天三夜。政府軍投降了，倒戈了，整個巴黎又是像一七八九年的情形，爲革命的人民佔領。人民是想恢復共和國，但自由資產階級反對，結果查理第十逃走之後，便把一個騙子大王奧爾良公爵 (Ducke of Orleans) 又迎了回來做法國國王——路易・菲力比 (Louis Philippe 1773—1850)。革命因此葬埋，資產階級想竊取工人的勝利以控制新君。法國又在波滂統治下呻吟了十八年。

七月革命意義之偉大，不僅可由當時在波蘭、比利時、意大利以及德意志諸國所發生的民族解放運動上看了出來，而且可在列強的態度上看了出來。

尼古拉干涉法國的失敗

上文說過，尼古拉一世在查理第十未登寶座以前，就警告他要小心從事，不安於法國內政的發展。之後，到查理卽位及坡里雅克担任首相以後，更覺得他們蠻幹下去，實在太危險了。俄皇不僅害怕法國發生革命，而最怕的是如果查理十世和坡里雅克的政策再發展下去，一定要向外侵略威脅到俄國的利益。蓋法國當時已在菲洲作戰，征服了阿日及爾 (Algries)，同時與梅特湼和威靈吞的接近，有形成反俄聯盟的可能。俄皇不滿意坡里雅克和查理的反動言論和挑撥。

俄國爲對付法國，在七月革命爆發以前，就對法國駐彼得堡的代表莫特麥爾 (Mo.timer) 公爵暗示：如果法王不向人民挑戰，則反法王的革命一旦爆發，各國可援助法王。反之如法王破壞憲法，因而促成革命，『則恕我們愛莫能助了』。尼古拉第一實在是愛護查理第十的，因為查理第十與俄皇最為接近。

尼古拉的預言實現。一八三〇年七月二十五日查理第十在聖・庫路特（Saint-Cloud）頒佈的法令，引起了波滂的覆沒。革命勝利，查理逃亡，同時奧爾良公爵即位，於是俄皇為了恢復查理王位，堅決不承認路易・菲力比的政權。

一八三〇年八月十七日，車爾尼雪夫伯爵（Chernisheff）帶着一份照會去見法國駐彼得堡代理公使布各雅男爵（Borgoyne）並告訴他說，俄皇要與法國絕交，並已經把照會帶來。布各雅親自和俄皇見了一次面，地點是在耶拉金宮（Yelagin palace）。俄皇板起面孔開口就說，我絕對不承認路易・菲力比做你們合法的國王。拍桌子瞪眼睛地吼着：『我永不承認法國所發生的變革』。他是下了最後決心似的。其實布各雅慢慢同他談了一回兒以後，他也輭下來了。布各雅暗示他，你想錯了，今天的法國，決不是一八一四年的法國，你試試看吧，你如反對法國的話，別的國家是不會跟你走的。反法同盟決不曾統一。布各雅這兩句話，立刻使尼古拉的火性消解不少，甚至改變花腔說：『親愛的朋友，我答應你我不忙着決定……你可相信我，我們不是和你們宣戰。不過，我們還是大家商量一下，究竟對於法國應該採取那一種方式』。

讀者應當清楚，法俄關係決不是這樣就能好轉的。俄皇決不因布各雅的恐嚇當眞洩氣。他說『我們大家商量』一下者，並不是同法國商量，而是想和奧、普、英三國商量一個解決法國的辦法。第一，先述奧國。

奧國自法國七月革命爆發之後，梅特涅非常恐怖，覺得法國的革命，有成為全歐洲革命火藥庫的可能，尤其會動搖奧地利在意大利的統治。他說，路易•菲力比是借革命的力量得到王位的，把他斥爲『築障礙物的國王』(King of barricades)，亦卽革命暴徒擁護的國王。當然梅特涅有意思號召神聖同盟一致反對『築障礙物的國王』。這是俄皇把奧國當作積極反法的國家的重要原因。

其次，英國。尼古拉認爲英國是法國的對頭。七月革命前夜，法軍在阿日及爾所開始的軍事行動，英國激烈反對。同時，在過去，查理第十有一度與俄國比較接近，所以在未來干涉法國的過程中，英國定能不加阻撓。最後普魯士也大概會爲神聖同盟出力，共同鎭壓七月革命所掀起的歐洲的革命。他根據這些前提，積極佈置反法的戰爭，用盡種種手段，挑撥各國對法的關係，特別是英法的關係。他說英法兩國的當局，都相信英國一定承認路易•菲力比，並且英國的在野黨很贊揚法國的七月勝利。但英國絕不可靠，而法國的眞正朋友祇有尼古拉一人。他故意在布各雅面前做作地說：『雖然你們不歡喜我，而且生我的氣，但我始終關心法國的命運。在這幾天（革命）裏，我腦子裏總是担心着：英國羡慕你們征服的阿日及爾，正在趁你們的紊亂的當兒，搶奪你們這塊肥肉』。

然而非常不幸的祇是找不到口實，以便干涉法國。俄皇對七月革命時期巴黎民衆沒有搗毀俄國使館而刼掠祕密文件，認爲是很惋惜的事。他說：『大家看到俄國專制君主竟授權他的代表，在立憲的國王面前堅持遵守用誓約所建立和聖化的立憲的法律時，很表詫異』。巴黎人民沒有搗毀俄國使館，使俄皇找不到干涉法國的正當理由。

在這次會晤之後，俄法關係慢慢惡化起來，尼古拉企圖策動神聖同盟武裝干涉法國，充任歐洲的憲兵。同時爲了與各國談判武裝干涉問題，曾派奧爾洛夫伯爵(Alexei Fedorovick Orlov)到維也納，派地彼奇將軍（Dibits）到柏林。但這些使命都沒有成功。前者聰明過人，卓識遠見，早就覺得此行必然失敗。不過爲了面子問題，祇得到維也納兜個圈子敷衍俄皇；而後者，卽地彼奇將軍，雖則依老附實地去幹，抱着滿腔熱忱，可是他到柏林見了普王菲特烈·威廉三世以後，普王便不等他把尼古拉的計劃完全講出而已經聽的不耐煩了。菲特烈·威廉不願聽俄軍開入普魯士國境而和普軍聯合進攻法國，更反對俄軍經過巴威而開入法國東南部。普王絕不會把國家作為賭本，讓俄國得到無數的好處而自己受最大的災禍。至於奧國出兵反法一節，普王亦絕不置信，因為梅特涅已急忙通知柏林不願多事。地彼奇在柏林也撞了釘子。

俄皇為什麽在普奧兩國碰壁呢？（一）奧國有意干涉法國，但是它正對意大利作戰，無暇兼顧。（二）普王的態度，上文已述清楚，不再重複。至於（三）英國，則應注意一個事實：過去與尼古拉第一接近而爭奪阿日及爾的查理第十，英國是不滿意的，但今天法國的主人是路易·菲力比，同時輝格黨（Whig 自由黨之前身）正在執政，這正是英法關係緩和的前提。反之英國倒是畏懼俄國。所以首先承認了法國七月革命的既成事實。結果英、奧、普三國，都與路易·菲力比建立了關係。

此外，列強所以與路易·菲力比調和，還可由路易·菲力比本身來說明。不錯，他是革命的產兒，頒給他的臣民一個憲法。但是他立刻聲明他是一八一五年巴黎條約的擁護者，這便使反動的各國宮庭把他當做抵抗法國民主派的有力工具。

俄皇見武裝干涉的計劃全部破產，於是硬着臉皮承認路易·菲力比為法王。但這是沒法挽回俄法關係的。俄皇在一八三〇年時完全陷於孤立：英國和法國站在一邊，路易·菲力比特派大員塔列蘭為駐英公使，而梅特涅對法國亦保持着正常的關係。最後，普王菲特烈·威廉第三對法國的新君也不壞，態度慇懃，很願支持似的。顯而易見，英、普、奧三國當局認為路易·菲力比是不會馬上威脅到它們的眞正的敵人。

俄國干涉法國革命的計劃失敗，但却抓住了維斯都拉河（Vistula）上的事件而發動了戰爭。

第二節　列強對波蘭革命的態度

波蘭革命一八三〇—一八三一年

七月革命的熱風吹到了寒冷的維斯都拉河上。一八三〇年，波蘭人因不能忍受尼古拉第一的殘暴壓迫，所以便利用這個機會羣起反叛。攻殺俄國任命的總督軍士坦丁大公（Grand Dake of Constantine），驅逐了俄國的軍隊，佔領了華沙，時在一八三〇年十一月二十九日。

波蘭愛國軍隊勝利之後，新成立的臨時政府立刻宣佈取消羅曼諾夫王朝（Romanov Dynesty）的王位，不承認尼古拉第一為波蘭立憲君主國的國王，不承認一八一五年的憲法，宣佈要收回立陶宛等地。然波蘭地主貴族不欲滿足人民要求，反對土地改革，致失農民的擁護。加之在對外政策上，一錯再錯，過分相信外援，結果被帝俄把革命投入血泊之中。

波蘭對外政策的錯誤及普奧兩國援助俄國

波蘭民族革命的歷史，約分為兩個時期。第一期為一八三〇年十一月二十九日革命起義開始到一八三一年一月二十五日華沙國會（Seim）宣佈廢除尼古拉在波蘭的王位為止。

在這一時期中，歐洲外交界正式詢問尼古拉是否承認波蘭王國的國家政制。雖然叛亂發生，然這個國家政制，却是亞歷山大第一在維也納會議上所承認，也是尼古拉即位時（在一八二五年十二月十三日）在詔書中對波蘭人宣誓保存的。

在第二個時期之中，由於尼古拉的王位及一八一五年的憲法的被波蘭人廢除，所以外交團祇能以私人資格和俄皇談論波蘭問題。這個時期，帝俄已與歐洲各國未經承認的革命的波蘭發生戰爭。歐洲各國認為用外交方式或用武力參加這次戰爭是不可能的，因此直到波蘭革命被撲滅為止，即一八三一年九月七日華沙被俄將帕斯可維區（Paskievich）及地彼奇的軍隊佔領為止，始終袖手旁觀，不欲過問。

為什麼列強都是些『袖手旁觀』者呢？

原因是，第一，波蘭革命黨犯了許多不可救藥的錯誤。一方面說革命的波蘭如何如何地困難，怎樣完全沒有希望，而另一方面，華沙當局竟公開宣稱：北方的波羅的海，南方的黑海和喀爾巴阡山(Carpathian Mts)，東方的聶伯河(Dnieper)，都是波蘭未來『復興』的國界。這是對外政策上的一大錯誤！波蘭人不集中全力打擊帝俄，反而提出這許多力不勝任的空洞口號與普、奧兩國也對立起來，這當然會使梅特涅和菲特烈·威廉第三馬上和尼古拉聯合起來一致對付波蘭，締結一個消滅波蘭革命的條約。應該知道，普魯士和奧地利也有許多屬地是在波蘭。

第二，華沙革命政府的代表團和尼古拉談判時（還在起義第一期中，赫洛比茨基(Grigorii Khlopitsky)專政時期），不獨向帝俄提出『歸還』立陶宛(Lithuania)，白俄羅斯(White Russian)和烏克蘭(Ukrainian)等處八州的要求，並且表示要用武力解決。這種幼稚的外交，立刻就威脅到三個列強的利益，況且革命之際，革命的浪波曾蕩漾到北部德意志如不倫瑞克(Brunswich)，黑森·加塞爾(Hesse-Cassel)，薩克森，漢諾威，同時這些地方的革命運動洶湧澎湃，不可遏阻，卒使反動的諸侯們不得不頒佈憲法，革新政治。這是尼古拉與列強談判易於進行的主要原因。

英法對俄國征服波蘭亦取旁觀

俄國取得普奧兩國的諒解後，波蘭在國際上險象環生，危機四伏，而尼古拉的地位則日益鞏固。因此有一個年青的波蘭人威萊帕爾斯基侯爵(Velepolsky)主張與英聯合，而於一八三〇年十二月下旬銜命赴英，到倫敦遊說。

但英國不重視波蘭問題，而判麥斯呑(Henry John Temple Palmerston 1784—1865)最忙碌的是比利時問題。他認為法國在比利時的企圖，是對英國的正面打擊。這個問題很棘手，如果處置不當，有引起戰爭的危險。所以他在一八三一年一月底召見波蘭代表威萊帕爾斯基時非常冷淡地說：如果尼古拉執意完全消滅亞歷山大和維也納會議所決定的波蘭國家政體，那末到那個時候，英國再發表意見吧。三言兩語就喊送客，波蘭代表十分沒趣。其後，當華沙宣佈廢除尼古拉的王位時，判麥斯呑乾脆通知威萊帕爾斯基說，請你以後不要再對我談論這個問題吧。

威萊帕爾斯基的使命，至此就告結束。

至於另一個強國——法國——的態度呢？

波蘭政府的看法更錯。他們以爲路易·菲力比眞是『築障礙物的國王』，會來幫助他們的解放。其次他們以爲法國與普奧兩國是站在敵對地位的，所以從威萊帕爾斯基出使倫敦失敗以後，就把法國視爲他們的唯一救星。

其實路易·菲力比不是這種人。他自己曾說波蘭問題由波蘭『自已的命運去決定』。這正如威萊帕爾斯基所報告的，判麥斯呑對巴黎民主派的同情波蘭極表不滿，而路易·菲力比的政府也不會幫助波蘭反對俄國。

當然若干波蘭人也曉得路易·菲力比不能以法國武裝力量援助波蘭。但是波蘭人却對法國的首相拉飛特（Jacques Laffitte 1767—1844）又寄以很大的期望。是的，拉飛特對巴黎的波蘭委員會最表同情，而且捐助他們的金錢最多。但是，由這位自由主義的銀行家所組織的內閣不久下台，要準備讓位於保守派的工業家卡西彌爾·柏累（Jean Picire Paul Casimir-Perier 1814—1892）了。後者，即這位新首相是和國王路易·菲力比一鼻孔出氣的，他甚至閉口不談援波問題，更說不上武裝援波。

波蘭人最謬誤的，是把法國摩特麥爾公爵（Martimer）的使俄，當做法國援波的徵象。其實不然，一八三一年摩特麥爾公爵到彼得堡充任特任大使，不是爲了波蘭問題，而是奉命拉攏俄皇，因爲尼古拉迄今成見很深，斥路易·菲力比『是用革命手段做了皇帝』或『築障礙物的國王』，這是一。其次，摩特麥爾之聘俄，意在刺探俄皇對法國併吞比利時的態度。最後才是奉命打開俄波談判之門，勸告俄皇大赦，批准波蘭憲法等等。

波蘭人對英法的一切希望，最後失望，從此兩個斯拉夫民族國家——波蘭和俄國——之間的戰爭爆發，問題提到疆場上解決。加之一八三一年三月十三日，卡西彌爾·柏累就任法國首相，波蘭人才最後領悟路易·菲力比最初所表示的：波蘭的命運完全要由波蘭人決定。

英法調停失敗

在波蘭革命派未失敗以前，即當一八三一年夏季俄波戰爭一觸即發之際，法王路易·菲力比與首相卡西彌爾·柏累曾經建議英國外相判麥斯吞共同出面調停，以便『息止流血的戰爭』。但是路易·菲力比和他的首相卡西彌爾·柏累也好，判麥斯吞也好，甚至法國駐英公使塔列蘭也好，都不願得罪俄皇，沒有認眞進行。就以對奧國刼持波蘭特威爾尼茨基(Dvernitsky)軍團所提的抗議而論吧，當梅特涅對英法馬上回答：波蘭的武裝是波蘭國王的，即尼古拉的，而不是反叛他的臣民的，這是第一點；第二，波蘭人應感謝我，（即梅特涅），我不是把武裝和士兵一齊交給尼古拉，而祇是交給他武器的時候，英法默不作聲。兩強的『外交干涉』僅此而已。

自然，俄波雙方經過短促的戰爭後，波蘭是失敗了。一八三一年五月二十六日，俄將帕斯可維區所部軍隊在奧斯特洛林卡 (Ostrolenka) 之役擊潰波軍，最後到九月六七兩日華沙便告陷落。帕斯可維區的軍隊在九月八日開入波蘭首都華沙。波蘭的憲法爲欽定的『有機的條文』(Organic Statute) 所代替：波蘭人不得享受政治上的權利，俄人對波蘭開始了眞正殖民地的政策：波蘭的俄羅斯化。此後，少數不欲做亡國奴的志士，曾到波蘭西部克拉科 (Cracow) 繼續游擊，成立了一個小小的共和國，可是大勢已去，不上十數年，又被奧國所粉碎。

這是很慘的。然而最慘者還是在法國的一幕：法國外相塞把斯提 (Sebastiani) 竟向人民宣佈『華涉恢復秩序』。這是巴黎無數有血性的人民和革命情緒高漲的共和黨，爲什麽大家聽了這句可恥的話，大家不約而同地忿怒地連續示威三天（九月十六，十七，十八日）的原因。

第三節　比利時獨立和英法之間的鬥爭

比利時的獨立——一八三〇年

比利時革命，可說也是法國七月革命的延續。和波蘭同時，比利時也在一八三〇年——一八三一年決定了自己的命運。不過波蘭滅亡，而比利時則獲得解放。

比利時是工業較爲發達的國家，也是資產階級革命的搖籃。早在十六世紀的時候，這裏就發生過近代史上最偉大的一次革命獨立運動，以反對它的壓迫者西班牙。從前有一位巨人說過：『沒有十六世紀的尼德蘭革命，不會有十七世紀的英國革命；沒有十七世紀的英國革命，不會有十八世紀的法國革命』。

然而漫長的數百年來比利時總是被列強踏在脚下。西班牙人趕走後，換來了奧地利人，奧地利人趕走後，又來了拿破侖，拿破侖趕走後，根據一八一五年的維也納會議，又交給荷蘭的暴君奧倫治王室(Howe of Orange)管束。比國人民最多，但在議會中之代表與荷蘭同。官員都由荷蘭人担任，宗教信仰亦不自由。

七月革命發生之後，比利時的人民先在八月二十五日向國王威廉第一(William I)提出有條件的自治要求。但國王拒絕，於是到九月二十三——二十六日，比國的工人與駐軍在布魯塞爾(Brussels)展開激戰。人民在洛基爾(Charles Rogier)領導下擊敗腐敗的官兵，十月四日宣佈脫離荷蘭獨立。尼古拉第一及梅特涅雖主張干涉，但英法反對，結果在一八三一年倫敦國際會議上承認了比利時的獨立。

反動的歐洲的政治家和外交家們，認為比利時的八月革命，是反抗一八一五年維也納會議的決議案，企圖強迫比利時人民承認荷蘭國王所領導的荷蘭政府，為比利時唯一的合法政府。

列強對比利時獨立的態度

最早企圖壓迫比利時革命的，是俄皇尼古拉第一和奧國首相梅特涅兩人。前者在一八三○年秋華沙的革命還未攪亂了他的心思以前，一心想號召奧地利和普魯士兩國參加他組織的十字軍遠征，向比利時人興師問罪。可是不久華沙的事變，絆住了俄皇的兩個蹄子。

梅特涅本來同意俄皇對這些叛徒所提出的激烈的抗議，但是說到奧地利的出兵問題，他又畏首畏尾．其情形同俄皇尼古拉差不多。俄奧兩國是暫時放棄干涉比利時革命的計劃了。

英國很重視比利時問題。威靈吞認為荷蘭國王在比利時的天下已無可挽回地失敗了，現在的問題，是呼籲各國派它們的代表到倫敦來解決『比利時的善後問題』，絕不允許法國人用武力把比利時獨吞。外相判麥斯吞也是這種意見，既不容德國在比利時擴大勢力，也不容忍比利時與法國合併。因為在那個時候，法國的狹義愛國主義者就主張法比成立聯邦。同時在比利時境內，也有一派主張用這種方法解決。

路易・菲力比不敢這麼侈想，因為他覺得這麼一來，會惹惱英國，甚至和英國發生戰爭。俄奧兩國對他不好，如果和英國開戰是危險的。法國想藉口干涉比利時以加強它的實力，但是不能採取作戰的方式。『光榮並不能帶來收入……戰爭則會使紙幣的價值跌落百分之十至四十』。馬克思說法國當時的銀行家們均抱有這種意見。因此路易・菲力比不贊成合併的主張，並且費盡九牛二虎之力壓服這種囂張的情緒，以便是與英國和平商量。

但是法國總不能讓英國分肥，於是煞費苦心地想出了一個妙計，就是叫他的第二個兒子尼莫爾公爵(Duke of Nemur)做比利時的新王。可是判麥斯吞表示反對。在表面上，他不出頭露面，實則暗裏鼓勸俄皇尼古拉第一向路易・菲力比抗議。法國駐倫敦公使塔列蘭當時大概也知道這種情形，所以對塔列蘭本人，判麥斯吞也盡量做作，好像一切事情都是俄皇在背後搗鬼。英國抓住比利時死不放手，在倫敦會議討論比利時的國界時，塔列蘭爲法國爭奪的企圖，也遭到判麥斯吞猛烈的反對。幸經雙放的互相讓步，才在一八三一年六月由比利時人在民族代表大會上選出薩克斯科堡(Saxe-Cobury)的里歐破爾得親王(Leopold 1790—1865) 爲比利時的國王，此人爲英國日後的女皇維多利亞的舅父，且與女皇非常親暱，所以英國毫無閒言。祇是最後討論到拆除法比邊境上防禦法國進攻的所有要塞問題時，英國才滿足了法國代表塔列蘭的要求。但是在裁定比荷兩國的邊界時，奇怪地是塔列蘭偏替荷蘭人力爭，而比利時所得到的反比它應該得到的少了許多。這個謎過了一百年以後是揭破了，原來這位老資格的外交家塔列蘭臨死又吃了一次賄賂：一九三四年荷蘭國立擋案所公佈的文件上記載着：塔列蘭曾受了荷蘭國王威廉一世 (William I) 一萬金鎊的賄賂。

看了暴風雨般的一八三〇年和一八三一年的事件，尼古拉第一得出一個結論：俄國從今以後，還是同奧大利和普魯士兩個國家密切合作的好。

第四節　土耳其內戰及列強對土問題的矛盾

希土戰爭及俄土戰爭甫行結束，鄂圖曼帝國的內戰便於一八三二年爆發。這次內戰比上述兩次戰爭還要加倍引起列強的注意與干涉。鄂圖曼帝國的飄落，經過這次戰爭也無復元的希望了。內戰何以發生，列強爲什麼都起勁地來干涉？這是應該由鄂圖曼帝國內在的因素和當時的國際形勢來說明的。

穆罕默德・阿里治下的埃及的興長

馬摩德二世統治下的整個帝國急速向崩潰的道路推動時，他帝國版圖內部的埃及，則在副統領穆罕默德．阿里（Mohammed Ali）的革新運動之下，頗有一番興盛的氣象。當然，這種革新，並未動搖封建主義的基礎，祇是資產階級革命前夜常見的富國強兵之道，可是比起蘇丹的政治經濟究竟是不同凡響。

土地改革：穆罕默得．阿里自一八〇五年出任埃及副統領之後，將昔日封建主馬麥留克（Mameluke）的土地搶奪而分與另一些土耳其地主。他將埃及全部地產操縱而租給農民公社。租稅不僅比馬麥留克高些，且偶有賴租情事，即奪其地而賜給其功臣將領。埃及甚至發現新式的封建莊園，園主大部分爲土耳其人，阿拉伯人及西爾卡斯人（Circassian）。他打倒一派封建地主之後，另外建立了一派新的封建地主，而且他本人就是最大的封建主。他日後的稱雄割據，就是以這批新的封建主爲柱石。

第二樁要做的事，就是樹立封建軍事獨裁的基礎。開鑿運河，興辦水利，擴大棉田，設立工廠。學校開始創辦，獎掖科學技術。特別是有關軍事方面的事，更努力不遺餘力。在亞歷山大港（Alexandria）成立龐大的兵工廠造船廠各一，裝備齊全的陸軍及海軍已訓練了出來，國內有專門的軍事學校，裝備實力增加了許多倍。陸軍由二萬人增至十萬人，海軍已有兩隊，一隊泊地中海，另一隊泊紅海（Red Sea）。他完全倣效着俄國的大彼得，他是唯一『能夠在軍事上將中古的土耳其變爲眞正活潑首領之人』。

第三樁要做的事，就是擴充地盤，將埃及變爲東方的一個強大帝國。在整個的十八世紀下半葉到十九世紀初葉，鄂圖曼帝國就在內戰中喘息着。最嚴重的，回教徒中的『淸教派』（Wahabi）竟在統一阿拉伯人的口號下另立王朝，即 Ibn Sa'ud，與鄂圖曼在西亞分庭抗禮。這個王國割據了許多土地：東部波斯灣（Persian Gulf），阿曼灣（Gulf of Oman），麥加（Mecca），伊拉克（Iraq），麥地那（Medina）等地，幾全部歸其管轄，並常入寇大馬斯革（Damascus），阿勒頗（Aleppo），敍利亞。叛亂頻仍，蘇丹患之，不得不借助穆罕默得·阿里之力以剿伐。穆罕默得·阿里經過七年的奮戰把全部阿拉伯的叛亂平服，其後又在非洲拓地甚廣，率師深入尼羅河（Nile R）上游的蘇丹（Soudan）（一八二一年），合併了哥爾多番（Kordofan），同時在援助蘇丹與希臘人民作戰時，斬獲甚衆，蘇丹允以克里特島(Celt)及摩利亞(Morea)。這樣，穆罕默德·阿里就擁兵拔扈，有篡奪帝位之志。

反之，土耳其蘇丹樣樣都不爭氣。經濟破產，需要依據安得里諾波爾條約賠償英、俄、法一筆鉅款（一千五百萬土幣），領土日蹙，而同時過去作爲蘇丹支柱的軍隊「正利薩里」(Janissaries)早已譁變，新軍尚未組成，當然是抵抗不住埃及軍的進攻的。雖然，土軍也有俄國幫助他。

穆罕默德·阿里在經濟、政治以及軍事上的這些成績，法國的援助是最重要的原因之一。他惟才惟賢，利用拿破侖征埃時留下的理財家，經濟家，工程技師以及大批軍事人材，幫助他建國建軍。其後在波滂復辟之後，法國因協助英俄對土作戰（希臘獨立時）有功，俄皇尼古拉第一允許法國佔領非洲的阿日及爾，這便使法國在埃及的勢力愈加鞏固。

當然，法國對埃及是不放手的，埃及對土耳其蘇丹的戰爭，轉化爲法國與蘇丹之戰。但俄國是站在土耳其蘇丹方面，土耳其的內戰，又轉變爲俄國與英法的戰爭。

土埃內戰和列強態度（一八三二—一八三三年）

一八三二年，蘇丹與穆罕默德·阿里之間發生爭論。蘇丹因對英俄賠款甚多，無力担負，命令埃及分担。但穆罕默得·阿里則說，埃及在援土作戰中，已犧牲太大，埃及應納之貢，可說已提前完納，拒絕了蘇丹的要求。在另一方面，穆罕默德·阿里向蘇丹提出的要求，也被蘇丹拒絕：蘇丹不願履行安得里諾波爾條約，將摩里亞和敍利亞交穆罕默德·阿里管轄。這樣，蘇丹統治的土耳其便與穆罕默德·阿里統治的埃及發生內戰。可見這次內戰的發生，不是尼古拉所主動的；而是由鄂圖曼帝國內部生活所造成的。

內戰的進展對蘇丹極端不利。穆罕默德·阿里訓練有素及武裝新穎的三萬餘軍隊佔領了敍利亞的亞克爾(Acre)(一八三二年五月),大馬斯革(六月),阿勒頗(七月)之後繼續南北推進。亞歷山大勒達(Alexandertta)的土軍陣線突破(七月),穆罕默德·阿里之子伊伯拉希姆 (Ibrahim) 統率的埃及軍,已於一八三二年十二月二十一日在科尼埃 (Konia) 一役,完全擊潰了土耳其方面累舍德·帕沙(Reohid Pasha) 的援軍。埃及軍如入無人之境,旋即直達布盧薩 (Brusa),軍士坦丁堡爲之大震。蘇丹馬摩德二世陷於絕境,旣無金錢,又無軍隊,預示了鄂圖曼帝國的覆沒。

土耳其人不能恃其本身解決其內戰問題,於是轉繫於歐洲列強的意志。蘇丹馬摩德急向列強乞援。英、俄、法三強爭向土耳其伸手。

可是在頭一個時期,各國的態度是這樣:法國把埃及和敍利亞看作他的未來的勢力範圍,拒絕援助蘇丹。判麥斯吞則忙於比利時問題無暇過問,並勸蘇丹向奧國借兵而不可向俄國叩頭乞命。

判麥斯吞希望奧國出來抵制俄國,完全把奧國當做一個馬前卒。

可是結果大失所望。第一,奧軍完全沒有預備在小亞細亞遼遠的沙漠上去反抗勝利的埃及軍隊;第二,梅特涅因爲急想拉攏強有力的俄國共同撲滅歐洲本部的革命運動,允宜俄皇在東方放手做去。因此他完全沒有和尼古拉破裂的必要。

英、法、奧對東方問題上的消極旁觀,正給俄國一個單獨干涉的機會。蓋早在科尼埃一役以前,俄皇就向蘇丹建議,俄國願武裝援土抵抗伊伯拉希姆的軍隊;俄國莫拉維耶夫將軍(Gen. Muraviyev)早已祕密來往於軍士坦丁堡與亞歷山大港之間,片面援助蘇丹而壓迫埃及的穆罕默德·阿里停戰。蘇丹絲毫沒想到此次向俄借兵是引狼入室,貽害不堪設想。他的一個樞密大臣告訴我們,蘇丹馬摩德二世後來曾說過這樣的話:『一個落水滅頂的人,看到前面的一條蛇也是想把它抓住當做一塊土地而免於溺死

的一。莫拉維耶夫在博斯普魯斯海峽（Bosporus Str.）紮營備戰，以俄皇特使的資格去見蘇丹，並提出下面的方案。他說如果蘇丹贊成，尼古拉第一可強迫叛軍首腦穆罕默德·阿里將埃及軍隊立刻由小亞細亞撤退。反之，如果後者拒絕，俄皇可對穆罕默德·阿里宣戰。

當然，穆罕默德·阿里不會服從俄國這種偏袒一方的警告。同時在最初，蘇丹也不肯立刻答應尼古拉的軍隊派到自己領土上作戰。但是當伊伯拉希姆指揮的埃及軍隊繼續向北兼程以進時，狼狽的蘇丹便不管一切狗急跳牆了。一八三三年二月三日馬摩德正式通知俄國駐土大使布特涅夫（Butenyev）請求俄皇援助蘇丹，剿滅叛軍。這樣停泊在塞巴斯托波爾港（Sebastopol）的俄國艦隊，便解纜駛向軍士坦丁堡，而在一八三三年二月二十日，已出現於博斯普魯斯海峽上了。

俄國艦隊的出動，英倫和巴黎震驚。馬爾馬拉海（Sea of Marmara）上陰霾密佈，大戰一觸即發。但這不祇是俄國與埃及的戰爭，而是一次國際的大戰。法國新任公使盧辛（Roussian）怒不可遏，急速會見蘇丹，請求後者命令俄國艦隊速退，英國公使亦亟急支持盧辛的要求。他們聯名宣佈，如果俄軍入據軍士坦丁堡，英法公使立刻下旗歸國，換句話說，如果遭蘇丹拒絕，那麼英法兩國就祇好援助穆罕默德·阿里了。英法的態度頗爲一致，蘇丹不能不因時制宜。不過蘇丹聲稱，俄艦之來，原爲鎮壓埃及叛軍，如果法國能勸埃及首領撤軍，俄艦自必離去。蘇丹向盧辛所提出的一個援土反埃的條件，盧辛自然是在這個條件上簽了字。

其實法國的態度不僅是虎頭蛇尾，沒有武力爲它的後盾，因爲路易·菲力比根本不欲啓釁，怕惹出禍事。同時穆罕默德·阿里也很有遠見地看清楚，法國人所要求的，只是想教俄國艦隊駛回本土，並非認眞出力以阻當伊伯拉希姆進軍。他堅持他對敍利亞及摩里亞的要求，伊伯拉希姆派到士麥拿（Smyrna）的便衣隊突然對蘇丹叛變。英國騙了蘇丹，法國也背約欺騙了他。

於是在這種裏外夾攻的關頭，蘇丹忿怒地回轉到聯俄的對外政策上面。他不獨不請俄艦退出，且於一八三二年三月二十日請求俄皇增援。他二次宣佈召見布特涅夫，後者對蘇丹肯切地回答：俄國艦隊原無撤離之意，蘇丹之請求，俄皇決照辦不喻。四月二日，俄國的艦隊出現在黑海的博斯普魯斯海峽，數日後，第三批艦隊跟蹤而來，約計有一萬四千名俄軍。此外在多腦河下游，俄國大軍雲集，隨時桴鼓相應。

這樣一來，法國外交部和判麥斯呑固然極度不安，連奧國也覺得有防俄的必要。英法料定事變的發展，已非口頭照會所能奏效，當時祇有兩條出路：或者以有效手段將蘇丹馬摩德由埃及叛軍的威脅下解放出來，或者將軍士坦丁堡讓與俄軍（但須得蘇丹本人的同意）。但上述後一種方案決不可能。於是盧辛和英國公使波索最後決定速召兩國艦隊駛入埃及，強迫蘇丹和穆罕默德·阿里於一八三三年四月八日締結了一個和約——庫塔喜條約(Convention of Rutahia)。

土埃和約對土耳其極端不利，土耳其喪失了敍利亞及亞達那(Adana)。穆罕默德·阿里的領土份外擴充。埃及軍隊自由出入於小亞細亞，其實力之大，竟超過其宗主國。可是軍士坦丁堡得救，埃土衝突告一段落。

溫基爾斯寶勒希條約（一八三三年七月八日）

但問題沒有這麽簡單，埃土和議成立，英法勝利，俄國却不能無代價的撤兵。按照條約，俄國應於七月十日撤兵，可是如何使它踐約，這是歐洲寢食不安的問題。歐洲及伊伯拉希姆所害怕的，不是在士麥納演習的英法軍艦，而是駐紮在小亞細亞和博斯普魯斯海峽的俄國軍隊。當然，蘇丹馬摩德應對俄國的援助表示感謝，尤其愉快地是奧爾洛夫伯爵(Count Alexis Orloff)代表尼古拉聲明，鄂圖曼帝國的救星，擬於七月十一日自友邦海岸駛回塞巴斯托波爾。

這是表面的聲明。好請難送。在發表這個聲明以前，奧爾洛夫伯爵在軍士坦丁堡取得了外交上的一個驚人的勝利。奧爾洛夫的間牒工作及活動的能力非常可怕。他僅僅在這裏多住兩月，可是在巴黎和倫敦已紛紛傳說整個軍士坦丁堡，在一八三三年的七月初，祇有一個人沒有被奧爾洛夫收買，這個人，就是正教教主馬摩德二世。因爲奧爾洛夫伯爵認爲對他沒有化錢的必要。奧爾洛夫在軍士坦丁堡把一切佈置成功，一八三三年七月八日誘惑土耳其在溫基爾・斯愷勒希(Junkiar Iskelessi)與俄國簽訂了一個極著名的攻守同盟條約。這個條約對俄國的收獲，其價值遠在一八二九年安得里諾波爾和約。這純是一種不勞而獲，更沒流俄國士兵的一滴血，而是用威脅利誘及土奸的賣國行爲取得的。

根據這個條約，俄土兩國約定（一）在對第三國作戰時，雙方海陸軍協力作戰；（二）兩國之中如有一國發生內亂雙方實行互助。（三）最重要的一個祕密條款是俄國與其它國家作戰時，土國負責封鎖韃靼尼爾海峽（Dardanelles）。博斯普魯斯海峽，不許外國軍艦通過，而祇容許俄國軍艦隊進出；最後，這個條約的有效期間定爲八年。

溫基爾・斯愷勒希條約把土耳其完全放在帝俄槍刺之下，土耳其實已名存實亡。英俄在近東的矛盾從此尖銳化。

判麥斯吞

從一八三〇年起，格累(Charles Grey 1764—1845)出任英國首相，判麥斯吞(Palmerston)出任外相。前者爲自由黨，後者爲保守黨，但後者也能爲兩黨所倚重。他嘗說他是『羅馬市民』(Civis Romanus)。在對內政策上，他反對民主勢力的增長，對外則是個極端的愛國主義者。他從這時起，直到一八六五年逝世止，雖然有時出任外相，有時出任首相，有時出任內務大臣，有時充任反對派議員，但其對英國對外政策，却始終有決定的影響。

馬克思對判麥斯吞的評論非常精采。

『氏出身保守黨，然在外交上却能溶匯成爲自由黨精髓之全部撒謊。氏長於把民主主義的詞令和寡頭主義的觀點融在一起，善於用舊式英國貴族的高傲的談吐掩飾資產階級的拜金主義的和平政策：他擅於進攻，實際上表示容忍，亦善於防禦，實際上則是出賣；他狡猾地寬恕一個假想敵而令今日的盟友陷於絕境，他能在爭持不下的決定關頭扶強欺弱，他有摒避敵人而勇敢地高談闊論的藝術。

一部分人責備他接受俄國的薪俸；另一部份人懷疑他和燒炭黨（Corbanari）有關係』

馬氏對判麥斯吞的言行特別憎惡，尤其是扶強欺弱，隨便改變歐洲的政治地圖，出賣人格而討得別人的政治護照以生活。判斯麥吞對尼古拉的敵視是假的，政治家烏哈得(Urquhard David 1805—1877)所提出的判麥斯吞爲俄國收買的論斷倒是眞的。

毫無爭辯的，判麥斯吞對民主自由的絞殺者俄皇尼古拉第一的抨擊是虛僞的，俄皇不投好英國資本這位奴才的地方，祇是因爲俄國的野心太大，實力最強，簡直要把土耳其，波斯和印度均一口吞進肚皮。因此，抵抗俄國畢竟還是判麥斯吞任內英國對外政策最基本，最有決定意義的任務之一。

溫基爾·斯愷勒希條約締結後英俄矛盾的尖銳化。

這樣看來，溫基爾·斯愷勒希條約，判麥斯吞不能忍受。這個條約的訂立，已是他主持英國外交以來第二次大的失敗。按第一次和尼古拉的衝突是在一八三二年。當時因爲他想把一個反俄的『近東通』，卽一八二七年逝世的坎寧首相的徒弟斯屈萊特福德（Charles Streford-Canning）派到彼得堡担任公使而被俄國拒絕，於是不顧首相的反對，故意把任命斯屈萊特福德的消息公佈（這是一八三二年十月的事）強迫俄國政府承認。可是尼古拉堅決反對，簡直使判麥斯吞無法交代。加之國內輿論沸騰，羣起譴責，就逼迫他提出一個折衷的方案：祇要求俄皇允許斯屈萊特福德隨便到彼得堡走一趟，見一見俄皇，把國書呈遞，然後就把他從彼得堡撤回。可是俄皇連這一點也不遷就，不過爲了替判麥斯吞裝一裝面子，破例將俄國最高的勳章頒給斯屈萊特福德，判麥斯吞只得承認石碰到石頭，唯有屈服一途。

現在，在一八三三年七月，英國外交家又被尼古拉第一打敗了。俄土兩國訂立了溫基爾·斯愷勒希條約。不但如此，照此下去，判麥斯吞在近東問題上還可遭受尼古拉的第三次打擊，因為俄國正在利用奧大利來擴張他在東方的勢力。英俄矛盾日益尖銳。現在先把俄國的第三個陰謀略述如下。

閔行格列茨會晤——一八三三年九月十六日

梅特涅鑒於三十年代及四十年代德國本部和意大利北部革命運動的高漲，瑪志尼(Gius-seppe Mazzini 1805—1872)的『青年意大利黨』(Youny Italy Party)的誕生（一八三一年三月），以及匈牙利內部騷動，感覺十分不安，於是一再要求尼古拉和菲特烈·威廉三世，共同加強神聖同盟，以便向各國的民主派示威，表示『東方三君主』的密切合作。

反動的尼古拉在對外政策上有許多收穫，但在國內，殘破不全，完全是個外強中乾的國家。大家都知道，亞歷山大第一死了不到半月，便有俄國革命史上驚人的暴動作為他即位後的第一份禮品。一八二五年十二月二十五日（尼古拉於同年同月十三日亞歷山大逝世後即位），在封建貴族地主壓迫下的人民大衆，因為接受了法國革命思想和俄國革命團體『北社』(Northern Society)和『南社』(South Society)的領導之下，帝俄的軍隊在謝德場(Senat Square)趁新皇宣誓的時候，突然有兩千餘士兵高呼『憲法』等革命口號。怨聲載道的民衆向這位劊子手拋來石頭木棒，謝德廣場的騷動轉化為一朵焰火般的暴動。這次暴動曾被尼古拉第一用槍刺和大砲淹沒，許多領袖或被處死，或被充軍，或用其他卑鄙手段弄死，如最有名的普式庚，赫爾貞(Herzen)，可是這些十二月黨人(Decemberist)的暴動，成為俄國人民反抗羅曼諾夫王朝的次一偉大的革命的前奏。因此，尼古拉對梅特涅的反動提議，甚表贊同。

在過去，梅特涅在神聖同盟耀武揚威的時代，尼古拉是避免這種會議的，怕受了梅特涅的操縱。現在到一八三三年，當俄國在近東的地位鞏固後，梅特涅的陰謀他是不必怕了，因此尼古拉第一就欣然同意召集會議。他是有更大的目的，不僅想利用奧、普、俄三國君主的力量去解決到處狂浪的革命，而且想借此刺探奧國對土耳其問題的態度。尼古拉一世很明白：梅特涅今天是非常需要他的，因為他是唯一能支持哈布斯堡王朝（Hapsburg），反對革命而且也反對侵佔倫巴第及奧屬匈牙利的法國的。這些與梅氏口味相投，當然在一八三三年九月十六日召集的閔行格列茨（Munchengrets）會議上，尼古拉變成梅特涅政策的追隨者。但尼古拉有一條件，就是奧國從此不得過問俄國向軍士坦丁堡的進兵。然尼古拉想錯了。尼古拉的企圖，在梅特涅看來，不僅對於土耳其是個危險，就是對於奧大利的獨立與生存，也是一個致命的打擊。關於這個問題，梅特涅在晚年曾講過下面幾句話：『有一次在閔行格列茨吃午飯，我坐在俄皇的對面。俄皇把身子靠近桌子問我：梅特涅公爵，你對於土耳其人的想法怎樣？我假裝沒有聽清楚他問我的話。他第二次又問我，我又裝出耳聾的樣子給他看。但是當他第三次又重複問我時，我就不得不回答他了。我是拐了個灣子答覆他，同時還問他：陛下，你問我這些問題，是不是把我當作一個醫生或繼承人的呢？俄皇沒有作聲，從此再不和我談病人的問題了』。這裏所謂『病人』，就是指的『東方病夫』（The sick man）——土耳其！

俄皇在閔行格列茨失敗。從此他醒悟奧國同樣反對俄國衝出黑海的政策。

另一個更大的國家英國怎樣呢？不約而同，閔行格列茨會議過後整整有十一年，使尼古拉堵起嘴來沒法再談論病人問題。反之在這個時代，在判麥斯吞時代，對俄國還展開了不可想像的進攻。

英國在東方問題上的兩派意見

自前世紀的三十年代起，尤其是從溫基爾•斯愷勒希條約締結以及閔行格列茨談話的消息傳到英國後，英國上層統治階級和大資產階級，對土耳其和俄國問題的意見有兩派。一派以著名的政論家，『反穀物條例同盟』（Anti-corn Law League）的創始人，擁護自由貿易的科布登（Richard Cobden, 1804—1865）和國會議員勃魯特（John Brait）為首領，另一派是以在國會內外均有最多信徒的判麥斯吞為首領。

科布登在他的演說，論文和一八三六年出版的一本小册子『俄羅斯』(Russia) 中一再地指出：英國不應該在外交政策上干涉俄土兩國的關係，尤不應該使用武力。

他甚至還這樣說過，縱然帝俄在軍士坦丁堡方面擴展地盤，對於英國的工商航業也無什麼損失。俄國在經濟上不可能和英國競爭，英國仍然在近東立於支配地位。至於說軍士坦丁堡的俄國警察制度，那是再好沒有的。英國商人需要秩序和治安，俄國警察一定比土耳其警察維持得好些。英國不可和俄國絕裂，而是要和它締結有關東方的最惠國的商約。

判麥斯吞派不贊成科布登和勃魯特的見解，對他們施以猛烈的攻擊。爲什麼呢：判麥斯吞和大多數保守黨員，甚至自由黨員在內，都以爲縱容俄國在土耳其行動的自由，正等於允許它在印度自由。所以用各種方式，由外交方式起至軍事的動作止，守護土耳其和波斯，免受俄國的侵略，是英國外交政策的一等重要的任務。就利害而言，喪失印度，卽等於喪失荷蘭或比利時。判麥斯吞派認爲粉碎尼古拉在土耳其的圖謀不軌與武裝侵略，實爲實現英帝國世界霸權的必要手段。

英國外相打破帝俄對土耳其獨佔的第一個步驟，就是聯合歐洲一切列強建立一反對溫基爾·斯愷勒希的陣綫，從而另外締結一歐洲列強共同簽署的條約，在條文上明確規定各國對土耳其的權利義務：開放韃靼尼爾海峽，允許各國船隻自由出入，俄國，英國和普魯士聯合保證土耳其領土的完整與神聖不可侵犯。職是之故，判麥斯吞在溫基爾·斯愷勒希條約簽字後，卽計劃在倫敦召開另一列強代表會議。

英法在近東的矛盾

在十九世紀前半葉，土耳其的經濟政治疾向殖民地化推進。外國商品大量入口，土著生產受到重擊。它的棉織品，不僅被英國商品由歐洲排擠，而且後者行銷土耳其境內。在十九世紀初年，阿勒頗 (Aleppo) 的紡織品年產值一萬萬佛郎，到四十年代祇值七百萬佛郎。布盧薩 (Brusa) 及梯柏克爾 (Diyarbekir) 的紡織品，在同一時期減少十倍。在敍利亞，由五萬架紡織機減至二萬五千架。在十九世紀初葉，土國之絲在土國製造，但四十年後，土耳其的絲織品祇值四十萬佛郎，而出口之生絲則爲九百萬佛郎。土耳其成爲西歐資本主義國家的原料供給地。

特別是一八三八年英土條約締結之後，過去的保護關稅制取消，入口貨值百抽五，土著工業無法競爭。土政府爲了償還安得里諾波爾條約時的鉅大賠款，曾計劃擴大對外的壟斷貿易，但這又因英國商人的壓迫而全作罷。

法國資本亦穫利不少。它所獨佔了的埃及和敍利亞的市場，不欲對英人開放。穆罕默德·阿里勵行壟斷貿易，堅不在其境內履行英埃商約。英法矛盾劇烈起來。

以俄英法爲背景的埃土第二次內戰

一八三九年，英人挑撥馬摩德二世對埃復仇，埃土之間的第二次內戰發生。土耳其軍在七月中又敗。新即位的蘇丹承認了穆罕默德·阿里的要求。英俄之間的矛盾，現在又加上了英法之間的矛盾。這樣，尼古拉便把判麥斯呑召集代表會議而對付俄國的計劃撕破。

一八三九年七月埃及軍擊敗土軍後，英國深恐埃及在敍利亞方面的勢力繼續擴張下去，決定援助蘇丹。俄國支持英國的政策，奧普兩國亦有同感。七月二十七日五強（除英、俄、奧、普外，法國亦加入）共同發表『五強集體通牒』（Collective Note of the Five Great Powers），聲明列強共同解決埃及問題，強迫穆罕默德·阿里退出敍利亞。

法國所以參加集體通牒是有原因的。它認爲英俄在近東矛盾無法緩和，英奧拉攏俄國參加後來的倫敦談判，是爲限制俄國獨佔土耳其，並廢除溫基爾·愷斯勒希條約。它希望英法成立反俄同盟，繼續實行援助埃及人的政策。判麥斯呑對法國極爲不滿。第一，他決不許法國的影響在埃及和敍利亞加強；第二，他認爲穆罕默德·阿里對土耳其的新的進攻，徒然予尼古拉一個藉口而根據溫基爾·斯愷勒希條約去干涉土耳其的內政，甚至佔領軍士坦丁堡。判麥斯呑通過奧國駐倫敦公使尼曼男爵（Nieman）向梅特涅表示，英國絕對給法國一個打擊，尤其是在法人已經佔領阿日及爾，且準備奪取埃及而『驅逐英國』出地中海的時候。奧國外交部立刻把倫敦的聲明通知彼得堡，法國的計劃失敗。

英法兩國的對外政策如此。俄國怎樣呢？尼古拉一世認爲英法裂痕甚深，特別是爲了埃及和敍利亞。因此他覺得英俄有接近的可能，所以便早於一八三九年十二月派遣布倫諾夫男爵（Baron Brunnow）赴英，企圖趁這個機會和英國商談土耳其和埃及問題，以便孤立他所仇恨的『革命』君主或『築障礙物的國王』路易·菲力比，並進而根本打消塔列蘭在倫敦公使任內（一八三〇——一八三四年）所精密計劃的英法的協定。正巧那時法國是退爾執政。退爾於一八四〇年二月當政後，因爲他對埃及問題，態度非常強硬，反對各國討論埃及問題，主張埃土直接談判，於是英法無接近可能。英國一方面鼓動敍利亞人暴動抵抗埃及軍隊，另方面訓令駐土代表破壞土埃直接談判。英俄在對法問題上意見大體一致，居然把法國置之度外而背着它開始了『東方三君主國』（俄、奧、普）和判麥斯呑之間的祕密談判。退爾完全不知道這麼回事，在一八四〇年六月，他還在作夢而訓令法國駐土公使要求土國新皇阿不都麥機德(Ab-dul Megid, 1823—1861)罷免親英派的新任大臣，即尼古拉第一的義子和穆罕默德·阿里的死敵哈斯萊夫·帕沙(Hozrev-pasha)。

一八四〇年七月神聖同盟的恢復的企圖

英俄爲答覆法國的行動起見，特於一八四〇年七月十五日在倫敦簽訂了一個四強——英、奧、普、俄——條約，亦稱倫敦條約(Treaty of Londou)。條約規定，穆罕默德·阿里祇能領有埃及和巴勒斯坦，而北部敍利亞，克里特島，麥地拿(Medina)，麥加(Mecca)均交還蘇丹。同時警告阿里如在十天之內不予接受，則祇承認穆罕默德·阿里有權統治埃及，如再過延遲十天，則取消其一切權利。列強一致援助蘇丹，英奧艦隊曾封鎖敍利亞海岸，砲擊貝魯特(Beyrout)。穆罕默德·阿里屈服。馬克思評價這一條約時說，這是神聖同盟恢復的企圖。

當然，路易・菲力比和他的大臣們如退爾和基佐(Guizot)是憂心忡忡的。一方面，這個條約是完全反對埃及統領而幫助土耳其，在另方面它是瞞住法國人而簽訂的。退爾知道七月十五日的條約之後，憤慨地向英國駐法公使李頓（Buluer Lytton）說：『我素來是擁護英法同盟的，你們為什麼偏要打破這個同盟呢』？

退爾準備反攻，歐洲有爆發戰爭的可能。

海峽條約

尼古拉看到這種情形，非常高興。同時俄國駐英公使布倫諾夫雖是個聰敏而有觀察力的人，但他卻有意虛張聲勢，在對彼得堡的報告中，故意誇大英法矛盾，專講些俄皇愛聽的事實，無限制地誇大了一八四〇年七月十五日俄國對法國所取得的外交勝利的意義。

尼古拉被布倫諾夫的危言聳聽魅惑，天眞地幻想與法國同盟。他說，英法之間的關係已不能破鏡重圓，俄國對英國發言的機會到了。尼古拉以阿諛諂媚態度通知判麥斯吞說：如果法國向英國宣戰，俄國必站到英國方面。

實際上，法國並不欲與英國決裂。退爾在一八四〇年十月的，下旬表示路易・菲力比與退爾之間在對英政策上是有些區別時，判麥斯吞便集中熾熱的火力打擊退爾和新任外長基佐，但對法皇也作讓步，保證沒有根本消滅穆罕默德・阿里的野心。反之，在另方面也不放鬆俄國，巧妙地利用俄皇的錯覺，在這時向他提出一個條件，形將滿期（八年）的溫基爾・斯愷勒希條約不應於一八四一年恢復。

俄皇見英、法、奧、普後來都取得妥協，結果在一八四一年七月十三日，由土耳其、俄、英、普、奧、法幾國締結了一個博斯普魯斯和韃靼尼爾海峽的條約，即所謂『海峽條約』（Straits Convention）。這個條約規定上述兩個海峽，在平時禁止任何國家的軍艦駛入，而在作戰時期，土國有權許可它友邦的船隻通過海峽。尼古拉沒法子反對法國參加這個條約，因為判麥斯吞要這樣做去。法國懸於四強的堅決反對，不得不停止援助穆罕默德・阿里的政策，而埃及亦覺得它在事實上仍佔有廣袤的領土，列強並未認眞執行倫敦條約，所以也就適可而止。穆罕默得・阿里和新蘇丹阿卜都麥機德言歸於好。穆罕默德・阿里治下的埃及從此『注定衰弱下去了』。

可是尼古拉還相信他的成就甚大：法國人在東方問題上從此已沒有發言權了；與英直接談話之門打開。他所討厭的判麥斯吞在一八四一年九月辭職，墨爾本(Melbourne)的自由黨內閣垮台，保守黨的新首相羅伯特・庇爾(Robert Peel 1788—1850)是有名的親俄派；庇爾所委任的外相亞柏丁(Eberdin)被公認爲俄國之友和土耳其之敵，因爲亞伯丁談過，有許多問題英俄是可協商的。神精過敏的尼古拉第一就當眞地把土耳其問題當作英國對俄讓步的問題之一。

第五節　俄皇尼古拉瓜分土耳其的企圖暴露

尼古拉訪問英國女皇維多利亞

一八四四年初，尼古拉表示他願意和英國女皇維多利亞會晤一次。尼古拉的要求，立刻得到了英國官方的邀請。一八四四年五月三十一日，俄皇及其侍從人員就在武力赤(Woolnich)登陸。

英國宮庭貴族不特以當時君主歐洲採用的最崇敬的儀式及禮節招待這位貴賓，甚至近於阿諛。尼古拉被視爲世界上握有最大權力而最會外交的君主，也是反動的巨擘。

因此，尼古拉在這樣親切和暖的氣氛中，就衝動地把土耳其問題提了出來，『直率』地說出了他內心的話。這在他看來是一個不可多得的機會喲。

尼古拉參加了在倫敦盛大的宴會之後，立刻由倫敦到溫座爾(Windsor)去和英國外相亞伯丁傾談。也許是因爲他有些過分與英人親密了或者失了常態，結果是發表了下面一段很不悅耳的言論。

『土耳其是快要死的人(The very-sick man)了。我們想救他的一命，但這是我們辦不到的。它應該死去，而且也就要死去。這是個間不容髮的關頭。我料定我不得不被迫調動我的軍隊。那時奧國也一定會這樣做去。這裏，除了法國以外，我誰都不怕。法國想要什麼呢？我想它在菲洲、地中海和東方是有許多要求的』。俄皇拿法國對埃及、敍利亞和地中海的要求恐嚇亞伯丁之後，跟着又說下去：『英國在這種情形下，難道不應該把自己的全部力量拿出來對付它嗎？在我們這些國家當中，有俄國軍隊，奧國軍隊，大量英國艦隊！有這麼多的火藥箱竟把它拿開火場！誰不想使星火燃燒了它，那就把它收藏起來的好了』。

俄皇和亞伯丁及首相庇爾的談話，其結論是極爲明確的：我們要打消法國無底的慾壑，也要使奧國不敢繼承『病人』的遺產，這正是俄英兩國協商分配戰利品的機會。但是當他在閔行格列茨說到『病人』時，梅特涅假裝耳聾，而現在，一八四四年，在說到『快要死的人』時，亞伯丁和庇爾却洗耳靜聽。俄皇向庇爾漂亮地說：『土耳其一定倒下去了，我決不要它的一威什(Vershok)——按爲長度——敏之)土地，但我也不願別人獲得它的一威什土地』。庇爾很懂得尼古拉在說些什麼，他不但不露出一些嫉妒的表情，而且還向俄皇屈意奉承：在未來瓜分土耳其帝國時，英國所願意得到的正是俄皇說的埃及。庇爾完全用一種外交辭令來表達他潛伏着的思想。庇爾說：

『關於東方問題，英國的立場也不謀而合。祇是對埃及的政策，有一點稍稍不同的地方，那裏所存在的那個強大的政府它可以封鎖英國的貿易通路，不許英國的貨物通過，這是英國所不能容忍的』。

庇爾很明白，俄國不要埃及，而是要軍士坦丁堡和海峽，摩爾達維亞(Moldavia)和窩雷啓亞(Val-lachia)；至於埃及，則是法國人所要的，俄皇正要英國和俄國聯合施以壓力。他們倆一步一趨，尼古拉當然接受庇爾的話而願意瓜分土耳其的遺產。

英國拒絕與俄瓜分土耳其

尼古拉與高釆烈地從英國回到聖彼得堡，稱讚這次同他談話的不是一個聾子，而是體貼入微的庇爾。他興奮地頭腦發脹，性急地命令湼塞爾洛德起草了一個備忘錄送到英國，說明土耳其一旦倒下時，他們應當怎樣處理它。他希望庇爾或亞伯丁也照他的樣子來一備忘錄，並由他們正式簽字。但英國首相或外相並沒像他那樣腦子簡單，他們懂得時時檢點考慮，不願意隨隨便便在一文件上簽字來約束自己。

一八四六年六月，庇爾內閣辭職。以羅素(John Rossel)和判麥斯呑為首的自由黨捲土重來。本來尼古拉老早就知道，判麥斯呑是提防俄國在歐洲發展的主要人物，同時，判麥斯呑也從來不掩飾他的主張。判麥斯呑在一八二七年就當面對俄國公使波佐·第·波哥 (Pozzo-di-Borgo) 說道：『歐洲睡了很久，現在她已醒悟，以便結束攻擊派，對這個攻擊派，俄皇在他廣闊的國家的各國角落裏準備好了』。但在苒兩載，在一八四六年，俄皇是和判麥斯呑辦交涉了，但恢復昔日和庇爾及亞伯丁那種順利的談判，已經完全不可能了。

所以俄皇返回頭來又動梅特湼的腦筋。一八四六年十二月，俄皇在路過維也納時，又和梅特湼提起土耳其問題，並表明自己的立場：如果土耳其崩潰，他就不讓那一個人伸手到軍士坦丁堡去。如果誰想把軍隊開到那裏，他（即俄皇）就先到軍士坦丁堡去。但是要說明，如果他已經到了那裏，那他可就不走了。這比提議瓜分更怕人。在這個時期，俄皇已把奧地利看做最弱的國家。

尼古拉過分相信自己，至於當時歐洲的情況，尤其是日耳曼各族和哈布斯堡各領地廣大民衆的意志則絕對不瞭解。他雖然預感到革命的危機，却憤恨地對顯著的事實閉起眼睛。他知道他的『同盟國』一定受不住意料中的這種可怕的襲擊，他不客氣地埋怨奧大利和普魯士政府的懦弱狼狽。『起初我們是三個，現在只剩了一個半，因爲普魯士我完全不承認它的實力，奧大利我也只承認一半』——放肆的尼古拉在一八四六年對丹麥的一個外交家發過這樣說的牢騷。

革命要爆發了，歐洲祇活到一八四八年二月。歐洲的國際政治與外交陡然急轉直下。

第八章　一八四八年革命與帝俄（一八四八——一八五三年）

第一節　一八四八年的革命與尼古拉

一八四八年，全歐洲像是無數爆烈彈開了花似的，各國專制王朝像坐在靶子上，成打的王冠由寶座上打落了下來，或者在動搖。這是資本主義制度在歐洲廣泛建立的時代。

在十九世紀的四十年代到五十年代，英法資本主義猛力發展，德意志各邦，奧地利，意大利，比利時以及中歐匈牙利的資產階級均已覺醒，甚至無產階級也開始有奪取政權的企圖。

法國二月革命

事實是七月革命之後，法國自由派的大銀行家拉飛持(Laffitte)和他的好友奧爾良公爵(即路易・菲力比)在維利飯店(Hotel de Ville)共同慶祝勝利時，曾說過下面的話：『從此以後，須成爲銀行家的統治』。(馬克思：『法國階級鬥爭』(The Class Struggle in France)。法國開始完成工業革命，許多生產按照資本主義的方式進行。一八三○年法國有六百架蒸汽機，但一八四七年爲四○・八五三架蒸汽機，馬力合計六萬二千四。鐵的產量由一八三三年到一八四七年增加兩倍有餘：由七一四(千)噸增加到一・六五八(千)噸。煤炭的消費更大，在復辟時代，每年計消費一百七十萬噸，但到一八四七年爲五百一十餘萬噸。對外貿易在路易・菲力比即位前的頭一年(一八二九年)爲十二億二千四百萬佛郎，在一八四六年爲二十四億三千七百萬佛郎。法國是銀行家，鐵路大王和股票大王統治的國家。由於商品流通的發展，一八四二年通過鐵路條例(Railway Act)，全國運河，在此期內開鑿二千餘公里。

一八三〇年的七月革命是巴黎工人第一次的衝擊。但革命的勝利爲資產階級中途奪去，並在建立了資本的政權之後，拚命反對勞動人民。路易・菲力比恢復查理第十的暴政，一切言論集會均遭禁止，比如一八三五年的『九月法令』(September Laws)。因之在一八四八年革命前夜，法國已發生過許多次工人暴動：如一八三一年十一月到一八三四年的里昂工人暴動，一八三九年的『五月的暴動』。法國的革命帶着濃厚的社會主義性質，『民主主義，在今日卽爲社會主義……除了那些不計在其內的人民之外，在一八四六年，一切歐洲的民主主義者，或多或少是些社會主義者』。昂格斯的這句話，用在當時的英法，尤爲信而有徵(見遺稿卷二，四〇二頁)。因此，當時除資產階級自由派的組織如『人民之友』(The Pe-oples Friends)及『民權社』(The Rights of Man)而外，還有工人的祕密組織『家族社』(Societyof Families)和『季節社』(Society of Season)。在工人運動的領導者之中，亦不乏勇敢的鬥士，如奧古斯丁・布蘭葵(August Blanqui)就被稱爲普羅米修士(Prometheus)。

路易・菲力比對內暴戾恣睢，對外則輭弱無能。當時人民曾質問政府：『我們的友邦何在？我們在歐洲的地位怎樣？波蘭被人驅逐了，我們既無能爲力於意大利，而又壓迫瑞士；俄國威嚇我們，荷蘭仇恨我們，比利時輕視我們，德國疏遠我們，葡萄牙不理我們，西班牙忌避我們，英國制馭我們，而列強的魔術已阻止我們到東方去。』

這種責難，法國資產階級尤聲浪亢亮。

一八四六年至四七年，法國發生普遍的經濟恐慌，農產歉收。工人要求『麵包』、『工作』，自由資產階級要求選舉改革。因之在一八四八年二月二十二日爆發了革命運動，巴黎的工人、市民、學生第三次在歷史上走到街頭構造塞柵與政府軍激戰。路易・菲力比遜位，基佐(Guizot)已先一日去職。民衆奪取政權，二十五日宣佈共和。這次共和，史稱『二次共和』(The Second Republic)。

人民奪取政權之後，社會主義者路易・勃蘭（Louis Blanc 1811－1882）亦代表勞工參加政府，在他領導之下成立了『國營工廠』（National Workshop），企圖解決失業問題。但一切生產手段及武裝均握在資本家及地主的手中，於是以拉馬丁（Alphonse de Lamartine）為首的臨時政府就煽動一般被騙的農民和兵士一同向工人進攻。民衆要求『工作』及『工人組織』的示威，被政府及大部分自由資產階級誣衊為共產主義運動，所有參加示威的人，或被驅散或處以死刑。其後共和派的將軍康文克（Louis Cavaignac 1802－1857）又實行獨裁，最後於六月二十三日到二十六日三天完全消滅了工人的武裝及組織，準備了路易・拿破侖（即拿破侖之姪，自稱拿破侖第三）（Louis Napolean 1803－1873）以後的專政。拿破侖第三於是年十一月四日被選為總統，過了兩年以後，拿破侖第三實行政變，恢復帝制。

尼古拉狼狽不堪

尼古拉一世接到法國二月革命的消息後，立刻向禁衞隊的軍官叫道：『各位軍官，上馬吧！法蘭西共和了』！但實際上，事與願違。不僅對法國革命的壓迫，他已心餘力絀，而且歷來唯馬首是瞻的中歐諸國，他也無可奈何。革命此起彼伏，一和一唱，煞似為各國的君主伴奏哀樂。

整個中歐是革命的烘爐

德意志和奧地利是兩個封建勢力佔優勢的國家。德意志由三十六個聯邦組織而成，而奧地利是由許多生活方式上完全不同的民族湊合成的一個帝國。在這兩個國家之中，農業極佔優勢，土地操在封建式的貴族地主手中。在普魯士的農業改革，完全是為了容克世家（Junker）的利益。由一八一五年至一八四八年，贖回封建義務的農民為二八九・六五二人，他們成為完全的土地的所有者，但農民因贖身而賣給地主之土地為四十萬公頃（hectare），並付出一筆鉅款，合計一千八百五十四萬泰勒（Thaler——德國幣名）。

德意志的農業頗為發達。在一八三五年，耕地在全國土地中佔百分之十一點九，在一八四五年為百分之十二點八。在三十年代到四十年代，平均每百公頃的產量爲一四四六、五公斤，在一八四〇——一八五〇年爲一八七三、八公斤。但這是採用強制勞動的結果。糧食之出口英國者，在一八二〇年代的末期爲三七四（千）夸特（Quart），四十年代——五二六（千）夸特，一八五一至一八五五年——七〇二（千）夸特。並在若干大地主產上，興起了容克世家的甜菜廠。但這一切，都是供應英國的市場，而且是鞏固了普魯士的容克大地主的經濟。

奧匈的情形不僅彷彿如此，而且有一個嚴重的問題，是土地問題與民族問題交織着。在加里西亞（Galicia）波蘭人爲地主，小俄羅斯人（Ruthene）爲農民，在逵郎西里瓦尼亞（Transylvania），匈牙利人爲地主，羅馬尼亞人爲農民。匈牙利的土地，大部分集中在貴族手中。在十九世紀中葉，貴族之家總計不上六一八（千）人，卽全體人口的百分之五，然屬彼等之地爲三千二百萬匈畝（Joh每一匈畝等於半俄畝）。農民總計有一千二百萬，但祇有一千三百二十五萬匈畝，每一農民領有之地不到半俄畝。此外五分之三的農民是農奴。

工業方面，萊因區的行會，在法國革命時已經消滅，但在普魯士，名義上於一八一〇年已經取消，實則自由競爭的原則，祇是到一八六二年才最後勝利。在一八三四年，普魯士和薩克森，小工廠仍佔優勢。在一八四六年，工廠型的企業，在普魯士有七萬六千家，然工人不過五十五萬人，平均每廠祇有七個工人。在四十年代，鐵產祇有英國的十分之一，英國鼓風爐每年產鐵七萬Centner，普魯士爲七千Centner。不僅小於美國，而且少於俄國。

鐵路方面全德意志在一八四〇年祇有四六九公里，英國有一、三四九公里，美國更多——伍、三四四公里。

不過德意志由一八四〇年起已開始了工業革命。一八二二年，在全德意志祇有二十架蒸汽機，在一八三七年，單在普魯士已有三百架蒸汽機，在一八四七年，增至一千一百三十九架，合計二萬一千七百一十六四馬力。化學工廠在一八四六年，單在普魯士有一七九家，工人有二千二百零七人。股份公司在一八五〇年已有三十八家，資本總額在兩億五千五百萬以上。特別是在所謂關稅同盟(German Zollverein)區域（在一八一九年成立）工業尤爲發達。

但奧國在一八四〇年還很落後。全奧地利祇有二三一架蒸汽機，化學工業祇在開始。紡織工業集中在波希米亞(Bohemian)及下奧地利。

在德奧貴族地主統治下的人民，不僅勞工享受不到自由，卽工商資產階級亦在政治上無發言權利。神聖同盟以德奧封建勢力爲柱石，境內的一切進步思想，都遭受到迫害。卽德國官房學派的經濟學家卡爾(Ludwig Gall) 也不得不承認『一切人類都陷落在社會之坑底』。不過由於資本主義在德奧已開始發展，在當時也發現英法所遭遇的生產過剩，無產階級與資產階級的矛盾已顯露出來。一八四三年社會主義思想流入德國，海涅(Heinrich Heine 1797—1856)的『織工歌』(Weherlied) 就帶着共產主義的色彩。『共產主義者同盟』在德國起了深刻的影響。

一八三〇年德國的七月革命雖沒直接搖撼了德奧諸國，但法國的二月革命，則首先打到德奧王室的寶座上面。一八四八年三月三日，在維也納及布達佩斯(Budapest)民心蠢動，匈牙利人要求成立獨立的責任內閣。三月十二日，奧京發生示威，翌日羣衆與軍隊公開作市街戰。五月十九日召開福蘭克府國民會議(The Frankfurt National Assembly)。法奧兩國反動的國家自顧不暇，在它們壓迫下的許多民族均起而獨立。三月十八日至二十三日米蘭大暴動，史稱『光榮的五月』(The Glorious five days)，克羅提亞人(Croats)在卅一日宣佈獨立。四月八日捷克人要求脫離奧國，摩拉維亞，達爾瑪提亞，加里西亞以及達朗西里瓦尼亞均發生革命。在德意志各邦方面，到處騷動不安，反動王侯被迫讓步。巴威國王路易讓位馬克西米連第二(Maximilian II)，後者急忙宣誓遵守憲法；黑森加塞爾組成了立憲政府；薩克森及符騰堡改組內閣，容納了自由主義者；拿沙（Nassau）國王對農民讓步；梅特涅在維也納暴動時喬裝逃遁英國。這位專制閻王壓在整個歐洲人民身上的反動體系破產。普王菲特烈・威廉和奧皇斐迪南對革命急速投降。一切的一切，使尼古拉第一步伐混亂，狼狽不堪。

英國在法國革命和拿破侖帝國時代，是六次反法同盟的組織者，但這次也因本國內部的騷動無法對外加以干涉。其次，英國是資本主義飛騰昇黃的國家，奧普兩國在歐洲的反動統治，特別是奧國在意大利的統治，防礙了它在這裏的市場，所以判麥斯吞對意大利的革命比較同情。當然最重要的，英國那時的憲章運動和愛爾蘭的革命運動，是一個自顧不暇的重要的原因。

英國的憲章運動

英國紡織生產由一八一九年到一八四五年增加五倍，機械已第一次取得重大的地位。鐵產由一八二三年的四十餘萬噸，增加到一八四八年的二百餘萬噸。石炭的運輸由一八二〇年的四百八十萬噸，增加到一八四二年的一千一百餘萬噸。由英國出口的商品，其價值由一八二一年至一八三一年增加百分之二十四，由一八三一年至一八四一年又增加百分之二十七。但自由資產階級在政治上遭受奚落；農業停滯，農村人口減少；都市澈底支配了鄉村；家庭手工業被機器生產排擠，工業後備軍形成。在一七七〇年英國農民佔全國人口的百分之四十以上，到一八一一年祇剩百分之三十五，到一八四一年祇佔百分之二十六。蘭開夏郡(Lancashire)的紡織工人，連其家屬在內，由一八〇一年到一八三一年，在三十年之中增加了二倍，由六九二・九三一增到一、三三六、八五四人。但工人生活窘困，工人每週所得不過一鎊。家庭工業者尚不足六——九個先令。大部份人民『已無可靠的生活資料。』

一八三七年的經濟危機，已引到了工業蕭條和大批的失業，尤其是美洲的金融恐慌對它的影響最大。因之英國的革命運動不僅是自由資產階級們所要求的選舉改革，而無產階級所要求的社會改革，在三十年代到四十年代的所謂憲章(Charter)運動中是一個主潮。

在憲章運動時代，共產主義思想已有大批工人接受。『這是一個大轟動，人們除了共產主義而外不談別的，我們每天都得到新的贊助者，共產主義在烏白達是一種無畏的眞理，眞的，它已經成爲一種勢力。』（馬昂通訊）。『共產主義同盟』(Association of Communists) 成立於一八四七年，有名的『共產黨宣言』(Communists—Manifests) 以『同盟』的名義於翌年（一八四八年）發表。此外在英國尙有許多階級意識不甚明確的社會主義派如奧文(Robert Owen)，威廉·洛威特(William Lovett) 以及在一八三六年成立的『倫敦工人協會』(Workingmnens Association in London) 等等，均發生了左右全局的影響。憲章運動前後賡續二十年之久，而在『請願書』上簽名者第一次（在一八三八年五月）約百餘萬人，在第二次（在一七四二年五月二日）呈交國會的請願書上簽名者，有三百二十五萬人。

一八四八年法國的二月革命，對於消沉已久的憲章運動是一個新的推動力量。英國的無產者和貧民以新的姿態英勇地與統治階級鬥爭，這一年請願書上的簽名者，竟達五百五十萬人！但這次偉大的革命運動，正如歐州大陸上的革命運動，均被一部分上層領導人物和自由主義份子所出賣。法律與『秩序』第一，溫和的小資產階級也恐懼無產階級毫不妥協的革命鬥爭，加之法國的無產階級在六月已被反動派壓服，因此德奧的統治階級大舉反攻，恢復了昔日的狀態。十月三十一日溫德卡格拉茨將軍(Windisch-gratz) 砲轟維也納並將其攻陷， 意大利的革命軍於七月二十四被拉第茨基(Radetzky)掃蕩，十月五日普魯士憲法會議被武力解散，福蘭克府會議在翌年的三月二十八日最後屈服於普王，並擁護普王爲德意志皇帝。英國也是如此，憲章派始終不欲採取革命手段，主張和平請願，因而早在四月十日被威靈吞的十萬軍隊及工商業家的十七萬志願軍一致把它最後絞殺。

第二節　尼古拉干涉普奧匈三國的革命

尼古拉干涉革命的野心

在一八四八年二月革命後，第一個指出俄國反動派企圖窒息歐州革命火花的人，就是馬克思當年主編的『新萊因新聞』(News Rheinische Zeitung)。俄皇尼古拉正向普奧兩國的君主獻策以俄國的刺刀，重建他們的君主專制政體，而且事實上，俄皇已完全担任了英國庇特在法國大革命時代的角色。當時有遠見的人們認為不推翻普奧兩國的專制政體，普奧兩國及其統治下的無數弱小民族不能獲得解放，同時俄皇的權力不摧毀，革命的勝利也無保證。

『對於德國只有反俄的戰爭才是革命的戰爭。』

尼古拉在一八四八年上半年沒有達到干涉歐州革命的目的，但到六月，當康文克對巴黎無產階級實行報復後，便又使他的翅膀硬了起來，並準備出兵干涉。他通知俄國駐巴黎公使基塞里耶夫（Kiselyev）代表他向康文克表示由衷的感謝，他比其他反動勢力的代表早預感到在巴黎的市街戰中，不僅消滅了法國革命，而且也擊破了全歐洲的革命。因此，從這時起，尤其是從一八四八年深秋起，尼古拉又以先恢復奧普兩國的舊制為已任，干涉它們的內政。他在背後咒罵菲特烈・威廉四世的無能，譏笑他不應該在一八四八年三月對革命讓步，允許立憲。他也用比較溫和的音調勸過那一個在一八四八年十二月二日在奧國即位的法蘭西斯・約瑟(Francis Joseph I, 1830—1916)。尼古拉最得意的是那時孤立無援的法蘭西斯・約瑟不僅非常恭順的聽了他的勸告，而且奧地利的獨裁者梅特涅下台以後，承繼梅氏的是他最高興的腓利克斯・斯雷茨堡公爵(Felix SChwarzenberg 1800—1852)。尼古拉認為斯雷茨堡是執行彼得堡「忠告」而替他坐鎮維也納的一個州長。但尼古拉對斯雷茨堡和法蘭西斯・約瑟估計錯了，前者（斯雷茨堡）所以願聽他的話而槍決福蘭克府的國會議員羅伯特・勃魯姆（Robert Blum）正是一種外交手段用以阻止俄皇直接對奧國所實施的干涉計劃，而後者（法蘭西斯·約瑟）所以順從他的意見，祇是因爲臨時害怕革命，但未放棄對尼古拉的鬥爭，特别是在東方問題上。

在事實上，俄皇對中歐的兩次干涉（一八四九年和一八五〇年）都於奧國有利，使奧國重振旂鼓，在對意和對匈的兩個最主要的戰綫上，取得决定的勝利。

匈牙利革命的撲滅

尼古拉第一次是利用外交和軍事的方式於一八四九年干涉匈牙利的革命，第二次是直接干涉德國，（利用外交的方式），達到了他消滅德國統一的目標。

俄皇武力干涉匈牙利的起義，首先是怕匈牙利一旦解放，有變成一個强國之可能而妨害了他對波蘭的統治。其次匈牙利革命家噶蘇特（Louis Kossuth, 1802—1894）所領導的革命政府的存在，是對帝俄在巴爾幹半島的威脅。最後如果革命的匈牙利獲得勝利，全歐洲反動派的勝利是不能完全鞏固的。

匈牙利的革命，在一八四九年還繼續發展着，進攻革命的反革命軍隊失敗，在四月初旬完全被匈人驅逐出匈境以外。四月十三日匈牙利國會宣佈匈牙利爲共和國。尼古拉見匈牙利革命不可收拾，忙於一八四九年六月出兵。俄將帕斯可維區(Paskievich)協同奧軍由東西兩方面夾攻，匈牙利的革命軍在八月九日在梯麥斯威爾（Temesvar）大敗。奧地利帝國在匈牙利的統治最後保全了下來。但哈布斯堡王室復蘇過來以後，它便馬上利用她『政治的復原』去反對俄國。尼古拉得不償失，他在一八五四年這樣來表明奧國和他的敵對立場。他對一個波蘭籍的高級副官累舍夫斯基（Rzhevusky）伯爵談話時，這樣自言自語道：『在你看來，誰是波蘭國王中最蠢的人？在我看來波蘭國王中最愚蠢的是蘇比斯基(John Sobieski, 1624—1696)，因爲正是他把維也納從土耳其人手中解放了出來。但俄國的皇帝當中誰最蠢呢？那就是我，因爲我幫助奧地利人淸剿了匈牙利的叛亂』。尼古拉始終與歐洲的人民爲敵。他在政治上的被人利用，雖對他是沒有什麼損失的，但是加強了奧國反動派的力量。

尼古拉對歐州的第二次干涉，是在一八五〇年，這個，一方面是因爲得到法蘭西斯・約瑟和斯雷茨堡公爵的邀請，另一方面也是因爲俄皇抱着一定的目的。

尼古拉對奧普兩國的干涉

以統一德國爲職志的福蘭克府會議於一八四九年被解散以後，德國廣大的資產階級人士，並沒有放棄統一普魯士的夢想。德國資產階級不僅要建立一個德意志帝國，而且要將全部奧地利都包括在這個版圖之中。根據芬拉道維茨(Von-Radowitz)的計劃，這個帝國是要成爲一個中歐集團，人口必須在六千萬以上，同時也要將經濟上最富的區域包括在內。當然奧國首先反對。尼古拉也根本不願普魯士成爲一個統一的國家。最後菲特烈・威廉四世也因受尼古拉的影響不願接受憲法，因之他拒絕了福蘭克府國會捧給他的那一頂『羞恥的皇冠』。可是不論如何，統一的要求，在全德意志是個主流，甚至勃蘭登堡伯爵的反動內閣亦在一八四九——一八五〇年採取了某些措施，以促成德意志同盟。因此尼古拉一世就堅决地支持奧國斯雷茨堡，宣佈奧國反對普魯士的擴張。

尼古拉反對德意志帝國的統一，不只是因爲「革命」的福蘭克府國會握有統一的領導權，而且也不願意普魯士的實力過度膨脹，在這一個問題上，他和奧國是完全一致的。

其次，尼古拉和判麥斯吞爲了打擊大德意志的計劃及其在商業和海上交通的控制力量，力主丹麥應保存什列斯威・好斯敦(Schleswig-Holstein)。德國資產階級歷來把它當作自己的生命綫，所謂『大海圍繞的什列斯威・好斯敦』一隻歌曲，幾乎像德意志的一隻國歌流行着。一八四八年普王爲恢復他在柏林巷戰後的威望，極想煽動這兩個小的公國離丹獨立，並派朗吉爾(Wrangel)率軍佔領，但因英俄的干涉，德意志忍辱撤兵。一八五〇年八月二日，俄，法、英奧四國代表在倫敦簽訂協定，保證丹麥佔有好斯敦，普魯士遭受第一次最重的打擊。斯雷茨堡和俄皇彈冠相慶，普魯士全國嘆息若喪。由華沙回來的勃蘭登堡伯爵之突然殞命，傳說他的暴死是因爲受了沙皇的侮辱。斯雷茨堡則確信尼古拉會援助他而以戰爭向普魯士威脅。

『普魯士的奧里繆茨國恥』一八五〇年十一月二十九日

一八五〇年十一月，普奧兩國爲黑森（Hessen）問題發生了激烈的衝突。奧國援助黑森的選帝候（Elector of Hessen），派兵至黑森壓迫議會，而普王則以該區爲普魯士聯邦之一，反對奧國干涉。雙方均積極備戰。但因尼古拉單對普魯士用壓力，十一月廿九日在奧里繆茨（Ol-miitz）一地簽訂了普奧協定（The punctation of Olmiitz），使普魯士不得不完全屈服在俄國的槍刺之下。這個『奧里繆茨國恥』德人永誌不忘。

這樣看來，俄皇尼古拉一世在外交及軍事方面都得到了勝利，英國大臣克拉倫敦（Clarendon）後來在縱談那時（一八五三年以前）的情形時說道：當時，大家公認俄國不但擁有『壓倒的軍事力量』，而且以『極爲狡猾』的外交爲特色。強盛的俄國在進軍匈牙利和締結奧里繆茨協定以後，是無人能與它抗拒的。『當我年青的時候，支配歐陸的是拿破侖，現在情形則相反，顯然，拿破侖的位置已由俄皇取而代之。最低限度在這幾年當中，他已用各種方式和計劃，在歐洲大陸成爲立法者了』。此外亞爾伯特親王（Princl Albert）和維多利亞女王的至友斯多克瑪（Stockmar）男爵在一八五一年也是這麽寫着。

在俄國影響擴大到歐洲的幾年當中，許多人將尼古拉和拿破侖相提並論。的確，在一八四九年到一八五二年，關於尼古拉在中歐專橫獨斷的見解，確是很接近眞理的，不過英國和法國却不受他的影響，尼古拉所遭受的一切災難正是由英法而來。

第三節　英俄在近東關係的尖銳化（一八四八——一八四九年）

一八四八年四月三日，尼古拉第一寫給英國維多利亞女王一封意味深長的信；俄皇當時目睹專制歐洲已躺在廢墟之上，所以憂鬱不樂，在苦悶中已把維多利亞女皇看作和他一樣的人物——二者都像是在颱風暴雨中屹立不動的人物。他要求英國和俄國聯合，以澄清歐洲的局面。當時英國反動派也有同感。但隨着歐洲革命事態的發展，帕麥斯吞漸漸地對奧國的分解不安了起來。但帕麥斯吞的不安與尼古拉不盡相同，（一）他怕法軍藉口驅逐意大利的奧地利人而開入意大利北部。（二）他怕斯拉夫各國被俄國併吞以後，使俄國軍隊伸手到君士坦丁堡。英國希望得到俄國的支持，它不反對尼古拉用全力反對革命法國勢力的擴張，但在另一方面，英國爲了爭奪意大利，却不贊成俄國扶助奧國壓迫意大利，也不同意俄國拯救已經解體的奧國。固然當匈牙利的代表請求英法援助時，帕麥斯吞未曾反對俄國的干涉，但他認爲滿意的，就是不論俄國如何挽救了奧國，後者却始終不欲俄國進佔土耳其，並把後者作爲近東的屏障。這是尼古拉的一個失策。

俄國爲引渡亡命者問題對土耳其提出强硬通牒

尼古拉在外交上的另一謊謬的舉動，是一八四九年八月二十日，竟命令涅塞爾洛德對土耳其送了一個通牒，要求引渡曾經參加革命的（一八三〇——一八三一年）波蘭起義和一八四九年在匈牙利革命軍中服務過的波蘭人比姆(Bem)，鐸列賓斯基(Denbinsky)，柴曼依斯基(Zamoisky)，維索茨基(Visotsky)。通牒的措辭非常強硬，且完全是命令式的。俄國駐君士坦丁堡公使帝托夫(Titov)不但強迫土耳其提出明確的答覆：『是或非』，並警告蘇丹如不照辦，『應受拒絕的後果』。卽是說，尼古拉爲了『匈牙利的亡命者』事件(Hungarian Refugees)，已經不惜對土宣戰。這時，奧國爲引渡避入土耳其的噶蘇特和其他革命者，也向蘇丹提出了一個類似的通牒。不過措詞和緩，頗有分寸。這是兩個使土耳其人感覺危亟存亡的通牒。

爲了抵制俄國的壓迫，於是土國蘇丹阿卜都·麥機德要求在君士坦丁堡駐了很久（自一八二八年六月以來）的英國『特使』，斯屈萊特福德提供意見。斯氏是有名的反俄派，所以他聯絡法國代表與匹克

(Opic)勸告蘇丹一律嚴詞拒絕。

斯屈萊特福德的措施，完全得到英政府的同意。一八四九年十月二日，判麥斯呑除把東方事件提交英國內閣全體會議審議而外，並擬定了一個對策。那時英國首相羅素公爵批准了斯屈萊特福德的行動和判麥斯呑的對策。英國對帝俄的無理要求採取着這樣的措置，一方面由英法兩國客氣地勸導維也納和彼得堡當局不必小題大做，爲了引渡政治犯對土大動干戈，同時英國政府又未雨綢繆，密令派克（Parker）海軍大將率領大量艦隊駛入韃靼尼爾和土耳其海面。俄皇尼古拉領晤英國的暗示了，強迫引渡的事不提了。英俄的衝突和緩了下來，因爲英國還沒有同盟者，不能和俄國立刻作戰。

第四節 路易·拿破侖和列强

從一八四八年十二月十日路易·拿破侖被選爲法蘭西共和國的總統時起，迄一八五一年十二月三日政變爲止，整個的君主專制歐洲，多半同情他的對內對外政策。單就拿破侖一世的侄子而當選共和國的最高元首而論，已足說明法國工商資本家和農民的反動情緒是怎樣高漲了。

獨掌法國內外政策的法皇拿破侖三世

在對內政策方面，路易·拿破侖在他的總統任內，以事實的表現徹底說服了君主的歐洲，他已迅速地將一八四八年革命的建樹消滅了，歐洲反動的人們對這位保守的領導者完全諒解不去攻擊他了。祇有非特烈·威廉四世不信任路易·拿破侖。拿破侖的對外政策，各國反感不同。俄國尼古拉覺得滿意，因爲當羅馬教皇庇護九世(Pius IX, 1792—1878)被革命驅逐而向一切天主教國家求援之際，拿破侖第三能在奧國軍隊未開入羅馬之前而首先派遣一小部份軍隊開入意大利，而後又派三萬法軍由奧丁諾將軍(Gen. Oudinot)統率進佔羅馬，且於七月十四日恢復教皇的俗界政權，這是很投合尼古拉領導下的「東方君主」的所好的，是可保證保守勢力在整個意大利中部的統治的。但在另一方面，由於法人的好請難送，佔住羅馬不退，這就使英國的判麥斯吞和奧國的斯雷茨堡有苦難訴。

尼古拉一世與拿破侖第三的關係

一八五一年十二月十一日，尼古拉最初接到十二月二日法國政變的正式消息後，驚喜若狂，急命俄國駐巴黎公使基塞里耶夫伯爵火速到法宮朝見，並向拿破侖第三轉達了尼古拉的意見：正是拿破侖第三驚人地從「赤色革命」氛圍中救出了法國，正是這位法國人的總統一個人敢出，消滅了革命黨和尼古拉所痛恨的自由主義者。『路易・波那帕特以一人的打擊消滅了赤色的和立憲的說教者。他們一蹶不振了！』——俄國宰相涅塞爾洛德興奮地說。其實，不僅彼得堡喜出望外，就是維也納也欣歡鼓舞。維也納得到拿破侖推翻共和的消息，法蘭西斯・約瑟就在一八五一年十二月三十一日頒佈了一個非常法令，宣佈取消一八四八年來的奧國憲法，恢復專制政治。

可是牧歌不能繼續編下去。從一八五二年春季，尤其是從夏季起，路易・拿破侖總統出巡全國以後，種種跡象已經表明，路易・拿破侖志在爲王，不久的將來就要接受皇帝的稱號。

尼古拉極感困惑。他最敬愛的社會秩序的保護者，原來並不滿足於目前的政權，他要做『君權神授』的君主。尼古拉爲打消拿破侖第三的這種念頭，曾命令基塞里耶夫懇切地勸阻他。然而這個嘗試，沒有得到什麼結果。尼古拉受了奧國布爾(BuolVon Schanenstein)伯爵的影響之後，對這個問題尤不欲妥協。布爾告訴他說，承認路易・拿破侖爲王是可以的，但必須遵守一個條件，就是拿破侖第三不能同他們的皇帝資格一樣而爲『君權神權』的君主。第一，他不是合法的繼承人，因爲一八一五年維也納會議的議定書，曾宣佈波那帕特王朝永遠無權享受法國王位的繼承權，因此在各國王室來往的文書上，不可稱路易・拿破侖爲『君主和親愛的兄弟』，而祇能稱他爲『君主和親愛的朋友』。第二，其他各國君主不能降格稱他爲拿破侖三世。因爲如把他稱做三世，不啻承認在拿破侖一世之後，合法統治法國的，理應就是拿破侖之子即『拿破侖二世了』，因此也不啻承認拿破侖倒後在位十五年（一八一五——

一八三〇年）的波滂王朝爲王位簒奪者了！尼古拉已猜到路易·拿破侖正是想把波滂王室當做潛君而自稱爲『三世』，正要侮辱維也納會議及其所有參加者（包括亞歷山大一世）的歷史。

雖然如此，據普魯士駐彼得堡公使羅霍夫將軍(Von Rohov)所傳出的消息，尼古拉還是動搖了。羅霍夫完全支持布爾伯爵的觀點，拚命勸導尼古拉不稍讓步而堅決用『親愛的朋友』代替『親愛的兄弟』，用『皇帝路易·拿破侖』的稱號代替『皇帝拿破侖三世』。尼古拉已下了最後的決心，相信普奧兩國都是這種態度。所以當俄國駐巴黎公使基塞里耶夫因新皇的稱號問題杌隉不安的時候，涅塞爾洛德便從彼得堡去電安慰他說：你不必爲難，奧、普、俄三國都一致决定採用同樣的方式致送各自的祝詞和國書，决不是俄國一國單獨這麼強硬。

基塞里耶夫信以爲眞，立刻把他從彼得堡接到的一份致『皇帝路易·拿破侖』的國書和稱呼『君主和親愛的朋友』的尼古拉的賀電呈遞拿破侖第三。但是剛剛把國書呈上，他便知道奧普兩國背叛了他們的盟邦俄國，而均稱法國的新皇爲『拿破侖三世』，『君主和親愛的兄弟』。基塞里耶夫很難爲情，尼古拉也感覺到這部看似無關大體的丑劇，却包含着惡毒的內容。原先慫恿他對路易·拿破侖採取強硬態度的普奧兩國的公使們狡猾地欺騙了他，在背後玩弄了他。尼古拉非常生氣，後來在十二月底彼得堡舉行閱兵式並招待外交團時，他竟突然走到普國公使羅霍夫將軍和奧國公使孟斯多夫伯爵（Von Mensdorf）座前說道：『我已受了別人的欺騙，我已遭了背棄！』當然普奧兩國的公使和一行隨從人員嚇的口呆目瞪，無言以對。好大喜功的拿破侖第三從此與俄皇極不融洽。

第五節　克里米亞戰爭前夜的國際形勢

最糟糕的是，俄皇尼古拉第一還沒有從一八四四年訪問英倫的結論中得出應有的教訓。一八五三

古尼拉一世和英國談判士耳其的立刻瓜分問題

年一月九日，在尼琳娜・帕彿洛甫娜(Nelena pavloffna)大公夫人招待外交團的晚會上，俄皇和英國駐俄公使西摩(Sir Hamilton Seymour)作了一次極關重要的談話。這次談話，標誌出尼古拉在歐洲的威勢急速埋沒以及歐洲史上一個新的時期的開始。一八五三年起三個流血的年代開始了，國際政治由這次談話導出了一個劃時代的轉捩。事變的經過是這樣的：尼古拉第一和西摩談話時，不僅腔調激昂，而且彷彿完全沒有理解一八四四年六月在溫座爾與庇爾及亞伯丁談話之後九年來的一切變化。俄皇還是同九年前一樣興緻不減，立刻把話題轉到土耳其——「病人」——問題上。甚至尼古拉第一對土耳其帝國想說的話，也沒改變過他過去的全部術語。俄皇昌言說：『如今我把你當作朋友和紳士一道談談，如果我們能夠締結一個協定，卽英國和我締結一個協定，我就不管其它有什麼重要問題了，我就不管別人在做什麼或做些什麼了。我不瞞你說，我要向你直接了當地宣佈，如果英國想在最近的將來在軍士坦丁堡插足的話，那我是不答應的。我不把這些陰謀歸到你身上，但在這個時候，我却先得說明，就我來說，我同樣負責，我決不在那裏插足。不用說，我是不想做它的主人的，至於做它的臨時保護者，那就另當別論。或者會有異外情事發生，但如有什麼需要防避的話，那麼也許有一時期，環境要逼着我佔領軍士坦丁堡！不論俄國人，英國人和法國人都不能佔領軍士坦丁堡，希臘也不能佔領它，我永不許有這種情事發生』。俄皇繼續說：『摩爾達維亞，窩雷啓亞，塞爾維亞，保加利亞應歸俄羅斯保護，至於埃及那我完全瞭解到這塊領土對英國的重要意義。這裏我祇能說，如果鄂圖曼帝國滅亡，那末瓜分鄂圖曼的遺產時，我是決不反對你們把埃及佔領的。至於干地亞島(Candia)(卽克里特島 Crete)我也持着同樣的見解。這個島本來對你們很有用，但我却不知道它爲什麼迄及還不是英國的屬地。』最後和西摩告別時，尼古拉說道：『好吧，請你就這樣鼓勵貴國的政府好好把這件事記下來吧。越記得完整越好，不要讓貴國政附再有動搖。我相信英國政府。我不是要求他担任什麼義務，也不是條約！而是自由交換意見，同時，必要時，訂立一個紳士協定，這就對我們俄國夠了。』

尼古拉一世認為英國不要出一點力量而佔領埃及和克里特，這是對得住英國的。因此五天過後，俄皇尼古拉一世又召見西摩，其後連續不斷地老是同西摩談論這個問題：按第二次談話是在一八五三年一月十四日，第三次是在二月二十日，第四次和最末一次是在二月廿一日。這幾次談話始終是一個用意，就是說，俄皇刺刺不休地建議英國共同與俄國瓜分土耳其帝國，但是却不願意先商量一下阿拉伯，美索不達米亞以及小亞細亞的命運問題。

當然，尼古拉第一談話中所沒提到的那些地方，已當作他自己的私產了，他那裏還看得起法國在這些地方的實力哩?!

俄皇在一八五三年一——二月和英國進行這些談判時，犯了三個嚴重的錯誤：第一，他以為法國在一八四八——一八五一年的擾亂和變革之後，國力衰弱不堪，法國新皇帝拿破侖第三不敢冒險參加近東的戰爭，因而企圖犧牲法國。第二，尼古拉在回答西摩關於奧國態度的問題時，他竟肯定說奧國也像他一樣，絲毫不會反對；第三，他對英國政府估計錯誤，以為一定會接受他的建議。尼古拉完全被維多利亞女皇對他的慇懃所迷醉，同時臨終也不知道，而且也不想瞭解英國憲政的理論和實際。他認為英國同俄國一樣，皇帝的話就是金科玉律，宰相的話就是命令。一八五二年以來，亞伯丁的上台和領導英國的內閣是他最高興的，一定是同一八四四年在溫座爾一樣可以傾耳靜聽，完全接受。但是，二月九日，英國外交大臣羅素代表英政府提出的覆文，却是完全否定的態度。羅素對俄國東方政策的懷疑，並不遜於判麥斯吞。羅素甚至聲明，他不明白為什麼俄皇硬要說土耳其瀕於滅亡，且非由英俄兩國干涉它的內政不可。他認為這不合事實，一般地也沒有必要締結一個關於土耳其問題的協定。其次，他認為君士坦丁堡是土耳其人的，卽使暫時歸俄皇保管，英國也決不贊成。最後，羅素着重指出，法國和奧國對俄英兩國的這種協定，亦殊非俄皇所料者。

俄皇的建議被否決以後，涅塞爾洛德就在和摩西的談話中，竭力粉飾和冲淡俄皇最初的聲明，力言俄皇決無威脅土耳其之意，而是想和英國共同保障它，使它免受法國方面可能的暗算。

尼古拉第一在英國面前遭受了這種打擊之後，似乎他祇有兩條路可走，或則乾脆拋棄幻想，或則蠻幹下去。俄皇的策略是：如果奧法兩國站在英國方面，那麼他就要選擇第一條路；但如奧法兩國不和英國聯合，那他就走第二條路，卽是說採取武力進攻的方式。因爲俄皇把握着一個眞理：英國沒有同盟者，是決不會和俄國單獨作戰的。

尼古拉第一選擇了第二條路，因爲他說過『至於說到奧國，我是信得過它的，因爲我們的條約決定了我們的關係。』這是俄皇在對羅素覆文擬定後拿起筆來在副本的空白處所作的附註。俄皇完全看不起奧國，覺得犧牲了奧國，奧國也把他無可奈何。

俄法兩國在土耳其的磨擦

尼古拉也同樣犧牲了法國。他認爲拿破侖第三不是國際政治舞台上的重要角色。其實這是比對奧更嚴重的錯覺。俄皇對法認識錯誤的原因，歸納起來，第一是因爲他不理解十二月二日政變後的法國形勢，不理解法國新統治者的對內對外政策。第二是俄國駐外的幾個公使，如駐巴黎公使基塞里耶夫，駐倫敦公使布倫諾夫，駐維也納公使邁耶杜爾夫，駐柏林公使布特堡，尤其是宰相涅塞爾洛德等的捕風捉影，故意逢迎，更使尼古拉不明眞相，錯上加錯。他們在自己的報告裏，有的揑造事實，有的把一點小事故意誇大，從不敢直言進諫。有一次當安特烈・羅辛(Andrei Rozen)勸告里溫公爵向俄皇仗義執言時，里溫直率的回答：『要我把眞相報告皇帝嗎？但我不是傻子！如果我把眞相報告他聽，他定會把我逐出宮門。此外不會有什麼結果。』俄皇被奸佞包圍，冬宮的百官羣僚，都是應聲蟲而已。

但既然俄皇尼古拉抹煞了法國的利益，法皇拿破侖第三對俄國的關係，絕對不會比英國對俄國的關係好些。法國也是歐洲當年的強國。它的內亂平靜以後，拿破侖第三便對外採取攻勢，而以恢復革命以來在東方所喪失的權益，重振法國在國際間的威勢爲職志。一八五〇年法國爲了恢復它對巴勒斯坦聖地的監護權（根據一七四〇年五月廿七日法土條約），反對俄國唆使的希臘僧侶侵入。拿破侖第三和尼古拉第一借巴勒斯坦的『聖地』(Holy places) 問題發揮。第一次的齟齬，隨着環境的緊張而到一八五一年即幾乎爆發戰爭。不過幸巧當時法皇拿破侖第三在一八五二年春夏兩季正忙於內政的處理，所以這個問題，暫時擱置了起來。但到一八五二年年梢和一八五三年年初，這個問題又非常尖銳。如果說拿破侖在總統任內，尙限於在文字上向土耳其政府表示法國願恢復一七四〇年土耳其所確認的天主教會在『聖地』，（即耶路撒冷和威夫烈姆 Woftleem）的一切權利和特權，那麽到了一八五二年，他便向土耳其提出嚴重抗議，反對俄國侵略了。蘇丹同意了法國的要求。但俄國的軍政外交當局，却對土耳其也提出一個激烈的抗議，並根據一七七四年的庫卡克．卡納齊和約 (Treaty ofkuchuk-Kainarji)，不承認法國所享有的特權。實質上，拿破侖和尼古拉對於這些爭論毫無興趣。他們所以相持不下，無非借題發揮而已。關於這一點，拿破侖第三的外交大臣特魯思．笛．路易斯 (Drouyn-de-Lhuys) 就曾露骨地聲明：『關於聖地問題，以及一切與此有關的問題，對於法國並沒有實際的意義。如此喧擾不休者，究其實不過陛下（法國）政府欲以之爲拆散大陸同盟之工具耳。』

然而東方的糾紛，縱然以聖地問題爲託辭，對於拿破侖第三仍是必要的。一方面，它可加速英奧兩國與俄國分離的過程，在東方問題上使他們的利益和俄國的利益衝突；另方面也可拆散尼古拉與土耳其的關係，終至利用聖地問題，孤立俄國，把英國，奧國和土耳其都拉到法國方面。

在一八五三年初，俄法在近東的聖地糾紛，跟着拿破侖第三皇位的鞏固而益形惡化。蘇丹阿卜都．

麥機德和他的臣僚們在法國外交直接壓迫之下，和俄國的談判幾陷於僵局，反之滿足了法國對聖地的許多要求。尼古拉說：『這是他對我的報復，』也是拿破侖從未忘記稱號問題的反映。

然而尼古拉還是得出這樣的一個結論：拿破侖不會爲土耳其問題和他作戰！奧國也沒有這種胆量！英國沒有法奧的援助不會出兵！因此，俄皇尼古拉第一在英國方面碰壁後，决定首先對土耳其在軍事和外交方面，齊頭並進，用閃擊的方式，把英法等國各個擊破。這樣，劍拔弩張，一八五三年二月，俄國海軍大臣孟希科夫親王(Menshikoff)銜命赴土，並將大批隨員用軍艦護送至軍士坦丁堡了。

俄皇尼古拉的不幸，完全是因爲他的無知，偏見和反動。

第九章　克里米亞戰爭時期各國的對外關係和巴黎和會（一八五三——一八五六年）

第一節　一八五三年的俄土衝突和各國的態度

俄國孟希科夫公爵出使土耳其的失敗

俄皇派遣到土耳其的孟希科夫親王將特任大使和全權代表的職務兼任起來。俄皇命令涅塞爾洛德爲孟希科夫準備好的一份訓令，是根據着這樣的一個基本的原則：『鄂圖曼帝國一經與我國武裝發生嚴重衝突，它必滅亡』。

孟希科夫正式肩負的使命，是設法結束『聖地』問題，並要求蘇丹和俄皇立刻締結一個特殊的條約，強迫蘇丹承認俄皇對蘇丹境內的一切正教臣民享有保護權（這個要求應包括在這個條約當中）。尼古拉自信孟希科夫此行必能成功，因爲在俄使到任以前不久，蘇丹曾答應奧國代表萊寧根（Leiningen）的強硬要求而將土軍自蘇丹屬地蒙特尼格羅（Montenegro）撤退。然而這在實質上是有區別的，奧爲二等國，它要求蘇丹撤退土耳其軍隊以後，並沒有佔領蒙特尼格羅的企圖，因爲它所關心的，只是奧地利帝國邊境一帶的安全。但孟希科夫的使命，則在於干涉蘇丹的內政，破壞其對所有居住正教人民的領土上的主權。在這樣的情形之下，俄國就非格外強硬不可，即使孟希科夫與蘇丹談判失敗而引起俄國和土耳其之間的戰爭，冬宮也在所不惜，決不會遷怒於它的使臣的。

孟希科夫初到軍士坦了堡時，受到極熱烈的歡迎和招待。土耳其警察毫不阻擋希臘僑民對他所舉行的盛大的歡迎會。孟希科夫的態度傲慢到極點，他宣佈他不與站在法國方面的土國外交大臣富特（Fuad-effendi）就聖地問題作任何談判，蘇丹簡直因俄國集中於比薩拉比亞的兩個兵團而嚇昏。蘇丹被迫撤換了富特，任命里法特·帕沙（Rifuat pasha）與他週旋，完全遵從了孟希科夫的意志。但歐洲各國對孟希科夫這種輕舉妄動的挑戰行爲均特別詫異。歐洲盛傳孟希科夫會見土國總理大臣時不脫帽示敬，朝見蘇丹阿卜都·麥機德時行動放肆，出言刺耳。誰都覺得從孟希科夫最初這種步伐看來，他在下述兩個中心問題上是決不讓步的。第一，他要土耳其政府承認，俄國不但對正教教會，而且對蘇丹的正教臣民享有保護權；第二，他要求土耳其蘇丹正式批准俄土的正式條約，把這一些都明白載於條約之上，而不僅僅是蘇丹對其臣民的詔書或勅令。至於說到耶路撒冷和威夫烈姆的聖地問題，阿卜都·麥機德也準備讓步。

但有的史家說蘇丹表示讓步以後，俄國皇帝又得寸進尺。這可能是過分的渲染。據這些史家說，俄皇對這條件已不感興趣，他在一八五三年三月二十二日，竟訓令孟希科夫對土國新任總理里法特宣讀這樣的條件：『皇帝（俄國）政府的要求等於無上的建議』！過了兩天，他又口頭通告土國，俄皇要求土耳其政府取締『有系統的惡意的反對派』。同時提出一個「協定」草案，據當時別國的外交家說，這個協定的目的，是要使尼古拉第一變成『土耳其的第二蘇丹』。

英國駐土公使的對策

在俄皇對土耳其百般汚辱忍無可忍的時候，英國政府已加緊準備，最明顯的例證，就是內閣人員的急速變動。素以反俄著名而主張武力保障土耳其的斯屈萊特福德·坎寧於一八五三年四月五日出任英國駐土公使，並於同日抵達君士坦丁堡。同時差不多就在這個時期，料麥斯吞的應聲蟲，克拉倫敦爵士，又代替了已故的羅素爵士，而担任英國外相，加入亞伯丁內閣。俄皇悲喜交加，莫測底蘊。就斯屈萊特福德就任而言，這是英國有意同他搗蛋，派一個死對頭來抵抗他。新仇舊恨，尼古拉大有不欲與斯屈萊特福德並立之慨。但另一方面，彼得堡的人們又把克拉倫敦的上台，當做亞伯丁對俄國好感的標誌。其實這又是幻想。克拉倫敦給予斯屈萊特福德的權力很大。斯氏自一八五三年起改名爲斯屈萊特福德・雷克里夫爵士(Lord Stratfordde-Redcliffe)，到了君士坦丁堡後，立刻準備作戰。斯屈萊特福德・雷克里夫是手段最辣，而最聰明和機警的。當然，性急暴燥，趾高氣揚的俄國高等紳士，外交界的門外漢孟希科夫親王，是不能和這位深謀遠慮且有外交才幹的英國的陰鷙相比的。斯屈萊特福德不僅對孟希科夫的行動看得很清楚，而且猜透他所接到的訓令的內容和俄皇的眞正目的，因此，他一再勸告蘇丹及其臣民，祇須對俄法兩國爲聖地問題所提出的要求，作可能限度的讓步，此外，絕對拒絕。

斯屈萊特福德所以阻止蘇丹對俄作更大的讓步，是因他已看到，孟希科夫得隴望蜀，是沒有一天會滿足的。孟希科夫的步步窘逼，追蹤着一個更大的目的，決非爲了聖地問題。果然如此，孟希科夫始終堅持他侵略性的要求，一個通牒比一個通牒厲害。

不過，亞伯丁對俄的態度，還是主張和平解決，不欲訴之武力。在這種情形之下，如果讓事變自然發展，可能打消武裝反俄計劃。因此斯屈萊特福德爲了使倫敦與彼得堡的關係惡化，並激起英國的反俄情緒起見，便決定抱薪救火施展陰謀和欺詐手段。這時正巧倫敦要他把孟希科夫向土總理所提出的『俄土協定的草案全文』寄來一份，於是他便大胆地照自己的心意修改條文。原文第一條上說。』俄國政府一本過去的精神有權爲教會及僧侶的利益向土耳其提出建議』，但他抄給英國外交部的一份全文，却把『建議』二字改爲『命令』。這個把戲，對英倫實在是針小棒大，轉變了英國的對俄政策。

因此，這一份贋造品，不僅把整個條文的性質完全改變，而且完全依照斯屈萊特福德擺佈的計劃，果然英內閣對俄大起反感。判麥斯乔及其門下弟子克拉倫敦慢慢克服亞伯丁爵士的猶豫觀望。差不多整個內閣都主張對俄宣戰。

然而，頭腦不清的孟希科夫還不知戒備，硬往英國公使爲他所掘的陷穽瞎跳。斯屈萊特福德花言巧語地暗示孟希科夫說，新任土國外相里法特是反俄的，對俄不懷好意，誘孟希科夫最好把他去了，騙他另外換一個眞正俄國的敵人萊什特（Reshid-pasha）去代替里法特。斯屈萊特福德的圈套，孟希科夫公爵也被套住。最後，斯屈萊特福德又暗示孟希科夫，俄土不論如何作戰，英國決不站在蘇丹方面。

最奇怪的是，斯屈萊特福德最後這一個非常重要的詭計，粗心大意的孟希科夫也不去研究。近東的事變完全依着斯屈萊特福德所佈置的圈套發展。一八五三年五月四日，土耳其政府已對聖地問題完全讓步，可是孟希科夫把斯屈萊特福德的暗示，認爲是英國超然中立的表示，於是他便大大出醜，藉口俄國佔領多腦河沿岸諸國的慾望已經打消，就把過去向蘇丹提出的和俄締約的要求重新提出。蘇丹要求延期締約，可是孟希科夫的通牒，非蘇丹在五日內答覆不可。他逼得蘇丹無路可走，於是就在這一天，斯屈萊特福德聯合法國一致鼓勵蘇丹拒絕孟希科夫的要求。同時立刻要求蘇丹任命斯屈萊特福德的代理人萊什特代替里法特爲外交大臣。

俄軍佔領多腦河沿岸兩公國

俄皇及孟希科夫鑑於蘇丹態度倔強，於是俄國宣佈與土耳其政府斷絕邦交。孟氏及其隨員於一八五三年五月二十一日撤離君士坦丁堡而回到敖得薩（Odessa）。蘇丹在斯屈萊特福德勸告之下，於六月四日頒佈一道勅令，鄭重保證所有基督教會的一切權利和特權，尤以正教教會的權利和特權爲最。但是已經無效了。六月二十五日尼古拉一世下詔，宣言他必繼承先祖遺志，誓死保護土耳其的正教教會，同時爲保證土耳其人履行過去和俄國所締結的一切條約，俄皇不得不發動神聖的十字軍遠征，佔領多腦河沿岸的摩爾達維亞和窩雷啓亞。一八五三年六月二十一日，俄軍強渡普魯特河（Prut），開入摩爾達維亞，七月四日已佔領了上述兩州。俄國沒有對土耳其宣戰，土耳其也沒對俄宣戰。事實上雙方的軍事行動早已開始。

法國對俄的進攻態度

拿破侖第三的態度如何呢？他早在一八五三年三月聽到孟希科夫在軍士坦丁堡蠻幹時，就已命令碇泊在土倫的軍艦，立刻升火駛到愛琴海的沙拉密斯（Salamis），以備萬一。拿破侖斷然與俄國決一雌雄。

法國對近東態度的積極性，是與法國資產階級的利益一致的。路易·菲力比在位時代，法國的工商業已經在近東找到很多市場，尤其在敍利亞一帶。但因那時法國的統治者在對外政策上屢犯錯誤，法國幾乎被英俄把它排擠了出來。所以拿破侖第三爲了恢復帝國的『光榮』和工商金融家的既得利益，一反過去的忍辱妥協轉爲積極的進攻。法國在土耳其帝國的大量投資和在整個東方的經濟利益，都需要法皇武力保護，免受俄國方面的可能的侵略。拿破侖三世因主張對俄作戰，甚至對亞伯丁爵士的溫柔寡斷也不耐煩起來或表示疑慮。他怕英國愚弄法國而和俄國單獨簽訂一個瓜分土耳其領土的條約，如一八五三年俄皇向西摩所提議者，所以他也在外交上積極拉攏英國。法國爲表示反俄的決心及與英聯合的決策，首先派遣法國艦隊駛到地中海東部。

英國見法國處處表示與英攜手，接着大批艦隊也奉命東駛。一八五三年五月三十一日，英法艦隊淀泊比斯開灣（Besika Bay），近東形勢極度緊張。由於英法對世界野蠻和反動的台柱尼古拉仇恨極深，以致英法在那個時期，找不出一個比反對俄皇政府的戰爭而更能獲得人民擁護的戰爭。就拿破侖第三的立場而言，祇有在戰爭中將尼古拉一世打倒，才能顯耀他的帝位，而且也祇有打倒帝俄，才能夠擴張法國在整個東方的勢力，相當緩和那些受他壓迫和亡命到海外的反對派。

奧地利在克里米亞戰爭中的騎牆態度

一八五三年秋季，歐洲外交界翻雲覆雨，極盡縱橫捭闔之能事。奧地利帝國的外相布爾在兩條戰線上施展他的狡計。一方面，他爲了肅清奧國東部所受的威脅，竭力引誘俄皇迅速與土耳其訂約，撤退多瑙河沿岸摩（爾達維亞）窩（雷啓亞）兩州的俄軍，而另一方面，又在巴黎和倫敦暗送秋波，討得西方列強對它的支援。

布爾對俄國駐維也納公使所做的間諜工作，獲得意外的成功。奧皇法蘭西斯·約瑟從一八五三年起，已經站在反俄的立場上。但在另一方面也極害怕拿破侖第三，因爲拿破侖曾明顯地暗示他，法國可不費吹灰之力把奧地利逐出倫巴底和威尼斯。法國皇帝赤裸裸地向奧地利駐巴黎公使休伯納男爵(Hubner)表示，法國不願讓奧國站在中立國的地位。因此，法蘭西斯·約瑟所走的路，便只有和拿破侖第三及英國一致行動，強迫俄軍撤離摩爾達維亞和窩雷啓亞，不然便是和尼古拉的命運聯系起來。但俄國對土耳其一旦勝利，奧國便要喪失它頭等國家的獨立地位，至少要喪失摩爾達維亞和窩雷啓亞。所以一直騎牆到底。

可是奧地利也是德意志同盟的一員，在這裏除了奧國以外，另一重要的國家就輪到普魯士。

普魯士在克里米亞戰爭中的騎牆態度

普魯士的情形是兩樣的。土耳其的毀滅，與普國的切身利益無什損害，但反俄則應看俄法是否結成同盟而定。因爲俄法同盟一旦實現，普魯士就可能被消滅。除此以外，在這個時期，在普魯士的首腦部，已經開始顯露出俾斯麥日後所貫徹的一條路線；擴大和加深普奧之間的對立的路線。所惜俾斯麥在克里米亞戰爭時代，在普國政界還不是一個重要的角色，祇不過是德意志同盟國會中的一個小小的代表。可是他的觀點，却因他的斬釘截鐵終於佔了上風。他說，普魯士何必在東方衝突中反俄？他認爲奧地利的衰弱，正是普魯士翻身的機會。所以在普魯士的宮廷政府當中，當時開始形成了兩派，即親英派和親俄派。前者的領導人是普魯士駐倫敦公使賓生(Bunzen)，所有自由主義的資產階級，普王的兄弟和繼承人都擁護他。普魯士的威廉親王(Prince William)從一八五四年起也和該派接近。後者（親俄派）的領導人，是海拉克將軍(Leopold Von Herlach)，整個貴族階級，大多數宮廷貴族，都追隨着他。不過親俄派中有許多人，是沒有俾斯麥那麽複雜的頭腦和計劃的，他們所以親俄，只是簡單地把尼古拉看成反對新興資產階級革命而維護貴族統治的一個騎士。他們的結論是，反對俄皇的，不是奧地利，而是自由主義的英國。

懦弱的普魯士國王菲特烈·威廉第四夾在兩派的中間動搖不定。他害怕拿破侖第三，又害怕尼古拉。所以總是左右逢源，反復地從一方面投到另一方面。這是外交政策上的拉鋸戰，所以住在福蘭克府的俾斯麥便說普魯士國王的政策，好像一隻喪家之狗，今天投靠一個路人，明天又向另一個路人搖着尾巴。俾斯麥嘆息道：『謬誤的策略，也比沒有策略好啊！』

『維也納通牒』

綜上所說，普魯士既因奧地利的關係而沒有接近英法，奧地利也因沒有普魯士參戰，決定不單獨行動。但奧國雖不欲參戰，却欲利用俄土的糾紛，在外交上獲得相當利益。因此外相布爾趁機草擬一份通牒（Vienna Note）遞交在維也納出席列強會議（調解糾紛）的英法公使。這個通牒上說，土耳其應『遵重安得里亞諾波爾及褲恰克·卡納齊兩和約關於耶教保護的一切條款與精神』，同時着重指出正教教會享受的各種特權。這個通牒由英、法、奧、普四國公使於一八五三年七月二十八日議定，於同月三十一日送交俄皇。如果俄皇同意，卽將送交蘇丹。尼古拉第一同意了。

但斯屈萊特福德聽到維也納的調和消息後，立刻開始佈置一個外交地雷，以便破壞進行中的和議。他強迫蘇丹阿卜都·麥機德拒絕維也納通牒，並以土耳其的名義另擬一個通牒，附以若干保留條件與維也納通牒相對抗。實際上，維也納通牒在內容上與土耳其的草案符合一致。但是斯屈萊特福德唯恐天下不亂，竭力誇大土耳其人對涅塞爾洛德就此通牒所作說明的『不滿』。這時，俄皇又從巴黎得到基塞里耶夫傳來的一個消息：英法軍事行動不能一致，於是他便得到安慰而俄國大舉進攻了。

土耳其對俄宣戰

一八五三年十月四日，蘇丹得到斯屈萊特福德和法國公使拉庫爾的保證和鼓舞，就與俄國正式宣戰。一個月以後，英法當局又得到一個震動歐洲的眞確消息，一八五三年十一月十八日，俄國海軍大將納希莫夫(Nahimoff)在西諾普港(Sinop)將全部土艦聚殲，砲燬海岸陣地，軍士坦丁堡岌岌可危。

第二節　英法加入對俄作戰

西諾普之役，不啻一個原子彈的衝擊器。土國蘇丹請求英國艦隊駛入博斯普魯斯海峽，十二月中旬，拿破侖第三亦向英國駐巴黎公使加富爵士聲明法國駐東方艦隊駛入黑海的使命。不久，英國內閣對法國的建議表示一致行動。不過，加速英法同盟者還有兩個原因。

英法走上對俄作戰之路

第一，遠在一八五三年二月，當西摩爵士把俄皇和他的機密談話內容報告倫敦時，英國外相克拉倫敦和法國駐英公使瓦列夫斯基伯爵（Valevsky）二人就簽訂了一個祕密協定，這個協定規定締約國雙方，不論那一方，未經雙方預先磋商，不得在東方問題上作任何決定。現在已到了雙方履行這一義務的時機了，因之亞伯丁同意給予英國艦隊自由處理的權力。

第二，英國內部反俄陣綫的鞏固。在西諾普一役後，英國反俄情緒空前高漲，全國輿論紛紛譴責維多利亞女王及其丈夫的偏袒行爲，甚至有責其有叛國行爲者。加之，英人對一八五三年十二月十五日判麥斯呑的突然辭職憤怒不平，有發展爲襲擊亞伯丁內閣之可能。所以在輿論沸騰，倒閣運動宛如風暴之日，亞伯丁便速請判麥斯呑重返內閣，從此英國內閣完全入於判麥斯呑的掌握。所以，英國一接到法國的建議，立刻響應，決定對俄作戰。

一八五四年一月四日，英法聯合艦隊由碧綠的愛琴海上駛入黑海，統率聯合國艦隊的兩個海軍大將

通告俄國政府，說是他們的艦隊卽將佔領黑海保護土耳其的海港及運輸以免遭受俄國的襲擊

俄國接到英法的通告後，立刻命令涅塞爾洛德訓令俄國駐巴黎公使基塞里耶夫和駐倫敦公使布倫諾夫分別向英法最高當局質問，英法海軍大將的通知究竟作何解釋：是單指停止在黑海航行的俄國船隻呢？抑或土耳其的船隻亦在內？如係單獨禁止俄國船隻通行的話，那麽俄國政府就命令布倫諾夫和基塞里耶夫立刻與英法絕交，下旗歸國。

英俄法都是奴役

帝俄奴役土耳其無庸分辨。英法儘管說此次戰爭全爲土耳其獨立，實則支配土耳其的主人，則是英國的斯屈萊特福德和法國公使巴拉哈·伊里。所幸英法合作並不鞏固，兩國大使爲了各自的利益時常發生齟齬。然而，英法各爲規避作戰罪惡，企圖把一切責任推到俄國身上，這恰在民衆中發生了影響。一八五四年一月二十九日，在法國官方報紙『Monitear』上竟發表一封拿破命第三個人致俄皇尼古拉的信。拿破命寫道：西諾普的霹靂，已侮辱了英法兩民族的榮譽，職是之故，特向俄皇提出一條最後的出路：俄軍自摩爾達維亞和窩雷啓亞撤離，同時英法兩國的艦隊亦離開黑海，然後由俄土兩國派遣全權代表直接從事和平談判。這是一種在外交慣例上所不常應用的方式，決沒有一國君主對另一國君主公開寫信之理。法皇這封信的用意，目的不過是企圖把戰爭的整個責任推到俄國的身上，以俾表示英法，特別是法皇愛好和平的本性。尼古拉於二月九日作了答書。同時除了把原文送到巴黎外，並把他回信的抄稿在俄國外交部的機關報「聖彼得堡日報」上公開披露。俄皇回答說，俄羅斯的榮譽之與俄皇，正如法蘭西的榮譽之對於拿破命三世。西諾普之役是一種完全適當的行動，並不能把俄國佔領多腦河各公國與英法艦隊佔領黑海二事相提並論。結果，三月二十七日英法對俄宣戰，戰爭擴大。

拿破命第三給彼得堡的信發出之後，第三天的上午，基塞里耶夫就接到特魯恩·笛·路易斯（Drouyn de Lhuys 1805—1881) 故意挑戰的通牒。通牒上說，所謂禁止黑海上的航行，係指俄國艦隊而言，土耳其艦隊不在其內。基塞里耶夫祇好根據已經獲得的訓令宣佈斷絕俄法關係。

英法參戰

不過在俄法之間決不同於英俄之間。法國對俄作戰的理由是很欠缺的，以致尼古拉一世在彼得堡以及基塞里耶夫在巴黎的行動，頗爲微妙。他們對俄法關係的破裂以及俄英關係的破裂有着不同的觀感。尼古拉第一立刻把護照送到西摩官邸乾脆請他回國，但對法國公使卡斯德爾巴羅克將軍，不僅允許其自由決定離境的日期，而且尼古拉一世在和法國公使親切的告別時，特意送給他一枚俄國最高的勳章，卽亞力山大·湼夫斯基(Alexander Nevski)章以作紀念。這種外交上的離奇手段，充分說明俄法關係的破裂，俄國方面認爲是外交上的一種誤解。它可以突然發生，也可以立刻重圓。在巴黎方面，情形亦然。基塞里耶夫於一八五四年二月四日通知法國外長離開巴黎時，要求親自和法皇拿破侖見一次面，而他個人在致湼塞爾洛德的信中對他這次會晤的解釋，完全得到湼氏和尼古拉的贊許，二者均無絲毫異議。基塞里耶夫在給法國外相的信中說：『我所以要在接受護照之前希望和路易·拿破侖作一次私人的會見，是因爲我知道他對於我這種對他個人的尊敬是感傷的，而且我知道，有這樣一種舉動做一紀念，對於邦交的重新恢復是有俾益的』。眞的，拿破侖召見基塞里耶夫，並且他單獨和他談了很久。拿破侖第三說，他在這次的行動，是最和平的，所不幸的，就是他用輕描淡寫手腕所暗示的關於他的稱號問題的一段不幸的歷史。基塞里耶夫明白他至今沒有忘記稱號問題，而且也不寬恕坐在他對面談話的人，因此基塞里耶夫說：『陛下，隨你說吧，你錯了……法蘭西這次是被投入一個不必要的戰爭當中，她在這個戰爭中，必無所獲，而只是爲英國的目標和利益作戰。這是對誰都不能埋藏的，不論那一國的艦隊，貴國的艦隊也好，我國的艦隊也好，英國看到它的消滅，是同樣高興的。祇是現在人們還不明白，法國現今幫着別人正在摧毀的俄國艦隊，它在必要時，將來還是你的助手以反對那個掉轉砲口而轟擊你們艦隊的人哩。』拿破侖第三頗受感動，對於這些意味深長的話默不作聲，也不挑剔基塞里耶夫的一個字眼兒。最有趣的是，這兩個所謂敵國的代表，竟把土耳其問題不覺忘忽無遺，拿破侖第三也忘記自己的身份，沒有提一提他法國的『獨立』，或提一提他今日之所以拔劍而與俄國作戰是爲了保護法國的『獨立』。克里米亞戰爭，正是昂格斯所說的一幕『錯中錯的喜劇』。

第三節　克里米亞戰爭期間英國的陰謀及拿破侖第三的反英活動

從一八五四年三月二十七日和二十八日英法正式對俄宣戰起，到一八五五年十一月和十二月俄法兩國的外交家之間恢復祕密關係止，各國外交活動的中心，主要是集中在維也納。英法努力的目標，是在強迫奧地利對俄國作戰，但奧地利的外交因夾在兩大強國之間，還想留一樽俎迴旋的餘地。它不正式對俄宣戰，表示它不忘情於俄國在一八四八年的扶助，但它強迫尼古拉自摩爾達維亞和窩雷啓亞撤兵，表示它不觸怒拿破侖。至於英法之間的外交關係，則目的儘管懸殊，起初沒有顯露。但在塞巴斯托波爾(Sebastopol)陷落後，這個分歧就完全暴露。我們先看一看英法矛盾的所在和英國的驚人計劃。

判麥斯吞分解俄國的計劃

判麥斯吞被邀回朝以後，他就儼然是亞伯丁爵士內閣的靈魂。他有一個極大的野心，要在戰爭中澈底削弱俄國。他認爲英國難得一個像法蘭西帝國這樣強大的同盟國，同時如多多少少從俄國身上括點油水補償別個，還可以拉籠三個同盟國，即奥地利，普魯士和瑞典。他一再如狂如癡地說，比這更幸運的大聯合是不會再有的，世界上決沒有一個國家像英國那樣很少打過敗戰。

不列顛政策的目標，在英國出版品上的解釋已數見不鮮，但是判麥斯吞本人的觀點，則歸納如下：

奧蘭羣島(Aland Islands)和芬蘭歸還瑞典；波羅的海沿岸地帶割與普魯士；波蘭王國許其獨立而作爲俄國和德國(不是普魯士，而是德國)間的門衙；摩爾達維亞，窩雷啓亞及多腦河河口割給奧國，而倫巴底和威尼斯則應自奧國割與撒丁尼亞王國(皮蒙特 Piemonte)；俄國的克里米亞和高加索割與土耳其，而且將高加索的一部分單獨組成一個國家改名爲契爾凱希亞(Cherkessia)，歸土耳其蘇丹管轄，稱臣納貢。當然，英國外相，即判麥斯呑的應聲蟲克拉倫敦爵士對這個計劃是沒有絲毫異議的。他在一八五四年三月三十一日對國會演說時，就不憚煩勞稱讚這是英國最公允合理的方案，似乎與保衛英國的印度無關，也沒有從英國對外商業的需要和利益出發，而完全是爲了『文明對野蠻搏戰』的一種崇高的原則。

拿破侖第三起初對判麥斯呑所提出的這個分割俄國的計劃，覺得過於空想，不表贊成，但到了以後，因爲自己也在積極覓取與國，就再堅持自己的意見。判麥斯呑按照這個計劃，竭力覓取他的新的盟國，最重要的是：(a)羅致瑞典，奧國，和普魯士，(b)鼓動俄屬波蘭的革命，支持夏米爾的反俄運動及戰爭，消滅俄國在高加索的勢力，(c)保證撒丁王國的獨立，引誘它參加對俄國的出兵。新的同盟者是英國法國所需要的，俄人在塞巴斯托波爾港的英勇保衛戰形勢愈是緊張，他們對同盟者的需要也就愈迫切。但是實際上，拿破侖第三絕不願意英國過分強大，讓俄國過分削弱。所以，同盟國一經取得了勝利，拿破侖第三就立刻開始給判麥斯呑的計劃以一致命打擊，使他化爲烏有。

但在第一期中，英法的意見尚無分歧。同盟國在維也納和尼古拉進行了一次外交戰，而這次戰鬥是俄皇失敗。

奧爾洛夫在維也納的使命

俄皇起初並沒有想到英法會一致對俄作戰，更沒想到奧國會動搖。但是在西諾普一役之後，當西方列強公開準備對俄宣戰的時候，奧地利的狡猾態度已經不能掩飾，於是俄皇決定先和奧皇法蘭西斯·約瑟進行談判，爭取奧國。這樣就開始了列強的外交戰。

尼古拉挑選了一個老奸巨滑而在外交方面精明強幹的奧爾洛夫伯爵出使維也納。

一八五四年一月三十一日，奧爾洛夫向奧國皇帝提出這樣一個建議；（一）奧國在俄國和英法兩國在近東戰爭中，仍與俄國友好，宣佈嚴守中立。（二）俄皇保證奧國領土的完整和神聖不可侵犯，並督促普魯士及整個的德意志同盟共同出面保證。（三）如俄國在對英法戰爭最後獲勝而土耳其崩潰時，俄國允許奧國與帝俄享有同等的權利，共同保護塞爾維亞、保加利亞、摩爾達維亞和窩雷啓亞。

但法蘭西斯·約瑟對奧爾洛夫的提案，提出了下面的幾個問題。他問奧爾洛夫：『你們的皇帝以前所說過的話，你有全權在今天兌現嗎？第一，他眞尊重土耳其的獨立和完整？第二，他眞不渡過多腦河嗎？第三，他不長期佔領各公國（摩爾達維亞和窩雷啓亞）嗎？第四，他不要求改變蘇丹及其臣民間的既存關係？』對於這些問題，老練的奧爾洛夫也沒法回答一句，因為俄皇對這四個問題，確實是已經用自己的行動作了完全否定的答覆。他要多說是很困難的。

奧爾洛夫在維也納受到宮廷貴族隆重的招待。整個反動的奧地利貴族階級向他頻送秋波，把他當作『拯救』奧國甚至整個歐洲的俄皇的代表。可是法蘭西斯·約瑟對尼古拉的建議嚴詞拒絕，奧爾洛夫祗好乘興而來，敗興而歸。他在行前給俄皇寫了一封最饒興趣的信。大意是說，在實質上，利用神聖同盟的關係拉籠奧國的時代已過去了，尼古拉應改變整個的對外政策，不必希望神聖同盟的幽魂復活，最好是轉而和法國接近。但是這些計劃已經遲了。如和拿破侖第三訂約，勢必完全放棄對土耳其的戰爭，修正俄國在東方的全部政策。而且固執的俄皇尼古拉還不相信，他在一八四九年拯救過的奧地利竟會背棄俄國，而且很久以來他認為最好的朋友法蘭西斯·約瑟竟會不瞭解神聖同盟政策的基礎。奧爾洛夫暗示俄皇改變傳統政策的企圖沒有成功。

在奧爾洛夫離開維也納以後，法蘭西斯·約瑟，乘英法進攻克里米亞的機會，向俄國提出一個通牒，反對俄軍在巴爾幹作戰，並限期撤出多腦公國（六月三日）。六月十四日，奧國又利用土耳其作戰的困難，與後者訂立了一個條約，強迫後者允許奧軍開入多腦公國，直至戰爭結束爲止。同時取得了干涉土屬波斯尼亞(Bosnia)，阿爾巴尼亞(Albania)和蒙特尼格羅的權利，負責肅清這些地方的變亂。奧皇在外交上安排妥當以後，一八五四年八月八日奧國政府便立刻派遣一萬三千軍隊攻入達朗西里瓦尼亞(Transylvania)。這使俄國在多腦河上的佔領軍的後方受到極大的威脅，同時構成十九世紀之末俄奧的敵視和一天緊張一天的局勢。

普魯士被迫與奧國訂立防守同盟條約

與奧國談判同時，尼古拉對普魯士亦屈意週旋，一反昔日傲慢的神情。但在這裏他也失望。普魯士還是倒來倒去，捉摸不定。

一八五四年二月底，西摩在英俄斷絕邦交後，特意由彼得堡轉到柏林誘惑普魯士對俄作戰。可是菲特烈·威廉四世回答說：『我不喜歡停了多腦河上的戰爭，而讓人在東普魯士打我』。中言之，普王不欲俄奧攜手來對付普魯士。普王補充說，在普魯士邊境，我已經集結了二十萬軍隊可保無虞。就英國的利益說，此時最重要的，是使俄國軍隊由南方撤走，免得俄國從多腦河上夾攻。隨後法國駐柏林公使麥斯德侯爵也向普國作了同樣的要求。可是也沒有結果。

英國目睹普魯士不願順從，便用蠻橫手段直接恫嚇。俾斯麥在福蘭克府曾向英國代表亞歷山大·麥萊特(Alexander Melet)訴說過英國這種無理由的威脅（一八五四年三月二十九日）。俾斯麥說：『無論在任何情形下，我們不會做俄羅斯的同盟國，但是要叫我們對俄羅斯帝國作戰而不計及危險和損失，却完全是另一回事，尤其是我們正確衡量一下這種戰爭對普魯士可能有些什麼利益的時候；卽使是這次戰爭很順利的結束的話。』

但不久，普魯士軟成一團，任人擺佈。一八五四年四月英法海軍陸戰隊在瓦爾納（Varna）登陸以後，奧國外相布爾對俄硬起來了，同時徵得奧皇同意後對普國的建議也生效了。奧國要求普國一致督促尼古拉自摩爾達維亞和窩雷啓亞撤兵。普王菲特烈·威廉第四雖欲推諉，無如英法兩國的壓迫甚大，所以不敢公然拒絕，遂於一八五四年四月二十日與奧國訂立了防守同盟（Defensive Alliance Between Austri aand Prussia）。普國宮廷的親英派佔了優勢。

自然，普魯士國王的行動，俄皇極端憤慨，並把一切過失推到奧國頭上，他在一八五四年五月在給帕斯可維契的信中這樣責備奧國：『現在已不是對土耳其人及其同盟國戰爭的時期，而是集中我們一切力量去打擊忘恩負義的奧地利，並懲罰它那種無恥的胡作胡爲的時期』。可是英法兩國在瓦爾納的陣地鞏固，奧國到七月十三日也胆壯出兵了；俄皇不得不下令將俄軍自多腦河各公國撤退。英法在多腦河上被俄夾攻的危險掃除。不過奧國躊躇滿志，急欲和議。

拿破侖第三的「四個條件」（一八五四年七月十八日）

實在講起來，奧國在這時已經失敗了。盟軍在克里米亞登陸，俄國由進攻轉爲純粹的防禦。拿破侖第三把他在盟軍登陸前早已擬定的一個『四個條件』（The Vienna Four Points）提出與判麥斯香瓜分俄國的計劃相對抗。他準備先把這些條件通知奧地利·普魯士和英國，然後用四強的名義，向尼古拉提出。這四個條件，因爲英法的矛盾尙未顯露，英國贊同，奧國也接受。唯獨普魯士國王徘徊猶豫，有很長的期間不敢公開表示反對俄皇。其次，菲特烈·威廉第四看到奧國把自己的軍隊開到俄軍退出的摩爾達維亞和窩雷啓亞之後，更覺得自己光是替奧國做了一件好事，所以非常後悔，並想在無路可走的時候，索性投到俄皇方面，不欲與奧國共負反俄之責，聲明不受四月二十日與奧國所簽訂的協定的約束。但普魯士是個二等國家，巴黎和倫敦一施顏色，它便馬上乖乖地與英法交好了。普魯士沒批准『四個條件』，但也同意不反對那些條文。於是牒文就向彼得堡送出。

下面就是一八五四年七月十八日所擬定的『四個條件』的內容：（一）多腦河上各公國，應由法、英、俄、奧、普五國共同保護，並應暫時由奧軍佔領；（二）上述這五個強國，應集體宣佈，爲蘇丹全體基督教臣民的保護人；（三）上述五個強國，應集體享有多腦河河口的最高監視權及控制權；（四）一八四一年各國與土耳其所締結的博斯普魯斯和約以及韃靼尼爾海峽的輪船通航條件，應根本加以修改。

俄皇對『四個條件』置不作答。然時間決不久待。爲了壓迫俄軍投降，拿破命第三和英國決定將軍隊由瓦爾納移至克里米亞，攻擊俄國黑海要塞塞巴斯托波爾(Sebastopol)。戰爭性質改變，英法由陳兵威脅的階段，進而向俄國本土伸出血手搏鬥。這樣一來，就使奧國進退維谷；盟軍的前進，置奧國於直接與俄衝突的地位。奧國對強大的俄國異常恐懼。假如英法一旦失利，奧國首先爲俄國進攻的目標。維也納認爲，俄國只能一時受挫，卻不會長期受別人宰割。奧皇最後下了決不移兵薄戰的決心，任由英法誘惑其它國家吧。

塞巴斯托波爾陷落的真相

一八五四年秋，黑海上的戰爭，在平日翻滾的浪花上面罩上一片烏雲。戰爭非常慘酷，在規模和激烈性方面，開了代近的紀錄。九月十四日英法在猶佛帕特拉(Eupatoria)登陸，六天以後，在阿爾姆河(Alma R.)、巴拉克拉瓦(Balaklava)（十月二十五日）、因可爾曼(Inkerman)（十一月五日）、先後發生了血戰。塞巴斯托波爾要塞砲孔如篩，喘息着臨終的一息。列強之樽俎與迴旋完全停止，一切由疆場決定。舉世均爲塞巴斯托波爾的運命着慌，俄軍的棄守，大家都以爲是旦夕之間的事。最投機的奧皇在十二月二日與英法簽立攻守同盟：奧國出兵援助英法，負責守護多腦公國。英法答應奧國於俄軍襲擊時助戰，保證在戰爭期內奧國在意大利的領地不變。

但塞港是不可攻陷的象徵。（1）英法聯軍的指揮不能統一，聯軍沒有聯軍的統帥，步調缺乏一致。

（2）盟軍遠跡重洋，彈藥缺乏，攻城的利器亦不夥。冬季偕同可怕的暴風雨襲來，盟軍陣營中流行着瘟疫和死亡，士兵均尷尬失望。（3）反之，俄軍以逸待勞，士氣旺盛，要塞屹立不動。俄國駐維也納公使展開外交攻勢（當時駐奥公使不是麥尼道爾夫，而是高恰科夫(Alexannder Mikailovich Gorchakov)，奥國外長布爾亦隨風轉舵，眼見英法盟軍冬季在塞港毫無起色，漸漸的對英法友情淡薄而對高恰科夫和顏悅目了。

然尼古拉一世的暴卒（一八五五年二月）使和平的希望在刹那間透出一綫的曙光。奥國又想以調人資格出面斡旋，把繼位的亞歷山大第二(Alexander II 1855—1881)視爲奥國的盟友。但俄奥已有慊隙，伎倆無從施展，法國已先奥國而與俄國言歸於好了。法蘭西斯·約瑟和布爾已從巴黎得到了頗費索解的訊息。尼古拉的惡耗傳至拿破侖第三的耳朵後，後者不待英國同意，頃即邀請俄國宰相涅塞爾洛德的女婿，薩克遜公使齊巴克(Von Zeeback)入宮致哀，並將哀掉尼古拉一世的誄，請齊巴克轉奏新皇亞歷山大二世。彼得堡自然不放鬆這個機會，轉瞬命令齊巴克代表亞歷山大第二對拿破侖致謝。同時兩方均放出空氣說俄法之間的戰爭，並非因什麼動機，似乎只要從拿破侖第三口裏說出一個和字，俄皇亞歷山大第二是不成問題的。交戰國家打破外交慣例進行的這種幕後的活動，除予英國以打擊外，直接地是深化了奥地利，同時也是普魯士和俄國之間已存在的一條鴻溝。普奥兩國對此侷促不安，對中歐一切國家而言，老早就預測到最危險的，是法蘭西帝國和俄羅斯帝國的同盟。如果奥爾洛夫最早所幻想的兩國皇帝在事實上已言歸於好，並進而瓜分奥國的領土，那麼奥國實在有亡國的危險。和議的條件差不多成熟，拿破侖第三因塞巴斯托波爾之役勝利渺茫，財力不繼，已在作放棄攻堅的考慮，並在奥國身上另打主意以彌補一年來兆憶的損失。而在俄國方面呢，尼古拉本人在未死以前，他已完全洩氣，殷望法國退出克里米亞戰爭，粉碎英國瓜分俄國的毒計。事情是這樣，不但在彼得堡的宮廷和首都顯貴的沙龍裏，膚淺地侈談着塞巴斯托波爾的不吉之兆，散播着總司令孟希科夫和高恰科夫的駭人聽聞的報告，甚至尼古拉本人於彌留之際，亦不能力持鎮靜，有意或無意地流露出他的消極、悲觀，洩露了俄軍的機密。他甚至當着普國公使洛霍夫及普國軍事參贊孟斯德伯爵（Munster）的面前，表示過俄軍的前途黯淡和他個人的灰心懶意。

初，普魯士軍事參贊孟斯德伯爵把他從冬宮和其他政要口中聽來的一切消息直接告訴他的一個朋友海拉克將軍（國王菲特烈·威廉四世的親信）。但是他沒招架住普王的另一個親信，卽普魯士首相孟推非爾（Otto Von Manteufell）雇用的間諜德亨（Tehen），恰把這些情報從他的書櫥中偸去以後，怕孟推非爾本人吝嗇金錢，報酬微薄，於是這個間諜竟硬着心腸把它賣給另外一個買主。這樣，德國的寶貴情報，就落到了法國駐柏林公使麥斯德侯爵的手裏。當然，這段插曲是過了很久纔被世人發覺的。但是當年法皇拿破侖第三却就是因爲得到了這個密報才看出高恰科夫內心的空虛以及他如何對防禦戰的前途悲觀，而俄皇又如何因俄軍彈藥不足，給養困難而準備退守。拿破侖把他與俄媾和的一切計劃拋棄，在塞巴斯托波爾陷落之前，積極慫慂撒丁尼亞國王愛麥虞限（Victor Emmanuel II 1849—1878）對俄宣戰。決定以雙倍的兵力爭取塞巴斯托波爾的攻陷。英法得了撒丁尼亞的一萬餘生力軍，一八五五年八月二十七日塞巴斯托波爾便於俄國軍民英勇保衛十閱月後，卒因俄國內政的腐敗，宮廷貴族的悲觀失望以及盟軍的一再增援而陷落了。

英國主張繼續進攻

大規模的外交活動，代替戰場上的活動了。更多盟國的爭取，成爲英法努力的目標。所惜俄國沒能締結和約，反給英國一個機會準備決戰。在維也納的公使會議上的談判，因俄國出席代表駐奧公使高恰科夫的反對未成協議。

協議失敗的重要原因，英國的態度關係甚大。判麥斯吞在一八五五年二月初已由外相晉級首相，他在掌握英國政權之後，正想實現他的抱負，堅決反對在塞巴斯托波爾攻陷以後，立刻結束戰爭。英國和全世界的人士指摘判麥斯吞為長期流血及焦土戰爭的主要罪魁之一，英國下院羣起質問。羅巴克（Robac）國會委員會引據它收集到的許多材料，證明英軍勞師遠征，在塞巴斯托波爾一役中物質損失甚大，英國人在攻城時期，並無特殊的功勛；事實上佔領塞巴斯托波爾的，不是英軍，而是法國人。但判麥斯吞認為，塞巴斯托波爾的陷落，祇是給盟軍一個前進的基地，正需要展開大規模的攻勢，不能讓俄國這樣便宜的停戰。因此判麥斯吞的新計劃就是：第一，吸收更多的盟國；第二，法國應徵募新兵補充傷亡，鼓勵拿破侖加強自己的軍隊。只有在這種條件之下，才能『強迫俄國屈膝』，並將法國的勝利作為英國的果實。所以他覺得縱令維也納各國公使會議對『四個條件』未獲致協議，亦為可喜的事。俄國外交越頑強，戰爭越是曠日持久，英國才有實現他的計劃而割取俄國大批土地的可能。在判麥斯吞看來，塞巴斯托波爾陷落後的第一期中，一切尚屬滿意。拿破侖第三沒有想到和平問題，正在和瑞典國王奧斯卡一世（Oscar I 1844—1859）進行瑞典參加對俄作戰的談判。

瑞典的態度

這些談判並無成果。奧斯卡一世要求法國和英國先派五萬軍隊到芬蘭保證瑞典的佔領，同時要求英法方面保證，芬蘭劃入瑞典王國版圖，瑞典永遠領有芬蘭。一八五五年秋季瑞典國王奧斯卡一世對拿破侖三世的特使康洛貝將軍公開聲稱，苟聖彼得堡的俄人一日存在，則任何國家對芬蘭的統治，一日不能安寧。職是之故，奧斯卡要求西方二強保證反俄到底。

判麥斯吞不知道拿破侖第三能否答應這個要求而首先派遣五萬補助軍至芬蘭援助瑞典受降，同時法國人對於奧斯卡所需要的保證能否滿足。但英國方面，對於這些援助，則未能盡如所請。談判無結果而散。奧斯卡拒絕加入同盟。拿破侖第三對這次談判的失敗亦漠不關心。

其次，拿破侖第三正是在塞巴斯托波爾陷落之後，他對判麥斯吞涉及波蘭、波羅的海沿岸各國、克里米亞以及高加索的計劃極爲冷淡。不但如此，在一八五五年十月還傳出一個謠言，說法國皇帝不願與俄作戰了，如若亞歷山大二世同意以『四個條件』作爲與盟國和平談判的基礎，那末和平會議就可能從速召開。

於是同盟國又對奧國大動腦筋。

上文述過，同盟國有一個推動奧國出兵的最大的理由。奧國既在一八五四年十二月二日，已和英法簽訂了攻守同盟條約，且依照該約，奧國應保護摩爾達維亞和窩雷啓亞，使其免受俄國第二次的侵佔，則奧國對出兵問題，應負有條約上的責任。但奧國沒有以『決定的手段』協助西方列強，這個條約仍是具文。現在盟國要求奧國對共同的事業出力是有理由的。

撒丁尼亞王國與同盟國聯合（一八五五年一月二十六日）

但另方面，奧國既未出兵，現在也不必要它出兵。因爲拿破侖第三在一八五五年一月二十六日早就犧牲奧國在意大利的權益，而實現他多年已準備好的步驟了。他和撒丁尼亞國王維克多·愛麥虞限二世 (Victor Emmanuel II 1820—1878) 締結了條約，調遣了一萬五千名的皮蒙特軍到塞巴斯托波爾助戰。撒丁尼亞王國在表面上沒有從拿破侖第三手裏得到什麽，但顯而易見的，撒丁尼亞的出兵，法國皇帝一定是同意了愛麥虞限二世及其首相加富爾 (Camillo Cavour 1810—1861) 所提出的祕密條件。無疑的，這個條件，就是先用法國武力把奧國逐出倫巴底和威尼西亞，然後再把奧國這兩省併入皮蒙特的版圖。儘管拿破侖第三花言巧語地安定人心，但奧地利人已經不寒而慄了。奧國須在法國面前就範，一八五五年年終拿破侖第三因爲渴望從速停戰，就要求奧國出面強迫亞歷山大締和。法蘭西斯·約瑟同意這個要求，不久代表盟國送了一個硬性的通牒警告俄皇。

奧國外長布爾通知亞歷山大二世說：奧國已和西方列強締結了軍事同盟，如果俄國拒絕依據『四個條件』而開始和平談判的話，那末奧國也要被迫宣戰了。

恰巧這時布爾又得到法國退勒爾宮（Tuileries）和多宮之間也在單獨進行談判，並且比自己發出的涵牒要早。這證明基塞里耶夫在一八五四年二月告別拿破侖時所作的預感很有根據：俄法的復交沒有特別的困難。

列強在克里米亞一年餘的鏖戰停止，黑海的和風吹向巴黎。列強對近東的善後工作積極開始準備這次戰爭如把俄土最初的接觸計算在內，前後整整七百三十天，雙方死亡七十八萬五千！

第四節　一八五六年的巴黎和會

拿破侖第三和亞歷山大第二的祕密和平談判

拿破侖第三亟於主張同俄國停戰，其理由有三：第一，在軍事上非常不易戰勝俄國，俄人在塞巴斯托波爾發動的英勇保衛戰，法國犧牲甚大。如繼續作戰，必冒勞師遠征的危險，此爲兵家所極忌。第二，盟國多不能確實合作，普奧二國自始動搖，而英國亦不欲多下賭本。所以繼續作戰，是意味着法國要担負最大的責任。第三，英國野心甚大，如當眞擊敗俄國，英國必有恃無恐，壓抑法國。因此在這種情形之下，法皇拿破侖第三爲了打擊英國判麥斯吞瓜分俄國的計劃，拼命阻止戰爭的繼續進行。於是他就利用英國在國際間的孤立局面，首先單獨與俄國談判議和條件。一八五五年十月中旬，不僅亞歷山大第二，首次得悉拿破侖第三有對俄停戰而和俄國『直接』交涉的表示，而且各方亦盛傳法國皇帝已表示法國絕不受英法同盟的約束。在事實上，拿破侖第三完全同亞歷山大第二完全一樣，不滿意維也納公使會議對俄國的態度。

特別加速拿破侖第三謀和的一個因素，就是瑞典的態度。瑞典的討價還價，拒絕入盟，無異對未來的戰爭得出這樣的結論：在未來戰爭中，爭奪戰爭果實者多，出力耕耘者少。倘繼續作戰，必於法國有害無益，何況勝利又很渺茫呢？祇有別有懷抱而野心甚大的英國首相判麥斯吞，才願意繼續拉別國與俄作戰，等到俄國完全解體，始肯言和。判麥斯呑曾坦白地對他的兄弟說：『和平威脅我國』。英國作戰的最後目的，第一是整個克里米亞直至伯列科普(Perekop)，即克里米亞半島與大陸相連之處，應由英軍控制，『歸還』土耳其，第二，英軍在高加索登陸，佔據喬治亞以及整個南高加索，樹立一個由夏米爾所領導的『契爾凱希亞』王國，以阻止俄國侵入波斯，而夏米爾本人則受土耳其和英國的保護。可是拿破崙第三却嫉妬英國實力的過分強大，他想利用帝俄作爲某一時期對抗英人的秤錘。拿破崙第三很清楚，英國是把法國當做開拓它的東方殖民地如高加索及波斯的工具，替它保證印度的統治，因此，他就允許莫爾尼伯爵(Count Morny)『在私人方面』和俄國開始接觸。

突然，在風和晴朗的一天，有一個大銀行家薛巴特來訪問俄國維駐也納公使高恰科夫，並告訴他一個消息：彼已接巴黎銀行界一位友人愛倫蓋的來信，謂蓋氏曾與拿破崙第三之親信莫爾尼伯爵談話。莫爾尼伯爵表示法人和俄人之戰爭應停，並且提到停戰的時間。這是一個消息，然而却流露出法國主和的誠意。高恰科夫一方面把這消息上奏俄皇，另方面則不待俄皇聖旨，立刻向銀行家薛巴特表示，關於俄法議和一事，尚勞薛氏代表渠本人把下面一段話通知巴黎的朋友愛倫蓋：他（高恰科夫）認爲俄法之間不但應和，而且和約締結之後，兩國的利益要求進一步的合作。可是有一點不能不及早聲明，和平條件要以不傷俄羅斯民族的感情及自尊心爲原則。高恰科夫所說的『不傷俄羅斯民族的感情及自尊心』是什麼意思呢？一句話說完，在未來締結和約時，英法根本應將限制俄國軍艦航行黑海的要求取消。莫爾尼對這個暗示，婉轉地拒絕了高恰科夫。不錯，拿破崙第三主和，但法國與英國在塞巴斯托波爾戰役中遭受如此鉅大的犧牲而恰又允許俄艦航行黑海，這又何苦作戰。這是一。第二，無法向英國交帳，因此俄國要他們放棄這個要求，實在是勢所不能。

雙方經過這樣的初步刺探以後，在巴黎開始了正式的（雖然還是祕密的）談判。但因爲俄國宰相涅塞爾洛德的頭腦昏憒，幾乎中道而廢。他把俄國和巴黎的談判情形，原原本本的告訴了維也納的宮廷。他爲什麼要這樣做，至今不得而知，但他一向誤認神聖同盟的存在以及反動列強團結的幻想，是有些關係的。特別是對奧國，這樣關係重大的事，似乎不能瞞着它幹。可是這麼一來，起了一個反作用。奧皇法蘭西斯·約瑟和布爾伯爵知道了拿破侖第三突然瞞着奧國和亞歷山大議和的消息後，因爲害怕俄法接近，使奧國孤立，大大恐怖起來了。布爾爲了抵制俄法的接近，立刻表示奧國願與西方列強接近，並把奧國向俄國所提出的最後通牒一並送交拿破侖第三過目。拿破侖第三目睹奧國看出他的底細，遂對俄國外交的糊塗背謬表示驚異憤怒。已經開始的俄法談判就此中止。

以上種種，便使俄國對外政策莫衷一是。此時，拿破侖第三也不能公開阻止英國比以前更大的掠奪了。布爾在一八五五年十二月二十八日，也已把奧國的建議遞交涅塞爾洛德了。

奧國對俄的最後通牒

奧國在對俄的通牒中，提出了下列的要求：

（一）取消俄國對摩爾達維亞，窩雷啓亞和塞爾維亞的保護權，而由一切強國共同保護；（二）確立多腦河河口的航行自由；（三）不准任何國家的艦隊通過韃靼尼爾海峽和博斯普魯斯海峽駛入黑海，禁止俄土兩國在黑海碇泊軍艦，消燬兩國在黑海沿岸的防禦工事與軍火庫；（四）俄國放棄對蘇丹治下正教臣民的保護權；（五）俄國將多腦河邊的比薩拉比亞讓予摩爾達維亞公國。這些條件，遠比過去尼古拉第一和亞歷山大第二所不能同意的『四個條件』苛刻，而且眞正有辱俄國人民的尊嚴。奧國的『建議』是用哀的美頓書的方式提出的，雖沒有限定俄皇答覆的時間，但無可置疑的是，俄國表示拒絕接受之日，也就是奧國對俄宣戰之日。因爲奧國不能讓俄法和好以後來宰割它，故以同盟作戰的名義，拖着法國繼續反俄是自救的一個上策。

奧國的通牒發出以後，沒有幾天，亞歷山大第二又接到了菲特烈·威廉第四的信。這封信也是警告俄皇的，顯然是受了布爾和法蘭西斯．約瑟的嗾使。這封信的用語很和氣，但包含的內容却是直接的威脅：如若亞歷山大拒絕奧國的建議，普王要請俄皇考慮『對於俄國和普國本身的眞正的利益所能發生的後果！』這樣，一切內幕揭曉，俄皇從此瞭解，原來和英法同盟的，不祗有奧國，而且還有普魯士。

既然進攻俄國的，有英法同盟，有英法奧三國同盟，此外還有一個旁系——普奧同盟。

俄國的對策

那麼，我們要問，俄國怎樣應付呢？

一八五五年十二月二十日晚上，在俄皇的機要室裏舉行了一次空氣緊張的集會。出席者有九人：亞歷山大第二，康斯旦丁大公，涅塞爾洛德，多爾哥魯科夫(Vasilii Dorgorukoff)，基塞里耶夫，渥洛佐夫，奧爾洛夫，勃倫道夫(Bludoff)和邁耶爾多爾夫。

討論的時間不長，全體出席者除勃倫道夫而外，均主張從速締結和約。俄皇沒有明白表示意見，事實上是默認了名臣們的主張，卽除了割讓比薩拉比亞一條以外，其餘一切條件都可接受。此外，還有一點不能同意，就是在通牒上有一條含糊其辭而可能招來後禍的條文，卽同盟國爲了『歐洲利益』，有向俄國提出『四個條件』以上的『特殊條件』的權利。

一八五六年一月十日，布爾在維也納接到上述的俄國的覆文。奧國口味很大，爲了要把比薩拉比亞一條包含在內，跟着又正式提出了一個通牒，並且限定答覆時間：自通牒發出時起，倘以後六天之中，俄國不接受一切條件，奧國卽以與俄國斷絕國交對付。亞歷山大在一月十五日召集第二次會議。在這次會議上，一致決議接受通牒作和談的初步條件。俄國最後屈服。

巴黎和會與英法的根本矛盾

亞歷山大第二特派奧爾洛夫伯爵爲欽差大臣至巴黎出席和會，並派前俄國駐倫敦公使布倫諾夫男爵隨行，參贊機密。對奧國提出的和議條件俄國已接受了，不過還有一線迴轉的希望，就是法國拿破侖第三的態度。因此，奧爾洛夫在巴黎時特別接近法皇，希望取得法皇的援助。

巴黎和會(Congress of Paris)於一八五六年二月二十五日開幕，於三月三十日閉幕，簽訂和平條約。各國代表的陣容如下：法國由外交大臣卽拿破侖第一之子瓦萊夫斯克(Walewski)出席，並任大會主席。英國——克拉倫敦爲首席代表，考萊(Cowley)爲副。奧國——布爾及胡布涅(Hubner)。土耳其——阿里·帕沙(Ali-pasha)及馬摩德·詹瑪里(Mehmed Jemal)。撒丁尼亞——首相加富爾與會。俄國與會代表，在上文已經述過。

各國代表首次聚首一堂，空氣不甚和諧。大家都看出，作爲同盟主要的支柱的英法兩國在一切問題上是尖銳對立着。先說英法在巴黎會議上的根本矛盾。

第一，關於處置戰敗國的問題，法國認爲帝俄南下的野心已受膺懲，土耳其領土的完整與獨立獲得相當保證；卽是說，作戰的目的已經達到，現在應當是反對英國瓜分帝俄的陰謀。土國應由帝俄威脅下獲得『解放』，但是不應過分地削弱俄國，更不許英國強佔帝俄領土而建立由英帝國所操縱的任何『獨立的』傀儡國家，以便英國做爲進攻波斯阿富汗的跳板，把近東和印度連成一片。所以反對英國拆除俄國一切黑海要塞以及共管亞速海(Azov Sea)的建議，也不贊成奧國佔領多腦公國。

第二，法皇企圖於可能範圍中提出修正一八一五年維也納會議關於法國的和約，以及關於波蘭及意大利的決議，企圖削弱奧普兩國的勢力。但以上一切英國反對。

其它關於土耳其的獨立，黑海的中立等問題，英法意見一致，在下文是要敍述到的。

法俄態度一致

法國既然在巴黎和會與英國立於對立地位，所有出席的代表亦意見參差。担任主席的法國代表瓦萊夫斯基祇是在表面上裝做英法同盟的模樣，事實上，不是支持英人。於是俄國乘隙離間英法。不久，各方盛傳拿破侖第三和奧爾洛夫伯爵在會外進行祕密談話。俄法在許多問題上獲得諒解，並且把幕後商定的方案，和盤向大會托出。

奧爾洛夫伯爵在巴黎和會上起了極大的作用。他是服侍過俄國兩位皇帝而在尼古拉宮中和在亞歷山大第二宮中最紅而最顯赫的外交人物之一。奧爾洛夫愛好外交，在伯金道爾夫逝世以後，爲自己的官運打算，曾毅然接替憲兵司令的職位。數十年來，官運亨通，歷充欽差大臣出使主要強國。但他沒有親自做過特務工作。他的兄弟佛拉第米爾·奧爾洛夫雖接近十二月黨，然他並未遺棄他的同胞，並且在後者困難時多方接濟。他曾下令取消俄政府對蓋爾岑的軟禁令，並發給他出國的護照。此外，由若列布佐夫的介紹，奧爾洛夫與蓋爾岑的孫女結婚。

奧爾洛夫甫抵巴黎，第一件事，就是和拿破侖第三商談俄法密切接近的問題，認爲兩國在實質上已無任何根本的矛盾。在拿破侖第三方面，由於他的目的已達，土耳其已暫時得救，並由俄國的侵略下擺脫，所以不欲對俄國苛求。加之，法國的軍隊在此次大戰中已在海外宣揚國威，信譽日隆，一八一二年的國恥固已湔雪，法國皇帝在國內的統治以及在歐洲的第一把交椅，不怕有什麼人強奪它了。在基本上，他對俄國已沒有特別的要求，祇需要雙方從此息爭，利用俄國實現他未來遠大的計劃。

拿破侖第三的發言及態度非常技術。他對英國不滿，但是沒有把他和『同盟國』（卽英國）的『友誼』與否向奧爾洛夫透露出一句，也絕沒有一個話柄，以資奧爾洛夫日後在英國人面前引用。但奧爾洛夫很懂心理學，他雖不能由拿破侖第三所說的話中知道他的奧密，但是看了他（拿破侖）靜聽俄國全權代表陳述一切意見以後的神色，也完全可以摸到拿破侖第三的心情。奧爾洛夫特別研究的，就是拿破侖第三爲什麼在他津津有味的談到某些問題時不來打斷他，爲什麼有的時候表示沈默，有時又在微笑。所以，在實質上，當奧爾洛夫在法皇的私室和拿破侖第三邊談邊吃時，便已在咖啡棹旁和茶餘酒後完成了他的使命。雙方的心照不宣或無言的默認，竟在和平會議上的幾次莊嚴的全體會議上，絲毫沒有改變，而凡也不會改變雙方在會外的暗示。當然，奧爾洛夫在會場上發言的有力和生效，本質上是因爲判麥斯呑有一弱點，就是英國沒有法國支持，是不會單獨對俄的。因此，俄國的外交藝術就是，凡是和拿破侖第三意見相投的地方，俄國就來讓步；凡是在對方彼此之間意見不合的地方，俄國就態度強硬。此外，俄國代表在這次外交的舌戰中，還有一非常技術的分工。凡是在決定性的問題上或是在外交上需要思索的地方，由奧爾洛夫出場，凡是需要耐心地聽完敵人講話而再作辯駁，或是需要一步步地根據會場的空氣對敵展開進攻，以資保護俄國利益的地方，照例都是落到布倫諾夫的肩上。布倫諾夫也是一個腦筋靈活，勤勉實幹的外交官，過去在出使英倫期間，對英國情形熟習，奧爾洛夫此番邀他作陪，是有作用的。他們兩個人親密合作，奧爾洛夫把他和拿破侖第三祕密談到的一切問題以及重要消息一一告訴布倫諾夫男爵，而布倫諾夫則根據這些消息及他們二人所作出的結論，在大會上堅決地提出。

英法矛盾在和會的重要議程上展開

可是英國的立場，則大異其趣。遠在和會開幕以前，判麥斯呑對拿破侖第三的主和感到痛心，對俄法接近的跡象表現恐懼。他已料定在和會上，法國已不能和英國合作了，拿破侖第三將運用兩面的作風對付他的同盟者英國了。

在大會未開幕以前，卽是在一八五六年一月和二月之間，英法對普魯士可否參加和會的問題發生爭執。亞歷山大第二希望普國參加，因爲普國與奧國的同盟，實質上是被動的，可能得到它的友好的支持。但正因爲如此，判麥斯呑拒絕普國派遣全權代表出席。理由是，普國沒有參加作戰，比奧國的行動還要消極。爭執的結果，普魯士沒有得到出席的許可，祇是在討論到海峽問題時可邀普國列席。但就從這裏，便已看出，英國在巴黎將遭遇一幕惡作劇，判麥斯呑的計劃一定落空。以下敍述重要問題上英法意見的不能一致。

第一個問題，海峽問題：英國代表克拉倫敦爵士和攷萊爵士要求拆燬俄國在黑海沿岸的一切防禦工事，借以削弱俄國在黑海的軍事力量。這個問題，奧爾洛夫斷然拒絕了。後來，英人使用種種恐嚇手段壓迫俄國，但又遭奧爾洛夫嚴詞拒絕。再後，奧國代表布爾出來附和英人的意見，奧爾洛夫第三次又加以拒絕。主席瓦萊夫斯基在發言中贊成英奧兩國代表的意見，但由於瓦萊夫斯基早已知道拿破侖第三對這個問題的態度，同時奧爾洛夫也知道的，這是瓦萊夫斯基故意裝作給英國看的，因此，奧爾洛夫還是拒絕反對，不肯讓步。主席瓦萊夫斯基祇可表示無可奈何，煞手不幹，結果英國不好過拂拿意，奧爾洛夫得到勝利。

其次是黑海及亞速海的中立問題。奧爾洛夫知道拿破侖是單在黑海中立問題上不讓步的，所以他就服從了拿破侖的意見；但當英國人進而提出亞速海的中立問題時，奧爾洛夫又嚴辭拒絕。瓦萊夫斯基重覆扮演着同樣的喜劇，結果又是奧爾洛夫獲勝。

最後第三個問題，卽摩爾達維亞和窩雷啓亞的問題。俄人雖早已退出這兩個地方，但因俄國的利益，迫使亞歷山大第二和奧爾洛夫不得不驅逐奧軍出境，所以極不滿意奧國全權代表布爾所提出的長期佔領的要求。但這個問題上，奧爾洛夫已曉得拿破侖第三也不願意把摩爾達維亞和窩雷啓亞割給奧國，同時主張俄國把比薩拉比亞物交原主（土耳其），因之，俄國代表在摩爾達維亞及窩雷啓亞問題上堅決反對奧國布爾，而在比薩拉比亞問題上表示讓步。但讓步是有條件的，應該是雙方的。俄國旣割出比薩拉比亞，那末奧國也應該永遠放棄它不勞而獲的摩爾達維亞和窩雷啓亞的夢想。可是布爾以爲大會行將閉幕，多腦公國問題最好擱置一旁，而希望混過這個短促的時間從和會得到一個許可奧國佔據摩爾達維亞和窩雷啓亞的決議。但它又那裏曉得，大會主席瓦萊夫斯基突然於三月二十七日板起面孔質問布爾，請奧代表通知大會奧軍撤出摩爾達維亞和窩雷啓亞的日期！奧國代表無言以對，祇好憤而退出和會。最後，撤丁尼亞王國宰相加富爾的參加和會及其眞正的意義，這也是奧爾洛夫比布爾更爲瞭解的。巴黎和會，可說是俄法兩國給英國表演出來看的一幕雙簧。現在我們把巴黎和會於一八五六年三月三十日所簽訂的條約擇要述之如次：

和約內容

根據巴黎條約（Treaty of Paris），（a）一八五五年末俄軍在亞洲大陸作戰期間佔領的卡爾斯（Kars）歸還土耳其，黑海中立，今後對各國商船開放，比薩拉比亞割讓與土耳其，這是俄國所遭受的主要損失。（b）取消俄國對摩爾達維亞、窩雷啓亞和塞爾維亞的特權，以上兩地由列強共管，但名義上以土耳其爲宗主國，奧爾洛夫也無異議地同意。

這個比較和緩的和平條件，固然拿破侖第三對外政策的轉變，以及他反對英國繼續削弱俄國的計劃，起了很大作用。但是在另一方面，俄人在塞巴斯托波爾保衛戰中勇敢守衛將近一年，這是給全世界所留下的最強烈的印象，不然，當時叱咤一世的歐洲最強大的君主拿破侖第三在巴黎和約簽訂以後，偏偏想和俄國接近並結成同盟呢？

俄國人民要得免於瓜分，不是拿破侖第三的好意，也絕非俄國外交家的權術應變，而基本上是俄國人民不可征服的反映。外交家天才的發揮及本領，祇是在與國人共赴國難的條件之下才有可能。

第五節　拿破侖第三發動的侵略殖民地戰爭——敍利亞（一八六〇—一八六一年）

拿破侖第三征服敍利亞企圖的失敗

英法在近東的矛盾，在一八五六年巴黎和約時已很顯然。拿破侖第三早想對土耳其的敍利亞發動一次新的殖民地的冒險戰爭，以便肅清英國在這裏的勢力。正巧在土耳其的敍利亞，一八六〇年五月發生了回教徒和基督教徒之間仇殺的戰爭。杜魯志(Druses)的農民的土地，被封建地主基督教派馬洛尼志（Maronites)沒收，於是回教徒向基督教地主進攻，殺死許多人民。英國國教會，而尤其是長老會，祕密煽動回教徒去反對基督教徒；而法國和梵諦岡（Vatican）的天主教徒則煽動基督教徒去反對回教徒。土耳其的軍警也積極參加了對基督教徒的殺戮。一八六〇年在大馬士革一地殺死了五千多個基督教徒，在具魯特等地也有基督教徒被殺。法國報紙極烈攻擊對『基督徒的殺戮』，而外交大臣士佛尼爾則建議英國駐巴黎公使考萊爵士由列強代表召集委員會，並首先派遣武裝部隊去懲罰暴亂的回教徒。考萊爵士假裝不相信會殺戮這麼許多人，並企圖用幽默和懷疑的論調來搪塞英國的責任。可是士佛尼爾的態度極其堅決，拿破侖第三命令他和高恰科夫商談。判麥斯吞知道事情是不會這樣了結的，假如英國的行動稍遲，法國人定和俄國人共同行動對付英國。判麥斯吞上了拿破侖的圈套，考萊爵士對基督教徒表示熱烈的同情。結果，經過一度磋商之後，判麥斯吞爲了害怕法國人奪取敍利亞，於八月三日被迫在倫敦和法國政府簽了一個協定。這是給法國敍利亞的遠征軍以一個合法的保證。拿破侖第三更借口不把他的軍隊從敍利亞撤走，以免基督教徒再受摧殘。這時英國看出法皇的狡計來了，判麥斯吞內閣立刻要求撤退軍隊，同時他的外相羅素爵士亦在國會聲明，英國不能容許法國在敍利亞製造一種法國在一八四九年在羅馬的形勢。這一強硬的聲明，是於一八六一年二月二十一日作的，拿破侖第三當時因未準備爲敍利亞問題和英國作戰，結果就在一八六一年將法軍撤回。奪取敍利亞的企圖至此完全失敗。

第十章　十九世紀資本主義國家對華的侵略政策

（一八四〇——一八六〇年）

十九世紀四十年代以前，中國還是遠東的第一強國。他繼承了古代中國豐富的遺產和幾千年的文化，在東方沒有那個國家不羨慕它。「千邦來朝」，「萬國進貢」，它似乎是東方各國的宗主國。與歐洲列強所不同的，祇是中國是一個封建國家，西方的英法等國已廣泛發展了資本主義生產。

但鴉片戰爭以及一八四二年與英國簽訂的南京條約，卻完全表現它的衰弱，開始了它向殖民地的轉變過程。以前的藩屬一一被資本主義國家強佔以去，中國成為它們共同爭奪的次殖民地。

第一節　十九世紀前半葉的中國及其對外關係

中國鳥瞰

十八世紀末葉，中國的領土，由於康熙和乾隆兩代的開拓，除現今領有的版圖外，南部的安南，緬甸，不丹，尼泊爾，暹羅，太平洋中的澎湖，琉球，東北的朝鮮，蘇聯的沿海濱省以及新疆以西哈薩克廣大的地區，或為中國的領土，或為附庸。人口約計有兩萬萬，境內有數十種民族。

物產方面，也數東亞第一，完全『自給自足』。正如乾隆對英國說的：『天國物產豐盈，無所不有，原不假外夷貨物，以通有無』。來往的文書也不客氣，把西洋各國，當做蠻夷看待。倒如中國與俄羅斯所訂的『恰克圖條約』，其中第一條便說：『恰克圖互市，於中國初無利益，大皇帝普愛衆生，不忍爾國小民困苦，是以試行』。

不過中國是一個十足的封建國家，所謂『自給自足』，是國內億兆人民慢性的飢餓。清初（一六六一年），中國有三億四千九百萬畝耕地，人口——一億零四百萬，平均每人可得土地五畝又四分之一，但到一七六六年（乾隆時代），全國耕地七億四千餘萬畝，人口一億八千二百萬，每人平均所得之地減少到四畝。應當注意，滿清入關以來，肥沃之地，盡被王爺顯貴和中國的大地主官僚所霸佔，八旗佔有耕地的百分之五——六。江西龍虎山的張天師，山西五台山的喇嘛，滿清政府賜給以及由他們用種種掠奪方式所得之地，均在數十萬畝以上。農業技術非常落後，即江南一帶的稻田，也完全依賴農民經年辛苦的勞動。英法已先後經過工業革命，中國還是進行着土地的單純再生產。所以每遇荒歉，餓莩載道，在一七九六年的二月天，北京貧苦人民因凍餓而死者，在一夜便有八千人。

封建地主的剝削，通常佔農民收入的百分之七十以上。除此而外，還有各種苛捐什稅以及商人高利貸的重利盤剝。特別厲害的是官僚的貪污腐化。和坤一人所擁之財，即佔當時全國財富之半。人口中百分之八十以上的農民無法生活，小商人，手工業者亦因此而破產，多不能得一溫飽。

除上述的種種壓迫而外，滿清對漢人和其他弱小民族的岐異政策以及慘無人道的殺害，各族人民尤不堪忍受。儘管清兵用『嘉定屠城』，『揚州十日』等滅絕對策對付漢人及其他各族人民，特別是回族，可是乾嘉兩代，也正是各族人民反滿的大暴動時代。這一運動，隨着資本主義的侵入中國而愈益不可收拾。最重要的有一七九六年到一八〇四年白蓮教在川、陝、鄂一帶的暴動，一八一三年天理教的謀攻北京，一八二五年至一八三一年喀什噶爾回族的大暴亂。滿清政府的統治，雖未動搖，但自十九世紀起，已是向着衰落的方向邁進。事實上是，沒有資本主義列強的侵略，滿清也不會照過去的方式統治下去了。

鴉片戰爭前中國與西方各國的關係

中國與西方各國的關係由來已久。十九世紀四十年代以前，與中國發生關係的國家，有葡萄牙，西班牙，荷蘭，帝俄，英國及法國。西、葡、荷三國的人民來的最早，在十六——七世紀已先後到達廣東。十七世紀中葉（一六三五年，明崇禎八年），英國也跟着到了廣州。一六四三年（崇禎十六年）俄國的波伊阿爾考夫(Poiarkov)已帶着軍隊來到黑龍江上的伯力，並在附近築起要塞。彼得大帝（Peter I, 1689—1725）在俄國即位後，他貫徹着向東擴張的政策，幾乎佔領了全部黑龍江以北區域，並侵入尼布楚及雅克薩兩地。中國那時也正向北方開拓，因而中俄兩軍發生戰爭，前後共歷六年（一六八二——一六八八年卽康熙二十一年至二十七年）。但在雅克薩之役，俄軍敗北，勢蹙請和。俄國方面，彼得大帝派使臣費岳多額里克謝，中國方面，由內大臣索額圖及張鵬翮、陳世安等前往，於一六八九年（康熙二十八年）開和議於尼布楚，幾經波析，最後與俄國訂立了一個有名的尼布楚條約。俄國放棄了黑龍江區及伯力附近的要塞。雙方約定以大興安嶺爲界。何秋濤撰『俄羅斯互市始末』中有云：『經內大臣索額圖等與俄國使臣費岳多額里克謝在尼布楚議定，國界以大興安嶺爲界』。同時『許其貿易不禁』。康熙三十二年定例：『俄羅斯國准其隔三年來京貿易一次，不得愈二百人……限八十日起程還國』。一七二〇年至一七二一年，俄人伊斯邁洛夫(L. V. Izmailov)率領的商務代表團第一次到了北京（北平），並在這裏建立了商館和東方正教 (Eastern Orthodox) 教會。一七二七年（雍正五年），中國與俄國訂立了恰克圖條約。

上述的這些商業及外交的關係，很久沒甚發展。西班牙，葡萄牙，荷蘭三個海上的強國，到十九世紀已先後沒落，不可能對中國有什麼侵略的行爲，因爲這幾個國家，都是在殖民地進行着不等價的交換和刼奪，本身並沒有建立起資本主義的大生產，所以對中國社會沒有產生浸蝕作用。俄國也主要的是封建軍事國家，經濟落後，西伯利亞還是一片荒土，不可能對中國侵略。英法兩國在十九世紀初年，正在歐洲作戰（拿破侖戰爭時代），所以也無暇東顧。

麥卡特尼使華

但十八世紀末葉和十九世紀初葉，英國已完成工業革命，大量的商品生產，需要向國外找尋廣大的市場。中國當年與西班牙貿易的情形，不能滿足資本主義國家，尤其是英國的要求。第一，中國與英國的貿易，雙方均由狹隘的組織（在英國方面由東印度公司，中國方面由廣州的十三公行）壟斷，而且通商的地區很小，商品的種類只限於鴉片及絲茶。第二，英國在對華貿易方面，還有荷蘭和葡萄牙等國的競爭，並且荷蘭等國在中國享受到比英國較多的優惠，比如居留地澳門，第三，滿清政府對外商有許多敵視和刁難的行為，比如『防範洋商章程』就是最典型的一種措置。

鑑於上述種種，英王喬治三世於一七九二年有特派麥卡特尼爵士（George Macartney 1st Earl, 1737—1806）率領一個代表團來中國之舉。麥氏曾任印度馬德拉斯（Madras）省長，愛爾蘭（Ireland）的總長，又是一個有名的外交家，曾出使聖彼得堡，與俄國訂立一個有利於英國的商約（一七六七年）。英國代表團的任務，是與中國建立正式的外交關係，調整中英之間的商業關係：（a）在北京設立使館，照管英國商務，（b）除廣州外，允許英商至寧波，舟山，天津，廣東等地貿易；（c）依照俄國先例，在北京設立商館。（d）以舟山為英國貨物的收貯地；（e）在廣東設一英人居留地，或准其在澳門居住，自由出入；（f）減低英貨入口稅則，（g）准許英人傳教等等。代表團之來，帶着英皇豐盛的禮物，船桅上招展着『英國進貢使臣』的旗幟，希望用物質誘惑的手段收買滿清皇帝。但代表團到了廣州，即被擋駕，祇因他們一再堅持要到北京晉謁皇帝，滿清政府始勉強承認。不久船隻駛入白河，泊近北京。但此時奉到滿清命令，如不見面叩頭，休想覲見皇帝。雙方爭執甚久，最後中國官方同意麥氏依照英國臣民覲見英王之禮去見乾隆。

乾隆皇帝召見英國使團，收下了英皇的禮物，並以滿淸政府的一份禮物交給代表團。但成就很少，乾隆不允與英通商，更說不上條約的締結及外交關係的建立。麥卡特尼在北京被人監視，如同坐牢，除了遊覽一些名勝外，整日無事可做。滿淸政府不明白英國是個什麼樣的國家，也不瞭解麥卡特尼是個什麼人物。完全把英國當做夷民，番邦。結果英代表團掃興而歸。

一八一六年，英國又派另一個大員，後來做過印度總督的埃姆赫斯特爵士(Amherst William Pitt, Earl, 1773—1857)第二次來華。他也是個外交家，來中國的目的，與第一次相同。不過為了叩頭問題，雙方又不愉快。埃姆赫斯特沒看到乾隆，當然也就怏怏而去。

一八一三年，英國下院取消東印度公司的壟斷權，代表工商資本家的自由黨已逐漸握得政權。根據一八三二年的改革法案(Reform Bill)，伯明翰(Birmingham)及曼切斯特各工廠在議會中均有代表，英國工商資本家亟謀打開國外貿易。因之在一八三三年又派納皮爾爵士(Lord Napier)為駐華公使，到廣東調查英國的商務。但又受到了滿淸官方的鄙視與冷淡，不數月死在澳門了。

十九世紀四十年代之前，中英關係毫無進展，中國的大門關的密不通風，英國商人飽嚐閉門羹。

第二節　鴉片戰爭及列强的開始侵略中國

鴉片及鴉片的走私

中英兩國在商業上的無法展開，純然是因為兩國社會制度的不同。封建主義的中國與資本主義的英國對立着。資本主義並沒澈底排拒封建主義的存在，而且到帝國主義時代，它還拼命扶植崩潰中的各國的封建殘餘。但是為了使封建主義濃厚的落後國家，變為它的市場，却非使後者資本主義化不可，非使它遭受相當的腐蝕不可，不然，便不可能使兩種絕對對立的制度融和，並使後者對前者就範。

英商既在中國正面碰壁，便加緊從側面打開中國的萬里長城。正規的商業關係不能建立，於是以走私的方式來衝破。當然，所謂走私，沒有滿清貪官污吏的協助是不可能的。

走私的物品，第一重要的是鴉片。因爲它的價值較大，而且受到許多有閑階級，首先是滿清官僚・地主的酷好。鴉片最早爲亞洲西部及歐洲東北部的一種土產，在紀元前一——二世紀，希臘已懂得利用它製造藥品。其後在中亞一帶亦開始種植。八世紀見於中國史籍。後來蒙古人曾壟斷印度的此項貿易，自一六二〇年西班牙人將美洲的煙草輸入我國後，我國人民才將這兩種毒物合製吸食。

一七二九年（雍正七年），清政府第一次勅令禁止，但東印度公司已壟斷了鴉片貿易，滿清官僚把它的入口，亦當做肥美的收入，因此，禁令無法執行，走私之風甚熾。據外人統計，雍正七年鴉片輸入不過二百箱，所值無幾。一八二一——二七年間，平均每年輸入九、七〇八箱，值八、七二五、六〇〇元，一八二八——三五年間，平均每年輸入一二、八八五箱，值一三、四〇三、〇〇〇元，一八三五——三九年間，平均每年輸入三五、四四五箱。鴉片輸入的激增，有如幾何級數。其次就鴉片與其它商品輸入的比例看，乾隆十六年（一七五二年）它祇佔各種輸入品的八分之一，在乾隆末年增至二分之一以上。

固然，中國衰弱了，但印度也成了鴉片世界。英國前首相麥克唐納(Ramsay Macdonnald)在『印度政府』(Government of India)一書中說：『東印度公司犧牲了印度人民的利益，以成就它本身的商業利益，有時鴉片存貨很充足，它命令將罌粟田改種穀物，以期維持鴉片的價格。有時——同樣是作商業上的攷慮——它下令不種穀物而改種罌栗』。總的傾向是，雅片『流入中國，吸食漸衆，銷路日暢，於是印度人之操種業者，莫不爭種。印督及英官見獲利之鉅也，咸命官經理其事』。

我國產銀有限，對外貿易一向『以物易物』，苟白銀繼續出口，勢必危及國本，况雅片的輸入多，而輸出之貨物少，且係走私運入，因此白銀外流，爲數至鉅。道光三年至十一年（一八二三年——三一年）廣東輸出白銀共一千七百萬兩，十一年至十四年——兩千餘萬兩；十四年至十六年——三千餘萬兩。其它爲冀、魯、閩、浙，均未計算在內。林則徐指出：『煙不禁，國日貧，民日弱，數十年來，豈惟無可籌之餉，抑且無可用之兵！』

對鴉片問題上的兩種矛盾的對外政策的鬥爭

雖然以林則徐爲代表的禁煙派以鴉片問題關係民族國家的生存，主張嚴厲禁絕，但是政府當中還有許多人並未看出這是民族國家的危機。在數十年的禁煙過程中，地方官吏與外商狼狽爲奸，逃避檢查，從中漁利，而中樞若干大臣亦多方庇護若輩，顯有扶滅亡華詭計。在鴉片戰爭前夕，這種貪贓枉法的行爲尤不可收拾，且使若干主禁的封疆大吏有動搖者，比如道光三年（一八二三年）兩廣總督阮元最初是積極執行禁煙政策的，但不久他又有『暫時羈縻，徐圖驅逐』的密奏。後來兩廣總督李鴻賓在道光六年（一八二六年）以鴉片躉船的充斥洋面，創設水師巡緝，但巡船反與烟犯表裏爲奸，烟船日益增多。繼任總督盧坤則索性將水師巡船廢除。許乃濟公然提議鴉片合法貿易（一八三六年），在他庇護之下，那一年入口的鴉片如水銀瀉地。同年粵督鄧廷楨又設水師巡緝，但水師與奸商立約包運。甚至水師副提督韓肇慶竟因代運鴉片而擢升總兵。

最初，道光本人在禁煙問題上是相當堅決的。在煙禍愈變愈烈的關頭，對於林公的主張不僅認爲切中時弊，而且相信以林公担此重任，必可扶衰振萎，有一番新的政績。當林公勸請皇上嚴禁籌議鴉片章程時，道光前後共召見林則徐十九次，並授以清朝開國以來僅頒發過三次的欽差大臣關防，全權處理鴉片事件。以林則徐，鄧廷楨，朱醇，許球，朱成烈等爲代表的禁烟派，最後戰勝了太常寺少卿許乃濟，莊親王弈賛。輔國公溥喜等且被降級處分或革去王公爵位。林則徐是在清朝一時高漲的禁烟氣氛中到廣東的。

一八三九年（道光十九年）春，林則徐拜命欽差大臣，馳赴廣東禁烟。林氏於三月十日赴任，赴任後卽頒佈『令夷人呈繳鴉片』的命令（三月十八日），停止鴉片貿易。林則徐在一道命令中嚴厲地說：『如外商不欲聽從，卽與彼等斷絕一切來往』。

林則徐禁烟與鴉片戰爭的爆發

那時英國駐廣州領事爲甲必丹義律（Captain Elliot）。他爲了抗議中國官方的命令，要求林則徐發給全體英人護照，離開廣東準備一戰。同時有的英人以爲中國當局禁烟，無非是一種例行公事，只要向官方納賄，不愁通過民族敗類。但林則徐非一般貪官可比，革故鼎新乃其貫澈之目的，因之，在英人商館之前將數名出入商館之華人就地正法，並派遣軍警襲擊商館，迫令英商繳出私藏鴉片。此一八三九年三月二十三日事也。

英商先繳出鴉片一千三百七十箱。則徐堅持英商應將鴉片盡數繳出，英商不聽。則徐對英商實行經濟封鎖手段，英人無奈，於三月二十三日續繳出鴉片二萬零二百八十箱，盡被則徐投入虎門海面。

本來禁烟事件至此告一段落。假如英商能不再作此勾當，中英關係頗可正常發展。但那時英商我行我素，私運如故，完全沒把中國的政令看在眼裏，義律在對判麥斯呑的報告中有云：『吾人之市場，官廳愈禁止而愈興旺，我國商人感激不置。此種業務予吾人以更大好處，殊無疑義』。

則徐目睹英商陽奉陰違，破壞中國政令，爲中外國法所不容，不得已宣佈外商週知，一體遵行。則徐在『諭各國夷人呈繳烟土稿』中說：『嗣後來船，永不敢夾帶鴉片，如有帶來，一經查出，貨盡沒官，人卽正法』。

這是一道最嚴厲的命令，非此不足以收禁烟之效。在廣州的外商，大都以爲此項貿易，於法於理，均不宜幹，多數人遵命具結，表示維護中國政令。獨甲必丹義律及英國商人，以鴉片貿易，差不多被英人獨佔，獲利至鉅，抗不遵命，反對到底。則徐無奈，勒令英人退出澳門。

義律率英商退出澳門後，漂泊海上，無所適從，自爲意料中事。在進退維艱之際，向判麥斯吞政府請求派兵作戰，以舒積忿，宣揚國威。英國下院對義律的請求展開激烈爭辯，東印度公司以其在華有特殊利益，堅決主戰，於是議會中以九票的多數通過對華宣戰案。因爲早在一八三七年一月二十五日英國外相給義律的通訊中已經在說：『卽以我的意見而論，欲使通商政策有效，非可以尋常的手段成就』！而義律則在一八三八年時亦緘致英國外相說：

要得到對華的權利，唯有訴諸武力，才能發生效果。此外並且說，鴉片問題遲早必起衝突。可見英人早有對我作戰之意。東印度艦隊司令麥特蘭(Fredrick Maitland)亦早在一八三八年率領艦隊來華了。

一八四〇年一月，英國集印度及好望角(Cape of Hope)駐軍一萬五千五百人由義律率領取道印度洋向中國進發，冀以武力達成判麥斯吞之提案：賠償被沒收及被毀之鴉片，向英人道歉，保證以後對英人的『尊重』，割讓一個根據地與英人。

其實，則徐早知此次禁烟，英人必以武力來犯，故於就任後卽在其權力所及之地早已加強防務，積極迎戰。英艦在虎門計不得逞，後遂竄至江、浙、閩、沿海一帶恣意騷擾，極盡燒殺刼掠之能事。一八四〇年七月，英軍佔領長江口外的舟山羣島，定海，寧波，八月兵至大沽，京津震動。當時因滿淸政府未有決策，慴於外國新式軍備，於是直隸總督琦善與英人全權大使義律訂立了一個講和條件：賠償英人鴉片損失，開放廣州，廈門，福州，定海，上海爲商埠，賠償軍費，不得以夾帶鴉片株連英商等等。這就是一八四一年一月中英簽字的倉北協定。

南京條約（一八四二年）

中英協定簽字以後，琦善出任兩廣總督，則徐以應付失當，撤職查辦。琦善是典型的媚外主義者，他一反則徐的新政，廢除了禁烟的政令。英人以琦善昏瞶，百般要挾，除過去協定中幾條而外，又以香港的割讓爲和平條件，並襲虎門，克香港。琦善完全滿足了英國。可是那時淸政府以琦善讓步太多，拒不接受，於是倉北協定便由琦善及英國撕毀。結果琦善又被撤職，政府忽又主戰。

一八四一年八月，英國大規模軍事行動開始，英人以璞鼎查（Pottinger, Sir Herny）爲主將，急調印度援軍突入沿海一帶。英軍此次進攻所獲甚多，廈門，鎭海，寧波被佔——一八四二年四月，已攻陷乍浦，五月吳淞失陷，六月十九日佔領了上海。

上海陷落之後，英艦溯江而上，攻佔鎭江，控制了當時南北交通的大動脈運河。八月，南京城外亦發現英軍，滿淸的官僚地主均準備棄城投降。淸廷見形勢危急，抵抗無效，結果又急派耆英至英國旗艦『康華理號』（Cornwallis）與璞鼎查議和，於一八四二年八月二十九日（道光二十二年七月二十四日）訂立了中國外交史上第一次的可恥條約，卽南京條約。

根據南京條約（第二條），中國開放廣州，福州，廈門，寧波，上海五處爲通商口岸，准許英國設立領館，並准允英商居住。第三條：香港割予英國。此外除賠償英國軍費二千一百萬元，取消壟斷性的商行外，最重要的還有一條，就是英商貨物進口稅，一律規定値百抽五。從此英國商品大量流入中國，後者變成了資本主義國家的市場。鴉片戰爭，實爲英國資本主義發展的必然結果。

中國人民在鴉片戰爭時期，對強敵的蹂躪及淸政府的媚外投降非常忿怒。廣東人民自動組織『平英團』，與英軍撲戰；江浙一帶的人民，對英軍的掠奪奸淫，報以猛烈的抵抗。然當局『安內』重於『攘外』，結果人民的愛國運動被滿淸政府及英軍共同壓迫下去。南京條約的訂立，不過是賣國的開始，不到一年，淸政府又與英國訂立了所謂『補充條約』（一八四二年十月八日）。這個條約又是耆英和璞鼎查簽字，雙方議定『以最惠國的地位』（Most Favored nation）待遇英國，領事裁判權也從此開端。

美國對鴉片戰爭的態度

美國對鴉片戰爭的態度，最好用美國人自己的話來說明。萊丹(John H. Laday Latane)及温哈斯(David W. Wainhouse)二人在他們合著的『美國外交政策史』(A History of American Foreign Policy)中說：美國前國務卿葵因司·亞丹姆斯(John Quincy Adams)於一八四一年十一月在馬薩諸塞州的歷史學會的演說中稱：『英國宣戰完全是有理由的』，而美國的輿論，則是『美國政府是很想從英國所使用的壓迫政策中取利的』(中譯本三四五頁——商務版)。又同書第三三九頁中說：『在我們努力保持與中國的有利通商關係裏面，我們時常利用別國的壓迫政策，而不替他們的行動担負道德上的責任』。

事實上，美國政府的態度就是如此。正在鴉片戰爭緊張的時期，美國由卡爾尼(Commodore Kearny)率領一個海軍艦隊在中國海面巡邏，並強迫廣州當局賠償禁煙期間的損失——被掠奪數十萬元之多。他一聽見英國得到新關稅的待遇，即與廣州總督通信，『要求美國人民的通商，應與『最惠國的商人平等』。美國的漁人政策確實比英國高明。英國代表團有一人後來這樣評論：

『因爲美國海軍統領卡爾尼的抗議，中國政府在南京條約以前就答應了，中國對於英人的讓步，也許給美國。因此，中國口岸之開放與歐美，並不是我們的政策的結果，而是起於美國人的深謀遠慮。他們怕我們享受若干獨佔的特權』。

美國自獨立戰爭結束以後，就特別看中中國。一七八四年二月二十三日，第一個掛美國國旗的船『中國皇后號』(Empress China)由紐約起碇駛往廣州，其他各地如波士頓，普羅威登斯(Providence)，紐約，諾福克(Norfolk)，菲列得爾菲亞，均爭先恐後，來華貿易。自一八一二年至鴉片戰爭，『美國與東方的商務的發展超過了任何時期』！

關於設立領館的問題，美國也很早提出。當『中國皇后號』來華之際，就有一個名叫沙謬爾的少校

(M- ajor Samuel Shaw)跟着來到廣東調查商情，後來並在廣州做了很多年領事，直至一七九四年死到任所。這種關係以後繼續保持下去。

美國第一個企圖與滿清政府建立外交關係的，是羅伯特(Edmund Roberts)。此人是一個大船主，在未來到中國以前　已經到過東方的許多地方。一八三二年他持着美國總統致安南、暹邏及阿拉伯的馬斯卡特(Muscat)各國君主的信，乘『孔雀號』(peacock)到上述各地要求締結條約。到了廣州海面時，中國當局鑑於他乘的『孔雀號』是一個軍艦，勅令遠駛，但他置之不理，在中國海面逗留六星期之久。他在安南爲與高級官吏來往，在他的名片上『加上了他本州新罕布什爾(New Hampshire)的許多郡名以爲官銜，並且冠以市、鎮、小河之名』。他在安南成就很大。與馬斯卡德的蘇丹也訂立了一個條約。不過他第二次來中國時，船上發生瘟疫，結果他死在澳門。『他是美國在東方的外交的先驅』。

我們可以說，美國自立國以來的孤立政策並不孤立，不過方法各有不同，它是用巧妙的方式達到分割中國的目的吧了。

鴉片戰爭的爆發，上文述過，美國亦躍躍欲試。在一八四一年四月，有人力勸美國務院派一公使來華，並舉出了我們上文所述的那位讚揚英國蹂躪中國的葵因斯·亞丹姆斯的名字。南京條約簽字後，美國更怕落後於人，戴列爾(John Tyler)總統立刻諮文國會速派代表前往中國要求『最惠國』待遇，並建立外交關係。當時美國就選定了馬薩諸塞州的議員古心(Caleb Cushing)爲美國駐華第一任公使。此人富有魄力，尤擅交際，曾被認爲是對付中國『更適當』的人物。

一八四四年四月二十四日，古心代表團已經率三桅兵艦一艘，單桅兵艦一艘，蒸汽兵艦一艘由美國浩浩蕩蕩地來到澳門。古心到達中國後的第三天，卽照會兩廣總督要求到北京呈遞國書。當時中國當局以路途遙遠，地方不靖，勸他在廣州聽候發落。但他態度堅決，非去北京不可，及至滿清皇帝正式拒絕，並派耆英與他們就近談判後，他才開始與耆英把晤。二人關係很好，使團的闊綽，他個人的吸力，早已令人頭昏目眩。加之那時法國也有派代表來華之意，滿清政府為了及早與美國建立一個正常關係，免得法國人來到之後也插在裏面，越弄越僵，於是就在他『軍事行動的恫嚇』之下，在一八四四年七月三日簽訂了一個『中美修好條約』。這個條約，萊丹說：『在許多方面，都比英國好；它不但包括關於通商更有利的規定，並且在第二十一條裏面用清晰的字句保證了美國的治外法權』。

俄法等國與英美爭奪在華權益

俄國早已是覬覦中國邊疆，上文第一節已經談過。自英國於十八世紀末年開始在經濟上企圖征服中國以來，俄國喀德隣女皇；急命波丹金(Grigorii Alexandrovitch Potiomkin)，柏司波洛德攷(Bezborodko)等人製定武裝進攻中國的計劃，並在伊爾庫茨克建立羅紗布工廠，以抵制中國市場上的英國的棉織品；召募波蘭流氓充當偵探，派至遠東及新疆以外活動。喀德隣死後，亞歷山大第一亦對中國的經營非常注意，一八〇五年派遣高洛夫金伯爵(Golovkin)使華，到北京覲見雍正，惟收獲甚微，兩國關係無甚起色。

鴉片戰爭以後，俄國鑑於英國在華實力膨脹，亦援例掠奪中國。一八五一年七月二十五日所簽訂的古爾扎條約，滿清將華西的特權讓給俄國。英俄在中央亞細亞的矛盾加深，由十九世紀中葉起，英國政府歷次發表的『藍皮書』，均指責帝俄有侵略西藏和印度的野心，而將它自己的政策稱為『防禦的』政策。

法國在一八四二年南京條約公佈以後，不久也派一使團來華，領導人為蘭格勒尼(Lagrene)。他與中國訂立了一個『中法修好條約』(十月二十四日)，除援例享受到英美的特權外，又迫使中國承認設立天主教堂。

其它為比利時，瑞典，挪威亦先後扣中國之門，跟在大強盜國家之後分享殘羹。

這裏，失敗的原則，除英國蓄意用武力侵略，爲鴉片貿易和英國資本主義的商品獲得廣大市場而外，同時最重要的，除國際方面，當時列強在遠東政策上與英國尙無尖銳的矛盾而干涉英國而外，滿清政府黔驢無技，舉朝闒茸以及媚外求榮的政策是最主要的原因之一。

林則徐禁烟政策失敗的原因

前文述過，林則徐的出任欽差大臣，是戰勝這班壞種的結果。但是滿清官僚政府的腐敗，主張開禁的人們，他們的勢力還是潛在着。這就不能不影響到道光的態度。

在禁烟的第一個階段，道光不僅勅令嚴禁，而且他說，假如英人不辭一戰的話，中國政府也準備和它幹一下的。當林公初至廣東而兩廣總督鄧廷楨等奏稱：『遵旨力除鴉片，共矢血誠，俾祛大患』之際，得旨是：『卿等同欽差大臣林則徐若能同力同心，除中國大患之源，不但卿等能膺懋賞，即垂諸史册，朕之光耀，豈淺鮮哉！而民生之福，政治之善，又非淺鮮。諒卿等亦不煩諄諄告誡也。勉之！勉之！拭目待之！此摺給林則徐閱看。』

其後當林則徐頒佈『諭各國夷人呈繳烟土稿』，將大批鴉片沒官而上奏皇上『本大臣旣帶關防，得便宜行事，若鴉片一日不絕，本大臣一日不回，誓與此事相始終』。道光的硃批是：『覽及此，朕心深爲感動，卿之忠心愛國，皎然於域中化外矣。』君臣之間的契合，實爲中國史上所罕見！

最後，當英國積極備戰的剎那，道光還是氣派十足，積極鼓勵林則徐和鄧廷楨來幹。他說：『朕不慮卿等孟琅，但誡卿等不可畏葸』！其次又說：』着林則徐等酌量情形，卽將英吉利國貿易停止，所有該國船隻盡行驅逐出口』等等。這表示皇帝也由單純的『主禁』進而『主戰』了。這時攻擊林公的人們氣的發瘋，居然造謠說林公『納賄』，『營私』。但道光毫不動搖，且勸林公『勿因羣言淆惑，稍形廢弛』。

廣東方面的戰爭，由於林則徐的深謀遠慮，一到廣東就已佈置好了，英人根本無法攻破中國的防綫。但是其它沿江各省，多半是些尸位素餐，因循敷衍，臨渴掘井的些叩頭蟲。當然，江、浙、閩、冀諸省毫無防禦，不攻亦破，有何話說？但沿江許多海口被英人用強大火力摧毁了，連大沽也發現敵人了，於是媚外的份子們認為這是賣國的機會，大家責有煩言，把軍事上這一切失敗統統歸罪於林則徐的孟琅。他們說林公『持之過激』，『輕視邊釁』，而道光本人也受這般小人重重包圍，指責林公的政績：『不但終無實際，反生出許多波浪』？寃哉耶乎，道光竟搖尾一變，如同他左右的奸佞將一切的責任都輕輕推到林公頭上！他說：『本年福建，浙江，江蘇，山東，直隸，盛京等省，紛紛征調，靡餉勞師，此皆林則徐等辦理不善之所致。』反之，對於琦善的不抵抗政策和媚外求榮，則竭力褒奬，說大沽口的和議是應該的：『念江南數百萬生靈，一經開仗，安危難保，既經該大臣等權宜廣允，朕亦可以民命為重』。這種出爾反爾的口吻，自然助長了喪心病狂者的氣焰。天津道陸建瀛公開主張取消禁令，琦善在天津設宴款待義律，並當面答應削平反烟運動，查辦林則徐。在出賣了香港後的行為更恥，以美女媚敵，並和伊里布兩人為林公的撤職查辦特別跑到英國海軍司令伯麥面前道賀。倒是英國人還識好歹，見了這種東西可笑亦復可鄙。商務印書館出版的『清代通史』記云：

『當義律啓椗南旋時，伊里布在鎮海遣家人以牛酒，首賀以林鄧去職之事。伯麥搖首曰：林公自是中國好總督，有血性，有才氣，但不悉外國情形耳。斷鴉片烟可，斷貿易不可。貿易斷，則我國無以為生，不得不全力以求通商，豈為仇總督而來耶！』

這是鴉片戰爭失敗的原因。雖然滿室後來也知琦善，牛鑑，耆英，伊里布，楊芳，怡良以及大學士穆彰阿之流，都是『保位貪榮，妨賢害國』，但已晚了，帝國主義國家洶湧澎湃喧賓奪主了。

第三節　滿清帝國的危機及英法向中國的聯合進攻

鴉片戰後的中國

南京和約締結以後，中國急速向半殖民地化的路上躍進，特別是英國，因為在前世紀的四十年代，其它資本主義國家在中國還不是它的有力的競爭者，所以由鴉片戰爭到一八六〇年差不多在二十年之中，英國獨佔了中國的市場。『因為鴉片輸入而引起的戰爭，在一八四三年開闢了英國的對華貿易。』鴉片易名為『洋藥』大量輸入，清政府的政策亦轉為『禁吸』而不『禁入』，因為正是中國原先標榜禁止輸入，中國才與英國打了一次敗仗。但究竟不是公開獎勵輸入，故對於其他各種入口貨『多定以稅則』，獨鴉片一項，『既不便申明前禁，又不便擅定稅章』。這樣，大批鴉片不繳關稅入口，在赫德（Hart, Robert Sir 1835—1880）總稅務司的『單內，有每年七萬箱之語』。大量白銀流出，形成銀貴銅賤的可驚現象。一八三〇年每兩銀子值銅錢一千文，一八四八年值二千文，一八五一年值四千七百文。

當然其他各國，如美，法，俄等，由於先後與中國訂立了不平等條約，均亦在中國獲取了通商及領土等利益。

至於內政方面，因有列強的侵入而愈益腐敗。滿清封建官僚的掠奪變本加厲，琦善一人被沒收的土地，計有二百五十萬畝，鑽石以磅計算，黃金值幾千萬兩。農民沒有土地，一般人民困苦待斃，政府則大興土木，繼續裝飾近世紀來人民血汗建築的圓明園。官逼民反，發生了中國歷史上最偉大的一次農民暴動——太平天國。曾經有個世界的名人說過這樣一句話：當西歐資本主義走到中國萬里長城時，上面是寫着：『中華民國：自由，平等，博愛』(Republique Chinaise— Liberte, Eqalite, Fraternite,)。

太平天國與列強當時的對華政策

一八五〇年，太平天國的奠基人洪秀全，楊秀清等因不堪滿清官僚地主的壓迫，起義於廣西的金田村。不數年奪去了滿清的半壁江山，光復了南京，建立了『天國』（一八五三年）。太平天國實行了重要的土地改革，不論男婦，以口授田。革命軍所到之處，農民手工業者響應，清算富豪污吏，抗擊清兵。滿清帝國在瓦解中，新的中國在生長建設中。

列強在太平軍解放南京之後，曾爲了保護它們在中國既得的利益，很關心中國當時發生的事變。英國利用上海的紊亂狀態，攫取上海的經濟權益，擴充治外治權，把中國的關稅拿到自己手裏。從此中國的關稅完全被外人統治。

不過，一般言之，各國在鴉片戰爭後與清廷所訂立的各種條約，因爲中國人民不愿受它的約束，在履行上打了折扣，特別是在廣州，人民繼續反對英國，英商祇能活動於廣州市內。上海比較能得到實惠，滿清政府允許擴大其居留地，外商亦有到附近各城市的自由。因此，保證條約的履行，甚至修改條約而使其對列強無往不利，是那時列強最關心的問題。

太平天國在外交政策上，由於對內集中打擊清政府的關係，希望列強中立。英人在天國統治之地獲得通商的權利，有些外人甚至主張反對滿洲人。法國與英國一步一趨，大體上也傾向於對滿清政府採用武力。但英國因俄國積極圖謀華北，便放棄對太平軍的中立政策而支持滿清政府了。

美國當時的對華態度，有主張積極行動者，有主張利用英法對中國的突衝而從中漁利者。實質上沒大差別。代表前一種主張的，是美國駐華代表休姆佛累•馬歇爾（Humphrey Marshall），派克（Dr. PeterParker），皮雷（Commondore Perry）；後者爲國務卿麥西(Marcy)，第十四屆總統皮爾司（Franklin Pierce)，第十五屆總統布卡納（Cames Buchnan）等。當太平軍起義後不久，馬歇爾即致書國務卿麥西稱：『美國最高的利益在支持中國，維持那里的秩序，逐漸灌輸使政府有生命及健康的原則到這個衰頹的種族里去，而不是看着中國變成普通無政府狀態的戰場及最後爲歐洲野心的犧牲品』。換言之，扶持清室，撲滅洪楊，抵抗英法，積極行動。

繼承人麥克蘭（Robert M. Maclane），雖未對太平軍明白表示態度，但是主張與英法聯合行動，認為能達到修改條約及獲得賠償目的，應迅速封鎖中國各大河流及口岸。顯然地，這也有另一種作用，即以武裝封鎖對付太平軍。不過麥西答覆說，皮爾司總統『他反對你所謂聯合英法的政策，即聯合三國的海軍力量以便向中國取得條約的修改，以威脅或武力取得更大的通商特權』。

皮雷等的侵略主義更加兇狠。他們提議美國以武力奪取台灣，琉球及波寧羣島（Bonin Islands）；並以琉球為海軍根據地，向北征服日本。派克在一八五五——五八年也主張奪取台灣，強迫中國修改條約，履行一切義務。

美國的侵華政策，在倫敦方面受到熱烈歡迎，因為英國從來是不喜歡單獨作戰的。拿破侖第三雖在侵略別國方面，有時也可能和英國合作，但是拿破侖第三常常是阻撓英國的擴張的。英倫訓令駐華盛頓公使納皮爾爵士(Lord Napier)向美國提議：『美國應授權他們在中國的海軍與政府當局，與英法兩同盟國的代表協誠合作』，並有一重要的具體的提議，就是：『毀壞廣州的砲台，封鎖揚子江以至運河，封鎖白河』。不過布卡納總統認為應先向中國抗議，不必開戰，如抗議無效，再定第二步的辦法。為什麼呢？美國很愿他的代表雷德(William B. Reed)先『提出滿足美國人的要求，及古心條約的修改，以擴大通商的機會，保障美人在開放口岸的生命與財產』，然後漂亮地表示，『美國是作交戰國間的調人』，『預備利用同盟國的壓迫辦法』而坐地分贓。『所以美國政府雖然拒絕採用武力，並且對中國表示了他的好意與和平意向，但是他贊成英法所取的辦法，並且依照最惠國的原則，要求英法用武力所取得的一切讓步和特權亦能讓給美國』（上引萊丹美國外交政策史第三五四頁）。

帝俄在這個時期，它的對外政策頗與美國相似，且手急眼快。它利用中國的內戰，於一八五四年命令東部西伯利亞省長摩拉維也夫(Nikolai Nikolaievitch Mureviev Amursky)用壓力奪回尼布楚訂約時劃給中國的黑龍江北岸的土地，並企圖向華北擴展。英俄關係在華尖銳，英國對華的進攻在積極佈置之中，現在祇是尋找啓釁的機會。

英法聯軍第一次進攻中國及列強之間的關係。

一八五三年，法國在廣西的傳教士卓德麟(Chapdelaine Auguste)遇害，兇手是滿清官吏；法國拿破侖第三有意把此事件擴大做爲向中國武力進攻的借口。他曾向總督葉名琛要求賠償。一八五六年十一月八日，在香港註册的中國船『亞羅號』(Arrow)被英人收買，公然懸掛英國國旗爲英國商人經營走私；船上的中國水手自然被中國當局所拘。公理在中國方面，英國應負道義上的責任。但中國沒向英國抗議，英國倒因要求葉名琛釋放中國水手未遂，而又以此爲口實有進攻中國之意。事非顚倒，一至於此！

那時克里米亞戰爭已經結束，於是舊事重提，英法決定合作以武力對華。翌年春，英國特派埃爾金爵士(Lord Elgin)爲駐華全權代表，法國派的是格羅斯男爵(Baron Gros)。埃爾金向中國提出下列要求：(一)賠償英國臣民所受損失；(二)中國政府完全履行條約；(三)賠償由亂軍所受損失；(四)英國公使居住北京；(五)修改條約，增闢通商口岸。法國格羅斯男爵所提者，除特別注視卓德麟事件外，大致與英國要求相同。

一八五七年七月，英國艦隊駛來香港，準備有所動作。後以印度叛亂，有兩個軍團及三百水兵調往印度。十月法國全權代表提議，『先在廣州用武力使地方政府就範』。十二月雙方向葉名琛發出最後通牒。葉名琛拒絕英法的要求，同時認爲條約的修改是不必要的。

英法因葉名琛拒絕它們的要求，於十二月二十八日，兩國聯合武裝向廣州開砲，一星期後，廣州被英法聯軍佔領，同時總督葉名琛被俘，並送到加爾各答於次年病故。但英法面對着一個困難，它們雖用盡了兵力，却未得到中國讓步，即媾和提議亦遭拒絕。結果英法祇得將軍隊撤退，而將廣州移交中國當局徐圖計議。

英法聯軍不甘就此了結。於是改變方式向北京交涉。英法致書宰相要求至京磋商增闢商埠，保護基督徒等問題。但當時滿淸舊例，宰相不干與外交，答以與地方當局交涉。各國代表不滿，英法便聯合美俄兩國公使齊向白河進發，提出哀的美敦書，限中國政府於六日內圓滿答覆，並派代表至天津或北京談判，否則進攻大沽砲台等語。滿淸政府的回答是與直隸總督直接談判。這樣英法又表不滿，軍事行動開始。一八五八年春，英法聯軍砲擊大沽，五月二十日將砲台攻下，繼續進攻天津。北京政府震動，六月初在天津開始議和，不久與英法簽訂了天津條約。根據這些條約，中國允許外國在北京設立使館；增開牛莊，登州，台灣，潮州，瓊州，鎭江，九江，漢口（中英天津條約）及淡水，江寧（中法天津條約）爲商埠；外國商輪自由航行長江，『准法國派兵船停泊以資鎭壓，並得遊弋中國各通商口岸』。此外，中英，中法天津條約均歸定：『物品價格下落，課稅亦宜減輕』等等。後來祗因在換約問題上發生爭執，久延不決，遂發生了第二次的英法聯軍的進攻北京。

當英法協同對華作戰期間，美俄兩國始終採取着它們戰前的漁人政策，借中立，甚至調人之名，而作趁火打刼之實。英法砲擊廣州以前，美國也配合着英法向葉名琛提出照會，要求修改古心條約；形成了三國干涉的局面。一八五八年春，各國砲擊大沽以前，美俄也一致提出要求。不過它們都戴着一付調停的假面具，跟在英法背後拾取果實。曾經有一時期（大沽口未失陷以前），美俄公使關係密切。四國公使分成了兩派。美俄主張與直隸總督談判，似乎站在滿淸方面。美國的收穫很大，一八五八年六月十八日訂立的中美天津條約，美國獲得最惠國的待遇，享受到英國所享受的一切特權；而中俄於一八五八年簽字的愛琿條約，帝俄所得者比英國尤多。中國政府特別感激俄國，因俄國公使普提廷（Putain）在天津的策應以及他對滿淸的自獻慇懃，淸帝除將黑龍江北岸全部歸俄以外，又封俄人摩拉維也夫爲黑龍江伯爵。

英法二次聯軍進攻北京及美俄的態度

一八五八年中英，中法，中美，中俄等條約簽字以後，全國大譁，誓不服從，尤其是廣東人民。中美條約美國於是年十二月經總統批准，俄國亦心滿意足。但在與清政府互換條約時發生過許多波折。英法問題更爲棘手，他們不以天津條約爲根據，中途提出修改問題，於是和談失望。一八五九年六月，英法二度派遣遠征軍向北京進攻。但大沽一帶敷雷，英海軍船長好布(Hope)遂送一強硬照會要求拆除白河的障礙物，以便至京武裝談判。清廷不允，次日聯軍即企圖強渡封鎖線。但聯軍沒想到大沽砲台已經修復，而且相當堅固，於是聯軍數百人傷亡，好布本人亦受傷。

這次事件過後，英國每日電聞報要求：『攻打中國沿海各地，佔領北京，將清廷驅逐……』態度強硬，好像丟了英帝國的面子。而滿清政府以爲英法吃虧，不敢再撲，上諭宣佈天津條約無效，中國與英法的大戰不可避免了，京津再度敲着敵犯的警報。

一八六〇年英法對中國的進攻，與過去的鴉片戰爭及第一次的英法聯軍有着重大的不同。一則英國已將印度人民最偉大的起義完全鎮壓下來，可以自由地出動海上及在印度作戰的新式軍隊進攻中國，計派來主力艦一艘，三桅戰艦兩艘和砲艦十餘艘，合計萬餘人。法國也派來許多軍隊，兩國兵力合計二萬人，分別由英國海軍大將好布及法國蒙泰班將軍(Charles Cousin Montauban)率領。二則美國政府對英法深表同情。當好布在六月中受傷後，美國海軍統領塔坦爾(Commodore Tatnall)亦不顧大義，聲明他們『同種的關係，總比外人親密』！這是說美國也完全支持英法。在大沽吃了虧的英法聯軍，此時不攻大沽，改由北塘登陸。山東的芝罘和大連灣被佔，上述兩地變成英法海軍的根據地。聯軍於八月一日在北塘登陸，以拊大沽之背。八月二十一日大沽不守，中國軍隊棄甲潰退。二十五日天津陷落。

天津陷落以後，滿清政府官員紛紛逃避，咸豐皇帝與宰相肅順亦逃到熱河。英法大軍向北京直搗而來，九月二十一日最後擊破蒙古的六萬援軍。恭親王不去請示在逃的皇帝擅自向英法乞和，並與英國公使埃爾金及法國公使格羅斯於十月二十四—五兩日先後簽訂了貽患後世的北京條約。

此次戰爭差不多澈底征服滿清。俄國公使伊格納托夫（Ignatov）利用恭親王的畏葸心理，強迫他在同年的十一月十四日訂立中俄北京條約：中國喪失了烏蘇里江以東之地，卽沿海濱省（Maritime Province）。而美國駐華公使柏林根（Anson Burlingame）則借保證『中國領土完整』的好聽名詞，參加了英法俄的瓜分。柏林根被滿清政府當做『自己人』，荒唐地派遣他担任中國到西歐的第一任使臣。他代表中國到過美國的舊金山（San Francisco）紐約，後來又渡海往倫敦，巴黎，柏林及聖彼得堡，到處宣揚美國的『門戶開放』『利益均沾』政策。這個已成爲美國近八十年來的對華國策，直至七七抗戰。影響之深不可謂不大。

英法美協力援助清室撲滅太平天國

根據中英，中法及中美等天津條約及北京條約，中國將長江航行權讓與各國，並增闢長江沿岸許多都市爲通商口岸。但這些地方均爲太平軍所控制，雙方祇得規定在清室收復以後才能執行。也就是說，如果英法急需享受這些權益，那麼就請英法與清室首先通力合作，剷平太平天國，然後再依照條約讓與列強。這些條文便成了列強日後直接干涉中國內政的根據。

一八五六年起，天國開始面臨着嚴重的危機。天王耽於色樂，疏懶朝政，大權委諸東王楊秀清。代表豪紳利益的韋昌輝妬秀權功高權重，與洪氏諸王密謀政變，刀透東王並兼及翼王石達開家。後石達開誓師靖難，天王殺昌輝以謝。但天王兄弟安王及昌輝余黨堅主報復達開，於是太平軍內部分裂，前途日益黯淡。安王繼東王掌理朝政，盡棄革命設施，人民的不滿日深。軍事方面，曾國藩，左宗棠在外人援助之下訓練的新兵完成，加緊追擊，至一八五九年年底，天國的領土祇剩下長江下遊一個窄狹地帶。

在對外政策方面，安王實行着媚外政策。在英法進攻北京期間，他不動員人民保衛祖國，反幻想英法的援助。祇有李秀成，譴責英法出兵進攻上海，曾與英法激戰，佔領了沿岸的寧波蘇州等地。太平天國爲之一振。

但中國人民在江浙一帶重挫英法之後，北京已投降講和。加之太平軍內部永無合作希望，過去的革命領袖完全腐化，太平軍的最後失敗，在北京和約簽字後已完全注定了。

英法爲鞏固它們既得的利益，同時爲製造一傀儡滿清政府，借以直接參與對太平軍的剷鋤，就在一八六一年冬暗助賣國賊恭親王及慈禧舉行政變。仇視外敵的宰相肅順斬首，國家政權集中於慈禧之手。是年清政府創設總理衙門，主持外交，英、法、美等國正式公開協同清室對太平軍作戰。

一八六一年起，英、法、美三國直接與清兵并肩作戰。英人戈登（Gordon, Charles George），美人華爾（Ward, Frederich）所屬的常勝軍屢立奇功，肅清了江浙沿海一帶的太平軍。一八六一年克安慶，一八六三年陷蘇州，一八六四年南京被屠，最後被燬。秀全仰藥而死，李秀成被執就義。轟轟烈烈而富有歷史意義的太平天國存在了十五年之後，不幸被滿清及英美等國的聯合力量撲滅。垂死的清室約又苟延殘喘了五十餘年。輔助滿清屠殺中國人民有功的戈登，華爾等，均黃袍加身，勅賜國公。

第四節　中國邊疆各國的喪失

法國較大的幾次殖民戰爭，是從一八六〇年起開始的，那時拿破侖第三已失民心，急需利用這些戰爭在大資產階級中建立自己的威望。按年代的先後說，第一個是征服安南。

拿破侖第三侵略印度支那的戰爭（一八五八——一八六二年）

安南或越南，即現在法屬的印度支那（French India-China），在十九世紀中葉是整個印度支那半島中最大的國家之一，另外有兩個較大的國家，就是西部的緬甸，中部的泰國，亦稱暹邏。安南在暹邏之東。餘爲馬來亞。上述幾個國家，均受中國冊封。整個印度支那封建勢力佔優勢，在若干種族中，氏族公社制還殘存着。

安南受中國的影響最深，軍事政治均倣效滿清的官僚制度。科舉制在這裏也實行着。封建特權階層豁免一切賦稅，而全部租稅均壓在農民及城市居民身上。城市很少，手工業不甚發達，農業生產品主要的是米及生絲。不過這些生產品，一向禁止輸出。安南與暹邏、緬甸相同，有其共有的特性：上述三個國家都是閉關自守的國家。

在十八世紀末年，安南由親華的皇帝安南（Emperor of Annam）統治着。但在約摸三十年（一七七二年——一八〇二年）的內戰中，法國使節比卞（Pignean de Bichaine）資助的季蘭(Gia Lang)勝利，竊篡王位。天主教徒的傳教事業頗為自由，為時約二十年。但一八二〇年至一八五八年法軍進攻以前，幾乎所有的天子都是反法的。對天主教徒屢加迫害。於是從一八五八年起，尤其是從一八六〇年起，法國人便與西班牙人組織了一個聯軍，由法國海軍大將若諾來(Adm. Rigault de Genouilly)統率在印度支那進行了毀滅性的戰爭。法國砲兵摧轟了土敦（即會安）(Tourane)。法軍未進擊當年安南的首都順化(Hue)，但移兵佔領了交趾支那的西貢。一八五八年的戰爭，法國因進攻天津而暫告結束，但安南却於一八六二年六月五日與法國簽立了一個屈辱的西貢條約（Treaty of Saigon）。交趾支那的三省割給法國，賠款二千萬佛郎，開闢會安，巴拉特(Balat)及孔安(Kuang-An)為商埠。一八六三年，土人發生暴動，法人遭遇了土人的激烈抵抗，但最後完全敉平，征服了整個交趾支那。

這時，英國已很注意法國的行動，提出質問。然法國外交家運用非常狡猾的手段，竟在長時期中欺騙了判麥斯呑。法國人這麽說：法國只是想取得一個小的『煤站』，並無奪取龐大富饒領土的野心。及至戰爭結束，法國愛國主義的報紙宣傳他們的勝利時，判麥斯呑才知道他的『同盟國』這次又欺騙他了。但是已遲了。

法人在交趾支那的地位鞏固，同時遴選格德爾海軍大將(Adm. de La Grandiere)做了總督以後，不久（在一八六三年八月十一日）強迫安南的鄰國東埔寨國王諾洛道（King Norodom）正式承認法國對該國的保護權。從此法國殖民地政權開始向西伸展到暹羅，而在湄公河上侵入雲南。自然，法國皇帝也得承認他當時唯一的勁敵（英國人）在緬甸暹羅以及在印度的權益為『既成事實』。滿清政府對法國在安南的行動未加過問。

英國在暹羅緬甸等的侵略

印度支那半島上的另外兩個大國暹羅與緬甸，特別是暹羅，幾乎是同印度一樣，在全部併吞期間，未受到列強的干涉。因為英國資本主義在十九世紀中葉，就在法國與美國無暇東顧之際捷足先登了。

緬甸與暹羅在早先是向滿清朝貢。不過滿清政府祇懂得收斂，對它們的國防未盡過宗主國的責任。這是與資本主義國家的殖民政策在本質上不同的。

緬甸在十九世紀中葉，它的政治經濟與安南彷彿。不過它早被英國所獨佔。在國王巴基伊述（Bagyidaw, 1819—1837）在位之際，起初緬甸國勢尚強，繼承他先人的遺志向西開疆拓土，征服了許多地方。一八二二年攻取印度的曼尼蒲耳（Manipur），阿薩密（Assam）兩省，一八二四年犯卡加爾(Kachar)。然這種拓士政策，受到了英國東印度公司的抵抗。一八二四——一八二六年，緬甸軍隊雖作戰英勇，卒被英國卡波爾爵士（Sir Archibald Campbell）所部軍隊包圍殲滅。英軍先攻下了仰光，繼復佔據了庇古（Pegu），萬打萬（Martaban），塔伐（Tavoy），墨吉(Mergui)。一八二五年緬人反攻仰光失敗，英軍溯伊洛瓦底江攻克孟加拉灣(Bay of Bengal)北岸的阿拉坎(Arakan)。緬軍在第一次英緬戰爭中失敗，與英國在一八二六年二月二十四日簽訂了楊達布條約（Treaty of Yandabu）：英國獲得阿薩密，阿拉坎等地，並在阿哇(Ava)設有居留地。第一次反英戰爭，緬人完全失敗。

中國鴉片戰爭以後，英人借口緬甸人阻撓英商留易，於一八五二——五三年發動第二次對緬戰爭。在這次戰爭中，緬人又被英人打敗。英將葛德文(Gen. Godwin)二次攻入仰光，庇古割與英人。緬人反對政府的輭弱政策，首都發生暴動，但革命的結果，是人民擁立的米達敏(Mindon Min)把許多權益讓與了英國。一八六二年與英國訂立了通商條約，規定一切英貨值百抽五以後，英貨無阻地運入內地。緬甸形存實亡。

暹羅的命運比緬甸好些，但也是向着半殖民地化的過程挺進。一八二六年與英美兩國均締結了商約。一八五五年，在這裏亦簽訂了一個南京條約：開闢通商口岸，送給外人治外法權；法美兩國也享受到最惠國待遇。雖然這裏的封建統治者亦倡富國強兵之道，企圖把國家現代化，但直到今天還是一個有名無實的獨立國家。我國唇亡齒寒，不數年本部各省也有告急的了。

十九世紀七十年代以前的中國，就是這樣被資本主義列強宰割的。

第十一章　十九世紀六十年代以前東方諸國殖民地化的過程及列強之間矛盾的增長

隨着一七八九年法國革命後拿破侖爭取東方殖民地的戰爭的爆發，以及因近東（鄂圖曼）問題而引起的幾次國際性的大戰，東方（中東及遠東）問題也逐漸成爲國際問題的焦點。這些問題，隨着西方資本主義的猛烈發展以及它的形將演進到帝國主義的階段，而愈益複雜，愈益尖銳了當時主要列強之間在整個東方的矛盾。不過，就大體說，在東方所發生的一切戰爭或列強之間的各種形式的衝突，均直接或間接地與印度有關。其次，在列強之間，主要的矛盾是表現在英俄方面。自然法國的殖民政策，尤其是在拿破命第三時代，也是不甘落後於英俄的。至於美國，它的殖民政策，在美洲方面是以武力爲後盾，在東方方面，基本上是所謂『利益均沾』，『門戶開放』。

第一節　英國征服印度及英俄之間的矛盾

十九世紀前半葉的印度

基本上，十九世紀七十年代前，列強主要的是爭奪印度。在法國革命前夕，印度已是一個人口在一萬萬以上的國家。當時除在印度東部舊蒙古爾帝國(Mogul Empire)領土上的英國殖民地外，尚有許多封建國家。在西南部有幾個回教的獨立國家，即海得拉巴（Hyderabad），邁索爾（Mysore）及若干小公國；在北部爲回教國家奧得（Oudh），在旁遮普(Punjab)，有西克(Sikh)人的國家；在中部則爲馬拉特王國(The State of Mahrattas)，其中包括着四個大國：一爲瓜瓦洛爾(Gwalqr)，二爲印度爾(Indore)，三爲納格普爾(Nagpur)，四爲巴洛達(Baroda)。當時的德里(Delhi)名義上由蒙古爾王朝的後裔們統活着，事實上，它屬於最大的馬拉特王國，以便利用它的名義實現挾天子以令諸侯的計劃。

在經濟上，印度是個農業國家。三分之二人口集中在恆河(Ganges)及印度河(Indus R.)盆地，種植米棉。各種水利的設施非常普遍。但土地多半爲封建王公所有，中古的農民義務仍然保存着。政治方面，十九世紀初葉，印度還是非常散漫，大約有二十多個國家。各有各的貨幣，海關，而且每一個國家之中，又包含着在經濟政治方面獨立的無數附庸。

西歐資本主義侵入之後，印度繼續保存着它的封建性。英國人對印度是採取着古羅馬「分而治之」的政策，利用印度古代遺傳下來的極不融和的「階級」(Caste)，宗教以及民族間的齟齬和視仇，以遂其各個擊破或逐一併吞的野心。資本主義的英國以「東印度公司」爲代表逐一用武力征服了它們，用這種方法開拓英國商品的市場，掠奪印度人的土地和財富。兩千個股東均獲鉅利，董事一缺，如欲轉讓，每年可收入一萬四千鎊。若干封建地主被英人作爲統治及剝削印度人民的工具，如在孟加拉(Bengal)，地主交給公司的地租，卽佔農民收入的十分之九，而反轉來地主爲了自己的生存，又以誰個會剝削農民相競爭。結果，印度農村破產，人民受着雙重壓迫。「無論在地主盤剝下的孟加拉，或在農奴制下的馬德拉斯(Madras)或孟買(Bombay)的農民，都已可怕地赤貧化。然而他們却佔印度人口總數的十二分之十一！」這就是十九世紀二十年代的情形。

拿破侖戰爭時代英法在印度的矛盾

法國與英國都是最早侵入印度的國家。由十七世紀起已開始了兩國的競爭。法國在孟加拉的成德拉哥(Chandernagor)，東南部的笨第舍利(Pondichery)，西南部的馬哈(Mahe)，或設商務代辦所，或建立軍事根據地，如在笨第舍利。英國得到了蘇拉持(Surat)，加爾各答，馬德拉斯，孟買。但到七年戰爭（一七五六——一七六三年），法國完全戰敗，祇剩下了五個城市：笨第舍利，卡利卡爾(Karikal)，雅拿翁(Yanaon)，馬哈及成德拉哥，總面積（連城市周圍土地）爲一百九十六萬方哩，而英國則亦達一百八十五萬方哩。原先法國在印度的優勢被英國打破。美國獨立戰爭時代美法同盟（一七七八年——一七八三）的勝利，也未能恢復法國在海外的榮譽。

法國革命的影響對印度很快表現了出來。上述的五個法國城市建立了共和政體，法國的使節祕密潛入印度的各個國家，特別是在印度西南部的邁索爾(Mysore)王國。英國政府由印度得到的報告中有這麼幾句話：『我們對法國革命傳染病之流行，比對法國武器力量的憂慮要大些。』英國總督康華里爵士(Cornwallis Charles Mann Ist Marquis)與海得拉巴(Hyderabad)的君主尼查姆(Nizam)，及馬拉特(Mahrattas)的君主比沙(Peshwa)同盟，首先發動進攻它的戰爭（這是第三次，一七八〇至一七八四年，也是因爲法國幫助邁索爾，進行過兩次）。邁索爾人失敗，國王笛波蘇丹(Tippoo Sultan)將一半土地割給英人及其同盟國，並賠償三千三百萬盧比(Rupee)。這是一七九二年三月十九日的事。笛波是一個反英最烈的君主，他繼承他先父海得·阿利(Haidor Ali)的遺志早與英國誓不兩立。這次的失敗，引到了第四次的邁索爾戰爭。

一七九八年，拿破侖決定遠征埃及以便攻取印度。他親自寫信給邁索爾的王子笛波，允許他不久帶兵到印度海岸。笛波派遣代表到法蘭西島(French Ils)簽訂軍事同盟，首都成立了共和派的俱樂部。國王亦以公民資格成爲會員，並參加『自由樹』的種植。原先英國的兩個同盟也有聯法討英之意。海得拉巴萬餘軍隊由法國訓練，在馬拉特的一個公國瓜瓦洛爾(Gwalor)，法國人替它訓練出二萬歐洲式的軍隊。反英的統一戰線形將完成。

但這個計劃，法蘭西島總督在援助笛普作戰的宣言中不愼洩露，功簣一籌。英國新任總督衛爾玆力

公爵 (Wellseley, Richard Calley, Marquis) 由其第亞爾圖，衞爾茲力陸軍大佐 (Capitain Arthur Wellseley)，卽後來的滑鐵盧戰役中的英雄和在四十年代憲章運動時撲滅請愿的人民的劊子手威靈呑協助，以戰爭威脅海得拉巴國王，將法國軍官驅逐，並使該國於一七九八年變爲東印度公司的附屬。法國製造的反英同盟拆散，衞爾茲力公爵得意地說：『爲笛波設的陷阱掘成，野獸已無法逃遁』。英軍借口邁索爾曾與法國聯盟，開始向邁索爾王提出一個強硬的通牒，要求笛波與法斷絕關係，並將邁索爾變爲英國的保護國。邁索爾人聯合法國派來的少數義勇軍與英軍激戰，然因英軍在武器及人數方面佔取壓倒優勢，同時最重要的，拿破侖本人在敍利亞失敗，到印度的道路完全被封鎖，因之邁索爾人雖英勇作戰，結果亦被英軍最後擊敗。號召士兵『寧爲祖國光榮犧牲而不爲奴隸』的國王笛波重傷陣亡，邁索爾淪爲英人的保護國。這次戰爭差不多剷除了法國在西南印度的影響。

解決了邁索爾之後，衞爾茲力公爵卽定出統一印度的計劃，一八〇一年印度極南部十分之九的土地，如坦佐爾 (Tanjore) 均爲東印度公司的附屬。

在北部，與印度毗連的阿富汗及伊朗，按拿破侖的作戰計劃，是攻入印度的跳板，而阿富汗的赫拉特(Herat) 是『印度的鎖鑰』。當時印度北部的許多地方如克什米爾 (Kashmir)，信地 (Sindu) 旁遮普 (Punjab)，或則爲阿富汗的一部領土，或則在俄國的影響之下。一八〇〇年拿破侖與俄皇保羅第一 (Paul I)訂立軍事同盟準備進攻印度，於是英國爲了抵抗這個計劃，分兩方面來進行。一方面，東印度公司特派馬克倫(Sir John Malcolm) 出使伊朗，帶着大宗財物賄賂伊朗宮廷，勸誘國王法提阿利 (Fath Ali) 沙哈 (Shah) 簽訂對英國最有利的政治條約：(一) 如阿富汗出兵攻印，伊朗卽出兵以掎阿富汗之背；(二) 拒絕法國代表來到伊朗；(三) 如伊朗對阿富汗及法國作戰，武器由英國資助。另一方面則對印度的若干國家加以軍事及政治上的壓力。

印度北部最大的一個國家奧得(Oudh)，自東印度公司侵入以來，該國爲了與後者訂下了不平等條約，每年担負的貢品甚重，廣大英軍的給養要它維持，欠下東印度公司一大筆外債。衞爾茲力便利用奧得的無力償債，財政破產，直接把奧得的最肥美的土地及城市如阿拉哈巴得(Allahabad)和康波爾(Cawnpore)宣佈爲英國人的領土，威脅到德里(Delhi)及馬拉特。其後英國又趁馬拉特內訌以武力解決了它，驅逐了法國的勢力，於一八〇二年在巴辛(Bassein)締訂了一個和平條約(Treaty of Bassein)。馬拉特變爲英國屬地，答應以後供給英軍以一切費用。

但這個喪權辱國的條約，人民均拒絕接受，於是戰端重啓。英人擊潰了瓜瓦洛爾的軍隊，佔領了德里。可是人民在印度爾(Indore)的一個公爵的領導之下，擊敗了英國的軍隊。英軍犧牲甚大，英內閣覺得這次戰爭耗費過鉅，總督衞爾茲力撤職，舊的總督康華理復任。不過馬拉特在一八一八年還是被英人征服。

一八〇七年第里斯特和約時代，是拿破侖帝國的『紅日中天』，他在這一年又做起了進攻印度的夢。一八〇六年他派遣朱伯特(Jaubert)率領一個使團聘問伊朗，協助伊朗軍隊收復一八〇〇年被俄國奪去的喬治亞(Georgia)，策劃攻英戰爭；一八〇七年五月他又與伊朗訂立了一個費金斯坦同盟條約(Treaty of Finhenstein)，製定攻英計劃。法國派來了組練伊朗新軍的卡爾丹(Gardonne)代表團。但東印度公司亦立刻派遣使團出動，在一八〇八年到一八一〇年之間，印度總督明托爵士(Lord Minto)先後與信地，伊朗，阿富汗訂立了條約。哈佛約翰(Sir Harford Jones)於一八〇八年至伊朗驅逐了法國軍事代表團，由英國給它以經濟的及軍事的援助；一八一〇年馬克倫又把伊朗完全置於英國影響之下。阿富汗在一八〇九年六月十七日與英國破天荒地訂立了條約，站在英國方面共同抵抗伊朗及法國的進攻。對旁遮普的塞克(Sikh)也訂了一個『永久好友』的條約。不過這種友善，正是塞克王國滅亡的先兆。

總之，在拿破侖戰爭時代，法國爭取印度的計劃不僅全部失敗，並且法國及荷蘭在印度東南的許多殖民地如法蘭西島，錫蘭及印度尼西亞（Indonesia）也幾乎全部被英國搶去。拿破侖在埃及失敗以後無暇東顧，帝俄亦忙於干涉歐洲及對拿破侖作戰（一八一二年），可以說，在拿破侖戰爭時代，印度是英國獨吞的局面。它所擴大的東方各地殖民地的基地，在此時最多。

印度的全部征服及英俄在印度矛盾的加劇

拿破侖帝國滅亡之後，也就是英俄在印度激烈競爭的開始。英國殖民政策的擁護者寇戎(Lord Curzon)說：『差不多在整個世紀之中，我們認為與俄國的歷史性的爭霸及鬥爭，是從這個命題出發的，就是把它距之於印度邊界的千里之外』。因此，俄國在東方任何一地的軍事政治進攻，英國外交家均認為是威脅印度。這是可以從英國對俄國在伊朗，阿富汗及中國的擴張所表示的不安中看出來的。不過應當指出，近東的問題，在十九世紀六十年代以前比東方其它各地的問題加倍嚴重，所以英俄的武裝衝突，還是正面地在近東方面，尤其是在黑海方面。所以這又相當地便宜了英國在印度的獨自繼續侵奪。

十九世紀初年英國資本主義的發展，生產的增多，自由貿易的傾向日烈。英國於一八一三年取消了東印度公司的獨佔權利，工商業家均有把他們的商品直接輸入印度的可能。但它做為一個繼續征服印度，擴大英國市場的軍事政治機構還是必要的。因此它又存在了二十年。

由一八一四年到一八二七年，東印度公司征服了我國的藩屬尼泊爾（一八一四年到一八一六年），與後者訂立了一個永久和平條約（一八一六年）。後者把對外政策的領導權交給英國，它祇剩下了對內的管理權。這種情勢，迄今未有變更。

與尼泊爾的艱苦奮戰過去以後，立刻於同年進攻馬拉特。馬拉特輕裝善戰的騎兵（Pind ari），被英國的十二萬軍隊衝破，一八一八年馬拉特併入東印度公司的領土以內。

一八一九年，英人拉斐爾氏 (Sir Stamford Raffles) 征服了新加坡，把它變成了商業的及海軍的根據地，鞏固了印度的外圍。

一八二七年德里被併。英國商人的市場擴大。到這一年英國布疋的入口增加了四倍，棉紗更多。而由加爾各答，孟買，馬德拉斯出口的棉花，生絲，藍，糖成爲英國主要的原料。

但從這個時代起，印度開始了農民的起義，拉姆、拿汗、洛易(Ram-Mohum Roy 1771—1833)所領導的啓蒙運動（最高精神信徒協會 Brahmo Samaj），對於印度人民的自覺有很大的啓示。在這十年之中（由一八二八至一八三八年）相當平靜，英國在鞏固它的權力。

一八三八年起，英軍養精蓄銳，開始征服最後的兩個獨立國家，這就是旁遮普的西克和信地，作爲進攻阿富汗的根據地。信地的王子投降，做了東印度公司的附庸。俾路支人奮起抵抗強敵，但因抗不過英人的武器及優勢的兵力而被粉碎。

唯對西克人的戰爭，西克人由一八四五年起整整與英人打了四年。雙方互有勝負。忠勇大將蘭志特・辛格(Ranjit Singh)大將死後，西克似已注定滅亡命運。不過人民還是繼續發揚了『旁遮普之獅』之傳統精神，雖然最後還是無法挽救。英人在此次戰爭中奪佔了克什米爾，割去了旁遮普。從此印度再沒有一個獨立的國家留在人間。

這樣，印度便完全成爲英國商人的天下。英國布疋由一八三二年至五七年增加十二倍，而棉織品佔英國輸出總量的四分之一。印度本地開始資本主義的生產，在大賀肯 (Earl of Dalhousie) 總督任內，建築了鐵路，敷設了電信網，準備慢慢消化印度。

但好夢不長。印度人民在這個時候發動亙古未有的一次殖民地人民的起義。英國沿用老庇特的兩重政策(Double Government)：四萬個英國軍人奴役着二十三萬破產農民編成的土著軍隊(Sepoy)。但英人在奴役他們和壓迫他們的同胞時，他們却也學會了如何對付壓迫他們的主人——英國貴族軍人。他們掌握了新式武器，他們開始用武器驅逐英國侵略者。

一八五七年五月十日，印籍士兵因不堪英國軍官的壓迫，尤不堪侮辱他們的宗教信仰（如強迫用齒嚙破用牛油或猪油紙包裹的子彈），在德里附近的麥里特(Meerut)起義。是年六月二十七日發生康波爾事件(Massacre of Cawnpore)。殺死數百歐人。德里被圍（六月——九月）。起義擴大到印度斯坦，恆河中游，上游，中印等地。各行業的人民均參加到起義者的隊伍當中。印回的關係也相當好，很可能將異族征服者驅逐。

但封建貴族地主，多半站到英國方面。英國總督坎寧(Earl Canning)便利用了『以印治印』的手段分化了民族的起義。尼泊爾及西克的王公們建議英國調他們的軍隊鎮壓起義，英國總督坎寧立刻接受，認爲『土著的國家，是我們抵抗破壞力量的壁壘』。瓜瓦洛爾，印度爾，旁遮普的王公們均積極參加對起義的鎮壓。

起義人民的領導者，雖有不少是不屈不撓，赤膽忠心的英雄，至今爲印度人民所膜拜，如奧得的馬里維·阿摩德(Maulevi-Ahmed)，坦提·托比(Tantia topi)，拉克什米·巴依公爵夫人(Lakshmi-Bai)。但均缺乏聯系，鬥爭係地方性的。組織力量較弱。同時人民宣佈恢復蒙古爾(Mogul)帝國後所擁護的一位巴哈杜爾·帕沙(Bahadur Pasha)是個意志薄弱的老人，起義卒被在一八五八年平服。英人採用的手段非常殘酸，內爾將軍(Adolphe Niel)下令『手執武器者死，受傷者死，不要活的俘虜』，而倫敦泰晤士報則狂叫：一個基督教徒遇害，一千個印度人抵命。印度就這樣完全被征服。東印度公司使命完成。一八五八年公司的權力轉給英皇之手，英王做了印度的皇帝。戡亂有功的王公，法律保證他們的土地神聖不可侵犯，繼續幫助英人統治印度的臣民。舊的土著軍隊解散，重新由西克，旁遮普以及尼伯爾人組織新軍。不過統制已有改變，不是過去的五與一之比（五個土著、一個英人），而是三分制：一個軍隊之中，一個英人，一個信仰回教的印人，一個信仰印度教的印人。

在英人徹底征服印度的這數十年之中，俄國是時刻不忘情於印度的。不過戰爭不在印度本地上，而是在印度西北的隣邦波斯（卽伊朗）及阿富汗。一八一二年俄國在阿斯蘭杜斯（Aslanduz）戰勝波斯，訂下了古利斯坦的不平等條約（Treaty of Gulistan），一八二五——二八年俄波戰爭，波斯在事實上變成俄國的附庸。一八三七年英俄兩國直接在赫拉特（Herat）衝突。一八五六年英伊戰爭。在阿富汗，最主要的事件，則有一八三七年赫拉特的爭奪戰；一八三八年——四二年的英阿戰爭等等。

我們來把十九世紀七十年代以前英俄在伊朗及阿富汗的矛盾簡略述敍一下。

第二節　以印度爲爭點的英俄對伊朗及阿富汗的態度

伊朗概觀（十八世紀末葉）

伊朗（Iran）卽波斯（Persia）是個最古的回教國家。人民以遊牧維生，農業則廣泛採用灌漑系統。伊王爲最大的封建地主，是一切土地及森林河道的最高的領有者。國王底下設享受特權的僧侶，相當獨立的封建地主及無數的首長。土地制度種類繁複，要約之(1)國王實際操縱三分之一土地；(2)其餘大部分土地由僧侶，大地主所支配，有些地方多至二分之一；(3)替國王服務的，有阿拉伯人及摩利克人（Maliks），後者也有許多得到了土地的恩賜，也有是用金錢買到土地；(4)公社瓦解後形成的小自耕農，向伊王交租納稅；(5)公社的空地牧場，農民使用後，每年交給國王的收稅吏一大筆稅金；(6)部落的土地。稅捐甚多：人頭稅，什一稅，牲畜稅，鹽稅，構成各王公及官吏的財源並以之給養軍隊。勞役制及賦役制並存，農民形同農奴。

伊朗在十八世紀後半期，領土甚大，亞美尼亞，喬治亞及亞塞爾拜然的一部分及整個俾路支均爲它的屬地。民族很多，三分一爲伊朗人，如庫特人(Kurds)，俾路支人(Biluchis)魯爾人(Lurs)，餘爲土耳其族如土克曼人(Turkmen)，亞法爾人(Afars)，夸什加人(Qashgais)。

手工業中如毛織品，地毯，久已馳名全球。但受行會所控制。對外貿易很發達，十八世紀以前伊朗尚爲印度中國與西亞的商業孔道。

政治上內而封建王公兄弟睨牆，不能統一；外而與印度，阿富汗，土耳其以及中亞各國時起紛爭。王朝的起伏，數見不鮮。

由一七九四年起，正德王朝(Zand Dynasty)壽終正寢，阿加摩罕默德大汗(Aga-Mohammed Khan)於一七九六年正式創立卡詹爾王朝(Kajar Dynasty)，奠都德黑蘭(Tehran)，直到今天。

英俄在伊朗的競爭

新的伊朗王國建立之期，正是拿破侖戰爭開始的頭一年，即一七九六年遠征意大利的一年。它一投胎落地，便與近代資本主義列強發生了密切關係。一七九五年阿加·摩罕默德進攻喬治亞王國(Kingdom of Georgia)，喬治亞國王伊拉克來(Irakly)乞援於俄國女皇喀德隣。在俄皇未出兵前，阿加·摩罕默德迅速挺進，將第不利斯(Tbilisi)佔領。遂次軍事勝利後，阿加穆罕默德由羣臣進勸爲王(一七九六年)。一七九七年他平定了科拉桑(Khorasan)，外高加索(Trans-caucasian)，的叛亂擊退喬治亞軍及俄國的援軍。但他不久被刺。法提·阿利沙哈(Fath Ali Shah)即位之後，形勢急轉直下，標幟出伊朗捲入歐洲紛爭的漩渦，列強在伊朗勢力的增長以及帝俄向中亞的飛速推進。

一七九八年英國畏懼阿富汗在印度西北旁遮普的影響，誘惑伊朗進攻阿富汗，結果兩國紛爭，歷久不絕，被英俄兩國所利用。一八〇〇年，俄國趁機併呑喬治亞。

拿破侖遠征埃及失敗後，曾於一八〇〇年與俄皇保羅第一成立祕密軍事同盟通過伊朗向印度進兵。保羅第一被刺，新皇亞歷山大第一糾正了保羅的對外政策。東印度公司立刻派馬克倫來到伊朗訂立了防法及防俄協定。

一八〇四年俄伊戰爭發生。帝俄利用外高加索各汗國如埃里溫(Erivan)，巴庫(Baku)對伊朗的不滿情緒，把軍隊開入，擊潰伊朗軍。俄軍兵至埃里溫，翌年佔據了巴庫。戰爭膠着在基蘭(Gilan)，雙方勝負未決。拿破侖抓住俄國的弱點，立刻派朱伯特與伊朗談判，幫助後者收復喬治亞，同時協力攻印。法——伊之間的費金斯坦條約，就是爲了這兩個目的。（本章第一節，第一小節）但一八零七年法俄的第里斯特和約簽字，俄國成爲法國的盟國，過去援伊抗俄的同盟條約失去意義。不久法俄關係惡化，法國對伊朗的軍火供應也沒運來，英國便在伊朗孤立無援的情形下伸出援助的手來。一八〇八年英國接連派來兩個代表團。前者由哈佛約翰率領與伊朗訂立了攻守條約，援助伊朗繼續對俄作戰，每年給予補助金十六萬伊幣(Taman)，後增爲二十萬伊幣)，英國軍官代替法國軍官訓練伊朗軍隊。伊朗與任何一個反英的國家斷絕關係。後者由奧茲里(Ouzly)率領，帶來三年的補助金計六十萬伊幣，此外交給伊朗國王步槍三千支，大砲若干門及其它軍用品。英國還派來了一個軍事代表團。但伊朗內部甚不統一，被強大的俄軍擊敗。俄軍重新包圍了埃里溫。

一八一〇年伊朗與土耳其訂立的反俄同盟條約，也不能援救伊朗的失敗，結果在一八一二年十月阿斯蘭杜斯之役大敗，在一八一三年十月十二日在古利斯坦(Gulistan)簽訂了古利斯坦條約(Treaty of Guliston)。根據這個條約，伊朗承認喬治亞合併於俄，割與俄國笛賓特(Derbent)，巴庫，謝爾溫(Shirvan)，沙基(Shaki)，卡拉巴(Karabagh)以及塔利什(Talish)的一部分；此外並將達根斯坦(Daghestan)，明格里拉(Mingreiia)，伊姆里什(Imeritia)及阿布哈細亞(Abkhasia)劃入喬治亞的版圖。裏海（Caspian Sea）之內，祇准俄國艦隊行駛。此外還有其它特權讓與俄國。古利斯坦條約，使伊朗變爲帝俄的一個附屬國。

英國爲抵制伊朗與俄國訂立的這些不平等條約，跟著就於翌年（一八一四年）十一月二十五日也與伊朗訂立了一個新的條約，正式保證了英國在伊朗的特權。雙方規定，凡與英國利益矛盾的歐洲列強，伊朗與他們訂立的條約概不生效，凡與英國敵對的國家，它們駐在伊朗的軍隊一律驅逐。遇有第三國進攻締約國的一方時，雙方合作抵抗。英國每年予伊朗十五萬金鎊補助金。俄伊邊界由英，俄，伊三國代表共同勘定。條約上指出，伊朗使英國發生興趣者，主要是從戰略觀點上出發；條約的目的，在限制俄國向印度的推進。

一八二一年至一八二三年，伊朗雖在對土耳其戰爭中有稍許勝利，但土耳其人與伊朗在耶爾志里姆訂立的條約（Treaty of Erzerum），並未滿足伊朗對領土的要求，並未使兩國領土有稍微變更。然而伊朗人以爲國家戰勝，便掀起反俄運動。結果便因高克卡（Gokcha）的邊界問題發生了一八二五——一八二八年的俄伊戰爭。但一八二六年，俄將帕斯刻維區（Paskievich）所部俄軍在干詹之役（Battle of Ganja）重挫伊軍，並在一八二七年佔領了埃里溫及亞塞爾拜然首都大不里斯（Tabriz），打開了通到德黑蘭的道路。伊朗乞和，俄伊雙方在一八二八年二月二十二日在土克曼卡伊（Turkmanchai）第二次訂立了割地賠款的條約。亞美尼亞及首府埃里溫和納克奇溫省（Nakhchivan）割與俄國，賠償軍費二千萬盧布。伊朗承認裏海以內祇許俄國艦隊享有特權。此外又簽訂了一連串通商條約，如對俄國商品的關稅值百抽五（以後可在伊朗通行無阻），領事裁判權等等。這個條約把伊朗完全束縛了起來。帝俄在伊朗取得決定的勝利。

法提阿里死後由英俄共同支持登極的摩罕默德沙哈（Mohammed Shah），新王的總的對外方針是接近俄國，遠離英國。甚至英國軍事代表團也由伊朗撤退。他所以這樣做，是因爲俄國可援助他進攻阿富汗的赫拉特，消滅科拉桑叛軍的策源地。這樣，一八三七年俄人援助波斯人圍攻赫拉特，而英將波廷格爾(Eldred Pottinger)則指揮阿富汗軍隊守衛。不但如此，英國還出面正式干涉。英國駐伊大使馬克•尼里 (Mak-Nil)通知伊王說：伊朗對赫拉特的進攻，是一種與英敵對的行爲，伊朗應撤退圍攻赫拉特的軍隊。起初伊王拒絕，後來英國便與伊朗絕交，派兵到波斯灣威脅。伊朗祇得被迫撤退赫拉特的軍隊，並與英國訂立了商約。英人取得了俄國所享受的一切權利。英俄平分了伊朗，事實上它已沒有主權。

之後，俄人起來報復，征服了蘇爾•丹里流域 (Syr-Darya Valley) 一帶，積極向土耳其斯坦(Turkestan)及中亞發展。這是一八四九年到一八五四年的事。

一八五三年克里米亞戰爭開始後，英國怕伊朗站在俄國方面參戰，強迫它宣布了中立。但伊朗是不欲對英中立的，於是在一八五五年俄國又慫恿伊朗與英國絕交。伊朗在一八五六年又決定出兵進攻赫拉特，但它攻下赫拉特的時候，英法已在戰爭中勝利。英國立刻向伊宣戰，不到一月，英國艦隊便開入波斯灣，並攻下了哈拉克 (Kharak) 島，而於一八五七年三月佔領了布什爾 (Bushire) ，及摩罕米拉(Mohammerah) 。伊朗失敗，俄國無力聲援，一八五七年的巴黎和約，伊朗承忍撤回阿富汗駐軍，並保證不干涉後者的內政。這個條約，英國沒要求割地賠款，因爲印度的大暴動的口號已震動歐洲了。及至到了一八六十年代，英俄兩國一致對它採取政治的經濟的攻勢，展開所謂『和平的束縛。』一八六四年，伊朗的第一道電報綫（由報達 Baghdad ——德黑蘭——布什爾）敷成，與印度連索了起來。其後到一八七〇年，由歐洲通達伊朗的電綫，也由英國資本建設成功。俄國不稍讓步，則向中亞細亞擴展。

阿富汗及英俄在阿富汗的競爭

阿富汗 (Afghanistan) 在早是伊朗的一部分，爲印度至西亞的交通要道，亦印度西北的唯一鎖鑰。十八世紀中葉，阿富汗的一個將軍阿麥德（Ahmad）才把伊朗國王納第爾（Nadir Shah）推翻，而自立爲王，國號曰都林王朝（Durani Dynasty）（一七四七年）。納第爾的武功很大，曾征服了整個阿富汗及印度西北，史稱『許多城市及土地的征服者』，而阿麥德則九征印度，曾征服了信地，旁遮普及克什米爾，俾路支，向北征服烏兹伯克（Uzbek）向西展至科拉桑。他在位的期間（一七四七至一七七三年），是國家最興盛的時代，但他的兒子詹瑪（Zaman Shah）即位後，國勢不振，疆土日蹙。科拉桑仍歸伊朗，烏兹伯克獨立了，而旁遮普亦爲西克人所有。它趁伊朗及印度蒙古爾帝國衰落而興，但在英國征服印度的過程中衰亡了。

阿富汗整個地是個高原，耕地不及領土的百分之一。人民以遊牧爲業，逐水草而居。社會經濟方面，是封建主義與原始氏族制殘餘的結合體。

拿破侖戰爭時代，它也被捲入國際糾紛，是俄法與英國爭奪的對象。一八〇三年，東印度公司初次與它建立關係，一八〇九年六月十七日，東印度公司爲抵抗伊朗及法國勢力的南下，曾派代表厄爾芬斯頓（Elfinston）與阿富汗王蘇查（Shuja）簽訂第一個協定，由英國給它以軍事上的援助。但拿破侖進攻印度的計劃失敗，英阿條約也就失去它的意義。

但一八三七年起，英俄在阿富汗的矛盾加深了。在伊朗圍攻赫拉特時，俄國援助伊朗，而英國的波廷格爾則指揮該城的保衛，因以屹立不動，以後並被英人威脅解圍。這次保衛戰以後，英國便挑撥阿富汗的內爭，便與過去的阿王蘇查（已經被阿王趕出阿富汗）及在旁遮普的西克王子蘭志特、辛格（Ranjit Singh）訂立了一個三角同盟條約（The Tripartite Treaty）以便推翻當時執政的國王多斯特·摩罕默德（Dost Mohammed），並防禦俄國及伊朗的東進。英國也想把多斯特·摩罕默德拉到自己方面，派遣亞歷山大、柏林斯（Sir Alexander Burnes）帶許多禮物送給後者，要求和他也訂一個反伊反俄條約。但多斯特摩罕默德是個能幹的君王，立志統一阿富汗，他的條件是要英國幫他把西克的蘭志特、辛格驅除，並將西克人奪去的伯沙瓦爾（Peshawar）歸還阿富汗。這與英國的政策抵觸，談判毫無結果。

俄皇尼古拉第一立刻派遣維特刻維區（Witkevich）帶他的親筆信交給阿富汗國王，並答應予以四百萬盧布的現款及物資。俄阿兩國簽訂了條約。

一八三九年第一次英阿戰爭爆發。蘇查隨英國人組織的軍隊前進，攻克康達哈爾（Kandahar），其後又開入汗斯尼（Ghazni）及喀布爾（Kabul）。多斯特・摩罕默德出奔興都庫什（Hindukush）繼續抵抗，以待俄軍來援。在這個時候，英軍已把蘇查擁上阿富汗的王位。但阿富汗人民繼續抵抗英國侵略者，且因酷暑及瘟疫的關係英軍犧牲甚大。祇因當時土耳其內亂發生，俄國正與英國合作，幫助土耳其蘇丹抵抗埃及的摩罕默德・阿里（親法的），結果俄國未出援兵。阿富汗失敗，多斯特・摩罕默德亦被俘送到印度。

阿富汗戰敗以後，一八四一年十一月二日喀布爾的人民發動一致反英的起義。英軍被圍，糧盡彈缺，於一八四二年一月向印度撤退，大部分軍火喪失。蘇查被殺，多斯特・摩罕默德二次發登。

一八四二年九月，波洛克將軍（Gen. Pollock）率領一個遠征隊又攻下喀布爾，然英內閣主張撤兵，以便用政治方式奪取阿富汗，不主張該軍深入冒險。也就是說，英國政府在此時已定下了逐步為營的蠶食計劃：一八四三年征服信也，一八四五年征服旁遮普的東部，一八四六年征服克什米爾，一八四九年完全征服旁遮普。俄國也猛力向東壓迫。在一八四八年到四九年期間，將吉爾吉斯（Khirghiz）大草原收歸已有，並準備向土耳其斯坦（Turkestan）進犯。英俄兩國的領土日益接近，衝突與日俱增。這樣，英國就竭力與多斯特・摩罕默德拉手而在一八五五年五月三十日東方戰爭時，英國與多斯特・摩罕默德聯盟，相互訂了一個伯沙瓦爾條約（Treaty of Peshawar），以便抵抗俄國及伊朗。翌年，英人更援助阿富汗保衛赫拉特，英阿兩國關係非常接近。英國直接向伊朗宣戰，赫拉特之圍終解。其後，在巴黎和會上，伊朗正式宣佈放奪對赫拉特的要求，承認了阿富汗的獨立。此外，在這個期間，英國和多斯特·摩罕默德還訂了一個條約，雙方保證印度和阿富汗領土的互不侵犯。阿富汗聲明：『英國的友人，就是它的友人，英國的敵人，也是它的敵人』。這個條約，一八五七年到一八五九年印度大暴動時，對英國是有實際的幫助的，使英國得用全力撲滅了印度人民的暴動。

多斯特利用英國的支援，在一八六三年澈底征服了赫拉特以及北部烏茲伯克的一部分土地。英國軍官幫他訓練出新軍，阿富汗也此時得到暫時的統一。不過不久，阿富汗的封建王侯們之間發生內戰，俄國與英國均對準阿富汗撲來：英國鞏固它與阿富汗毗連的土地如克什米爾及旁遮普，俄國則在亞歷山大第二時期，特別是在一八六五年後，以空前的速度，征服了更東的考康特（Kokand），布哈拉（Bokhara）及基瓦（Khiva）。這些使英俄在阿富汗的衝突，在帝國主義時代更加緊張了起來。

第十二章　美國南北戰爭（一八六一——一八六五）

第一節　南北戰爭時的美國

北美洲的兩個社會制度

十八世紀下半期北美的獨立戰爭，消滅了英國的統治。但資本主義的發展，受到了本身奴隸制的阻礙。在一七七七年制定憲法之際，美國的偉大革命領袖哲斐遜主張廢除南方諸州的奴隸制，並主張在憲法上明文規定。但南方諸州堅絕反對，並以破壞抗戰來威脅。結果美國憲法第二條規定『未曾納稅之印第安人（Indians）及其他居民的五分之三不得享有選舉權。』這裏所謂『其他居民的五分之三』是指奴隸而言。憲法第七條允許奴隸進口，『對於那些進口之人，每人得課稅不超過十元』，這是把黑人當作商品。可見北美內戰的種子，早在十八世紀獨立戰爭時撒下。獨立戰爭的結果，白種人解放（當然下層的農工不在內），黑人印第安人，仍過奴隸生活。『資本主義的贅瘤』奴隸制，在美國同資本主義的生產并行發展了起來。

美國的奴隸制，自十九世紀三十年代起，因爲民主共和國的統治權爲南方農場主——奴隸主所操縱，獲得進一步鞏固，奴隸主的利益就成了合衆國對內對外政策的『北斗星』。

南方棉花種植園的奴隸，在一八二〇年至一八六〇年間由一百五十萬人增至四百萬人。在一八五〇年，美國的工業製造品，其總價尙超過棉花的價値，按前者值一、〇五五、五〇〇、〇〇〇美元，後者爲九九四、〇〇〇、〇〇〇美元。但十年過後，工業製造品的價値已落在棉花之後。前者值一、八八五、八六二、〇〇〇美元，後者則增至一、九一〇、〇〇〇、〇〇〇美元。奴隸制由南方幾州追逐擴充到西南各州如新墨西哥區（New Mexico Terr），甚至在中部及西部如在路易斯安那(Louisiana)，康薩斯（Kansas），俄勒岡（Oregon）及華盛頓。北方被迫與南方妥協，承認對上述各州頒佈特別法案(奴隸制的採用)。這些反動的法案，最重要的有：一八五〇年的所謂『妥協法案』(Compromise Act)，一八五七年的德累德斯考特決定（Dred Scott Decision）。一八三〇年代起，美國政權操在南方奴隸主手中。

為了南方奴隸主或大種植園家的利益，美國於一八一〇年——一八一二年奪取了西佛洛里達(West Florida)。一八一八年又進佔東佛洛里達；一八四五年合併了脫離墨西哥而獨立的得薩斯(Texas)；一八四六年——一八四八年，美國因強迫購買墨西哥土地未遂，與墨西哥作戰，派兵佔領了後者廣袤的肥沃領土，就是現在的加里福尼亞(California)，尼華達(Nevada)，烏台(Utah)，新墨西哥州(New Mexico)，亞里桑納（Arizona），哥羅拉多（Colorado）。一八五四年向西班牙提出武力合併古巴(Cuba)的要求。

內戰前夕，奴隸制和資本主義的生產，不僅是並存着，而且有壓制後者的趨勢。兩個社會制度的衝突緊張萬分，一切鬥爭在所謂『蓄奴』(Pro-Slovery)，『廢除奴隸』(Abolition)兩個口號之下表現了出來。

一八六〇年，美國總統大選期近，南北諸州展開了激烈的競選運動。當時共和黨（Republican）提出聞名的奴隸解放者林肯（Abraham Lincoln 1809—1865)為總統候選人，民主黨(Democrates)以道格拉斯（Stephen Arnold Douglas 1813—1861）等為候選人。但贊成蓄奴的南方派或民主黨在選舉中大敗

林肯被選為美國十六屆的總統。

林肯當選總統以後，南方蓄奴主大起恐慌，不欲服從選舉結果。南卡羅蘭州（South Carolina）在

林肯當選後的第四天首先背叛中央，宣佈獨立，其後到一八六一年五月，先後響應南卡羅蘭州而聯合抵抗華盛頓政府的已有南部十州：即密士失必州（Mississippi），佛洛里達州（Florida），阿拉巴瑪州（Alabama），佐治亞州（Georgia），路易斯安那州（Louisiana），得薩斯州（Texas），威基尼亞州（Virginia），田納西州（Teunessee），阿肯色州（Arkansas）及北卡羅蘭州（North Carolina）。這十一州在蒙得哥美利（Montgomery）會議上（一八六一年二月四日）共同聯合起來組成一個獨立的國家，名爲『美洲同盟國家』（Confederate States of America），而南部的大奴隸主戴維斯（Jefferson Davis 1808—1889）被選爲南方『同盟國』的總統。首都設里士滿（Richmond）。這不僅是政治原則的鬥爭，而且完全是叛亂和破壞統一的行爲。因此，華府爲維護國家的統一與完整，不能不與南方作戰。

美國內戰前夜的國際形勢以及雙方實力的對比

在獨立戰爭爆發之際，南北兩方實力的對比，顯然，優勢是在北方，而不在南方。北方有二十三州，人口有二千二百萬，南方只有十一州，人口只有九百萬。同時，最重要的，南方爲維護奴隸制而戰，然而在這九百萬人口之中，黑奴約佔四百萬人。其次，北方工業發達，南方缺如。煤、鐵、鋼三項生產，幾全部集中北方。百分之九十二的工業製造品在北方。北方有密如珠網的鐵路和運河。全國在一八六〇年有鐵路三萬五千餘公里，歸南方派掌握的只有一萬公里。勝利的條件是在北方。加之，自助天助，北方在戰時生產猛進。小麥在一八五九年的收穫爲一億四千萬布什爾（Bushel），一八六二年爲一億八千萬布什爾，一八六三年爲一億九千餘萬布什爾。最後北方在戰時入籍的黑奴甚多，新來的移民約在六十萬以上。林肯說，這是『國家的財富與實力』。

然而，南方人在發動戰爭之後，還抱着很大的勝利的信心。第一，他們認爲南部在軍事上準備較好，英武善戰且握着兵權的將軍如李將軍（Robert E. Lee 1807—1870）和傑克生（Jackson）等都被農場奴隸主驅策，因之便可用他們所指揮的正規部隊，並配以南方各州的民軍和倉卒編成的騎兵，一舉而攻下聯邦的首都華盛頓。第二，在海軍方面，那時全部船隻駛出海外服務，北方諸州只有兩艘軍艦可用來担任南方三千英里海岸的封鎖，一定可被南方的小型巡洋艦及緝私艦擊沉海底。總之，南方的反動派的最高作戰方略，是閃擊北方的首都，出擾北部沿海各地以便取得勝利。

第三個理由，而且也是最重要的理由。南部諸州認爲歐洲有賴南方棉花的供給，開戰之後一定可以強迫歐洲承認它的獨立，並可利用歐洲的干涉及援助，由鞏固初步的勝利進而爭取最後的勝利。

這種干涉的可能性，南方奴隸主的結論是肯定的。因爲，英國資產階級是把美國東北部及西部的一切近代工業視爲英國工業之勁敵，林肯的解放黑奴思想無非是叛逆，因此不論從那一方面着想，北方不應該戰勝。反之，英國認爲，南方如果戰勝北方，美國就又能變爲英國的殖民地。法國的拿破侖三世也有掠奪美國的野心。

所以南方奴主的全部希望，主要地不是建築在獨力取勝的觀點之上，也不是爲了美國將來的民主自由，而是憑依英法的干涉及援助，並投入英帝國主義的懷抱。

早在一八五八年三月四日，代表南方奴主利益的一個領袖，即南卡羅蘭州的參議員哈蒙（John Hammond）說道：『如果全世界要和我們作戰，那麼，我們可不費一槍一彈，也不必拔刀出劍壓迫他們屈膝就範……如果三年之中，他們沒有棉花的供給，世界還會成什麼樣子呢？我無需描寫你們每個人所能想得到的事，但是有一點是無可置疑的，就是英國一定要馬上崩潰，並且不得不用一切力量，動員整個文明世界，來援助南方。不，你們不敢向棉花宣戰。地球上沒有一種權勢，敢於同他作戰的。『棉花就是王』（King Cotton）。在最近，英國銀行是王，但是在前年秋天，它操縱棉花出產的計劃是失敗了。最後的權力已被征服，看目前的事變，誰還敢懷疑棉花的最高無上？』

美國棉花的出口，在一八六〇年佔全球的八分之七，由於南北戰爭的關係，利物浦（Liverpool）的棉價每磅由一八六一年的一角四分，漲到一八六五年的五角，並且根本缺貨，有行無市。英國因此失業的工人數以百萬計算。

由於南方人過分強調了棉花的作用，由於將棉花做爲對英國的要挾，於是他們所注意的不是本身的政略戰略計劃，而是幻想英法的援助。南方人認爲，祇要英法承認南方爲一交戰國，並爭取這兩國對南方的軍事援助，它便可最後戰勝北方。

棉花非王

其實，棉花的作用，絕不像奴隸主們所說的那樣。對英國斷絕棉花的供給，可能引起英國四百萬紡織工人的失業，不用說，資本老爺們的千百萬金磅的利潤也化爲烟雲了，可是說它一定引起英國工人革命，或引起全世界對南北戰爭的干涉，這還有相當距離。棉花不可能成爲決定南方勝利的唯一的實力和因素，更不能認定英國是棉花的附庸。

英國人譏刺南方的棉花崇拜者說：他們竟相信英國財政大臣『列特（Edmund Rhett）也相信英國財務大臣是坐在一個棉花包上』！

南方政府的楊賽（Yancey）本着這個觀點遊說歐洲失敗後也說：『說棉花是王，是一個錯誤。它是商業中大有影響的一個勢力，但不是它的獨裁者。』此外南方政府的副總統斯蒂芬生（Alexander Hamilton Stephens）後來也覺悟過來說：

『那些以爲棉花可以逼迫英國政府承認我們的政府與打破封鎖的人，以及那些希望英國完全放棄它的文化而來承認我們的政府與打破封鎖的人，都有大錯，其錯誤在於棉花王的性質。它的權力是商業與財政的，而不是政治的。』

第二節　英法對美國內戰的干涉

一八六一年四月中旬，綿亙了四年的內戰，卽所謂南北戰爭開始了。雙方先後共動員了四百二十萬軍隊（短期服役者尙不在內），據里溫摩爾(Thomas L. Livermore)的估計，總計死亡六十一萬七千人。耗費金錢無數億。單祗國債一項，卽由一八六〇年的六千萬元增至一八六六年的二十七億七千餘萬。由於內戰不同於對外的戰爭，而是一個國家內部兩個集團間的戰爭，因此，在這種場合下，宣戰手續也和普通所應用者不同。南方軍隊在四月十日叛亂，當日佔領薩謨忒堡(Fort Sumter)。第二日清晨，林肯總統呼籲募集七萬五千志願兵，鎭壓南方各州的叛變陰謀（一八六一年四月十五日），恢復南方軍隊破壞的要塞。林肯下令二十日之內，准由反對合衆國的叛軍解甲歸田，從事和平勞動。

戰爭開始後歐洲最初的態度

爲響應林肯的號召，不數日內已有九萬人請纓從軍。整個北方喊出了『粉碎暴亂』(Crush the rebellion)的口號，一向爲林肯政敵的道格拉斯(Stephen A. Douglas)也急向林肯保證，全力擁護總統。他說，南北兩方的妥協時期已過，現在每個人要反躬自問：『反對美國，抑或贊成』？

第三天，卽一八六一年四月十七日，美國南部同盟國的總統戴維斯(Jefferson Davis 1808—1889)首先佈告緝拿合衆國在海上的商船及軍艦，意在與美國在海上作戰。又過兩日，林肯亦以封鎖南方的聲明報復戴維斯的聲明。林肯認爲南方緝拿敵船，實質上爲海盜行爲，宣佈封鎖南方海口，由北卡羅蘭州至德薩斯州止，借以遮斷南方叛軍與歐洲的貿易。這樣，南北戰爭，此時已進入公開的互相宣戰。

軍事行動開始後法國駐華盛頓公使麥西爾（Merciez）卽當面向美國國務卿說：法政府認爲南方海口法爲紙上的封鎖：列強已開始干涉美國的內戰。英法一再抗議華府的封鎖令，先後聲明不能履行。英國公使里安爵士(Lord Lyons)對是年七月美國兩院通過的『南方海口法』(Southern Ports Bill)正式聲稱：『英國政府認爲封閉南方海口的命令無效，根據這種命令在海洋上所採取的辦法也不予服從』。

最初出兵的是西班牙。西班牙人因為在古巴有他的根據地，企圖從黑人共和國聖多明谷（Santo Domingo）那裏割取東部的島嶼，因為該島以前原是西班牙的殖民地。

合衆國雖然和黑人共和國聖多明谷沒有正式的關係，而一八六一年四月二日美國國務卿斯瓦特（William H. Seward）却為西班牙的侵略向西班牙駐華盛頓公使提出書面的抗議。一八六一年七月一日，西班牙公使以合併黑人共和國通知斯瓦特。當時的局勢很僵，以致合衆國在這個問題上只好待機而行。

最初承認南方叛軍為交戰團體的，則為英國政府。這種承認，使叛軍氣勢猖獗，華府的對外關係，甚感困難。歐洲國家干涉美國內政的第二個階段開始，不久武裝干涉成為各方重視的問題。

一八六一年五月三日，南方叛軍的密使楊賽（Yancey）和羅斯特（P. A. Rost）兩人首次與英國外相羅素祕密會晤，那時正是判麥斯呑担任首相，對美國有許多不友好的行為。叛軍代表曾有這樣報告：『英法現在不能承認同盟的獨立，但是英國則實在並不反對美國的解體。一俟我們得到第一次決定的勝利，便會對我們採取有利的行動』。

南北滿爭爆發之後，華府派遣一位在美國身出名門的法蘭西斯•亞丹姆斯(Charles Francise Adams 1807—1886）為美國駐英新公使，和緩英美緊張的空氣。在亞丹姆斯未抵倫敦以前，美國前駐英公使大拉斯（Dallas）獲得羅素口頭保證，謂英政府對有涉美國內戰的任何決定，要俟美國新任公使亞丹姆斯到任以後始能决定，不會馬上採納南方代表的意見。但是亞丹姆斯未到倫敦以前，羅素已於五月六日就向英國駐華盛頓公使里安爵士發出一個訓令，謂英政府已決定承認南方享有交戰地位。亞丹姆斯於五月十三日到倫敦，但就在這一天，在他尚未被接見以前，英國政府已批准了中立宣言。這個宣言承認南方為交戰國，而不是叛變中央的自治州。這是意味着英國有對美國準備作戰的傾向。值得注意的是，宣言公佈後，英國政府立刻派遣它自已的軍艦巡邏美洲海面。跟着法國西班牙及荷蘭也宣布中立。

英國、法國和西班牙在墨西哥的干涉

英法等國爲予美國以有力的打擊，曾由判麥斯吞主動於一八六一年十月三十一日在倫敦簽訂了一個英國、法國和西班牙三國關於干涉墨西哥的協定。起因是這樣的：由於墨西哥在革命及歷次政變後欠了英法西三國一筆外債，曾與貸款諸國訂約以威拉克魯茨(Vera Cruz)及坦皮玫(Tampico)的一部關稅，分期還本付息。但因墨國財政困難，新任總統詹勒斯(President Juarez)通知各國停付兩年。這就予歐洲列強一個出兵佔領墨西哥的借口。

一八六一年十二月，西班牙軍已在威拉克魯茨登陸。一八六二年一月，英國水兵七百人，法國軍隊二千五百人(以後不斷增加)和西班牙軍隊六千人聯合進攻，用意在援助南方叛軍。法皇拿破侖第三的野心更大，不獨企圖干涉美國，而主要目的，是在倂吞墨西哥，把拉丁美洲控制在法國勢力之下。美國對英法西三國的武裝干涉提出抗議，但由於本身發生內戰，而且法國遠征軍大事擴張，攻陷墨西哥京城，所以也就無暇兼顧。祇有英國和西班牙軍隊不久撤去。

『德蘭特號』事件(一八六一年冬)

正在判麥斯吞嗾動三國干涉墨西哥，而北方軍隊在前線上屢受挫折之際，美國又遇到了英國的直接威脅。因爲美國對南方聯邦所宣佈的封鎖，幾乎斷絕了美洲棉花的輸出，於是引起歐洲列強的反感。一八六二年三月二十六日，英國駐美公使里安爵士在會見斯瓦特時宣稱：『如果合衆國定要用武力停止對於英國如此重要的和產棉數州的貿易，那我就不能回答你可能發生的事了』。

一八六一年十一月八日，叛軍的密使麥生(Mason)和斯里達爾(Slidell)兩人在英國郵船『德蘭特』(Trent)號上，被美國軍艦『聖甲斯吞』(San Jacinto)號艦長威爾克斯(Wilkes)所捕。英國船長抗議無效，俘虜被押到波士頓。這事發生之後，英法兩國的狹義的愛國主義報紙就抓住這個機會大事宣傳，認爲『這是一種暴行，有辱英國國旗，破壞國際公法』。反動份子竭力主張與美絕交，對美宣戰。他們對艦長威爾克斯唯一的譴責，就是說他逮捕了南方聯邦的公使並把他們押送到波士頓。羅素爵士於十二月向美國提出最後通牒，要求在七天之內交出麥生和斯里達爾，同時英國派遣八千軍隊已經在加拿大登陸。在英國各造船所裏日夜不停的工作着。

英國勞工反對援助南方叛軍的舉動

英國大多數的貴族資產階級同情南方叛軍，主張武力制裁美國。他們眼見存棉斷絕，蘭開夏郡（Lancashire）失業工人增多，爲避免英國發生內亂，多主張援助南方，及早結束美洲戰爭。但馬克思在一八六一年十二月二十五日寫道：『判麥斯呑要戰爭，而英國人民不要戰爭。誰在這次决鬥中能佔上峯——判麥斯呑，還是人民？這是最近將來的事實會告訴我們的』。事實告訴我們，除了各國政府的正式外交以外，在一八六十年時代，已經在民間有一種反戰的力量阻止英國的干涉。這種力量雖未經官方承認，但事實上因美洲事件成爲國際事件而形成了。如果說，英法干涉美國內政，是因美國的內戰引起了歐洲的不安，棉花的飢慌，造成了失業工人的流浪，那麼國際勞工的同情團結，也是美國南北戰爭對國際方面的另一個影響。在英國，在各大工業中心，勞工集會有如怒潮，領導這一運動的，主要的就是倫敦的國際工人聯合會。勞工羣衆雖然因了棉荒而失業，而飢餓，但對本國政府站在南方奴隸主方面出兵干涉美國內政，也報以反抗。全世界的反動勢力，在美國南北戰爭時代開始了歷史上未有的大聯合，但國際工人及一切被壓迫者也就從此時起形成了革命的國際工人的組織。一八六三年第一國際的產生，直接的原因之一，應該說是美國南北戰爭。

同時林肯『恐怕俘虜變成累贅』，華府採取了讓步的態度。一八六二年一月一日，兩個叛軍的密使由要塞提出移交英國軍艦。歐洲反動派製造出的軒然大波暫告平息。英法的干涉遇到一個障礙。南方叛軍大失所望。他們說，我們本來希望英美爲了這件事絕交，促成英國對叛軍獨立的承認。但是大失所望。

一八六四年，第一國際在林肯二次競選獲勝後，在致所謂『工人之子』林肯的一封信中，用下面的話表現出了英國工人和歐洲其他各國工人眞正同情的思想和感情。

在這封信中說：『歐洲工人相信，也像美國獨立戰爭給資產階級開闢了新的繁榮的世紀一樣，美國反對奴隸制的戰爭，也會給工人階級帶來同樣的新的繁榮的世紀』。

因此，南方奴隸主指望英國政府武裝干涉而援助南方，顯然是錯誤的。

南方人的另一個錯誤，是斷定棉花停止輸出後，將來會對歐洲產生一種不可思議的後果。他們因急需軍費拚命把棉花輸出國外，企圖打破北方的經濟封鎖。但反之，一八六一年歐洲的飢饉，使小麥問題更重於棉花問題，而北方諸州倒是因爲連年豐收，竟在內戰的火熱之日，向歐洲輸出了大量的小麥。

小麥比棉花重要

關於這個問題，黑克斯 (Hicks, John D) 在『美國民主簡史』(A Short History of American Democracy) 有這樣的敍述：『同樣重要的是，在這種嚴重關頭（卽在歐洲糧荒之際），逼使大不列顚由美國入口的小麥，佔其入口的較大部分。有一個時期，英國農民沒法滿足聯合王國所需之麥，而在南北戰爭頭兩年，連年的荒歉，糧食奇缺。在往常，英國由大陸南美或埃及輸入小麥以救燃眉之急，今則來源不豐，而由美輸入小麥，成爲當務之急。在一八六一年到一八六三年的三年之中，北方諸州農民供給英國之小麥及麵粉，實際佔其入口量的百分之四十以上，由美國出口的小麥，每年增加到五千五百萬布什爾，比往日增加三倍』。小麥在戰時動搖了棉花王，英國依賴自由美國的地方不少，財政大臣在某種關係上是坐在一個糧倉上！

無論南方叛軍和英法政府，都不能對共同參加作戰抱何種希望。判麥斯吞和拿破侖第三不敢輕舉妄動，每天在等待美國戰場上的發展，以便給自由美國以決定的打擊，恢復英國昔日的統治。

在第二年，一八六二年，林肯還沒敢作解放奴隸的決定，北方軍隊又接連敗退。擁護干涉者又得到了勝利。六——七兩月里士滿大戰中，北方軍隊退出賓薛法尼亞，秋季李將軍所部直撲華盛頓，八月九日重創北方軍於西達山（Cedar Mts.），八月三十日，布里龍(Bull Run)戰役，波普（Pope）將軍又被南方的詹克生擊潰，渡過頗陀馬克河(Potomac)而與李將軍會合攻入瑪里蘭特（Maryland）。判麥斯吞狂叫道：林肯政府『吃了一次大敗仗』！

法國的態度

一八六二年四月，恢復自由的斯里達爾巳和拿破侖第三接觸，要求法國承認南方爲獨立國家。拿破侖第三說，他在原則是贊成的，但困難是：『除了英國以外，沒有一個國家擁有足夠的海軍可以給法國在海戰中以實際的幫助……』法國皇帝這句話是暗示：如果英國承認南方同盟的話，那末他也會這樣做去。斯里達爾建議法國與西班牙、奧地利、普魯士、比利時、荷蘭、端典和丹麥等國共同組織一個反對自由美國的遠征軍。他向拿破侖第三保證，如果法國承認南方同盟的話，美國是不敢對法國宣戰的，『因爲她家內的事已經夠忙了』。

斯里達爾雖然這樣誘惑及保證，但拿破侖還是不願立刻承認，只答應祕密幫助他們建造軍艦。談話就這樣結束。但是在一八六二年七月中旬，當北方軍隊失敗的時候，拿破侖第三就給法國駐倫敦公使屠維尼爾打了下面一個電報：『問問英國政府，是否已到了承認南方的時機』。可是英國衆議院在判麥斯吞授意之下否決了武裝干涉的提議。英國政府要等待軍事行動告一澈底段落，才給南方人以實際的援助。

一八六二年七月二十九日，在利物浦拉耶特的造船廠爲南方聯邦所建造的巡洋艦　雖然美國公使抗議，但在英國政府默許下由英國出港。這條『阿拉巴瑪』（Alabama）號直到一八六四年六月爲止，始終在公海上巡邏，擊沉了美國六十五艘輪船，沉燬財產達五百萬元之鉅。差不多把美國的商船驅逐殆盡。

一八六四年六月十九日，『阿拉巴瑪』號與美國的巡洋艦『基沙治』號遭遇，在激戰中被擊沉海底。除『阿拉巴瑪』外，英國爲南方聯邦所建造的巡洋艦還有『佛洛里達』號，『佐治亞』號，『聖那多』(Shenandoalr) 號等等。

法國在供給叛軍船隻方面，也不甘落後。拿破侖第三允許爲叛軍建造一支強大的海軍，駛入密士失必河作戰。在一八六三年春，已把一艘名爲『斯頓瓦爾』(Stonewall) 的軍艦交給叛軍。祇因他的造船計劃被一書記洩露，這才停頓了下來。

一八六二年九月十四日，判麥斯吞致函羅素，建議承認南方同盟，他問如果華盛頓及巴的摩爾落在南方人手中，『英法是否應向交戰兩方，建議分離辦法』。三天以後，羅素回答說：『我贊成你的意見，認爲向美國政府提議調解，以便承認聯盟的獨立的時機已到。我並且同意，如果不能成功，我們應承認南方各邦爲一獨立國。不過對這樣一個重要問題決定辦法，尙需舉行一次閣議』。閣議定於九月二十三日或三十日召開。

奴隸的解放——一八六三年

叛軍勝利並不鞏固。恰却就在這幾天當中，前線情勢激變。一八六二年九月十七日，李將軍的軍隊在安弟坦(Antietam) 被阻，退入威基尼亞，其後又退回波陀馬克河以南。林肯抓住這個勝利的機會，發表了解放黑奴的偉大的宣言。全世界的被壓迫者把它視爲解放的信號。一八六二年九月二十日美國頒佈解放奴隸的預備宣言。宣言隆重地說：

『……自西歷紀元後一八六三年一月一日起，凡是反叛美國的各邦的人民，他們所蓄的奴隸，從此永遠解放』！

本來，在戰爭初期，林肯就想實現他多年的偉大的懷抱。但那時如果馬上宣佈，有的人說可能引起內部的分裂，國務卿斯瓦特尤不贊成。他說：『每次反對奴隸制度的示威，使我們在瑪里蘭特，懇塔基

(Kentucky)、米蘇里(Missouri)及威基尼亞的安定發生危險，並促成反叛各邦的聯合』。因爲上述加入北方陣線的諸州也是蓄奴的。抓住這幾州比解放奴隸爲重要。他說：這個解放黑奴的宣言，『應該掛在一個前進軍隊的刺刀上，不應該拖在一個敗退的軍隊的塵埃裏』。見仁見智，這也是個道理。林肯當然也不能對這些無動於中。所以在過去很久期間，訓令部下閉口不談奴隸。

但釋奴是戰爭的最後目的，也是戰爭發生的原因。這個問題不及早解決，便會失去在叛軍區內起義的奴隸的擁護。爲了鞏固及擴大革命軍隊的實力及動員更多的人擁護抗戰，林肯這一措施決不是政府向人民示弱：『政府討好黑人，不是黑人乞求政府』。

北美合衆國開始踏上了革命戰爭的道路，促成國內勞動人民的團結，加強了整個民主主義的歐洲對美國人民的同情與擁護。事實是美國發表解放黑奴的宣言之後，不僅全世界進步的人類欣歡鼓舞，加緊反對英法干涉美國，英國工人到處開會慶祝，踴躍參加，而且牧師們亦深表同情。法國七百五十個牧師發動一個『同情黑人的偉大的和平示威』，英國曼切斯特牧師的反奴隸制大會，在決議案上簽名的有四千多個牧師。

英國得悉美國取消奴隸制度後，把承認南方的問題從內閣會議的議事日程上取消了，祇好再等待南方叛徒的新的勝利。可是法國政府却決定發動一個有利於南方的新企圖。

一八六二年十月三十一日，英俄兩國的外交代表接到法國政府關於三國共同行動計劃的建議。這個建議包括：休戰六個月，取消封鎖，開放美洲各港與歐洲通商。可是俄國謝絕，英國政府在十一月十一日的閣議上，正如叛軍代表麥生哭喪着臉報告他的同僚們說：『誰相信內閣裏面除了葛拉德斯吞(Gladston William Ewart 1809—1898)外，祇有羅素贊成法皇的建議』！英國追隨俄國否決了這一個建議，英國工人的積極反對在這次起了極大的作用。

在奴隸制取消後，南方叛軍在政略上無法制勝，在軍事上處在四面楚歌之中，以致奴隸制的最激烈的思想家之一，南方聯盟的副總統斯蒂芬生也建議爲戰勝北方起見，必須模仿北方的例子也在南方取消奴隸制。可是里士滿的國會沒有作這樣的決定，而且不能作這樣的決定。

英法最後干涉計劃被埋葬

但英法的統制者，決不因此而放棄干涉美國的幻想。一八六三年六月，李將軍又回竄瑪里蘭特，盤據賓薛法尼亞，使英法同情叛軍的空氣甚濃，大家都相信不久便可佔領華盛頓。英國下議員羅巴克（Roebuck）提議英政府承認與叛軍合作，並建議法皇拿破侖第三集體行動。拿破侖是贊成的。祇要英國下手，他必跟着同來。但英內閣仍不敢作硬性決定，天眞的還要等候華盛頓陷落的捷報！後來捷報果然來了，但不是華盛頓陷落，而是在一八六三年七月一日至四日的決定性的戰役中，即在蓋蒂斯堡（Gettysburg）和威克斯堡（Vicksburg）兩次戰役中，北方完全勝利，李將軍的軍隊潰敗。雙方在戰略上從此整個轉變，北方軍隊開始大舉反攻。英法兩國的干涉又成爲空想。

其後，叛軍雖屢作困獸之鬥，並且又派了一個大奴隸主開納爾(Duncan F. Kenner)全權使英，給英法打氣，但英法不敢行動。叛軍在英造船的計劃，英國否決，以棉花換取船隻以及解放黑奴的條件，英法亦不採納。而且關於造船問題，美國亞丹姆斯向羅素提出抗議：『無須我向閣下指出這是戰爭』！英國祇好表示歉意，『下令阻止兩個鐵甲船離開利物浦』（這兩個船，戰鬥力最強，可以完全衝破封鎖線，打擊北方）（註一）。至於南方也解放黑奴的事，英國一笑置之，拿破侖第三『從沒予以考慮』。英法抱怨行動太晚，叛軍咀咒林肯釋奴，結果在一八六四年肖曼（Sherman）決戰中，南方軍隊六萬餘人大敗，一蹶不振。北方的軍隊越過佐治亞，攻入南北卡羅蘭州，不久叛軍靈魂李將軍投降。後來南方的暴

（註一）依照一八七一年的華盛頓條約和日內瓦國際仲裁法庭的決定，英國曾向美國繳付一千五百五十萬金元，以賠償由「阿拉巴瑪」號及其他武裝商船所帶來的損失。

徒雖卑鄙狙擊林肯，一代偉人不幸殞落，但是他的事業千秋萬歲，有後代無數萬人民踏着他的血跡奮鬥。

第三節　南北戰爭後美國在對墨西哥政策上與法皇拿破侖第三的矛盾

美國南北戰爭時代，英、法、西三國對墨西哥發動的戰爭，事實上就是援助南方叛軍而干涉北美合衆國的一種側面舉動。南方叛軍首領，對西歐列強的出兵，抱有最大的希望，把墨西哥的命運，同他們的獨立叛國聯系了起來。

拿破侖第三干涉墨西哥的冒險計劃

在拿破侖遠征東方和西方落後國家的戰爭當中，最重要的，就是一八六十年代對敍利亞以及聯合英國對中國的進攻，此外就是對墨西哥冒險的遠征。不過這三次侵略殖民地的戰爭，就作戰的規模時間和性質而言，法皇拿破侖第三在墨西哥的冒險，尤比在我國和敍利亞嚴重。當然，不待言地，如果說，拿破侖在中國已經掠到許多便宜，在敍利亞也沒受到什麼損失的話，那麼在墨西哥空前未有的戰爭，就帶給他不可醫治的傷痕，最後完全失敗。

拿破侖第三對墨西哥有些什麼企圖呢？最重要的有三：(1)徹底征服墨西哥，把它變爲法國獨佔的殖民地，附屬於法蘭西帝國。(2)消滅墨西哥的共和政治，建立一個君主政體的國家，並且是要由拿破侖第三指定的人担任皇帝。(3)以墨西哥爲基地向南併吞拉丁美洲的兄弟共和之邦，向北進攻北美合衆國。

美國內戰初期，英、西兩國都參加了遠征，在第二節中已經述過。他們都是主張掠奪墨西哥的。在墨西哥數十年的紛擾中，英法有時共同干涉，有時各自扶持一派相拒抗。一八五八年至一八六〇年以膺勒司（Benito Juarez 1806—1872）爲首領的共和黨與米拉蒙（Miramon）爲首領的保守黨內戰時，法歐大銀行家哲克爾給予保守黨大宗借款，拿破侖的親信莫爾尼(Morny, Charles Auguste Louis Toseph,) 直接參加這種政治的投資。英、西也爭着參加。但結果，保守黨失敗，詹勒司被選爲總統。共和黨當政後，英美雖已正式承認，但列國均採取仇視態度。羅馬教皇禁止天主教徒對新憲法效忠。加以詹勒斯初則不願担負保守黨在過去所借的一切政治外債，繼又頒令停付二年，這樣，英、法、西三國便找到了成爲『遲早編入國際編年史中最驚人的企圖』的借口。

但在干涉墨西哥期間，法國拿破侖因爲得到墨西哥天主教派密切的支持，收買了許多保守黨員，英西的勢力有被排擠的危險。判麥斯吞不願繼續爲法國資本家白費苦力，同時最重要的，美國南方叛軍自始無重大的收穫，墨西哥人民反對異族干涉的解放戰爭繼續高漲，所以英國爲避免拖入持久的對外戰爭中，便決定由墨西哥撤兵。西班牙也採納了英國的政策。這樣，繼續與墨西哥人民作戰的就祇剩下了拿破侖第三。

在客觀上，英西的退出戰爭，是對拿破侖渡海遠征的一個打擊。然在好大喜功的拿破侖看來，却正是他獨吞墨西哥的機會。他更加肆無忌憚起來，他利用英西的退出戰場以及北美林肯政府的困難，接續把他在歐洲的精銳調來。正式任命福里將軍 (Gen. Forey) 爲法國遠征軍總司令，在一八六三年六月已佔領了墨西哥的京城 (Mexico)。

拿破侖佔了墨西哥大半土地以後，在一八六三年七月便利用叛軍及天主教徒的擁護成立了一個形似臨時政府的『名士會議』，企圖通過這個名士會議取得墨西哥的一切權利。玆將以亞爾蒙德將軍(Gen. Almonte) 爲首的名士會議所發表的宣言摘要錄之如下，以見拿破侖征墨計劃之一班：

（一）墨西哥共和國改爲世襲君主制，奉一信仰天主教者爲君主；

（二）墨西哥皇冠，獻與路易拿破侖之義子，卽奧國皇太子馬克西米連親王 (Prince Ferdinand

Maximilian)及其後裔；

（三）如奧國皇太子不接受帝位，聽任拿破侖另推賢能。

拿破侖第三對墨西哥的軍事遠征，他的計劃就是奴役墨西哥的人民，將歐洲葬埋了的君主專制政體，扶植在新世界之上。

墨西哥人民英勇抵抗及美國對墨西哥政策的日益轉趨強硬

拿破侖以爲他在墨西哥的侵略政策勝利了，無恥的法國文丐們把他在墨西哥的勾當嘔歌爲『偉大的統治思想』。

但是勝利決不鞏固。墨西哥人民繼續抵抗異族侵略者，由膺勒斯領導的政府仍然存在着。這就使傀儡馬克西米連遲遲不敢接受皇冠。

其次，拿破侖是趁北美內戰而偷偷伸手到墨西哥去的。在南北戰爭初期，美國自顧不暇，祇能向法國皇帝提出無力的抗議。但是到後來，林肯勝利了，於是向法國提出了嚴重的抗議，並且有若干人士主張以武力驅逐法國軍隊。

美國對墨西哥是非常關心的。早在法軍侵入以前，就在一八四六年到四八年，爲了爭奪得薩斯州與墨西哥作戰。美國何嘗不願統治墨西哥，祇是美國向來的政策，不願與列強採取軍事合作而願獨立行動吧了。萊丹所著『美國外交政策史』第四一七頁說的好：

『美國在此墨西哥政府內有派別的騷亂，外有與外國開戰的危險的時候，不愿採取威壓的方法以求賠償。當然，這些同樣的情緒，使他們比較愿單獨向墨西哥宣戰，更不願聯盟向它宣戰』。

上文的中心思想有二：美國可與墨西哥宣戰；但是却不可因此而招致列強對美作戰。

一八六三年，馬克西米連被推爲墨西哥皇帝後，美國的對墨政策開始強硬了。法國要求美國承認馬克西米連政府，以此作爲法國撤兵的條件。但美國務卿斯瓦特的覆文是：在墨西哥樹立外國人的君主政體，不但不易，且不相宜。美國認爲墨西哥的戰爭沒有終止，過去的共和政府並未撲滅，和美國仍存在着友好的關係。事實上，過了幾月以後，美國衆院已接受加里福尼亞州議員麥克道卡爾（McDougall）的提議通過一個類乎宣戰的決議。

倒楣的馬克西米連接受皇冠的時候，却正是美國南北內戰北方最後勝利的幾天。馬克西米連上了大當，美國對他提出了嚴重的抗議。美國沒有內戰的拖累。斯瓦特乾脆通知美國駐巴黎特使斯撒斐爾德(Schofield)說：『我要你當面告訴拿破侖，他必須離開墨西哥！』

拿破侖拚命鞏固馬克西米連的政府。南北戰爭失敗後被華府宣佈爲法外的南方叛軍首領和大奴隸主也都移到墨西哥圖謀東方再起，如莫累（Matthew F. Maury），馬格魯德爾將軍（Gen. John B. Magruder)均投入墨西哥國籍，積極與那裏的共和軍作戰。

然美國的態度越來越強。強生總統（Andrew Johnson）於一八六五年以一類似的哀的美敦書交給法國，警告拿破侖立刻放棄武力干涉墨西哥的政策。過了幾月之後，又直接以武力威脅法國。拿破侖當時由於墨西哥的人民解放戰爭永無平定跡象，同時普丹戰爭之後，普奧戰爭又有一觸卽發之勢，於是才被迫宣佈撤退法軍。

路易拿破侖在墨西哥進行的侵略戰爭，不僅在海外喪失了自己的威信，而且他在歐洲的實力，也因大半法軍精銳的調出美洲，結果影響到了他在歐洲的軍事實力。普丹戰爭中他無兵調出作戰，在形將襲來的普奧戰爭，他又趕不及把墨西哥的軍隊調回來應用。兩次決定歐洲，甚至世界命運的大戰法國均袖手旁觀。一八七〇年普法戰爭中法軍的一戰而降，有幾分是種因於他對墨西哥五年來的勞師遠征。

法皇拿破侖在對外政策上的一切失敗，正是俾斯麥的勝利。法軍開始踏入墨西哥的陷阱之日，正是俾斯麥開始在歐洲舞台上壓倒拿破侖之日。俾斯麥在一八六二年九月二十日出任普魯士首相，世界政治的中心，逐漸由巴黎移到了萊因河上。

第四節　美國對外政策的認識

美國外交原則

關於美利堅合衆國對外政策的基本原則，在科學的文獻中曾有兩種不同的或甚至相反的估計或認識。

一種估計，認爲美國的全部歷史和歐洲政治有密切關係。另外一種看法，認爲孤立政策，是美國的基本原則。實際上，無疑義的，美國的歷史及其對外政策，從北美合衆國誕生起，就和歐洲歷史，也就是和世界歷史有着密切的聯系。

一般人對『孤立主義』這一概念的涵意，有若干誤解。有人以爲美國不參加歐洲的戰爭或歐洲各國的政治同盟和軍事同盟就是一種孤立主義。但是放棄在歐洲的積極作用，決不能算是美國和歐洲政治乃至世界政治完全脫離，更非放棄對殖民地的侵略。反之，美國是永遠參加歐洲政治的，但大部份她是以消極的力量，以自己的靈活的策略去影響歐洲事變的行程。所以，孤立主義的意義，並不是和歐洲分立，而是運用消極的策略去參加歐洲的事務。應該指出，美國在早沒積極參加歐洲事件，畢竟是因它還在年青時代，不佩與英國競爭。對於東方的弱國，早就開始擺出猙獰面孔了。

參加美國獨立戰爭的國家，除了英國各殖民地以外，尙有英國、法國、西班牙、荷蘭。和它間接有關係的，還有那些接近武裝中立的國家如俄國、瑞典等等。所以，獨立戰爭是世界歷史的事件。合衆國在一七九三年法國革命和英法鬥爭時期，拒絕與法國同盟，這對於歐洲歷史曾有極大的意義。一八〇三年，路易斯安那的佔領，一八〇五年美國參加地中海反對阿日及爾的戰爭，佛洛里達的佔領，門羅主義，對墨西哥的戰爭，十九世紀下半葉對中國的侵略，美西戰爭，第一次世界大戰，蘇聯國內戰爭時美國的出兵干涉，這些都是在世界史上起了它的作用的事件。美國是生在資本主義的大家庭中！

如果要問：美國政治家們在外交政策上提出了甚麼原則上的新東西呢，那麼對這個問題，必須作這樣的回答：除了十八世紀七十年代和一八六一年——一八六五年這一段時期以外，美國外交就其方法和目標說來，實在很少和奮世界的外交政策有何區別。

特別是在第二次大戰之中和大戰以後，美國不僅參加，起了很大的作用，而且是一個領導者。美國以其國力的雄厚，曾作過這次反希特勒及日本軍閥戰爭中世界民主國家的兵工廠，在羅斯福領導之下，使美國的門羅主義成為保護民主的門羅主義。但是，在今天，當全世界的人民踏着他們的先烈華盛頓、林肯、羅斯福等指示的道路，反抗他們昨日也反抗過的一切暴君和壓迫制度時，今天的美國，甚至變成了干涉和組織全世界十字軍的堡壘。

今日的孤立主義，一般說，正是借口把整個美洲成為它的禁臠，而在對外方面，作為侵略的工具。我要孤立，我不許全世界任何地方再有一個人生存。原子彈正是燬滅世界而實現美國今日的鋼鐵巨頭，煤油巨頭，……獨霸世界的工具。

過去勞經有一時期祗有少數人說美國是棉花為王，今天的美國，則全世界的人民都說是金元為王，再加上原子彈為王！

第十三章　拿破侖第三與歐洲・俾斯麥鐵血政策的開端（一八五六——一八六三年）

第一節　拿破侖第三對歐洲的支配力量

一八五六年的巴黎和約簽訂以後，法國在歐洲立於舉足輕重的地位，他已完全恢復了拿破侖帝國時代的光榮。普魯士和奧地利不敢對法國有什麼要求，英俄兩國在歐洲，近東以及其他地方的擴張政策多多少少受到他的箝制。這時拿破侖第三差不多做了歐洲的仲裁人，不但法國宮廷的臣僕們這樣的稱呼他，就連國外許多權威的布爾喬亞政論家對他也都是這種評論。

俄國高恰科夫與拿破侖第三

以自由主義和民族主義僞裝起來的拿破侖第三，他的對外政策以及他對若干弱小民族的援助，如對土耳其及後來的意大利，都是爲法國資本主義擴充外國市場殖民地，或以土地的報酬爲條件的。這是一方面。在另一方面，爲了取得歐洲的霸權，拿破侖第三企圖逐一擊敗他的敵人。他先借口援土而重挫帝俄，其後借口援助意大利，而大大削弱奧地利。至於英國，拿破侖一貫的對外政策，是使後者在歐洲及在全世界不能妨礙到法國的擴張政策，所以在克里米亞戰後的最初兩三年中，判麥斯吞已對他的各個擊敗政策感覺恐慌，希望拿破侖快快修正在巴黎和會上的狡猾行爲，不要進一步地去走那條對於英國最危險的道路：利用和戰敗的俄國的接近以對抗英國。可是俄法的接近，已成爲事實，並在迅速進展中。俄國在巴黎和會以後，外交大臣一職，馬上由高恰科夫公爵担任。

高恰科夫(Aleksandr Mikhaylovich Gorchakov 1998—1883) 是帝俄的一個遠見卓識的人。氏未受過高深教育，但對於近代歐洲政治的研究却有獨到之處。他個性很強，不願受人指揮，因此和涅賽爾洛德不能長久相處。關於他這種個性，在十九世紀五六十年代期間，蓋爾岑主編的「警鐘」雜誌的編者達爾哥路孜夫公爵 (Peter Vladimirovich Dalgorukoff) 曾有下面一段記載：『在一八二五年，高恰科夫公爵於休假歸國。他於道經普士科夫省 (Pskov) 之際，趁便折到一個小村子去訪問他中學時代的同學普式庚詩人，那時普氏正因十二月黨的嫌疑，被充軍到米哈伊羅夫斯基村，過着軟禁的生活。以一個青年外交官的身份，居然敢在到彼得堡述職的中途，便道折入小村去訪問失寵的友人，實是一件極高潔的行動』。他的中學的同學普式庚，嗣後回憶到高恰科夫這次訪問時寫道：『命運的冷酷的光彩沒有改變你的自已的靈魂』。

高恰科夫在皇帝面前，比涅賽爾洛德要自由些，隨便些，有機會發表自己的意見。

他就任外交大臣以後，在對亞歷山大第二的奏文中以及對歐洲各國使節的通令中，曾闡明克里米亞戰爭中戰敗俄國的對外政策的作用應當是：第一，俄國對外政策的基礎，就是：「La Russie se recueille」(俄羅斯集中起來)。俄國不應積極干涉歐洲的事務，俄國要由她遭受慘重損失和犧牲後改弦更張，救危圖強。未來的對外政策的第二個基礎，就是俄國從此不應犧牲自己的利益，去支持神聖同盟的原則。俄國在選擇它未來的友人時，應完全獨立自由，不受任何一國的約束。

高恰科夫的這些政策，是和巴黎和會後拿破侖第三的對外政策及其活動的傾向最符合的。即是說，他們兩個人都不願受其他盟約的約束。因此一方面，俄國給與法蘭西帝國以全部行動的自由，另一方面，高恰科夫這樣明白的向奧大利暗示，俄國做了神聖同盟的替羊罪，而各盟國的自私亦難予寄以厚望。這是俄法接近的基礎。拿破侖第三利用俄國對外政策的這種轉變，也爲自己定出了一個新的任務：

打破神聖同盟的桎梏，在軍事上爲帝國的光榮錦上添花，而且要一反克里米亞戰爭時的作風，首先爲法國奪得大批的土地。顯然，俄國對外政策轉變的時候，也就是拿破侖第三準備將奧國從亞平寧半島(Apennines)上驅逐出去的時候。

拿破侖第三和亞歷山大第二重新接近

當時歐洲的國際形勢，對法國皇帝的計劃頗爲有利。首先對俄國的關係，在巴黎和約簽訂之後，幾乎每月都在改進之中。一八五六年，亞歷山大第二在莫斯科舉行加冕典禮，拿破侖第三遴選一個在法廷最孚人望的莫爾尼伯爵(Morny)担任欽差大臣，到莫斯科致賀，因爲莫爾尼伯爵遠在克里米亞戰爭時代，就已說過俄法兩國有從速和解的必要。在舉行加冕禮的那一天，法國欽差大臣特別恭敬。他乘的馬車還沒到烏斯賓斯基大教堂和克里姆林宮前，夾道佇立的人山人海的觀衆早已看到莫爾尼伯爵從馬車上跳了下來，從容向遙遠的克里姆林宮進發。全體法國公使館的人員，都脫了帽子，像是蒙恩主召見的寒士。其他各國道賀的人員都不屑如此這般。莫爾尼遠遠地一望見俄皇，趕緊跑上前去向俄皇請安，好像有意奉承的樣子。莫爾尼展開精神攻勢，到處宣傳法俄同盟對於兩大帝國的利益，並說明這個同盟能在外交上統治歐洲和整個世界。當然，彼得堡的貴族，見法國這樣的慇懃，對莫尼爾伯爵的招待特別優渥，並把俄國女子（特魯柏茨卡亞 Trubetskaya 公爵夫人）許配法國公使。莫爾尼在莫斯科和彼得堡被當作一家的人。俄皇對他也備極垂青，常常不拘君臣禮儀在冬宮談笑自若。

法國公使莫爾尼見到俄國宮廷方面對他這麼客氣，而且跡近親暱，於是就向俄國提出了許多要求，毫不費力地爲法國資本家爭到了若干極有價值的經濟特權。他在慶祝自己的勝利中向拿破侖報告說：『我已爲法國實業家在俄國找到了礦井』。

在對土耳其問題上，有一件事法俄完全一致行動。法俄爲削弱土耳其在歐洲的勢力，曾經援助摩爾達維亞及窩雷啓亞的統一派，以公民投票方式，組成一個獨立的國家。土耳其和英國反對法俄的干涉，盡量阻止統一派在公民投票時的活動。統一派失敗。法俄兩國一致要求重新投票。土耳其拒絕，英國出面爲土耳其辯護。但因俄法壓力甚大，英國不能單獨抵抗，結果在一次新的選舉中，統一派大勝。上述兩個公國合組爲一個新的國家；卽羅馬尼亞。時在一八五八年。

法俄接近不可能鞏固的原因

可是莫爾尼建立法俄同盟的企圖並沒有成功。失敗的原因有好幾個。第一，要建立法俄同盟，勢必要在克里米亞戰爭以後迅速擴大英法兩國間繼續存在的同盟關係。但容許俄國加入這一個同盟，又爲英國卽不許，而且俄國也不需要這樣的「三國同盟」。何況判麥斯吞對俄在高加索，波斯，土耳其和其他各處的擴張，表示反對，正繼續其反俄的陰謀。第二，拿破侖第三自己也損害了莫爾尼伯爵所努力的事業，他在會見亞歷山大第二時曾透露了他對波蘭王國解放問題的興趣，因之俄皇憤怒地對他的親信說：『居然有人對我談起波蘭問題』。

但卽使法俄同盟並沒有完成，而拿破侖第三却能從此相信亞歷山大第二和高恰科夫新懷抱的理想，是法俄外交的合作，並相信無論何時，如果法國對奧國進攻，俄國非但不會幫助奧地利人，而且會對法國採取友好中立的態度。

英法關係的日漸疏遠

英國這時很是狼狽。判麥斯吞不安於莫爾尼伯爵在莫斯科和彼得堡的成功，俄法兩國皇帝的會晤，和一八五七年——一八五八年法俄兩國對羅馬尼亞建國問題上的協同行動。判麥斯吞對這些問題極爲憤怒，自始就用種種威脅的手段對付他們，但因法俄不惜一戰，結果他就知難而退，對法俄讓步。拿破侖第三在和維多利亞女皇的夫君亞爾伯特親王(Albert of Saxecoburg. the Prince consort) 會晤時說道，他最不高與看判麥斯吞的照會，他已命令他的外交官不要把判麥斯吞新發出的任何通牒或備忘錄送給他看，因爲判麥斯吞所寫的這些文件，他認爲一概不合禮貌。但卽使法國皇帝不這樣侮辱，英國首相從一八五七年下半年起，也把聲調改變得溫和多了。第一，英國在印度招募的傭兵（Sepoy）有五分之四於一八五七年叛變，暴動擴張到印度的北部及中部，光復了德里（Delhi），英國在印度的統治完全動搖，英國政府當然不敢觸怒他的強大的隣邦法國。因此，在一八五八年，當法國進攻奧國的計劃已經具體規定時，拿破侖第三就有理由相信不致受英國方面的強大的阻礙。第二，恰巧在一八五八年初，在法國發生了一個對判麥斯呑非常不利的事件。這就是刺殺拿破侖第三的陰謀。

一八五八年一月十四日，意大利的一個革命家奧西尼（Feliche Orsini）在法皇和皇后驅車往歌劇院的途中，突以炸彈向拿破侖第三擲來，炸彈立刻爆發，死傷一百餘人。但帝后均幸無恙。意大利志士的行刺，完全是因爲法皇阻礙意大利統一事業所招致：反動的法國皇帝在一八四九年派遣八千衛戍兵到羅馬幫助教皇庇佑九世壓迫革命，恢復專制政權。此外，意大利在這時還流行一種傳說，說拿破侖第三欺騙了加富爾，意國雖然派遣了一萬五千名士兵參加克里米亞的遠征，法國却絲毫沒有履行對意國的諾言。自然，奧西尼和他的同志們被送上了斷頭台。

在審訊時，有若干證件證明指導奧西尼及其同謀者的祕密機關設在英國，炸彈亦由英國供給。法國報紙對英國展開了猛烈的攻擊，譴責英國爲『殺人犯的隱身之所』。最後法帝國的機關報『警鐘』（Monitor）報上，竟刊布了法國禁衛軍將領們的激烈的反英決議案。英國貴族階級及資產者大感困惑。

判麥斯呑爲拿破侖第三的憤怒所震懾，便向國會提出一個法案，取締英國境內的一切政治犯。但在討論這個法案時，因刺殺拿破侖的案件而引起的英國狠狽的情形已經開始過去，同時法國攻英的危機開始煙消雲散，所以判麥斯呑提出的法案，在一八五八年二月十九日卒被否決，而他本人也被迫辭職。接替他担任首相的，是保守黨員德比爵士（Edward Geoffrey Stanley Derby 1799—1869），而外交大臣一職則爲拿破侖第三的老友瑪姆斯波累(James Edward Harris Malmesbury 1807—39)。固然，拿破侖第三很熟悉英國的情形，它的對外政策的方針，決不會被私人關係所左右，況且英國已經知道法國皇帝正準備對奧國作戰。但是他看了奧西尼事件後英國朝野的狼狽情形，法國皇帝便相信英國不會對法國有任何的威脅，正如俄國不會干涉法國一樣。拿破侖第三的看法是，法軍向意大利擴張的道路，是一帆風順的。

德意志同盟各國對奧不一致

但東部隣邦德意志同盟的態度，却有重視的必要。在基本上，拿破侖第三反對在他的東疆有一個強大的國家存在。雖然這是潛在的危險，並不會很快的發生，也不可能直接致法國於死命，但是爲了謹愼起見，不能不加以考慮，並責成他的外相試探德意志同盟的動靜。

當日德意志同盟的情形是很矛盾的。無可爭辯地，在這裏存在着一個對奧國極端有利的政治傾向，這就是擁護奧地利，而主張在奧地利領導之下統一起來的所謂『大德意志派』(Big German)或(Grossdeutsch)（主張將德意志統一於奧地利周圍的計劃）。他們在若干同盟國之中，有着很多的黨羽，譬如在巴威，符騰堡，黑森，加爾塞，拿騷等等，就有不少親奧的貴族地主。但是在另一方面，却有一個爲普魯士所領導和由它支持的『小德意志派』(Little German)或(Kleindeutsch)，主張德意志各國應拼除奧地利而團結在普魯士的周圍。擁護這個『小德意志派』的計劃的，還有頓時成了普魯士要人的普國駐彼得堡公使俾斯麥伯爵。俾斯麥一向把奧國看作普魯士主要的敵人，並且普魯士領導的關稅同盟，自從漢諾威，不倫瑞克以及奧爾登堡(Oldenburg)於一八五三加入以後，已使普魯士實力格外加強，成爲後十年戰勝奧國的前奏。因此，奧國在對法戰爭中希望普魯士挽救它的可能是很少的。這就是說，在這一方面，法國進攻哈布斯堡國家的路也是打通的。俄，英，普三國都不會干涉法國並援救奧國於危亡。總之一句話，奧地利是孤立的。

第二節 拿破侖第三與意大利的統一建國

嚴格的說，意大利的革命統一運動，到一八四八年之後才廣泛的展開；反對奧國的民族革命運動，才燃遍了整個的意大利半島。

奧地利統治下的意大利

直至一八五九年，現今的意大利還是一個『地理上的名詞』。一八一五年維也納會議所造成的分裂現象，仍然原封不動，並且均被奧地利統治着，一如拿破侖第一侵入以前的狀態：

倫巴底 (Lombardy) 及威尼西亞 (Venetia) 割給奧地利統治。每年需將稅收的四分之一貢獻給哈布斯堡王室。奧地利駐軍的軍費須由當地人民抽措。其餘意大利半島上的許多小邦，亦均由奧地利所操縱。

多斯加尼大公國 (Grand Duchy of Tuscany)，摩德納公國 (Duchy of Modena)，帕馬公國(Duchy of Parma)，由哈布斯堡王族統治；教皇領地，即教會國家(The State of Church)——奧國扶植的教皇統治。南部的那不勒斯王國(Kingdom of Naples)與西西里 (Sicily) 合併而爲兩西西里王國 (Kingdom of Tow Sicilies)，歸奧國保護，而撒丁尼亞王國 (Kingdom of Sardinia)，亦即皮蒙特 (Piedmont)，常常受着奧國的蹂躪。

上述各國的一個共同的現象，就是都是經過一條縝密的裙帶和奧國宮廷連在一起。多斯加尼的大公爵斐迪南第三 (Ferdinand III) 是奧皇的兄弟，摩德納公爵法蘭西斯第四 (Francise IV)又是他的堂兄弟，帕馬公爵是他的女兒，即拿破侖第一的寡婦瑪麗·路易，那不勒斯王斐迪南的王后瑪麗·迦羅林娜是他的姑母，撒丁尼亞王維克多·愛麥虞限(Victor Emmanuel)的王后是他的堂姐妹。整個意大利是在雙重壓迫之下，一方面是異族奧地利皇室及其裙帶上繫着的一連串的人們，而另方面是意大利本土上的反動封建貴族。

這種情勢，以後沒有什麽變更，始終由三個王室，即傾向西班牙的那不勒斯的波滂王室（The Neapolitam Bourbons），薩伏衣王室(House of Savoy)及薩伏衣·卡里格納王室（The House of Savoy-Carignan)和教廷分治着。

意大利的第一次解放戰爭與列强

早在一八二〇年七月二日，那不勒斯的人民在青年騎兵軍官莫利勒（Morelli），薩爾華蒂（Selvati）以及燒炭黨人（Carbonoeri）丕泊將軍（Gen. Pepe）領導之下，於西班牙革命時發生暴動。革命軍有一萬二千人，各地的中產階級，小有產者，農民，公務員以及下層僧侶均熱烈擁護。那時國王斐迪南驚駭萬狀，深恐革命軍攻入那不勒斯京城，急忙宣諭『由於他的自由意志』，願意制定憲法。可是他是一個說謊的暴君，祕密送了一個諜文給奧地利，哀求撥兵。西西里也起來響應，並且要求獨立。於是梅特涅大爲震怒，一方面奏請奧皇，依照奧國與那不勒斯過去訂的密約出兵勤王，另方面在萊伊巴哈和特洛波君主會議上提出裁判革命的方案。斐迪南亦被邀與會，共同決議取消他被迫頒佈的憲法。一八二一年正月，奧軍渡波河（The Po）向那不勒斯進發，四月七日，丕泊的二萬軍隊在列蒂（Rieti）在數倍的奧軍的壓力下敗績。奧軍佔領了那不勒斯，斐迪南回京，革命黨盡被絞死。

同年三月，在皮蒙特的吐林（Turin）亦發生反封建反奧的革命運動。維克多·愛麥虞限讓位於查理·費立克斯（Charles Felix 1821—1831）並承諾制憲。但這也借奧國之助，不久削平。革命軍在諾瓦拉（Novara）被王黨和奧國的聯軍擊破，憲法後被取消。

一八三〇年法國的七月革命，強烈地影響到意大利的解放運動。一八三一年二月，摩德納及帕馬公國境內發生暴動，北部意大利及教皇領地亦被波及。但這革命，不久被梅特涅粉碎。各列強爲緩和意大利的內部矛盾，曾建議教皇進行某種改革，但教皇不允，一八三二年一月，奧軍又代替他恢復了秩序。法國亦出兵佔領了安玫納（Ancona）。

之後，意大利雖又發動無數次革命，同時在一八三〇年又由瑪志尼（Giuseppe Mazzini 1805—1872）創辦了一個『少年意大利黨』(Young Italy)。但與成功的距離很遠。

一八四八年是意大利革命史上一個劃時代的轉捩點。在這以前，一部分保守的人士如一八四六年當選的教皇庇佑第九（Pius IX）亦懍於國內經濟政治的毫無出路，在主教喬培蒂（Vincenzo Gioberti）影響之下實行某種改革。無如這種治標的手段，亦受到梅特涅嚴厲警告：倘有對民主政治賣弄風情者，決進佔羅馬，不稍寬貸。一八四七年七月，奧軍佔領費拉拉（Ferrara）。全意展開了反奧運動，並與一八四八年的法國革命合流。三月十八至廿二日在米蘭有所謂光榮的『五日之戰』，起義的人民在防寨旁與奧軍元帥剌得茨歧（Field Marshal Radetzky）的一萬餘軍隊激戰，迫使後者放棄米蘭，退入味羅納（Verona），利格納高（Legnago），孟都亞（Mantua）和皮斯企拉(Peschiera)四大要塞之間的所謂有名的『四角陣地』(Auadrilateral)。三月二十二日威尼斯宣佈成立共和，以馬寧(Daniele Manin 1804—1857）爲總統領導人民抗戰。

皮蒙特的野草，也被米蘭吹來的春風而燃燒起來發生革命。國王查理・阿爾伯特（Charles Albert）被迫對奧宣戰(四月二十三日)。此外最聳人聽聞者，莫過於教皇庇佑第九的被人民驅逐，以及瑪志尼和加里波的(Giuseppe Garibaldi 1807—1882)組織共和政體。但這些革命都被奧國及法國殘酷窒息。皮蒙特在一八四九年三月諾瓦拉(Novara)大敗於奧軍，威尼斯在七月盡被奧軍的大炮夷平，人民在被圍期間死於炮彈飢餓及瘟疫者甚衆。至於羅馬共和國的絞殺者，則是法皇拿破侖第三。他派遣勒齊奧公爵(Du keof Reggio)及奧底諾將軍(Gen·Oudinot)統率八千裝備齊全的法軍，於一八四九年四月征服了羅馬。

在抗戰期間，威尼斯的馬寧曾祈援於英國的判麥斯吞，但遭拒絕。皮蒙特亦幻想過法國拉馬丁及拿破侖第三的援助，然而以他們的屠殺羅馬人民，就可知道是援乞無望的了。

一八四八年——四九年革命的失敗，在客觀上表現了意大利各邦的脆弱。以教皇爲中心的意大利統一運動的幻想以及瑪志尼等革命主張的暫時失敗。這就給撒丁尼亞一個可能在意大利統一運動中成爲一個中心。

『瑪志尼只知道那些城市和他們的自由貴族及開明市民。意大利農民大衆——像愛爾蘭人一樣被剝削，被閹割和被塞閉在愚昧之中——的實際需要，自然對於他的博愛，新加特力教之觀念的文章天國是太低下了』。這是瑪志尼失敗的根源。

加富爾與意大利的統一運動

撒丁尼亞的首相加富爾貴族出身，是一個主張以撒丁尼亞爲中心而領導意大利統一的人物。他反對瑪志尼和加里巴的的共和思想，覺得民主可恨。他是狹隘的民族主義者。他說『皮蒙特聚集着全意大利的活力份子，不久便要起來領導我們祖國走到最幸福的境界』。實則，撒丁尼亞也是『武裝的耶蘇會員』之邦，在這裏『教士和奸商吸盡了人民的膏血』(馬克思語)。不過意大利完全沒有近代的工業，工人與資本家的矛盾還未發展到敵視的程度，同時重要的，意大利當前的共同的敵人及阻礙統一的敵人，是奧地利，因之，這裏還有一致對外的可能。

加富爾奔走游說，不遺餘力，有些人稱他爲『巧妙的意大利的手腕』。但是成功很少。不過他確是他自己所說的人物：『倘若我們以爲國的精神爲自己，將成了怎樣無賴的流氓』。他覺得政治家是不擇手段的，只要能把敵人誘惑到他所掘成的外交陷阱裏。

加富爾在法國游說成功，主要的他看中了法奧的衝突。他領導的統一運動，與拿破侖第三的對外政策不謀而合。所以早在他勸導拿破侖第三對奧作戰以前，法皇先已利用他到克里米亞流血了。當然，『皮蒙特到倫巴底的路，是完全由克里米亞戰爭決定的』一語，有相當的理由。

奧國始終把意大利當做自己的生存空間。自克里米亞戰爭以來，由於意大利日益離心，全國喊出了一個戰略性的口號：『保衛萊因，必須佈防於波河沿岸』，因爲奧國一旦與普魯士反目，就需有一個堅固的後方。意大利對奧國祇有武裝進攻之一途。加富爾扮演了『意大利之劍』。

破侖第三和加富爾在普隆比爾的密祕會晤及祕密協定（一八五八年七月二十日）

一八五八年七月二十日，拿破侖第三邀請加富爾到他的療養地普隆比爾（Plombieres）相晤。在這裏，法皇和加富爾決定了他們祕密條約的基礎，並分配好大家在最近期間在外交上担任的角色。無庸說，談判極端密祕，外人不得而知。（a）拿破侖要求撒丁尼亞王國讓出兩個省份卽薩伏衣和地中海岸的尼斯（Nice）。如果接受這要求的話，拿破侖第三便同撒丁尼亞王國維克多·愛麥虞限第二（Victor Emmanuel II 1849—1878）締結同盟。法國供給二十萬軍隊，撒丁尼亞出兵十萬，共同對奧國宣戰。同時還有一重要的條款，在奧地利人未退出倫巴底及威尼西亞以前，法國決不放下武器。（b）奧國所佔領的兩塊土地歸撒丁尼亞王國管轄。法國並援助撒丁尼亞成立一個北意大利王國，將倫巴底，威尼西亞，帕馬，摩德納等地，包括在內。

這個密約，於是年十月正式簽字，但到了一八五九年一月，才成了公開的祕密。

雖然普隆比爾談判保守了全部的密祕，而奧地利在一八五八年秋季已經嗅到了危機的降臨，開始加緊備戰。在法國和撒丁尼亞王國也厲馬秣兵，狂熱備戰。法國耶龍親王(Prince Jerome Napoleon)且與加富爾訂立了軍事合作協定。一八五九年一月一日拿破侖第三在巴黎退勒爾宮舉行的外交團新年招待會上特意走到奧國公使休伯納伯爵（Joseph Alexander Hubener 1811—1892）面前說了下面一句話：『我很惋惜，我們兩個國家間的關係已經沒有過去那樣好了』。這是與奧國宣戰的表示。在撒丁尼亞方面也如此。拿破侖第三這句話說了沒有幾天，維克多·愛麥虞限也說：他已被意大利全體人民『苦痛的絕叫』所感動。

這些辭令不啻戰書。全歐洲像是聽到了意大利半島上的殺聲。戰爭是時日問題了，愛好和平的人奔走告急，英俄兩國企圖調停。法國皇帝對奧國玩着欲擒故縱的策略。他為了使撒丁尼亞的出兵名正言順，且喚起歐洲輿論的同情，就想法引誘奧國先上他的圈套而主動地對撒丁尼亞王國宣戰，因為根據德意志同盟的憲法，奧國祇有在進行防禦戰時，才有向德意志同盟要求軍事援助的權利。因此，從外交觀點上看，迫使這個戰爭成為奧國主動的進攻戰是必要的。

可是儘管法國和撒丁尼亞極盡挑釁鼓噪之能事，奧皇却泰然處之，不回答一切挑撥，假裝沒聽到一切侮辱。於是他的敵人就改變了策略。

加富爾利用起自相詆毀和苦肉計來了。他散播各種謠言說，撒丁尼亞軍隊異常腐敗，不堪一擊，維克多·愛麥虞限第二及宮廷貴族已魂飛魄散。首相加富爾，已因出賣薩伏衣和尼斯將被罷黜，日內就要交法庭審判以叛國定罪。同時法國駐維也納公使和駐意大利各小國的公使，也指使他們稠密的間諜網和報紙放送出各種空氣，似乎拿破侖第三害怕對奧作戰，而且確實說來，他不願以兵戎相見，仍本一貫方針願用外交的途徑解決。這個新的和平攻勢獲得了異外的成功。奧皇信以為真，决心對撒丁尼亞王國宣戰以便迅速消滅經常由波河來的危脅。

在對俄方面，拿破侖第三在普隆比爾會談以後，馬上派出他的從兄弟拿破侖·耶龍親王到華沙去見亞歷山大二世；俄皇在這裏表示他願以外交方式援助拿破侖第三擊敗奧國的全部的决心。正因為如此，拿破侖第三和亞歷山大第二在同一時期斷然拒絕了英國外相瑪姆斯波累伯爵召開『列強會議』而解决奧意糾紛的提議。同時法國間諜和他們的幫手們也迷惑了法蘭西斯·約瑟和他的大臣布爾，暗示奧國駐歐洲各國的公使都出來反對維克多・愛麥廣限出席這些「會議」。這時加富爾和拿破侖第三趕緊把軍隊調到自己的邊境。布爾得到虛僞的報導以後，就在一八五九年四月二十三日向撒丁尼亞王國提出了最後通牒，要求撒丁尼亞在三天之內下令軍隊復員。法國佈置的圈套，奧國戴上了，從此奧國喪失了由德意志同盟取得援助的權利。這樣，軍事行動就在有利於法國人和撒丁尼亞人的空氣中開始。

法意兩國對奧國的戰爭及沮利克條約的訂立（一八五九年）

奧意戰爭於一八五九年五月間開始。法國和撒丁尼亞的聯軍，在五月底已在蒙德皮洛(Montebello)和馬金特(Magent) 等的戰役中，對奧軍迭次取得勝利。六月二十四日，在索非里諾(Solferino)一役中，聯軍予奧軍一個慘重的打擊，奧軍滾滾潰退，撒丁尼亞已在準備完全肅淸倫巴底的奧軍。但是突然整個戰局急轉直下，意國人民怨悽的命運重臨：正在索非里諾戰役以後幾天，正當奧軍聞風披靡的當兒，拿破侖三世竟命令佛履理將軍 (Fleury) 到奧國皇帝法蘭西斯・約瑟的行營，提議締結休戰條約。法蘭西斯・約瑟滿口同意，休戰條約的談判已經開始。可是及至維克多・愛麥廣限第二和加富爾弄明休戰眞相而正圖勸阻法皇之際，跟着兩個皇帝——拿破侖第三和法蘭西斯・約瑟會晤的消息又已經傳來，並且在七月八日，已經在維拉法蘭克城 (Villafranca) 簽訂了休戰條約。拿破侖第三根本不把他中途的變掛通知維克多・愛麥廣限，因此也忘記了邀請意大利的代表參加維拉法蘭克城的會談。這種完全抹煞意大利人的利益而隨意處置意大利的自私的行爲，當然就破壞了意大利的統一運動和神聖的革命解放戰爭。意大利愛國主義者非常憤慨，羣起攻擊過去和拿破侖第三簽訂密約加富爾。但戰爭完全結束，拿破侖第三已回到了巴黎。現在撒丁尼亞如果沒有法軍援助而單獨對奧繼續作戰，不僅完全是不可能的，而且有被昨日的盟國干涉的危險。意大利在法國面前屈服，在拿破侖第三擺佈好的和約初稿上簽了字，最後於十一月十日在沮利克正式簽字，即所謂沮利克條約 (Treaty of Zurich)。其重要條款如下：倫巴底割給撒丁尼亞，然威尼斯仍爲奧地利所有。各小邦的君主仍復原位，惟須釋放革命的政治犯。顯然，意大利在作戰中所得到的，與他所失去的差不了許多。至於意大利各小邦以後的加入撒丁尼亞，這是公民投票的結果，不是法國皇帝的幫助。

拿破侖三世為何欺騙意大利

拿破侖三世為什麼中途出賣意大利，他的動機是在什麼地方？第一，拿破侖三世在憂慮戰爭的擴大與戰爭的曠日持久。他怕戰爭拖延下去以後，其它列強逐漸參加作戰，把法國擠在中間。換言之，他怕一面的戰爭變為對敵的兩面作戰：不但要在波河流域上與奧軍苦戰，而且同時也要在萊因河流域上與德意志週旋。第二，戰爭發生不久，意大利人民即利用革命方法謀取統一，意大利中部各國如多斯加尼，帕馬，摩德納等地，人民驅逐君主，有合併於撒丁尼亞王國的企圖。但拿破侖第三是準備把他的從兄拿破侖・波拿帕特耶龍親王安置在多斯加尼的王位上，所以不欲這些地方的人民自行與撒丁尼亞聯合。第三，把撒丁尼亞王國變為包括全意大利的一個王國之後，法國就得馬上從羅馬撤退它的警衞軍，消滅教皇的俗界的政權。但他是不敢得罪國內天主教的反動派的，所以為避免法國天主教神父們的反抗，竭力維護教皇。第四、在基本上，打垮奧國而建立一個和法國並立的新的強國，在拿破侖看來現在還是多餘的，而在將來是危險的。他的目的只是想叫奧國在此次戰爭中吃些苦頭以後別和他作對，同時意大利也仍然是支離破碎的局面。第五，在戰爭一月中盟軍陣亡及被俘者為數甚衆，若繼續鏖戰，法軍勢必肩負較大的責任，且必須作新的更大的犧牲，因為拿破侖第三和他的將軍們在和奧軍作戰的一個月中，已充分認識意大利軍隊的窳劣。最後，第六，戰爭一經開始，他就已把那兩塊意大利同意割與法國而作為法國攻奧條件的贓物，即薩伏衣和尼斯抓到自己的手裏，已滿足了法國大資產階級的欲望，他何必再替意大利繼續作戰犧牲自己呢？

拿破侖當然也知道，對意大利人民的這樣一個突然而來的打擊，會使加富爾在全國人民面前威嚴掃地，背一塊賣國的招牌。但是加富爾受到人民和國王的責備也好，或是他自殺也好，與拿破侖第三絲毫不發生關係。加富爾被迫辭職，全國人民不服從這個和議。

不久加富爾才又以薩伏衣及尼斯的割讓於法，而以法皇承認多斯加尼，帕馬，摩德納以及羅馬納(Romagna)的合併於撒丁尼亞為條件，重復做了撒丁尼亞王國的首相。

加里波的極端仇視法皇的刼奪行為及加富爾的賣國求榮，大聲疾呼說：『每省的人民的讓渡，有背於人民自己的意志。』

加里波的的千人遠征及反動派的仇視

一八六〇年春，加里波的企圖組織民衆直接驅逐在尼斯的法國人。但加富爾從中阻撓，目的未能實現。那時西西里人民的起義正被那不勒斯王法蘭西斯第二（Francis II 1859—1860）壓服下去，因此加富爾暗示加里波的進攻的箭頭應該是指向西西里和那不勒斯去，以免侵犯了他法國主子的尊嚴。但就是這樣，加里波的也沒有得到加富爾的實際援助。他這次的出征，完全是為了意大利的統一而甘願冒險犧牲啊。

加里波的統率的人數很少，實數不到一千人，同時給養困難，武器窳劣。可是這次『千人的遠征』(Expedition of Thousand)，亦即所謂『一千紅衫軍』(Thousand Redshirts)，在意大利革命史上寫下了英勇悲壯的佳話，創造了神話中的奇蹟。加里波的一千軍隊五月五日由熱那亞(Genoa)放舟，十一日已在西西里的極西端馬薩拉(Marsala)登陸。十五日出奇制勝地戰敗了那不勒斯王三倍多的軍隊，廿七日進入巴勒摩城(Palermo)。全那不勒斯的二萬四千大軍一敗塗地，未經幾個回合，竟在二十七天中掃蕩了全西西里。他建立了一個臨時政府，加里波的的軍隊擴大到二萬餘人。

既得西西里，即率師（四千人）渡墨西拿海峽(Messina)進窺大陸。那不勒斯人壺漿載道，紛紛歸附，一萬七千那不勒斯軍斬其主將勃里剛蒂(Brigant)而前來投降。在蒙特利奧(Monte-Leone)一萬二千人不戰而退，九月六日，國王法蘭西斯已由首都星夜逃避。加里波的又做了那不勒斯的統治者。

維克多·愛麥廙限及加富爾目睹加里波的節節勝利，可能進犯羅馬而與當地的法軍正面衝突，於是國王自任統帥監視加里波的。加里波的慨然引退，把愛麥廙限擁戴上全意大利的王位。在一八六一年的都靈(Turin)會議上成立意大利王國，維克多·愛麥廙限做了第一任國王，將那不勒斯及西西里合併。但羅馬在教皇手中，威尼斯仍淪人異族足下。意大利王國對這個問題猶豫不決，加里波的又不顧一切困難，另招義勇軍進攻羅馬。然維克多·愛麥廙限媚外的面目完全暴露，結果他和加里波的發生衝突，加里波的被『意軍的一粒砲彈』擊傷，被監禁在華里格諾炮台(Fortaess of Varignano)。全意大利人民聞之氣憤，寒心痛哭。

因為在此以前，意大利的統治者們早就想除滅加里波的。加富爾和教皇和諧一致，聲稱『在自由國家中的自由教會』，而他的繼任者拉太齊(Urbano Retazzi1810—187)的結論是：加里波的必須壓服，否則意大利將捲入對法作戰的漩渦。加里波的被宣告為國家的盜賊，過了一禮拜，眞被意軍槍傷。

加里波的尙俠義，重氣節，一言不合，憤而隱退，恬然回到田園。一八六七年他又被祖國的召喚三攻羅馬，最後促成意大利的統一。全世界被壓迫人民把他當做自己的導師和友人。在第一國際成立大會時馬克思在致維德邁耶的信中說：『倫敦眞正勞工要人，他們組織了歡迎加里波的大會』，一八七一年法國巴黎公社曾邀請他指揮法國工人的革命軍隊。不過，他雖十分同情，却沒有接受。

加里波的失敗，同時代的人有一個非常正確的評論：『我們越是相信諸侯和國王，他們越是出賣和鄙視我們。這個最好把出賣及槍傷同時代最偉大的領袖加里波的之那些勾當與意大利為自由而奮鬥的戰士的那種英勇業績比較一下。加里波的創造的果實，被這些人奪去了』。

俄國在意大利統一事業中的兩重作用

俄皇亞歷山大二世在意大利統一事業中，是起着兩重的作用。為了消滅奧地利軍隊和侮辱法蘭西斯·約瑟，他完全同情了拿破侖三世和加富爾。他願意意大利得到某種程度的統一。但當一八五九年和一八六〇年意大利各地的革命掀風作浪，並消滅了多斯加尼，帕馬，摩德納等地的君主政治，其後一八六〇年加里波的消滅了那不勒斯的波滂王室及進攻羅馬之際，俄皇就對統一事業表示極端仇視。他聯絡普魯士國王向加富爾提出抗議。英國亦怕西西里陷落。法國借口佔領熱那亞。但俄皇仍不欲奧地利過問。因此當一八六〇年後半年法蘭西斯·約瑟向倫巴底及威尼西亞邊境進兵時，高恰科夫就在一八六〇年十月二十二日在華沙召集三國——俄·奧·普·——君主的會議，並由俄皇勸導法蘭西斯·約瑟停止任何的行動。

至於說到拿破侖第三，他在一八六〇——一八六二年所執行的政策，是可能使他和亞歷山大第二接近的。這個政策就是敵視撒丁尼亞政府——一八六一年已正式改為「意大利王國」政府——的一切企圖，停止意大利的統一運動。

法國皇帝直接強迫維克多·愛麥虞限用武力去反擊加里波的，粉碎加里波的一八六二年奪取羅馬的企圖。貪婪的動機，曾逼使拿破侖在一八五九年去支持撒丁尼亞王國，但現在，在維拉法蘭克的休戰條約已使法國得到異外的收穫之後，馬上變為反對意大利革命的力量了。在一八六〇——一八六二年時，加富爾等的撲滅革命，完全是拿破侖第三在後面所指使。意大利人民對拿破侖的反感和仇視，與對於革命的直接的屠手加富爾等沒有什麼程度上的差別。

第三節　列強對波蘭二次革命的態度

二次波蘭革命（一八六三——一八六四年）

『波蘭又破浸在它最優秀的兒女的血泊中，而我們是無力的旁觀者』。這是一八六三年波蘭起義失敗後，西歐進步人士對於自己團結不緊而對波蘭愛國志士不能直接援助，反而任由俄國和普魯士摧殘的一種自我批評。

一八六三年初，帝俄管轄下的波蘭人民，由於受了意大利革命的影響，而且在克里米亞戰爭時目睹帝俄的腐敗，色厲內荏，又發動一次革命運動，企圖驅逐帝俄在波蘭的勢力。

本來帝俄在國內及在波蘭，都想來一換湯不換藥的改革，借以鞏固他的統治。在國內，俄皇亞歷山大第二深恐農民起來革命，由上而下的來了一次土地改革。一八六一年三月三日對農奴頒佈了一道『解放令』(The Emancipation Edict)。他說：『解放農奴一事，與其等到民衆從下面自動地幹，反不如由上面自動幹來得好些』。對波蘭他也於一八六二年頒佈命令，釐訂政制。但波蘭人見俄國的農奴解放，事實上只是使貴族地主對農民的剝削加重，農民經濟日趨破產，所以除代表貴族地主利益的威洛波蘭斯基 (Narquis Alexander Wielopalski) 等認賊作父外，眞正的波蘭民族主義者，則要求波蘭脫離俄皇獨立。俄皇堅決反對波蘭人民的要求，民族起義蕩漾了立陶宛及白俄羅斯。波浪壯闊，不可遏止，普奧兩國管制的波蘭亦受其影響不少。

普魯士對波蘭起義的態度（一八六三年）

波蘭起義後，正值俾斯麥坦任首相，於是大施鐵腕手段，一顯其在軍事、政治、外交方面的毒辣。一八六三年四月、六月及八月奥法三次對俄提出抗議，獨普魯士，則站在俄皇方面，幫助俄皇壓迫革命。

不過波蘭發難以後的第一個時期，俾斯麥還不願立刻表示援俄。他希望俄波在革命與反革命的鬥爭中兩敗俱傷，坐收漁人之利。他說俄國必定放棄波蘭：『那時我們就開始行動，佔領波蘭，再過三年，在那裏的一切就都要德國化了』。那時普魯士衆議院的副院長貝倫特 (Berendt) 聽了這些議論之後，尙覺詫異，問他：『你說這些話是開玩笑呢？還是認眞的呢』？他這樣答道：『一點不開玩笑，我是認眞來談論眞的事的』。可是起義者的力量脆弱，沒有正規軍隊，主要的是依靠游擊。軍事勝利的希望渺茫，一天一天沒甚起色。在這種情形下，俾斯麥決定在外交上用另一種方式去摘取波蘭起義的果實。因此，俾斯麥和普魯士國王威廉一世（William 1861—1888）定下了對俄『慷慨』援助的方針。

這所謂慷慨，就是一八六三年二月八日由高恰科夫和柏林代表亞爾溫斯里賓（Alven leben）將軍在彼得堡所簽訂的協定。依照這個協定，普魯士出兵聲援，俄軍在普魯士境內有追捕波蘭叛軍之權。但這是種表面慇懃而事實上按兵不動的睦鄰政策，俄國人並不十分滿意，例如俄屬波蘭王國的副王亞歷山大之弟康斯坦丁對這個政策就毫不隱藏的表示懷疑，認為俾斯麥必有某種目的。確實的，俾斯麥的援俄親俄政策，是以兩國王朝的共同利益，而首先以普魯士的利益做出發點。第一它表明，為了普魯士的利益需要這麼做，因為俄屬波蘭發生的革命，有搖動普屬波蘭（西里西亞及波斯南）的危險。波蘭獨立國家的形成，正是西里西亞及波斯南脫離普魯士的先聲。第二，俾斯麥做了榜樣給奧地利看，在過去，普魯士總是奧地利的尾巴，這次，則不問奧地利的觀感如何，首先表現自己在對外方面的主動性。尤其在奧國反俄濃厚的時代，這樣子的援助政策，正是告訴奧地利，未來的普魯士是將與俄聯合而抵制奧國了。第三，是給本國自由資產階級親法思想一個打擊，打消與法接近的念頭。

普魯士的干涉波蘭，客觀上已使波蘭問題成為一個國際的問題。拿破侖第三和帕麥斯吞就在這一基礎上，聲明他們和亞歷山大第二進行關於波蘭問題的談判。

法奧英三國對一八六三年波蘭起義問題的態度

拿破侖第三的決策定出之後，旋即找奧國就波蘭問題交換意見。奧國是三分波蘭的參加者，它有權對這個問題提出它冠冕堂皇的抗議。但是它自己畏首畏尾，態度很不自然，幾經交涉，法蘭西斯·約瑟最後才對拿破侖第三讓步：奧國外交部有權不和西方兩國同時行動，此外有提出一個態度比較緩和的通牒的權利。

四月十七日，英法兩國公使向高恰科夫提出自己的通牒，過了兩天，四月十九日，高恰科夫又接到了奧國的通牒。

英國的行動比較激烈。從一八五九年七月一日起，羅素爵士担任英國外相以來，因爲他認爲從一八二八——一八二九年俄土戰爭時期起，羅俄斯內部脆弱，戰則必敗，態度非常強硬。羅素爵士相信，俄國在一八六三年，是不敢和英法兩國進行新的戰爭的，他決定對他採取直接的威嚇。他根據一個僞造的提綱，硬說已故俄皇亞歷山大第一在一八一五年維也納會議上，曾對波蘭作過實施憲法的諾言。因此在他的通牒中，處處引用這話指責俄皇：俄國欺騙波蘭，不給予波蘭以政治獨立，實自絕於文明世界。法國的通牒，語氣比英國婉轉，它指出了波蘭問題的全歐洲意義，提議把這個問題，交給新的歐洲大會上檢討。奧國的通牒，只發表一些惋惜的議論，認爲波蘭問題若不能得到合理解決，對於哈布斯堡君主政體以及俄國本身和普魯士的生存，都是有害的。

俄皇開始召集羣臣會議。一方面，他恐懼英、法、奧三國的一致抗議，可能是它們又在準備反俄的『克里米亞大聯合』，就是說，俄國有對英，對法，也許對奧戰爭的危險。像這樣的戰爭，俄國無論在軍事上和財政上都是沒有好好的準備過的。但另一方面，如果對三國的要求讓步，那就等於俄羅斯帝國向他們示弱，況且英法兩國幾乎都是威脅它。很可能的，如俄皇同意召開新的會議，就等於同意把波蘭王國割讓，而且也等於同意英法提出立陶宛，白俄羅斯，和西烏克蘭的分割問題。因鼓動波蘭人民復興其由波羅的海到黑海之間的古代波蘭王國的叫囂，在法國報紙上已數見不鮮了。亞歷山大第二遇到困難問題時向來是很狠狽的，但這次是關係到整個帝國的存在，所以決不讓步。俄國外交部婉轉地拒絕了英法的通牒。不過爲使俄波之間直接解決問題，打破英法干涉的陰謀，俄皇最終依了高恰科夫的勸告：波蘭革命黨如果在約定時期內投降的話，俄國鄭重地保證實行大赦。

可是波蘭和立陶宛的起義，聲勢越來越大，而俄國本國的護權運動亦甚高漲。一方面是前方的告急，另一方而是國內阻止外國干涉的通電。宣言，和決議案雪片似地紛紛向彼得堡飛來，在貴族和商人當中燃起了愛國主義的熱潮。

法國駐彼得堡公使崇得貝洛公爵（Monte bello, 此人爲拿破侖的名將拉納（Jean Lannes 1769—1809 的後裔）和英國駐彼得堡的公使納皮爾爵士（Lord Napier），看到俄國貴族商人的狂張叫囂，這樣向巴黎和倫敦報告：無論在什麼情形下，英法不用武裝鬭爭，俄國是決不讓步的。如果英國和法國不準備作戰，最好還是別去干涉。這兩個公使最後又忠告一句：停止玩火。

雖然拿破侖三世也不願在那時作戰（他正爲剛開始的墨西哥的戰事所苦惱），但他仍不去理睬上述的警告，所以，判麥斯呑和羅素站在英國的利益上，慫恿他和俄國作戰，以便使兩個敵人同歸於盡。英國作戰是不冒絲毫危險的，因爲作爲戰鬥力的俄國海軍，在這時已幾乎等於零了。

英國的強硬通牒及其內容

英國政府鑑於法國政府及輿論的強硬態度，於是向俄國政府提出了一個新的通牒。這個新的通牒比四月中所提出的通牒態度更強，好像它眞要聯合法國對俄作戰。在這個通牒中，英國不僅要求俄國同意召開解決波蘭問題的列強會議，同時向俄皇提出一些條件壓迫他讓步。第一，俄皇宣佈普遍大赦波蘭罪犯，在武裝起義結束以後，不能再把波蘭當做屬國；第二，召集全波蘭代表會議解決國是；第三，波蘭實行地方自治；第四，保證天主教教會的權利；第五，在波蘭王國的政府機關和學校中使用波蘭文；第六，頒佈波蘭人認爲滿意的新的徵兵條例。上述的英國的條件，迫使俄國決心對英法作戰。高恰科夫也好，亞歷山大第二也好，現在都不再動搖了。因爲如果同意了上述的一切，被他們揑着鼻子參加大會，就等於承認帝國政治的全部破產。於是在一八六三年六月，即收到通牒之後大約又過了一個月，高恰科夫向俄國駐外使節一連發了三個覆電。一個復電是致倫敦的布倫諾夫男爵而轉交英國政府的，另一個是致巴黎的布達伯格男爵而轉交法國帝國政府的，第三個是致維也納的巴拉賓而轉交法蘭西斯·約瑟的。覆電內容同樣強硬。它首先宣佈波蘭問題完全爲俄國內部問題，而不是歐洲問題。此外，一切要求均無條件地被嚴詞拒絕。

虛張聲勢的英法兩國此時均陷於窘境。英法兩國互相等待着對方首先出兵，結果是誰也不肯担負啓釁的罪名。羅素祇能向高恰科夫作一次口頭的恐嚇，但俄國却要英法兩國對俄軍的虐殺波人事件負責，因爲事先挑撥波蘭人拒絕大赦和繼續騷動永無寧息者，是英法搗的鬼，不是俄皇的錯。俄國窺透英法對波蘭問題的干涉始終互相推諉，缺乏合作誠意，因而正告英法說，任何武裝干涉對波人無益，俄國不爲英法的恐嚇屈服。覆文中這樣說：當暴亂還如火如荼的時候，俄國尚不怕任何干涉，而今暴亂已是風燭殘年的時候，俄國更無恐懼之理了。

當時英法雖爲了顧全面子，採取了一個新的對策，在八月三日又遞交俄國政府一個通牒，攻擊俄國政府爲波蘭起義的唯一的禍首，並說，俄國如不聽西方列強的忠告，必將自食其嚴重的後果。但沒有武力做後盾是沒有用的，俄國照樣一一駁斥。

在這個通牒以後，羅素爵士確實又有一個更兇的通牒，直接宣佈俄國已破壞它對波蘭的義務，已喪失它繼續佔有波蘭的權利，換一句話說，俄軍的駐紮波蘭，英國政府視爲是非法的，歐洲各國在任何時候的武裝干涉，自然是正當的。這樣的通牒幾乎等於戰書，英俄兩國的邦交，必破裂無疑。

可是噱頭是在英國的通牒，不是直接交給冬宮的俄皇，而是寫給住在巴黎退勒爾宮的法國皇帝。這就洩了勁了。這有什麼用呢？這完全是給拿破侖第三看的，實際上與亞歷山大第二沒有什麼關係。固然，這份通牒曾轉到彼得堡的英國公使納皮爾爵士的手裏，可是此公深知英國紳士素日心虛嘴硬，根本沒把它交給高恰科夫。所以爲了遮醜關係，就佯稱『修改通牒內容將原件退回倫敦不見下文』了。當然，不待言地，俄國不會有覆文給他，拿破侖第三也因英國過分滑頭，不相信英國眞有與俄破裂的決心。問題不是拿破侖不欲作戰，而是拿破侖也有意把英國當作過河小卒。軒然大波，就此化險爲夷。

英國放棄對波蘭問題的干涉

羅素爵士和他的主人判麥斯吞既在外交上又陷入窘境，既覺得拿破侖不受愚弄，於是羅素在一八六三年九月二十六日的演說中宣稱：『無論爲了義務，無論爲了英國的光榮，無論爲了英國的利益——沒有一件東西能強迫我們爲了波蘭問題和俄國開戰』。

羅素對俄讓步以後，拿破侖第三還想提出與俄皇商討巴黎和約（一八五六年）的修改問題以打動亞歷山大第二的心情。他的看法是，只要俄皇出席，他就有辦法提出幾個問題：取消一八一五年束縛法國的維也納條約，同時把波蘭問題一併加以討論。一八六三年十一月四日，拿破侖第三向歐洲各國君主發出請柬。但列國均無興致參加。

會議沒有召集成功的原因，首先是因爲高恰科夫認爲取消一八五六年巴黎條約關於俄國的喪權辱國的條件，無論如何是辦不到的，法國沒有誠意，英國亦表反對。反之法皇是騙俄皇出席會議而提出波蘭問題。英國對法皇的主張也不贊成，怕的是弄巧成拙，當眞把控制俄國海軍實力的條款取消。俄法兩國的關係，英國頗有醋意，結果英法關係亦爲冷淡。列國干涉的希望成爲畫餅，波蘭起義不久已完全平定。判麥斯吞於一八六四年五月二十六日在下院說：爲了波蘭而和俄國開戰，完全是『神經錯亂』，同時又說：如果波蘭人希望英法干涉，那也是『波蘭人的近視』。

俄國在波蘭二次革命時在外交上全部勝利。

第十四章　普魯士的趨向統一與國際關係（一八六四——一八六七年）

第一節　普魯士的統一與俾斯麥

德意志統一的幾個障礙

現在的德國，是以普魯士為核心的帝國主義國家。在十九世紀的四十年代，德意志還是一個四分五裂而由許多小邦湊合成的同盟。在名義上各邦有一共同成立的國會(The Diet)，實際上各邦在經濟，政治，甚至在外交上都是獨立的。德意志同盟為各邦爭奪的場所，九個強大的國家如普奧兩國及二等的國家如巴威，薩克森和符騰堡等彼此組織小的同盟，以示對抗。普魯士在各邦之中，還不能取得唯一的領袖地位，與之對抗的還有奧地利。

一八一九年到一八四四年，普魯士利用關稅同盟（Zellverein）在經濟上把許多國家逐步統一起來，一八四四年加入關稅同盟的國家，除了漢諾威（Hanover），鄂爾敦堡（Oldenburg），梅格稜堡(Mecklenburg)及三個漢薩小城(Hanse-cities)外，均已加入。經濟上的結合（即共同採取之一致的關稅政策），使過去的德意志同盟逐漸站在普魯士一邊，戰勝了奧地利對德意志同盟的控制。

一八四八年德國革命時，普奧兩國為了爭取德意志統一的領導權，當時曾在福蘭克府會議（Frankfurt National Assembly)上發生激烈的爭論，並且形成兩個敵對的派別：一派主張以奧地利為中心借以統一所有德意志各邦，包括奧國在內之意，這就是所謂『大德意志派』，另一派則主張驅逐奧國於德意志同盟以外，由普魯士領導德意志各邦建立一個統一的帝國，這就是所謂『小德意志派』。鬥爭的結果，『小德意志派』勝利，由福蘭克府會議決定成立一純德意志民族的『聯邦帝國』（奧匈帝國內祇是操德語的省分有權加入，不是以奧國的名義整個加入），並推舉普魯士王爲皇帝。普王菲特烈·威廉第四，雖因福蘭克府會議帶有些『民主』色彩，不屑於接受這頂卑賤的皇冠，但是重要的原因，他所以拒絕，還是當時若干諸侯，處處受着奧國的影響。菲特烈·威廉第四在拒絕皇冠時說：『不要忘掉德意志還有許多君主，我不過是其中之一而已』。

由此可見，德意志統一的阻礙，應當由德意志內部的封建割據局面來說明。這是第一個原因。

第二個原因，上文已經述過，打擊普魯士，削弱普魯士，並在德意志統一運動中想爭取牛耳的是奧地利，所以奧地利方面的壓力，是阻礙統一的第二個原因，也是重要的原因之一。

阻礙德意志統一的第三個力量，卽是法國的對外策略。拿破侖第一利用『萊因同盟』分散德國，拿破侖第三一貫地執行着削弱隣邦的傳統的政策。

普魯士的統一與軍國主義

由維也納會議到一八四八年，德意志的統一，主要是在兩個口號下面發動的，『政治的民主』和『民族的統一』。但一八四八年時，由於民主的要求與統一的要求駢枝發展起來，而且無產階級在革命中已表現爲一個嶄新可怕的力量，於是渴望民族統一，建立國內市場以及政治改革的資產階級便投到反動營壘方面。一八四八年的德國革命被普魯士及各國君主用槍刺解決，溫情的民主的福蘭克府會議被武力解散。一八四八年革命失敗以後，德意志的統一運動，其特點便是閹割了民主主義的民族統一運動。

德國資產階級的反動，正是普魯士所極爲歡迎的，普魯士利用這種情緒，來貫澈它歷來武力統一的迷夢。自十七世紀以來，普魯士便是歐洲最反動的一個警察國家，全國儼如軍營，『戰爭爲普魯士的民族工業』（法國革命時的領袖彌拉波語）。普魯士是在兼併弱小隣邦過程之中壯大起來。梅林（Franz Mehriny 1846—1919）曾統計過，在普王菲特烈第二朝代，普魯士就面積而論，在歐洲佔第十位，以入口而論，在歐洲佔第十三位。可是它的軍隊，在歐洲佔第四位，僅次於俄國，奧國及法國。抑有進者，在軍隊的素質方面，它堪稱第一位。德意志資產階級的畏縮和薄弱，自然地，把統一的大業落在普魯士容克貴族及軍人肩上。德意志歷史學派的健將多賚尼克（Heivrich von Treitschke）早就說：『我們沒有德意志祖國，只有霍亨索倫（Hohenzollern）王族能給我們創造一個』。普魯士在很早以來，就在歷史上做過這樣的『供獻』：民族就是軍隊，軍隊就是民族。

一八四八年十二月的『自由』憲法曾被一班的反動政治家冒昧竄改，一八五〇年一月三十一日的『保守』憲法完全剝奪了人民的選擧權及一切自由。該憲法承認君主的『神權，將大權付託國王』。一八六一年意大利民族統一運動，給普魯士一個刺激。普魯士從此自命為天然的領袖，以鐵血政策聞名於世的俾斯麥應時登上政治舞台。

俾斯麥

俾斯麥（Otto von Bismarck1815—1898），普魯士的貴族出身，卽容克世家（Junker）。容克是大地產的所有者，也是魯普士軍權政權的操縱者。他最厭惡自由主義，把一八四八年的自由主義份子稱為『政治上的搗亂份子』。普魯士的反動主義和軍國主義，到俾斯麥已集其大成。他評論一八四八年和一八四九年革命時說過：

『德意志所期望者非普魯士的自由主義，而是它的實力。重大的問題，非由言語和議會的決議解決，這是一八四八，一八四九年的錯誤，而應由鐵血解決。』但列寧曾說：

『雖然如此，俾斯麥對德國統一的努力，是一種歷史的進步。德意志的統一勢在必行，革命的方法既未能達成統一，當然俾斯麥要走反革命的及容克世家的道路以達成統一大業』。上面這句話，對於俾斯麥在德意志統一運動中的功過批評的最為公允。俾斯麥燮理陰陽，總攬百揆，官至普魯士首相，而於鬼谷之術，尤東遮西拒，南拉北拖，極盡縱橫裨闔之能事。他曾自嘲地說：『預見斷定我要做外交家：

即使我生在四月一日』。他定下的若干策略，最後都差不多完全實現。他性暴易怒，氣宇軒昂，難於應制。在青年時每因激昂好鬥，鄰人均稱之爲『狂暴的俾斯麥』。壯年又爲同僚所嫉忌，攻擊及訾議者亦不乏人。但是他有鐵的意志，既能駕馭他瘋狂的感情，也能完全改造自己的癖性。他在普魯士從政五十年，每能於國家多事或狂風駭浪之秋，把握其基本的國策，使他熱情的心潮，服從於冷靜的頭腦。最初，他確力諫各邦封建主們，如典型的勃蘭登堡的貴族以及東普魯士的容克世家，對革命律以刀鋸，在一八四八——一八四九年革命時，埋怨他們沒有能夠用斷頭台絞殺士大夫們的福蘭克府國會；用普魯士的刺刀解散各種集會。但同時，俾斯麥却非武夫可比，逐漸了解到福蘭克府國會所進行的統一工作，畢竟是順天應人，難拂歷史的邏輯發展的，反之祇有站在統一運動的領導地位，才能挽救普魯士的君主政治及其貴族階級的特殊地位。

俾斯麥認爲在統一運動的第一階段，歐州大陸上的一切國家必阻止這一事業，決不希望中歐出現一個新的強國給它們添些麻煩，它們一定會共同壓迫普魯士。這樣，在初期的時候，中立俄法兩國實爲普魯士的中心政策。至於奧國，則不得不兵戎相見，因爲奧國是普魯士實現德國統一的大敵，不打倒奧國，根本談不上立國，更不配與英，俄法三大列強周旋。因此在五十年代的中期，他就預見到任何外交手段，都不能強迫哈布斯堡國家自動退出德意志同盟。統一德國的事業，沒有戰爭是做不到的。這是歷史的必然。他說：『統一德意志的，將不是空言，而是血和鉄』。

在一八六二年九月以前，俾斯麥已差不多成了普魯士對外政策的主人。他連續担任三個重要的職務。最初他是普魯士政府駐福蘭克府國會的全權代表，直至克里米亞戰爭結束爲止。他極細心的研究了德意志各國的情況，尤其是奧地利政界的人物和事物。後來俾斯麥允任普魯士駐彼得堡公使：在彼得堡任內研究了亞歷山大第二的政治，首先是對當時嶄露頭角的高恰科夫有深刻的認識。他看到高氏是個聰明而危險的敵人。最後由彼得堡卸任後，俾斯麥担任了普魯士駐巴黎的公使。在這裏他又細心地考察了拿破侖第三，正確地估計了波拿帕特的優點和弱點。俾斯麥的事蹟，證明他是『德國拿破侖第三』。

俾斯麥充任普魯士首相時，正是精力充沛的壯年，他在一八六二年時，才只四十七歲。多聞廣見，知識豐富，而對於列強的對外政策尤知之甚稔。

不過，普魯士還經歷着內部危機，殘存着的各個黨派阻礙着他的政策的實現，因此放在俾斯麥面前的歷史任務就非常艱鉅而複雜。俾斯麥一上台，便遇着議會與黨派之爭。彼等爲了普魯士聯邦國會和政府間的立憲及擴充軍備問題，雙方爭執不下，國王避重就輕，竟萌宣告退位的心意。因爲一八六一年即位的威廉第一，是個六十一歲的老人，目光短小，昏庸無能，他雖對議會深表不滿，但因他在即位時曾作過實施憲法的諾言，所以不敢執意孤行，強迫議會通過軍事預算。俾斯麥作風不同，不管議會允許與否，斷然實行專制。他勸威廉說，只有權威，沒有憲法，退位更不必要。因爲如果普魯士軍隊能協助德國統一在普魯士的周圍，則不僅聯邦國會所代表的各階級，就是聯邦國會本身，都要放棄他們反對派的立場。國王聽從了俾斯麥。當然，從這時起，直到一八八八年威廉逝世爲止，俾斯麥也就做了事實上的獨裁者。國王不過是在重要的文書上簽名蓋章而已。威廉第一把外交上的事務完全委託俾斯麥，因爲國王對外交是門外漢。他有一次頌揚俾斯麥的外交才能說：『我不能像你那兩隻手居然能把五個球同時拋出而又接到手裏』。除俄國的高恰科夫而外，俾斯麥愚弄了一切外交家，甚至用在國王威廉的身上。曾經發生過這樣的一個笑話。有一次俾斯麥要求國王罷免一個閣員。國王問他：『親王，但你要告訴我，你爲什麽要反對他呢？他又不妨害你呀。』俾斯麥答：『除了我嫌他是個笨伯外，我並沒有其他的理由。』國王說：『唉！在你看來，一切的人都是些笨伯。我很曉得，你也看我是個笨伯。不過我還是做我的皇帝。』

第二節　普魯士和丹麥作戰時期的俾斯麥的外交（一八六四——一八六六年）

普魯士與丹麥作戰前的國際形勢

普魯士和丹麥曾為爭奪什列斯威—好斯敦（Schleswig Holstein），在一八四八年發生衝突。英俄兩國曾壓迫普魯士讓步，一八五二年的倫敦條約，由英、俄、法、奧、普、瑞典及丹麥共同議決由丹麥王族繼承。俾斯麥當政後，第一就是滿足普魯士反動軍人的要求而將上述的兩個地方奪回。這個機會被他抓住了。一八六三年初，在俄屬波蘭起義時期，俾斯麥運用與俄接近的政策，得到了外交上重大的收穫。一八六三年年底，英法之間因英國拒絕參加拿破侖所提議的列強會議，英法關係突然冷淡，而帶給俾斯麥一個實現其目的的希望。三個強國，即俄國，英國與法國，在一八四八年曾是一致行動，反對德意志各邦統一在普魯士周圍，但現在却彼此分道揚鑣了。俾斯麥誇耀他在俄屬波蘭起義時的對外政策說：人生在世，外交家當然也在內，均有幸運的機會來到，但却不一定都會成功。聰明人與愚者的分別，祗是前者能及時把握機會，後者則猶豫顧慮，一事無成。這樣，俾斯麥的與俄接近以及英法的矛盾，實為開始實現他預定計劃的機運。這是普魯士對丹麥作戰的國際形勢。

丹麥國王菲特烈七世死後的什列斯威・好斯敦

一八六三年十一月十五日，丹麥國王菲特烈第七（Frederich VII）逝世，繼位者為克列斯丁第九（Christian IX）。嗣君被丹麥愛國主義派包圍，立刻簽訂一個憲法，由丹麥合併什列斯威和好斯敦。時在十一月十八日。

丹麥新王對好斯敦和什列斯威的領土繼承權，是很早在一八五二年時由一切國家（包括普魯士在內）普遍承認過的。但問題的癥結，不是法律上的，也不是系譜學上的瑣細事故，而是一個德國和丹麥生存的問題。這個問題，非常複雜，從十八世紀起，從來沒有那一個能夠解決，當然也不是俾斯麥、判麥斯吞、高恰科夫和拿破侖第三所能解決的。一八六三年底，上述兩個地方正式併入丹麥版圖之後，英國判麥斯吞爵士曾說過（對他的親信）：『全歐洲懂得什列斯威—好斯敦問題的人，在不久以前還有三個——亞爾伯特親王（維多利亞女皇的丈夫），一個老年的丹麥人和我。可是亞爾伯特親王不幸在不久以前逝世；老年的丹麥人現在正坐在瘋人院裏，而我也完全忘記了那裏究竟是怎麼一回事』。

俾斯麥也不是完全為了自己的榮譽而對這個領土的法律問題做一裁判人。他的目的，不過想把這個問題變為實現他自己的計劃的新工具。他認為普魯士應該向一切德意志國家和一切德意志民族表示，普魯士是『德意志兄弟之邦』的解放者，應該把一八五〇年時被奧地利和拿破侖第三所破壞了的民族復興事業，趁這次事件的爆發重新担負起來。

俄國的態度。

一八六四年的環境，對於普魯士而言，比十四年以前有利得多了。尼古拉第一早已歸土去世，他的後繼人在波蘭起義以後，顯然對普魯士國王威廉第一和俾斯麥充滿了深摯的友情。固然，高恰科夫對他聖上的這一種熱情，並不表示好感，他很早就認定普魯士首相是一個外表上坦白直率而內心則非常陰險的政治家。俾斯麥的客氣話，一句也不能相信。他是未來的拿破侖，俄普兩國的利益決不能長期接近。因為他在一八六三年時，公然向高恰科夫說過這麼一句話：『給我們一個機會，輪流放幾排砲。』決不應上了他的大當。後來俾斯麥在他回憶錄中浪費了許多筆墨這樣來惡毒的譏諷高恰科夫：『他對我個人的反感，勝於他對俄國的義務感……他不願意幫我一把，卻竭力使俄國遠離德國……虛榮和對我的嫉妒，在他是勝過了愛國情緒……高恰科夫竭力向俄皇說明，說我對他的忠誠和我對俄國的同情是虛偽的，或者至多是精神上的，他竭力動搖亞歷山大第二對我的信仰，後來他是成功了』。然而在一八六四年，對波蘭問題的回憶，對俄皇還很新鮮，因此俾斯麥覺得俄國在此時不至於在什列斯威・好斯敦問題上阻撓他，雖然高恰科夫對他的懷疑與反感，不可不加以注意。

英、法、奧三國雖不和協，但這三個國家對俾斯麥在什列斯威・好斯敦問題上的計劃，卻一致表示

英、法、奧三國的態度

反對。所以在對丹戰爭以前，普魯士首相不得不在這裏玩弄他驚人的手段，第一次在歐洲舞台上表現他為第一流的外交的天才。

首先對於英法兩國，他竭力暗示它們普國無領土的野心，決不把『易北河上的公國』（什列斯威・好斯敦）併入普魯士的版圖。這種態度收到很大效果，判麥斯呑不相信北海和波羅的海上的幾個戰略基地會併入一個比丹麥更強大的國家普魯士；拿破侖第三也不必憂慮他東部犬牙相錯的隣邦普魯士，要在領土及人口方面超過了法國。俾斯麥的手段，使英法都沒戒備。是年十月當福蘭克府的國會要求丹麥國王將好斯敦讓予奧古斯登堡公爵，使易北河上的公國（首先是好斯敦，其後是什列斯威）併入德意志的版圖並聲稱武力解決時，俾斯麥在表面上竭力表示，這個問題應用和平方法解決，不應當使雙方的爭論尖銳，反對用激烈的解決方法。他似乎只贊成這樣的決定：保證各公國的和平的民族發展。這個策略輝煌的成功了。固然在英國還聽到一些對普警戒的叫聲，可是判麥斯呑却絲毫不以為意。祇有在判麥斯呑死後過了許多年，英國政治家們才明瞭德國在北方海軍根據地加強的意義。他和拿破侖第三的外交也是成功的，後者不但不嫉妒普魯士，而且從一八六三年底到一八六四年一年，還給予俾斯麥以不小的助益。因為普奧關係的突然轉緊，對此曾有極大的幫助。

事情的經過是這樣。一八六三年，奧地利又想趁若干德意志小邦的擁護，召集各邦君主會議，指導德國的統一問題。本來奧國在所有阻礙俾斯麥的大國之中是最弱的一個，它比法國、英國、俄國弱些。但是奧國皇帝法蘭西斯・約瑟懂得如果在什列斯威・好斯敦問題上，由普魯士單獨解決，那就要使普國變成德國未來統一的盟主。對法蘭西斯・約瑟有極大影響的兩個奧國大臣，希麥林(Schmerling Anton Von 1805—1893) 和萊黑堡 (Reichenberg)，竭力鼓動法蘭西斯・約瑟阻礙俾斯麥的統一計劃。他們把法蘭西斯・約瑟說服，在福蘭克府召集了德意志各邦的君主會議。會議在一八六三年八月七日舉行，可是俾斯麥堅決反對普魯士國王參加這個會議，於是會議決定派薩克森國王親赴柏林邀請威廉出席大會。威廉國王大受感動：『列國的君主都來邀請我，薩克森的國王充當急使來見我，我還能拒絕出席嗎？』可是俾斯麥仍不動搖。他親自和薩克森國王進行談話，並當面代普王謝絕。薩克森王臨走時斥責俾斯麥桀傲不遜。俾斯麥默不作聲，不僅不起身陪送國王同出，反之薩克森王甫至隣室，就聽到他把玻璃盃子拼然摔到地面，表示對薩克森王和奧國的忿懣。關於俾斯麥的這種行動，法蘭西斯·約瑟曾獲得很翔實的情報，懷恨在心，自不待言。他所主持的福蘭克府會議雖在一八六三年隆重地開完，但是普魯士國王的缺席，明白說明奧國領導德意志統一並將各國團結在奧國周圍的企圖是決不能成功的。

奧地利和普魯士的妥協

但普魯士並不和奧地利馬上決裂。因之，這個不久以前還『摔掉茶盃來攻擊奧地利』的俾斯麥本人，突然表示與奧接近。他不但不拒絕，而且還歡迎奧國參加什列斯威·好斯敦問題的解決。多事的一八六三年還沒有結束，維也納和柏林兩方面已經在祕密決定共同對丹麥宣戰了。

俾斯麥所以需要奧地利參加，是因為他可以向正在懷疑他的歐洲掩遮他掠奪什列斯威與好斯敦的最後目的。其次，普奧軍事同盟的威脅力極大，它能使拿破侖第三和英國慎重考慮自巳的行動。固然，一旦拿破侖第三和英國採取了一致行動，奧地利的幫助對於普魯士是無濟於事的。但就在這裏，波蘭問題也給俾斯麥効勞不小，英國拒絕拿破侖的提議共同干涉波蘭，那麼當羅素爵士向拿破侖第三的外交大臣特魯恩·笛·路易士（M. Drouyn de Lhuys）商請共同干涉什列斯威·好斯敦問題時，法國大臣也就以幸災樂禍的態度無條件拒絕了。判麥斯呑祇好放棄干涉計劃，英國已不能為了丹麥的利益單獨和普奧兩國作戰。羅素完全和他是一致的。當然，這並沒有阻礙首相判麥斯呑和外長羅素極積地煽動丹麥的新國王反抗普魯士。

丹王克列斯丁第九自恃已得到英國的支持，魯莽地公佈了一個新憲法，藉以加強丹麥和什列斯威間的政治聯系。這正是俾斯麥所需要的。他立刻宣佈丹麥國王沒有權利兼併上述兩地，並於一八六四年一月十六日和奧國共同向克列斯丁第九提出了哀的美敦書：於四十八小時內將剛頒佈的憲法宣佈作廢。

各國對普魯士丹麥戰爭的態度

英國判麥斯吞得到這個消息之後，馬上由女皇和英內閣表明英國不能同意丹麥的作法。英國在精神上很想援助，但因一國的力量有限，拒絕給予丹麥以任何援助。

丹麥完全孤立。在先人們認爲它的軍隊可抵抗兩月，但沒想到五天之內，它的防線已被突破：普奧聯軍於一八六四年二月一日侵入什列斯威，毛奇 (Molkte Von 1801—1891) 的新軍初次行戰鬥的洗禮，而丹麥軍隊便於二月五日放棄了丹維克 (Dannewirke)。丹麥的武裝抵抗談不到了，戰爭的結局顯然在初期就已決定。然而丹麥還不簽訂和約，他還在指望着英國的援助，即使得不到軍事上的援助，至少可得到英國在外交上的干涉。

丹麥戰爭發生後，英國國會曾就英國外交展開了激烈的辯論，並對判麥斯吞提出控訴。一八六四年二月初德比爵士 (Debry Edward George) 在上院宣佈這是英國人的恥辱，由於羅素和判麥斯吞在丹麥問題上的讓步與妥協，英國已失去在國際間的威信。同時各報也着重指出，什列斯威和好斯敦的落入德意志同盟，英國在歐洲各海洋上的利益就要蒙受極大的損失。

判麥斯吞受了許多人們的指責之後，決定又請唯一能夠幫助丹麥的人即拿破侖第三出來干涉。但這裏發生了兩件大事，使英國首相對法國皇帝的新的外交計劃和策略的發動遇到了難關。

第一件事，恰恰在推動拿破侖第三時，『海軍部的文官委員』之一，斯坦斯非爾特 (Stensfield)，因與瑪志尼過從甚密，依法治罪，並查明斯氏曾寫信給意大利革命家們陰謀起義。拿破侖第三在意大利戰爭後非常害怕意大利革命家謀害其生命，故對英國極端震怒。拿破侖第三雖沒有公開指出，甚至沒有在他的親信面前提到這一件事，但這個，在判麥斯吞心裏是雪亮的，結果把斯蚟斯非爾特革職。

另外一件事，也和意大利問題有關，使判麥斯吞極端煩惱。一八六四年四月，加里波的到了英國。意大利英雄所到之處，到處受到民衆瘋狂的歡迎，尤其是英國工人階級最爲興奮，一方面是對加里波的的狂迎，另方面是對拿破侖第三的抨擊。拿破侖第三又非常忿怒，法國報紙認爲這是英政府策動的。判麥斯吞極端不安，生怕英國民衆對加里波的的這種熱烈歡迎，妨礙了他鼓動法國對普作戰的計劃。他立刻決定派遣克拉倫敦爵士到巴黎解釋，因爲克拉倫敦在外交部中所担任的工作，是和部長羅素幾乎相同的。

克拉倫敦到巴黎住了幾天，立刻就回到本國覆命，向國會做了一些極不愉快的報告。據傳，拿破侖第三對加里波的訪英以及英國各界熱烈的歡迎，發表了一些極曖昧的談話：他說他決不要求對加氏採取任何報復手段，甚至還要贊美英國人：他們竟能如此的耽於自己的熱情而不想必然的後果。關於丹麥問題，拿破侖第三作了否定的答覆。法皇極憤怒地回憶說：『我們爲了波蘭問題，已經被俄國攔了一掌，』現在不願再討沒趣了。總之，法國對英國已不能信任．他怕英國騙他出兵後陷入對普奧兩國單獨作戰的泥潭。起初，判麥斯吞聽了克拉倫敦的報告以後，還不承認自己的牌已經打輸，拚命消除法國參戰的障礙。判麥斯吞和羅素的觀察非常皮膚，以爲拿破侖第三對英國的怨言，主要是在於英國對加里波的的歡迎，從而懷疑英國促動意大利的反法運動。他們立刻派遣他閣員中唯一通曉意大利文的財政大臣葛拉德士呑（William Ewart Gladstone 1809—1898）去見加里波的，用卑鄙的手段壓迫後者離開英國。但他們的作法很蠢笨，葛拉德士呑要加里波的自己承認有病在身，英國氣候對他不宜，所以英國政府慇懃地愿意幫助意大利的民族英雄趕快遷到較南的地帶養疴。強迫加里波的乘英國政府已經預備妥貼的軍艦離英。但加里波的不愿受人愚弄，他提出種種證據，證明他的身體非常健康，沒有到熱帶休養的必要。葛拉德士吞揚言加里波的生病，加氏則堅決否認。雙方爭執很久。但最後，因加里波的手無寸鐵，被英國強迫上船送到地中海巡遊去了。然而加里波的走後，英國國會中的反對派，提出許多質問，紛紛抨擊政府。他們質問政府，加里波的的被逐，是否受了法國專制魔王的壓迫？議會中攻擊政府及拿破侖第三的聲波更高，判麥斯吞遭受到內外的夾攻。判麥斯吞指着上帝賭咒：加里波的確實有病；而克拉倫敦則捧着聖經發誓：拿破侖第三從沒有要求英國放逐加里波的。自然，這場官司，英內閣打勝了，但也侮辱了英國民族的自尊心，顯露了歷來統制階級的說謊。

可是犧牲了加里波的以後，也並沒把丹麥由普奧聯軍的壓力下拯救了出來。拿破侖第三內心上很高興英政府對加里波的的措置，但對於出兵援丹問題，照舊泰然處之，按兵不動。丹麥人在作戰第四個月終慘重失敗，一八六四年四月十八日，杜普爾(Duppel)要塞失陷，普魯士軍隊侵入丹麥本土。英國人援丹的諾言完全沒有兌現，死等英國助戰而擊退德軍的克列斯丁第九，在危急存亡的最後一剎那不得不直接向法國政府乞援了。但巴黎的答覆是絕對否定的，丹麥人民失望地單獨抵抗異族的侵略。固然到四月二十五日，因為有英國策動，在倫敦開了一個列強會議，無異替丹麥打氣。但丹麥軍隊的三進三入，最後還是繼續打了敗仗。在列強會議上，英國並沒有給它任何有效的援助。普魯士與丹麥的戰爭，又一次證明英國的漁人政策的失敗，同時也證明任何一個弱小國家如果親英是會招致隕滅之禍的。

和平條件

德軍潛入丹麥國門之後，不久他就與普魯士和奧地利於一八六四年五月十二日締結了一個休戰條約，其後於一八六四年十月三十日，在維也納簽訂了最後和約(Peacer of Vienna)。什列斯威，好斯敦和勞恩堡(Lauenburg)等三個公國割給戰勝國，歸牠們臨時共管。俾斯麥歷史道路的第一段行程勝利地通過。接着往下走的，就是第二段，而且是最危險的一段。他要把那從來走不通的障礙物即奧地利掃除，他要在奧地利屈服於德國槍刺的條件之下由普魯士一手完成德意志的統一。

第三節　普奧戰爭前夜俾斯麥的外交活動

普魯士和奧地利間爲爭奪什列斯威和好斯敦而引起的衝突

對丹麥的戰爭，在軍事上是普魯士新軍的第一次洗禮，在政治和外交上是俾斯麥的初次考驗。俾斯麥生涯中最困難的時期是與奧國作戰。對普魯士說，沒有戰爭和勝利的戰爭，普魯士不可能把奧國逐出德意志同盟之外。對奧地利說，沒有戰場上的失敗，奧地利是不會讓普魯士國王做未來統一的德意志的首領的。這是俾斯麥早在一八五〇年當奧皇和他的宰相斯威茨堡公爵勾結尼古拉第一壓迫普王簽訂奧爾姆茨國恥的時候就已看清楚的。從那時起，奧地利的君主政體密切注視着普魯士的行動，提防着俾斯麥的對內對外政策。因此，單用外交手段不能成功，必須於外交步驟以外，加上軍事力量做他的後盾， 這是俾斯麥在對丹麥戰爭發動以前就已了解得很清楚的。其次，他早已看到，奧地利援助普魯士對丹麥作戰，是想掠奪領土而防止普魯士一國獨吞。俾斯麥的政策則是這樣，聯合奧軍壯大自己的實力並掩蔽他的侵略野心是必要的，但說到戰利品的分配問題，俾斯麥決不容奧國所得者多於普魯士。因此普奧兩國不可能和平地分配得自丹麥的戰利品，而且俾斯麥不願意和平地分配。他料到對丹戰爭的結束，正是對奧戰爭時機的不可避免的來臨，正好利用戰利品的爭奪將歷來發生的一切糾紛和懸案作一總的解決。普魯士極積備戰，因為戰爭一旦得勝，兩個被征服的易北河上的公國，就可能完全割給普魯士。

在對奧的問題上，俾斯麥面對着很多的困難。但他的外交藝術很高明，能夠把握最緊要的一環先去解決，然依後次解決次要的幾環；第一個問題沒有解決，他從來不提出第二個問題，第一個問題獲得勝利，他才開始計劃由一個勝利進到另一個勝利。

首先俾斯麥所必需的，是在處置丹麥時滿足普魯士的要求，其次是造成一個對普魯士與奧作戰時最優裕的國際環境，最後強迫奧地利在最不利的條件下與普魯士進入戰爭。這些任務需要很長的時間來解決，在一八六四年十月底到一八六六年六月完全成功了。

俾斯麥為了在分配戰利品的問題上普魯士能得到最大的利益，故對於什列斯威・好斯敦問題，定出了這樣的解決的方案：小公國勞恩堡完全割讓給普魯士（由普國付款貳百五十萬金泰拉），什列斯威歸普國管轄，好斯敦則歸奧國。一八六五年八月十四日在加斯丁簽訂了普奧協定(Convention of Gestein)，俾斯麥的方案和盤實現。

加斯丁協定（一八六五年八月十四日）

俾斯麥所作的方案，一看地圖就明瞭他的用意。歸奧國『管轄』的好斯敦，在地理上與奧地利隔離甚遠，而和德意志各國，尤其是和普魯士相毗連。即使奧國佔有好斯敦，奧國亦無法保存，在軍事上是一件極端危險的事。然而，除此以外，對奧國還有件不利的事，就是俾斯麥還想使問題對奧國變的更加棘手，堅決主張兩個公個，即什列斯威和好斯敦的全部領土，在法律方面，所有權歸普奧兩國共有，而管理權，則好斯敦由奧國建立其行政組織，而什列斯威由普魯士設立其自己的行政機構。奧國皇帝法蘭西斯・約瑟不同意俾斯麥這種主張，認為這樣一來，將來在政治上和法律上的一切糾紛一定無法解決，兩國時起爭端。而奧國報界也稱加斯丁協定，為一『未解決之謎』，願意使問題簡單化。奧地利皇帝在丹麥戰爭結束後提出另外一個方案：什列斯威及好斯敦兩個公國仍歸他們過去的統治者，即奧格斯丁堡（Ducke Frederich of Augustenburg）管轄，完全脫離奧普兩國的影響，自成一獨立的德意志小邦。這個方案，奧皇控制下的德意志同盟國會已以多數通過。但俾斯麥堅決反對。第一，他不承認德意志同盟國會有干涉什列斯威，好斯敦之權；第二，奧格斯丁堡是奧國的工具，反對恢復他的王位。普魯士不能白替奧格斯丁堡作戰；第三，他根本反對在普魯士旁邊再建立一個妨害他實現德意志統一的國家。

奧皇爲了抵制俾斯麥愚弄他的計劃，接着他聲明奧國願意放棄他對好斯敦曖昧不明的『權利』，以交換位於普魯士邊境上的一塊最小的土地，卽是說普魯士把一塊很小的土地割給奧國，而完全佔領好斯敦。但這個方案俾斯麥也斷然拒絕。俾斯麥將什列斯威與好斯敦之間的基爾（Kiel）改爲普魯士強大的海軍根據地，同時以一哀的美敦書送交維也納。奧國當時正因馬扎爾人（Magyars）要求政治的管理權，結果奧國被迫簽訂了加斯丁協定。俾斯麥的計劃已被法蘭西斯·約瑟完全識破，奧皇也開始爲未來的撕殺去找尋同盟國了。

什列斯威，好斯敦問題順利解決以後，俾斯麥開始解決面對着他的第二個問題，卽如何在國際上佈置一最有利的環境以發動未來的武裝鬥爭。

這裏有兩個強大國家的干涉威脅着俾斯麥。一是冬宮方面來的威脅，另一個是自退勒爾宮方面來的。這兩個國家均包藏禍心，與普爲敵，時時都在破壞俾斯麥所蓄謀的一切計劃；至少可阻撓他原定計劃的初步的實現。

俾斯麥從來是怕俄國的。他認爲，無論在地理方面和其他幾方面，俄國所處的地位比普魯士優越些，所以和俄國保持好感，是實現他一切計劃不可缺少的一環。俾斯麥說：『錯待了六千萬人民的大俄羅斯』，是政治上最大的錯誤。他以此警告普魯士人民，而且他向高恰科夫說過：『由歐洲的觀點去看，一切問題全在於俄國是否把他的法碼放在親王（卽俾斯麥）的秤盤上，抑或祇限於消除爭端』。解決奧國的銷鑰握在俄國手裏。

亞歷山大第二和高恰科夫對德國統一問題的意見分歧。

不過在彼得堡宮廷，對德國統一問題的見解，是不完全一致的。亞歷山大第二對一八六三年普魯士的『功勞』評論得很高，俾斯麥完全確信亞歷山大第二無論在什麼情形下，不會阻止普魯士和奧國算賬。俄皇把法蘭西斯•約瑟在亞里米亞戰爭時期的趁火打刦和布爾在巴黎和會上對俄國的侮辱，看作背叛行爲，不肯捐棄前嫌。可是高恰科夫的看法深入一步，他覺得這裏的問題在本質上不是普奧兩國在什列斯威，好斯敦的分界問題，而是普魯士未雨綢繆，及早使奧地利對好斯敦鞭長莫及，而在未來戰爭中如探囊取物耳。同時更危險的是，這幾塊新的領土被普魯士併吞以後，就可使其它小邦更容易統一在普魯士的周圍。最後，高恰科夫認爲德意志的統一既然對俄國不利，那麼俄國在外交上就當趕快極積地對抗，以俾在反對普魯士所領導的統一運動中，起極大的破壞作用。

但俄皇表示親普，高恰科夫的意見未被採納。雖然，俾斯麥的計劃受到了高恰科夫的阻礙，但俄國的威脅，在這種情形下是消滅了。

現在祇剩下法國方面來的威脅。大家知道，俾斯麥是拿破侖第三的學生，在對內政策方面與拿破侖第三如出一轍。但在對外政策方面，他的方法以及他的目標，情形就完全不同了。俾斯麥在這裏沒有向法國皇帝學習什麼。

拿破侖第三在普奧戰爭前後對普國的關係

俾斯麥過去在巴黎公使任內，曾親自看見過拿破侖第三怎樣爲了保存他用武力和欺騙手段奪取的政權，而對國內的反對派姿意壓迫，毫不讓步。但片面的高壓政策，是不能挽救帝國的滅亡的。因此爲了把國內人民的視線轉移到對外的軍事勝利方面，使國內的資產階級放棄內部的改革，而追逐市場與殖民地，就不得不在對外政策方面採取黷武行動。一方面這可緩和國內人民的革命，另一方面也可團結國內的資產階級一致對外。拿破侖第三把順利的戰爭，看作他政權的加強和鞏固的必要步驟。但俾斯麥早已看出，經常發動新的軍事冒險，不僅會伴來危險，而且會伴來國力的不斷消耗。法國資產階級熱望戰爭，在戰爭中，他們擴大了商品銷售的市場，增加了利潤。但戰爭一旦失利或曠日持久的話，則又爲資產階級所不取。

因此，當一八六五年俾斯麥在策動未來的普奧戰爭時，就想到如何避免法國武裝干涉的問題，並且對這個問題，他自己作了一個明確的答案：普魯士的未來的企圖，對於拿破侖第三是一個最大的威脅。阻止普國的加強，破壞德意志各邦在普魯士王國周圍的統一以及拯救奧國的危亡，對於法國皇帝是義不容辭的。爲了法國的安全及利益，法國不能對普魯士的黷武主義不加干涉。俾斯麥不希望別的，他祇只要拿破侖第三能守中立，普國對法國卽使作重大的犧牲，亦在所不惜，意義重大。

俾斯麥和拿破侖第三在比亞利址的會晤（一八六五年九月）

一八六五年秋，拿破侖第三到法國南部海岸上的一個療養地比亞利址(Biarritz)的行宮休養。有一天，忽然俾斯麥來到這裏拜會法國皇帝。俾斯麥此來，最重要的不是想和拿破侖第三締結一個文字上的協定，而是想以私人的會晤和口頭的談判探聽後者的意見。俾斯麥在比亞利址端詳了後者的神色以後，立刻故意裝出直率的樣子，毫不隱諱地說明事實的本質，並提出了雙方互惠的默契。他向拿破侖第三表示，普魯士決不反對法皇將盧森堡併入法蘭西帝國的版圖，作爲普奧戰爭時普國對法國中立的報酬。可是拿破侖閉口不談盧森堡，他的意思是要俾斯麥知道，像這樣的小事，法國不愁解決，用不着普魯士多管閒事。聰明的拿破侖第三完全猜透俾斯麥是來幹什麼的，普魯士有些什麼困難的。因此，他就趁俾斯麥拿盧森堡引誘他答應中立的時候，索性把自己的要求明白暗示給俾斯麥。換句話說，普國有求於法，法國今日不必求普，因此，普國要想戰勝奧國，就應承認法蘭西帝國合併比利時王國。法皇的討價太高，如果承認了這一點，就等於讓法國的勢力擴張到普魯士的邊境：普魯士在整個萊因河西岸的土地，均在法國的直接威脅之下。但拒絕拿破侖呢，這又等於在不久的將來與奧作戰時，立刻在西戰場上與法作戰。兩面作戰（對法及對奧）是危險的，勝利是不可能的。這個問題很難，俾斯麥當時沒有肯確地作正面的或反面的回答。當然，談話就在此無結果而散。拿破侖第三不便堅持合併比利時，俾斯麥也就不多談法國的中立了。這一次直爽的談話，使俾斯麥完全相信，法國皇帝的目的是什麽，同時假定普奧戰爭爆發時，拿破侖第三會有什麽動作。拿破侖第三與高采烈地等待着普奧作戰的時機。他認爲這兩個強國之間的戰爭，一定綿延不絕，血流成渠，不管這兩國中的戰勝者最後是誰，二者必然國力消耗，同歸於盡。爲法國計，最好等到普魯士軍隊陷於持久戰爭的漩渦時，穩紮穩打地調遣法國大批的生力軍到萊因河上，一舉而殲滅普軍。奧地利和普魯士都倒下去了，不可能武裝抵抗他了。那時拿破侖第三理想的一切將全部實現：比利時，盧森堡，和萊因河沿岸的土地均歸法國領有。

俾斯麥此行毫無結果，雙方的要求距離很遠，因此也就告別了。拿破侖第三非常客氣地送走了這位貴賓。

普魯士的作戰計劃

俾斯麥從比亞利址一無所獲，但是他已知道了拿破侖第三心裏的全部祕密。這對於他的益處不小，因此他就針對着拿破侖第三所渴望的一點編定了一個作戰計劃，使拿破侖對普國無可奈何。法國皇帝希望普魯士踏入持久的消耗戰的泥潭中，俾斯麥則將戰爭變成短期的閃擊戰，使普軍在拿破侖第三未集中力量以前，已擊敗奧軍且可預備抵抗萊因河上的又一進攻了。但要使對奧戰爭變成短期的速決戰，決非具備兩個條件不可：第一，使強大的奧軍分散在兩個戰線上作戰；第二，普軍對奧軍取得相當的勝利後，應卽刻向奧國提出它所能接受的最低的要求，簽訂和約；不宜奢望完全擊敗奧國。俾斯麥認爲普國向奧國要求的，就是要它完全不干涉德國的事務，不過問普魯士領導下的新的德意志各國的同盟。他不要求奧國割地賠款，他祇是想一旦奧軍失敗而向普求和之際，普國就應立刻放下武器，與奧講和，時間第一，不容拖延。但怎能使奧軍速敗呢？這就要由整個歐洲的形勢來回答俾斯麥了。俾斯麥的腦筋轉到意大利了。

一八六一年新建立的意大利王國，迄未由奧國的壓迫下解放。由於拿破侖第三對意大利的背叛行為，一八五九年的維拉法蘭克休戰條約規定，奧地利仍保有威尼斯城及威尼西亞州的一部份。意大利人民對拿破侖第三的愚弄亟思有以報復，同時反對奧地利的運動繼續高漲。俾斯麥抓緊意大利人民的反奧情緒，決定與意大利王國締結一個意普軍事同盟，以便動員兩國的軍隊對奧同時進攻，壓迫奧軍在南北兩戰場上作戰：在北方對威脅維也納的普軍作戰，在南方對攻入威尼西亞的意軍作戰。意王維克多·愛麥廣限第二聽了這些計劃之後，非常恐懼，動搖不定。他認為年輕的王國尚未鞏固，而他的軍隊，亦沒有充份的戰鬥力而具備戰勝奧軍的條件。意王沒有絕對勝利的信心，他左右的臣僚們也力勸拒絕俾斯麥關於締結軍事同盟的引誘和危險的提議。可是俾斯麥決不放手，用種種方法勸解意王接受了他自己的計劃。據後來證明，當時，俾斯麥也預料到意軍一定要打敗仗，但這與他無關重要，重要的是無論如何意軍可牽制一部份奧軍。俾斯麥對維克多·愛麥廣限提出保證說，不問意軍在南戰場上的軍事行動如何，普魯士絕對滿足意大利的要求，而在締結和約時將威尼西亞割給意大利。維克多·愛麥廣限照樣動搖，不為所動，於是俾斯麥就被迫採用一種常人所意想不到的無賴手段壓迫意大利國王：他恐嚇後者說，倘若意王不接受他的要求，他要把意王丟開而直接向意國民衆呼籲，號召他們起來援助意大利的革命領袖瑪志尼和加里波的一同驅逐奧地利人。意王害怕俾斯麥勾結意大利的革命黨人，威脅到他的王位，於是答應了俾斯麥的要求。但意普祕密軍事同盟條約，尚未簽字，拿破侖第三干涉的消息已經傳出。

拿破侖第三對俾斯麥外交談判的干涉

拿破侖第三對俾斯麥的野心和一切外交上的陰謀非常恐懼。在俾斯麥離開比亞利址以後，沒有幾天，拿破侖的間牒，就刺探到俾斯麥和維克多·愛麥限廣進行談判的消息。拿破侖第三為拆散意普同盟起見，立刻把這個消息通知了法蘭西斯·約瑟，並且警告他說，奧國在陷入兩線作戰的危險，應當在軍事行動開始以前，奧國自動的將威尼西亞讓給意大利國王。本來這個計劃是極可取的，很可以粉碎俾斯麥的一切陰謀，但法蘭西斯·約瑟和他的大臣們都是些眼光如豆，沒有遠見的人們，他們沒有勇氣吞下這粒苦味的藥丸，拒絕了拿破侖第三的提議。拿破侖第三祇得轉變方向，威脅意王。因而維克多·愛麥廣限突然向俾斯麥報告了一個對意大利不利的消息：拿破侖第三曾向意國宣佈，如意大利和普魯士之間眞的締結祕密軍事同盟，那麼法國必加干涉。拿破侖第三在當時是歐洲的仲裁人，意大制的國王連違背他的想像都不敢作。

俾斯麥又表演了他外交技術中最離奇的一幕。但最後一張王牌是由他打出來的，俾斯麥又到了法國的比亞利址。

俾斯麥的再度訪法

俾斯麥的此次訪法，口調與上次不同，他先向法國皇帝說，奧地利實力強大，它旣然拒絕拿破侖第三合理而公正的調停，將威尼西亞讓與意大利，這自然是證明她對一切都已無所顧忌了。俾斯麥竭力使拿破侖第三相信，未來的普奧戰爭，對於普魯士是十分艱苦的，勝利是無把握的。俾斯麥在報告中說，奧國調到南方而和意大利作戰的，祇是它軍隊中的一小部分，祇能起牽制的作用，但是奧地利的全部軍隊，恰差不多都是佈置在北方和普國作戰。俾斯麥故意裝出向法乞援的樣子，熱烈希望法國和普魯士訂立同盟，以俾拿破侖第三對普魯士的實力和策略作出錯誤的估計。拿破侖第三完全相信了俾斯麥的騙局：意大利的參戰，是不會改變普奧戰爭的行程的，普奧兩國將掉進持久戰的泥潭：普魯士疲憊不堪，戰爭必敗，拿破侖第三可不費吹灰之力在極端有利的條件下進兵萊因，收拾殘局，向普國任意提出割地的要求。當然，他不會同俾斯麥訂一個普法同盟，他祇在俾斯麥面前表示中立。俾斯麥的二次訪法滿載而歸。拿破侖第三去幻想普奧兩國的持久戰和消耗戰吧！

俾斯麥離開比亞利址以後，速即於一八六六年四月八日和意大利締結了一個祕密軍事同盟條約，雙方約定三個月內對奧宣戰，不論何方均不得單獨締和。戰勝奧國之後，普魯士保證將威尼西亞歸還意大利。最後意大利要求普魯士供給它一萬二千萬佛郎，俾斯麥亦慨然同意。

一切重大的問題順利解決，意大利完全站在普魯士方面。俾斯麥性急地利用一切口實以挑撥奧國作戰，在探悉拿破侖第三又勸導法蘭西斯·約瑟讓步，而用和平方式解決威尼西亞問題時，便已爭取時間，先發制人了。

第四節　普奧戰爭

普奧七星期戰爭

一八六六年四月九日，卽意普軍事協定簽字的翌日，俾斯麥向福蘭克府國會動議，要求實行改革。普奧厲兵秣馬，動員備戰。六月奧國向福蘭克府國會提議，指斥普魯士對好斯敦的不法行爲。奧地利依恃巴威，薩克森和漢諾威站在它一邊，主張懲戒普魯士，而後者則借日前者依勢壓迫，宣佈奧國卵翼下的聯邦憲法被撕。德意志同盟滅亡。這樣，一八六六年六月十六日，普魯士對奧國開戰，有名的七星期戰爭（Seven Week's War）爆發。這是一次非常冒險的戰爭，照俾斯麥到後來對人說的，他從來沒像一八六六年六七月間那樣將國運作最後孤注之一擲。當時形勢險惡，反對他的不僅有奧國，而且有巴威，薩克森，漢諾威，胡登堡，巴登，黑森，拿騷，福蘭克府。普國內部亦不統一，國王和國會間的衝突沒有得到解決，俾斯麥還在向國人控告內部自相殘殺的罪惡。

戰爭在三個戰場（意大利，德國和波希米亞）進行，開始的時候對普國是不利的。昂格斯在開戰第三天頭上說：『在這次戰爭中，普魯士後備軍的危險，正如波蘭人在一八〇六年同，他們佔了全軍的三分之一以上，而且破壞了各種紀律。唯一不同點，祇是這次後備役不潰散於戰敗之後，而要叛亂的』。數萬武裝優良的意大利軍隊第一次和極少的奧國軍隊交鋒就棄甲而走，六月二十四日的庫斯多塞（Custozza）一役，意軍已接到總退却令。意軍的慘敗，使俾斯麥狼狽不堪，完全沒料到他的同盟國的戰鬥力竟這樣微弱。

自然，失敗後的意軍，已不可能分散奧國的兵力。迫使奧軍兩面作戰的全部希望已被打破。戰爭的重心移到北戰場上。但普軍總指揮，天才的戰略家毛奇將軍(Helmuth Von Moltke 1800—1891)的出奇制勝挽救了危局。他迅速運用機敏的機動戰術，在七月三日的薩多瓦(Sadowa or Koniggratz)之役，大敗奧軍，已經決定了此次戰爭的結局。和俾斯麥接近的人們後來肯定說：在這一天，俾斯麥的口袋裏裝着毒藥。他自己在戰役以後不久也宣佈，如果普軍在這一天遭到失敗的話，他就決定死在戰場上。

毛奇將軍對奧軍總指揮貝納狄克(Benedek)所取得的輝煌勝利，不僅給俾斯麥的外交帶來了整個的凱旋，鼓舞了意軍，而且奠定了普魯士在未來德意志統一中的領袖地位。但是要使此次戰役的勝利獲得鞏固，還得與王室進行殘酷的鬥爭。

爲勝利所衝昏頭腦的國王威廉第一和他的將領們，一致主張繼續擴大戰果，進兵維也納。似乎通往維也納的路，已經被普軍打開，指日可下。但俾斯麥則不贊成這種意見。他認爲普魯士已經勝利，應當適可而止。現在所需要的，不是繼續作戰，消滅奧國，而祗是要奧國承認下列幾個條件：（一）奧國永遠退出德意志同盟，（二）放棄好斯敦，（三）承認普魯士領導下的北德意志同盟的成立。如果奧國同意這些要求的話，則普軍立刻『向右轉』和『向家鄉進軍』。

威廉第一首先不願講和。他指出俾斯麥所以停戰議和的原因，是他輕視普魯士軍隊的戰鬥力和嫉妬普軍光榮的勝利。將領們的憤慨也不亞於國王，他們諷刺俾斯麥爲藐視『普魯士寶劍的效用』的外交家。俾斯麥處境很難，以寡敵衆，非常忿怒地向國王和將領們鄭重指出：普軍愈是深入奧國，普軍消耗越大，戰爭越帶着持久性，那正是拿破侖第三所歡迎的。普軍消耗以後，拿破侖第三必在萊因河上出兵，夾擊普軍。頑固的國王還是堅持他自已的意見，決不讓步。俾斯麥祗有以去就力爭，反對到底。他說：時間一分鐘也不能消磨，倘若國王定要繼續作戰，就請另選賢能担任大臣，他是一定辭職的了。威廉第一慌起來了，經過幾次激烈的舌戰以後，國王最後屈服，氣洶洶地抓起一張紙來寫道：『因爲我的大臣在敵軍面前使我處於絕境』，祇好停止戰爭。國王聲稱，這張紙宜付國史館保存，以待來日事實的證明。俾斯麥毫不動搖。

哈恩羅尼(Hohenlohe)從俾斯麥口中探出，他對奧國採取愼重政策的基本動機之一，是害怕戰敗國中的革命的爆發。

奧國皇帝在薩多瓦戰役後，衡以威尼西亞的無法保持，立刻電達拿破侖第三聲明奧國願將它讓給法國皇帝。這一措置，初看似乎很奇怪，但是也可由下述兩點來說明他這種步驟：第一，奧國參謀本部爲了收買意大利王國，并迅速結束南方戰爭，而把南戰場上的奧軍，盡數調到北戰場上和普魯士軍隊作戰，以援助被擊潰的貝納狄克軍隊，所以出此計策。第二，奧皇法蘭西斯·約瑟始終認爲在庫斯多塞一役被擊潰的意國軍隊，是不能奪得威尼西亞的，他落得留個人情，請拿破侖第三以仁慈的保護者的資格，以『禮物』的名義送給意大利。

可是維克多·愛麥虞限第二和他的大臣們（自從加富爾死後其中沒有一個有才幹的人物）却宣稱，在普意聯軍大勝之後，意大利不能以收復威尼西亞爲滿足，它對特棱托(Trento)和的里雅斯德(Treiste)也有要求。俾斯麥對維克多·愛麥虞限第二的態度不僅不予制止，甚至也讚揚意大利的強硬態度，因爲正是意大利的強硬態度在對奧進行休戰談判時，法蘭西斯·約瑟不能不考慮到意軍在南戰場上的準備繼續戰爭，而向普魯士讓步。俾斯麥對意大利的這種讚揚，完全是爲普魯士的利益着想。他明知意軍不是奧軍的對手，尤其知道意大利的海軍毫無作戰能力，但他總要使意大利軍隊還要遭受比庫斯多塞之役更加慘重的潰敗。一八六六年七月二十日，意大利貝松諾(Persono)海軍大將所統率的地中海艦隊，不僅突然在里莎(Lissa)洋面被奧地利德格托夫(Tegethoff)海軍大將所統率的奧國艦隊襲擊，並被奧地利海軍在損失最小的情形下全部殲滅。結果，普、奥、意三國的戰爭，祇有普魯士獲得全部勝利，意奥兩國都被削弱。以前是拿破侖第三爲歐洲的仲裁人，現在則逐漸由俾斯麥取而代之。

尼哥爾斯堡的休戰條約（一八六六年七月二十六日）。

維克多·愛麥虞限第二在海上失敗以後，尙天眞地等候普魯士的來援，幻想普魯士對奥繼續作戰。可是一切均使他失望。一八六六年七月二十六日普奥兩國已在尼哥爾斯堡城(Nicolsburg)簽訂了一個休戰條約，奥國接受了俾斯麥所提出的温和的條件。條約規定，第一，漢諾威，黑森選帝候領地，拿騷以及福蘭克府併入普魯士，普魯士的霍亨索倫王朝做了由波蘭及波羅的海到美因河 (Main R.) 及法國邊境的主人翁。第二，奥地利擯除於德意志之外，正式解散德意志同盟。第三，美因河以北的各邦組織一北德意志同盟(North Ger man Confederation)歸普魯士領導，南部德意志各邦保持獨立，有權組織獨立同盟。自然，什列斯威，好斯敦割與普魯士，而威尼西亞交還與意大利。普魯士在此次戰爭中得到二萬七千餘方里領土和五百萬人民。

意大利國王依照同盟作戰條約抗議普魯士對他的違約行爲，然而，俾斯麥對他的答覆，正是幾年以前拿破侖第三對他的答覆。除了不損害普魯士的利益而同意將威尼西亞歸還意國外，關於意大利要求割讓的里雅斯德和特稜托的問題，那麼請意大利自己去解決吧：普魯士實在愛莫能助。俾斯麥這樣表示，祇要意大利自己有力量能爭取的里雅斯德和特稜托，他並不阻止意大利單獨對奥國作戰。維克多·愛麥虞限孤立無援，祇得笑着臉皮接受他的善意的忠告。

俾斯麥爲普奥戰爭所定的對外政策就這樣勝利地實現，當時的國際關係照他所預言的發展着。

如同第一次戰爭（一八六四年對丹麥）發展的邏輯而必然引到第二次戰爭（一八六六年對奥國）一樣，第二次戰爭的發展也邏輯地引到了第三次的反法的戰爭（一八七〇——一八七一年）。

第十五章　法普戰爭前夜的歐洲及普魯士對外政策的勝利

（一八六七——一八七〇年）

第一節　普魯士實力的加强及國際形勢

布拉格和約和普魯士在北德意志同盟中的作用

奧普戰爭中奧國的失敗，使普魯士驚人地強大起來。它從此已從奧國的壓迫下解放，而在一八六六年八月二十四日在布拉格簽訂的普奧和約（Trerty of Prague），已爲普魯士所領導的德意志統一運動奠定了堅固不拔的基礎。奧國退出了德意志同盟，普魯士國王在統一德國的事業中取得了合法的領導地位。北德意志同盟組成，這一個同盟，由俾斯麥創議，於一八六七年初，頒佈了一個憲法。這個憲法規定普魯士國王爲同盟的『主席』（Praesidium），而宰相則對國王個人負責。俾斯麥當了第一任的首相。各邦在名義上得組織其政府，但軍權盡歸同盟掌握，卽歸普王掌握。普魯士王爲北德意志同盟武裝力量的最高統帥。對外代表國家，享有決定對外政策及宣戰媾和等全權。尤其在宰相俾斯麥當政之際，普王的權力，達到了登峯造極。整個北德意志同盟實力甚大，除包括了或統一了的美因河以北的所有德意志國家而外，同時南部四邦（巴威，胡登堡，黑森，巴登），俾斯麥也和它們建立了一個關稅同盟，並結締了一個攻守協定（一八六七年一月）。因此，普魯士國王有左右南部諸國的力量。普魯士勢力的加強，也得惠於漢諾威和其它若干小邦的直接併入它的版圖。

俾斯麥雄心甚大，決不以此爲滿足。他認爲他的事業還沒有完成，北德意志同盟不獨應該轉化爲德意志帝國，而且應把德意志南部諸國在事實上也包括在內，求得眞正統一。在政治上實現一元化，在軍事上澈底按照普魯士的軍國主義實行改革。根據一八六七年七月八日南北兩方的協定，北德意志同盟無權過問南方的政治，雙方在經濟政治上的利益尙未劃一。尤其是在巴威，胡登堡和巴登，那裏存在着一個極強大的反普魯士派，參加者不僅有貴族階級中人，在資產階級之中亦不乏反對普魯士者。在工業生產方面，南部德國比北部德國工業化的規模要小，全德意志國內市場的形成，經濟政治的統一，殖民地的爭取和刼奪以及強大的陸海軍的建設等等，對那裏的資產階級尙無實際的意義。同時最重要的，法國的影響很大。因之要迅速建立一個包括一切德意志各邦在內的龐大帝國，只有再利用戰爭而爭取新的勝利。俾斯麥從一八六一年起就已漸漸成熟了一個肅淸法國影響，以武力強迫南德歸化的思想了。

德意志內部的情形及其實力

一八四二年德意志資產階級與封建勢力合抱。革命沒有完成，沒有摧毀帝制與反動。資產階級所得到的收穫，祇是一八六六年度量衡的統一，遷徙的自由以及自由貿易等等。其他被壓迫人民連這種權利也享受不到。

然而德國大地主的領有制雖保存了下來，農奴主則變成了資產階級化的地主，按照所謂普魯士的道路由上而下地來了一個改革。完成德國的統一，促進了德國資本主義的發展。

一八四八年以來德意志自上而下的改革運動，工商業，鐵道，電報，造船業等等均突飛猛晉。它雖落於英法之後，然就德意志說則是空前的。在二十年內所得到的進步，比過去一世紀的進步還要可觀。蒸汽力的利用，在一八五〇年英國爲一、二九〇、〇〇〇馬力，法國爲三七〇、〇〇〇馬力，德國爲二六〇、〇〇〇馬力，俄國爲二〇、〇〇〇馬力，奧國爲一〇〇、〇〇〇馬力。按席次講，英國第一，法國第二，德國第三，奧國第四，俄國第五。鐵產，在同年英國爲二、二五〇、〇〇〇噸，法國計五七〇、〇〇〇噸，德國——四〇二、〇〇〇噸。美國——五六〇、〇〇〇噸。各國在歐洲所佔的地位，英國爲首，法國次之，德國又次之。但鋼產，在一八五〇——六〇年之間，每年的平均生產率，在世界範圍內，英國第一，德國是第二，法美兩國爲第三或第四位。英國——二、六〇〇，〇〇〇噸，德國——一、三〇〇，〇〇〇噸，法國祗有八〇〇、〇〇〇噸。在一八五〇年，德國鐵路的建築，在資金及技術方面，需求助於英國的資本家，但現在，在普法戰爭前夜，他已在建築俄國到羅馬尼亞的鐵路了。昂格斯說：『德國已經狂熱的不可遏抑的參加世界商業。投在工業上的資本迅速加倍。資產階級的地位也因此增高。工業繁榮最正確的標幟——投機事業正如鮮花盛開，諸侯和公爵都攀附到資產階級的凱旋車上』。

德國軍事實力的發展尤爲驚人。普魯士併吞若干小國後，人口增多，兵源擴充，在一八七〇年已有常備軍三十一萬五千，與法國相差不多，按後者爲三十九萬人。

這就是普法戰爭前夜德法實力的對比。

不過有一點應當注意，這時，法國內部矛盾日深，在對內及對外政策方面，資產階級大不滿意。在德國，則資產階級自由主義正在各方面支持俾斯麥的反動政策。一八六六年對奧戰爭勝利之後，伯尼格生(Rudolf Von Bennigsen)領導的自由黨就投到俾斯麥懷抱，認爲他們的改革綱領，俾斯麥可以代替完成。當然，普魯士的統一是犧牲了廣大人民的利益。資本主義的發展，使勞資的衝突逐漸把資本家與貴族的衝突擠到第二位。

當時歐洲對普魯士的態度怎樣呢？

英國對普的態度

英國政府沒看出普魯士在對丹對奧戰爭中的勝利以及普魯士軍國主義的增長是對它的一個威脅，更沒想到以普魯士爲首的德意志將來會與它爭霸世界，種下未來數十年中德國掀動兩次世界大戰的種子。

早在俾斯麥當政之先，他在一八六二年六月，訪問倫敦時，本來就向的士累利(Disraeli Benjamin

1804——1881）的談話中，胆大地公開描述過他不久將來的政治計劃。他說：『不久，我就要被迫攫取普魯士政治的領導權。我的第一個任務，就是借助國會之力，抑或不用它幫忙來改組普魯士的軍隊。然後我利用第一個順利的口實與奧宣戰，消滅德意志同盟，使中小國家均受其支配，並以普魯士為首統一德意志』。的士累利已看到俾斯麥的政策對英不利，他曾經說過：『要小心他呀，他所說的正是他所想的！』

但英國歷來是把法國當作勁敵，主張扶助德國壓制法國。當然，我們曉得路易拿破侖當時的對外政策，處處與英不利，這也是英國人對普魯士忽視的重要原因。

這時英國的態度亦如過去的政策。

在首相判麥斯吞爵士當權時代，英國常干涉歐洲政治。但他在一八六五年十月十八日逝世了。繼承他做首相的羅素爵士也好，担任外交大臣的克拉倫敦也好，均認為如無十二分必要，英國不必干涉歐洲大陸的事務。羅素下台後，保守黨的首相德比伯爵和他的兒子外交大臣斯丹萊爵士（Lord Stanley）也奉行着同一的政策，他們尤其沒有反對普魯士實力擴張的決心，恰恰相反，在他們看來，普魯士是法國實力的對抗物。法人雷賽（Ferdinand de Lesseps 1805—1894）利用法國交易所，銀行和政府的資助所經營的蘇彝士運河（Suez Canal）的開鑿，更是對英國海外勢力的一個打擊。德比伯爵和斯丹萊爵士以及英國資產階級的報紙，都把法國人的這一建設看作爭奪印度的前奏。英法關係此刻冷淡極了，這就使俾斯麥抓住這個有利的形勢。

俄普之間的關係

普魯士與俄國的關係，俾斯麥一向重視，這是上文說過許多次的。現在也是如此。高恰科夫很不安地注視着普國外交的勝利，塞多瓦之役亦使俄國軍界人士惶惶不安，大家覺得俄國軍事尚未改革完成，而隣邦已打了幾次勝仗並準備在歐洲稱雄了。俄國宮廷開始注意到了，向來對威廉一世忠誠的亞歷山大二世這時開始接近法國駐彼得堡的公使福履里將軍，表示對普魯士的戒備了。

法普之間的關係

要和法國皇帝建立新的關係，在俾斯麥看來，絕對是沒有希望的。拿破侖第三是德意志統一最大的阻撓者，在塞多瓦戰役以後，普法接近的可能，已完全不能像過去一樣。普魯士首相在計劃攻法，而拿破侖第三反對東鄰擴張的戰爭亦在準備中。

在奧普戰爭初期，拿破侖周圍的一部份法國政治家們尤其是外長特魯恩・笛・路易斯勸他不要消磨一分鐘立刻向普國進兵，堅決站在奧國一邊打擊普魯士。可是拿破侖的寵臣魯埃爾和從兄拿破侖親王却堅決反對。法國對普尚未有最後的決策，可是俾斯麥突然已和奧國結束了戰爭。法國永遠失去了攻普的機會，注定了法蘭西第二帝國的滅亡。法國在奧普戰爭中的猶豫，實爲普魯士一躍而爲西方一等列強的主要原因。

第二節　關於法國要求的補償問題及列強對這個問題的態度

法國皇帝企圖限制普魯士的擴張。在一八六六年底和一八六七年初，拿破侖第三根據他對德國統一運動以及他在普奧戰爭中所表示的中立同情態度，向俾斯麥提出了補償問題。可是俾斯麥認爲對普魯士危險的戰爭結束，決不給予拿破侖第三以任何補償，況且普魯士由奧國方面所得到的並不很多。戰爭危機逐漸發生。

法國對普魯士提出的補償要求

當時歐洲積極準備與普魯士作戰的國家，一個也不存在，而且俾斯麥也無意與英俄作戰。顯然，法國的中立與否，已經對俾斯麥沒有多大關係，而且也不需要牠。不過俄國宮廷開始不滿意普魯士的擴軍與領土的爭奪，所以俾斯麥不敢赤裸裸地立刻拒絕拿破侖第三，因爲替俾斯麥做情報工作的人們，這時已從彼得堡和倫敦送來牒報，說俄皇亞歷山大不滿意普魯士把德意志許多小邦的政治獨立地位取消，消滅一八一五年維也納會議以來所存在的整個歐洲的政治生活。尤其使俾斯麥應當戒愼恐懼的，是高恰科夫已經在和倫敦作初次的意見上的交換，準備俄英兩國共同來一個行動以便制止普魯士貪婪無饜的政策。固然，根據比較可靠的情報，俾斯麥認爲在英國當政的德比伯爵和斯丹萊爵士一貫地都不願干涉歐洲的事務，彼得堡最初召開歐洲各國會議的計劃倫敦沒有同情。可是爲要不觸怒拿破侖第三，俾斯麥對法國的態度還很溫和，與過去完全一樣。在尼哥爾斯堡休戰條約締結前的五天，當法國駐柏林公使貝納特蒂伯爵向普魯士提議恢復德國一八一四年時的國界並要求合併盧森堡時，俾斯麥沒有立刻拒絕這個提議。嗣後，七月二十七日（一八六六年），當拿破侖第三召見普魯士駐巴黎代表戈爾茨(Goltz)伯爵，當面宣佈他希望將巴威的蘭達(Landan)及盧森堡公國合併於法時，俾斯麥在這一次也沒有作否定的答覆。因爲這時正是俄英雙方親善的謠言甚器塵上的時候。

特魯恩・笛・路易的備忘錄

一八六六年八月八日，法蘭西帝國的外交大臣特魯恩・笛・路易斯（M. Drouyn de Lhuys）爲了強迫普魯士滿足法國的要求，起草了一份正式的備忘錄，送交俾斯麥以便揭破後者一再迴避問題的詭計。他在這個備忘錄之中，把法國的要求均具體化。第一，在萊因河左岸的諸省建立一個特殊國家；第二，這個國家完全永久中立，並作爲普法之間的『緩衝區』。特魯恩・笛・路易斯在備忘錄中沒有說明這一緩衝國與俾斯麥所計劃的美因河以北的德意志同盟的關係。

法國宮廷不待柏林方面對它的備忘錄作一考慮，便慌慌忙忙地由外長特魯恩・笛・路易斯起草了另一份備忘錄準備送交柏林。拿破侖第三對俾斯麥的不欲速作答覆，開始表現疑慮，法國輿論對普猛力攻擊。拿破侖祇得命令魯埃爾先把這份文件交與普魯士駐巴黎公使戈爾茨伯爵看看，從而刺探普國公使的印象。但這個草案，是要普國同意將蘭達，薩爾勃留根(Saarbrucken)和盧森堡等三個區域合併於法，因此戈爾茨向魯埃爾表示，上述三地均係純德意志居民之桑梓，普魯士不論在政治上，抑或在道德上，礙難同意。割讓就等於國恥。不過普魯士公使聲明，如果將來法國要合併比利時的話，那末普魯士是不會干涉的。俾斯麥已決定了孤立法國的計劃，拼命嗾使法國皇帝去和英國發生磨擦。

拿破侖第三對外政策上眞是一錯再錯，不可挽救。他愚蠢地誤信俾斯麥會幫他的忙，居然在這個時候成熟了普法秘謀比利時的思想。其實這是俾斯麥挑撥他和英國破裂的手段。當然，併吞比利時的野心，拿破侖第三早就向俾斯麥表示過，其後他的親信魯埃爾又把併吞比利時的計劃詳細提出。此時戈爾茨不過是將計就計把這個問題提了出來引誘法國和英國作戰。法國皇帝上了俾斯麥的大當，一八六六年八月十六日——巴黎正式命令貝納特蒂去見俾斯麥，並探聽普魯士政府對這些問題的最後意見。法國皇帝貪得無饜，除要求普國政府對蘭達，薩爾勃留根和盧森堡合併於法國以外，同時並通知俾斯麥，法蘭西帝國願意和普魯士締結一個秘密的攻守同盟以便將比利時割給法國。祗有一點，拿破侖第三不能不小心，就是比利時的安特衞普城(Antwerk)充當了英國在歐洲大陸上的第一道防綫，同時他的叔父拿破侖第一在世時也說過：『安特衞普——是指向英國胸膛射擊的手槍』。因此拿破侖第三爲了不過分地刺激英國，在這個秘密的攻守同盟以及併吞比利時的計劃中，特意將安特衞普除外，承認它爲一個自由市，不包括在比利時之內。但這是不可能的，英國決不允法國在大陸上的勢力過分膨脹。

貝納特蒂和俾斯麥的談話。

法國駐普公使貝納特蒂接到訓令之後，不久就帶了這些建議去見俾斯麥。俾斯麥對法國公使的接待非常熱烈，後者對於這個建議的成功竟抱了極大的希望。但俾斯麥的態度是如此。(a)關於南部德意志幾個區域，在那裏的人民本身還沒表示他們是否願意歸化法蘭西國籍以前，俾斯麥個人不能自作主張而把邊境上的領土讓與法國。(b)關於盧森堡，俾斯麥也無明確答覆，沒有發表一句同意的話。俾斯麥狡猾地說，普魯士是不出來阻止法國的，但盧森堡和荷蘭的關係是宗主國與附庸的關係，同時荷蘭也希望德意志的領土作爲它的邊境的保障，因此，普魯士對這個問題也不能擅自作主。顯然的，從這些含糊其辭的談話中可以看出，俾斯麥是完全支持荷蘭而不肯把盧森堡割給法國的。

不但如此。俾斯麥口密腹劍，在談話中，他還爲拿破侖第三佈置了另一個圈套。他向貝納特蒂宣稱，關於法國政府的一切希望及計劃，最好是編定一份書面的說明，以便他送呈國王威廉一世作最後審議的根據。此外值得注意的一點，就是俾斯麥對法皇建議的最主要的部份，即關於合併整個的比利時王國於法蘭西帝國的那一部份，他簡直沒提出多大的異議。俾斯麥表示，他個人是不堅決反對的，祗是害怕英國政府出來反對，雖然法人已放棄了對安特衛普的要求。從表面上看來，似乎俾斯麥對未來法國勢力的擴張是肯忍受的，可是這是一個毒計。他是想抓住拿破侖第三的親筆文件，來造成英俄的干涉。果然，四年之後，當普法戰爭眞是箭在弦上的時候，他便把法國皇帝的這個無理而胆大的要求向英俄公佈！後來法國公使貝納特蒂明白俾斯麥要法國編定一個書面的建議是懷着什麽鬼計了，可是文件落在俾斯麥手裏，後悔已晚了！

俾斯麥把這個有價值的文件騙到手後，特把它小心的隱藏了起來，做爲普法關係緊張時攻擊拿破侖第三的有力的武器。當然，不待言地，俾斯麥一經抓住拿破侖第三侵略比利時的證據之後，就詭稱國王對這個問題還沒有愼重考慮而不與貝納特蒂談判了。他的目的已達，祗等待倫敦和彼得堡去制裁拿破侖在比利時的罪狀。拿破侖第三陰謀，俾斯麥更陰謀。

法國前駐柏林公使格拉蒙(Gramont)在六十年代中葉曾就俾斯麥的危險性說過：「他的微笑祇限於甜蜜的嘴唇(Plissurede Levses)，他從來在笑時眼無表情，說話時齒牙發音，使他的法語有一種特別的聲調。雖然在他的行爲上，也看出了他對外交祕密上的一些感人的輕鬆表現，而不願意防阻事物的自然發展，但總覺得他時刻在準備搏鬬。他對每一矛盾上表現了不耐心，並且如留意他的話可覺察到他的學說的絕對性及其思想的英勇性」。

英國反對法國的要求

拿破侖第三的祕密文件的內容傳到英國統治階級耳朵裏了。英國維多利亞女皇非常嚴重地質問她的首相德比伯爵對於拿破侖第三合併萊因左岸以及併吞比利時的企圖有何對策。英皇認爲拿破侖第三改變法國國境的計劃，應對之採取對抗的行爲。德比伯爵當即命令英國駐巴黎公使考利爵士向法皇本人提出質問。考利要求私人會見，拿破侖第三決沒想到英國政府會向他來這麼一次襲擊。拿破侖第三窘於應付，祇好申明法國無意用武力合併新的領土，而且消息是不確實的。過後不久，法皇命令特魯恩・笛・路易斯起草一個牒文交給德比伯爵，鄭重闡明拿破侖第三雖希望有關各國完全自願的合併，但絕不以武力或威脅手段割讓鄰邦的一寸土地。法皇招來大禍了，不得不全線退却以安定人心了。這個牒文他雖然是爲德比伯爵而起草的，可是考利爵士除將由巴黎接到的這個牒文送達倫敦之外，立刻就把內容告訴給普國駐巴黎公使戈爾茨伯爵。同時（一八六六年八月十五日）也告訴了俾斯麥這個內容。當然，俾斯麥不看這個牒文，他早已知道上面是談些什麼了。不過恰恰相反，他倒是又裝出一副面孔，故意表示法國皇帝是愛好和平的，他是相信他眞心放棄比利時和盧森堡的，以俾堵住法皇拿破侖第三對他再提出領土的要求，同時在表面上恭維他。這是最令人難堪的諷刺。

法國不但在補償問題上完全失敗，它與列強的關係亦完全惡化。要了就是完全屈服，否則就需作戰。無論拿破侖第三和他的新的外交大臣默德斯，老的忠實顧問魯埃爾以及皇后尤金(Engenie)等，都已明白法蘭西遇到第二次嚴重的外交上的失利。

南部德意志各邦不滿意法國

法蘭西帝國對外侵略的野心，引到了外交上的失利，同時也引到了國內外人民的反感。它面對着不堪設想的危機。一八六七年初北德意志同盟的成立，普魯士國王雖不能直接指揮南方四國的武裝力量，但就是這樣一個保留條件，也沒有給拿破侖第三以任何安慰：第一，所有這四個國家（巴威，胡登堡，巴登和黑森）都和北德意志訂立了攻守同盟，一旦發生對外戰爭，有共同出兵的義務；第二，法國駐南德意志使節和他們的牒報人員均紛紛報告這裏的人民，對法國也不滿意。普魯士一旦對法國作戰，這四個國家的人民，必然站在北德意志同盟方面。固然這並不能阻止拿破侖第三和他的從僕們，包括昏庸的陸軍大臣列波夫(Edmond Leboeuf 1809—1888)在內，在戰時盡量挑撥德意志南北兩方衝突的幻想，可是這一形將來臨的戰爭，其條件是對法國極端不利的。

法國資產階級人士對拿破侖第三的外交，這時亦完全失望。他們在對外政策上過去雖無保留地追隨着皇帝，無批判地擁護退勒爾宮所發出的一切訓令，現在則情形大異於往昔。

首先，他們感到國家消耗了幾百萬法郎，犧牲了無數的軍隊，結果在墨西哥的冒險戰爭中最後却是完全失敗。其次，法國對外政策的謬誤，在法蘭西東部邊疆上產生了一個強大的德意志國家。自然，這兩次重大的失敗，資產階級對政府怨聲載道。

在這種情形下，拿破侖第三為收拾人心，決定在盧森堡問題上向普魯士發動攻勢。這樣停頓了幾個月的補償問題，他後來又提出來了。他不能因為俾斯麥的躲避問題而喪失資產階級對他的擁護。

第三節　盧森堡問題及倫敦國際會議

盧森堡問題

盧森堡大公國，是法國北部的蕞爾小邦。政治問題很複雜。它的主權屬於荷蘭國王，但又為德意志同盟的一員，由普魯士派兵防守之。拿破侖第三的外交獲得勝利，盧森堡公國表示願意加入法國，而不願意加入北德意志同盟。事件的演變是這樣：一八六七年四月，法國政府覺得盧森堡的問題，在方式上祇能先徵求荷蘭國王的同意，然後他再把談判的結果提交普魯士。法國向荷蘭政府的交涉卒獲成功；荷蘭國王同意法國備款收買這一公國，並在原則上由法荷兩國簽訂了一個條約。當然，這個問題，最後就祇剩下徵求普魯士的態度，並請普魯士將其駐在盧森堡境內的衛戍兵撤退了。

當是時，法國駐柏林公使貝納特蒂又向俾斯麥提出了一個關於盧森堡問題的建議。他說，荷蘭已同意將盧森堡割給法國，並已簽訂條約，現在依照口頭的條約應請俾斯麥實踐前約。這是一種直接迫使俾斯麥無法規避的手段，因爲俾斯麥曾經表示，祇要荷蘭同意，普魯士不會從中阻撓。但俾斯麥對這個問題還是免避答覆，對法國和荷蘭國王簽過字的條約只是一味採取拖延的手段，企圖讓別人出來干涉以避免他和破命第三的正面衝突。

俾斯麥的計謀又得到成功。他與普魯士那個時代非常有名的一個漂亮的演說家（此人素以政治見解超然而批評政府聞名），即民族自由黨的領袖伯尼格生密謀，由後者出面破壞法國與荷蘭締訂的割讓條約。俾斯麥玩弄的手腕既毒亦巧：由伯尼格生出名發動一個示威表示抗議，而俾斯麥則急忙搪塞否認，甚或因出賣盧森堡的行爲引咎辭職。伯尼格生的示威運動開始，他宣稱他已得到一個可靠的情報，證明俾斯麥已準備將盧森堡出賣而向法國屈膝。反對俾斯麥的聲浪很高，伯尼格生爲做得像個樣子，特組織了一個很大的示威攻擊俾斯麥的這種假的屈服。他聯合北德意志國會的七十多名議員，聯名在一份請願書上簽字對俾斯麥的出賣盧森堡提出激烈的抗議，並發表了熾熱的愛國主義的演說。俾斯麥佯爲狼狽，趕快出來替自己辯護，聲明他決沒有投降法國的意思。這次滑稽劇表演的很成功，後來當法國又要求進一步的談判時，俾斯麥就借口普魯士人民一致反對他而堅決拒絕了盧森堡的割讓。

俄英兩國的態度

拿破命第三在外交上的失敗是整個的，並且對列強留下深刻的影響。俄國宰相高恰科夫對俾斯麥的勝利担憂，但對拿破命第三的失敗亦極不原諒。在一八六五年甚至在一八六六年後半期，高恰科夫和亞歷山大第二還是極端反對普魯士對德意志各獨立國的兼併及各邦迅速消滅的過程。但從一八六七年春季起，高恰科夫非但不願意在盧森堡問題上幫助失敗的拿破侖第三，反而舊事重提，主張迅速召集歐洲各國的會議：他亟需知道的，與其說是拿破侖第三對盧森堡問題的態度，不如說是俾斯麥在盧森堡問題上是否眞向法皇讓步的意向。英國立刻給與響應，因爲拿破侖第三對比利時的談話，德比爵士根本懷疑。法國孤立！

一八六七年五月的倫敦列強會議

一八六七年五月七日，列強在倫敦的國際會議(International Conference at London)開幕了。會議沒有通過新的決議，各國一致承認盧森堡仍保持原有的地位，只是普國應放棄它在盧森堡的特權，並將它的軍隊由該公國撤退。此外，盧森堡公國退出德意志同盟，它的中立由歐洲列強共同保障。四天之後（五月十一日），會議終結，普魯士大勝，法國皇帝拿破侖第三又蒙受一次恥辱。

拿破侖第三在墨西哥冒險的失敗及對法的影響

倫敦的國際會議還沒有結束它的工作，最使拿破侖不安的消息已由數萬里外的墨西哥飛來了。法軍的撤退，引起了嚴重的後果，完全由法國刺刀所支持的拿破侖的義子墨西哥皇帝瑪克西米連遭受了接二連三的挫折，在一八六七年六月竟被共和黨俘虜和槍殺了。這幕黑暗的悲劇，暴露了法國皇帝的冒險政策的最後的破產。退爾(Adolphe Thiers 1797—1877)說：『你們能夠做的錯誤已經不會再有了，因爲所有可能的錯誤，你們都已經做盡』。這一句話，瑪克西米連被殺以後，法國外交家念念不忘地背誦着。因此，在法國軍事外交失敗的影響之下，過去許多被騙到地下而沉默了好久的反對派開始抬頭抨擊政府了。

第四節　拿破侖帝國遭逢着的國內國外的危機

普法戰爭前夜法國的孤立局而

法國廣大人士對政府的不滿越是高漲，法國皇帝也越是企圖在對外政策上找一出路。他在外交上的神經越靈敏，尋找一個新的機會進行『勝利』戰爭的幻想也越急忙。這是與鞏固波拿帕特王朝的皇冠有密切關係的。可是法國是完全孤立的。

先述奧國，奧大利是可能做法國有用的同盟國的，奧皇法蘭西斯·約瑟想起過去在德國面前的屈辱非常愴然，積極做着復仇的夢。一八六七年盧森堡問題緊張時，拿破侖第三爲了同奧國締結盟約，曾親自到薩爾斯堡（Selzburg）去會奧國皇帝，但兩人談了三天（一八六七年八月十八日至二十一日），毫無結果。其後，奧皇法蘭西斯·約瑟也到巴黎回拜過他，但因奧國不願在戰時首先出兵，同時拿破侖第三動搖，卒未成功。

英國在這一次，決不能夠，而且也不願意做法國的同盟國，因爲一八六九年蘇彝士運河的開鑿，英國政府認爲這是法國對印度的潛在的威脅。因此很顯然的，英國人對法國和北德意志同盟的戰爭，抱着觀望的態度，甚至是反對法國的。

意大利的態度也對法國不利。在意大利，廣大人民對拿破侖第三的憤怒無以復加，他們不但不忘記一八五九年七月拿破侖第三在維拉佛蘭克背盟出賣意國人民的狡滑行爲，而且更不忘一件更新鮮的事實。就是一八六七年十一月三日，當加里波的所率領的志願軍企圖重新佔領羅馬時，在孟坦納（Mentana）附近被教皇和法軍聯合擊潰。加里波的被俘，意大利反法情緒空前增長。加之拿破侖第三故意中傷意大利人民的情感，在法國報紙上特意表揚在孟坦納附近慘酷屠殺意國人民的法國的劊子手法利將軍。拿破侖第三這次給意國人民內心上的創傷，根本打破了他與意國同盟的幻想。

因此，從此以後，尤其在孟坦納一役之後，意大利人民便把獲得羅馬的全部希望，完全和拿破侖第三在軍事上的失利聯系了起來。他們認爲祗有法軍在對普戰爭中的敗北，才可逼迫他撤囘羅馬的駐軍。

普魯士和拿破侖第三之間的關係愈緊張，俾斯麥和意大利政府間的關係也愈好轉。

一八六九年，拿破侖第三又企圖和奧國接近了，當時主持奧國外交的是比斯特伯爵(Beust)。奧皇法蘭西斯·約瑟本人是照舊願意和法國同盟的，可是比斯特斷然反對，認爲自意大利和拿破侖第三的關係尖銳化以來，奧法的同盟，首先對於奧國不利，因爲意大利人民爲着要逐出駐紮羅馬的法國軍隊，在未來的戰爭中，它一定是站在法國的敵人方面。意大利所仇視的，不僅是法國，而且是法國的一切同盟國，連奧國在內。因此，奧國如與法國同盟，意大利一定會從南方對奧國進行攻擊，致奧軍腹背受攻。法蘭西斯·約瑟逐漸放棄了自己原先的計劃。法、奧、意三國同盟，祇是拿破侖的單戀。

俄國的態度。在拿破侖第三的周圍，完全沒有一個大的國家能夠依靠了，俄國自然也不是例外。高恰科夫對普魯士的迅速勝利和擴張，本來是很不安的，亞歷山大第二對一八六六至一八六七年中德意志許多小國的喪失獨立和普魯士的擴軍政策表示極端的恐懼。可是拿破侖第三還沒想到法國東部邊境上所增長着的危機竟如此嚴重，趁早積極地去和彼得堡宮廷接近，及至一八七〇年秋季退爾希望到彼得堡請求締盟和援助時，時間已經晚了。

這些是說整個歐洲沒有一個國家站在法國方面！拿破侖第三的覆沒不是偶然的！

拿破侖帝國內在的矛盾

當然，拿破侖第三的失敗，不能單純歸咎於對外政策的錯誤。事實上，他的喪失民心構成了重要的因素。初上台後，他絞殺巴黎工人，壓迫自由黨，控制議會，取締言論自由，被他屠殺及充軍的人爲數甚衆。他的政府純是代表大金融資產階級，證券經紀人，貴族軍人的利益。一八五〇年六月十三日對巴黎民衆起義的鎮壓，一八五一年十二月四日聖亞諾德將軍（Jacques de Saint-Armaud）的大屠殺，而所謂巴黎林蔭路上的屠殺（Massacre of the Boulevards）是他生平最得意的傑作。由一八六〇年起，他以自由主義的假面具出現了，然而帝國內部的形勢，並不會因此好轉，反之對外的接連不斷的失敗，原先支持他的工商資產階級，現在爲了自己的利益，亦呈現着不穩的狀態。對帝國而言，出路祇有一條，即利用對外的新的勝利的戰爭，來彌補國內近來的空虛和外交上的嚴重的失敗。『戰爭的所以必需，是因爲它可以保障我兒的統治』，這一句話，是一八七〇年春季皇后尤金對他的兒子，法國皇位的繼承人說的。贊助皇后的有魯埃爾等人，而法皇則把自由主義的面具自行撕掉，以造成一個舉國對外的反動陣線。因此，在一八七〇年一月十日『自由主義退却』，而奥立維(Emille Ollivier 1825—1913)被任首相後，便竭力彈壓人民，而不問有無一個同盟國站在法蘭西方面竟和強大的敵人進入戰爭了。但是患結石病(Calculus)的拿破侖第三因精神萎靡還是在動搖。

第五節　西班牙王位問題及拿破侖法國對普的壓迫以及英俄等國的態度

但到一八七〇年七月一日，突然由西班牙傳出了一個刺激法國主戰派的驚人的消息，霍亨索倫族的傍系息馬林根(Sigmaringen)族的利歐波爾德親王(Prince Leopold)被選爲西班牙國王的候補人。

霍亨索倫王朝的利歐波爾德接受西班牙王位及法國的反對

這個消息傳到法國後，全歐洲的人們就猜想拿破侖第三要對普魯士的霍亨索倫提出強硬的抗議了。法國官方報紙，立刻就把這個事件當作普魯士向法國挑釁的證據，意在由西面威脅法國。法蘭西帝國不能坐視同一霍亨索倫王朝統治了普魯士和西班牙兩國，把法蘭西包圍在霍亨索倫王朝當中，造成東西兩翼威脅法蘭西安全的局面。與論界攻擊俾斯麥，把這件事與反法的戰爭聯系了起來，而法國政府則姿意煽動這種狹義愛國主義的怒潮，把一切不幸的事件推在俾斯麥頭上，看作對普魯士作戰的正當的理由。帝國的反對派，集中火力攻擊法國的外交政策，尤其是抨擊法國駐柏林公使貝納特蒂以及奥立維內閣對俾斯麥的屈辱。埃德曼·阿布(Admon Abu)在報紙上用威脅的語氣說：『如果俾斯麥先生以爲我們全法蘭西的三千六百萬法國人統統像貝納特蒂一樣，那他就完全誤解了』。比較稍左的人士也不審情度理，茫然責難政府太弱。豈不知以狹義愛國主義觀點向帝國政府攻擊，正是投合了反動的保皇黨的所好。拿破侖第三並不害怕各色各樣反對派的叫囂，反之，他認爲這些愛國主義的表現，正是他自己對普採取軍事行動的賭本，同時祇要對普訴之戰場，是可以逼迫所有內外政策的批評家們閉起嘴來由他驅使的。當然，他想錯了，法蘭西爲數衆多的勞動者，無論如何是不贊助他的，根本上是要推翻反動的帝國，而不希望它在戰爭中鞏固起來的。這是在開戰之後的事實可證明的。

一八七〇年七月六日，法國新任外交大臣格拉蒙公爵，在立法會議上曾就西班牙王位繼承問題針對普魯士發表了一篇挑撥性的演說。他公開說，法蘭西帝國『將毫不動搖地開始對擅自恢復查理第五帝國的那個國家作戰』。大家都明白，所謂查理第五帝國，是指十六世紀的查理第五帝國，而所謂那個胆大的國家，這是指法國的鄰邦，即普魯士而言。普國實力的迅速的加強，是不能不引起第二帝國統治階級的不安的。

這次事件，拿破侖第三的政府又犯了許多外交上的重大錯誤。

貝納特蒂和威廉第一在延姆斯的談話

格拉蒙發表演說後過了三天（卽一八七〇年七月九日），法國駐柏林公使貝納特蒂竟不按照通常的外交手續去見俾斯麥，而荒唐地面謁威廉第一，提出質問。那時，威廉正在延姆斯(Ems)行宮休養，但他竟趕到那裏聲明有緊急事件需要當面會見國王。禮賓司的長官回答說，國王此刻有病，正需靜養，恕不會客。但貝納特蒂一再要求，於是國王就命令引見貝納特蒂。

此時威廉第一似乎還不知道俾斯麥在背着他所佈置的戰爭，因爲威廉第一確是老朽無能。實則俾斯麥的努力備戰，不獨不亞於拿破侖第三，而且比拿破侖第三更爲實際。不過他不欲聲張，裝作窮相，完全是在祕密地準備。他何嘗不明白一個霍亨索倫王朝的人物被推爲西班牙國王後，法國皇帝一定把這件事作爲宣戰的口實？他何嘗不明白，他比拿破侖實質上更爲好戰？他與拿破侖處境的不同，祇是在客觀上，普魯士像是個弱國，法國是個公認的強國，似乎那時的普魯士是站在反對鄰國侵略的保衞戰的立場上！此其一。其二，他的手段的妙處，就在他會把普魯士的上述的弱點轉化爲普魯士的優點，故意在表面上裝出可憐的樣子，以便獲得歐洲的同情，並使普魯士最怕的俄國亦將對普國的外交進攻，甚或武力進攻完全取消。事實上俾斯麥同拿破侖三世一樣嗜血，都在找尋決鬬的口實。法皇拿破侖三世的瘋狂顚倒，與俾斯麥的挑撥鼓動有直接的關係，況且拿破侖在找他的弱點。不然爲什麽在一八七〇年三月十八日，當柏林宮廷討論霍亨索倫王朝的利歐波爾德爲西班牙國王的候補人時，俾斯麥，豊綸（Von Roon），毛奇，什莱尼茨(Shleiniz)，希列(Shile)，德爾勃留克(Delbruk)等故意勸告利歐波爾德接受西班牙的王冠？故意不管拿破侖第三日後的反對，在會議上對這個問題祕密地作了斷然的決定呢？祇有無能的威廉第一是怕闖出亂子的，對俾斯麥等的決定後來是否決了的。所以，當利歐波爾德快由後選人陞爲正式的國王而貝納特蒂來到延姆斯質問的時候，祇有普魯士國王才說，他既無權阻止利歐波爾德接受西班牙的王冠或拒絕這頂王冠，也無權贊成。這完全是西班牙人的事，他（卽普王威廉第一）個人從來沒有爲他皇族的任何人勒索西班牙的王位。從這些談話中，貝納特蒂正確地料到利歐波爾德的候補資格是取消了。

不久，果然，威廉第一立刻通知利歐波爾德本人和他父親安東尼親王（Priuce Charles Anthony），敦勸他們自動放棄西班牙的王位。利歐波爾德立刻履行。此外威廉請貝納特蒂伯爵轉答法國宮廷說，他已認可他的親屬的決定了。法蘭西的外交在這幾天當中（七月九日至十二日）完全勝利，俾斯麥在西班牙問題上的策略全部失敗。

一八七〇年七月十二日拿破侖的會議

在這裏，拿破侖第三的勝利，並沒有把他由失敗中拯救了出來。他的外交政策繼續錯誤下去。他對已獲得之成就不僅表示滿足，並從這種表面的勝利中得出一個結論，法國既這樣迅速而容易地使普魯士屈服，那麼普魯士對戰爭是沒有準備的。但在一八七〇年七月十二日晚上在皇帝官邸召集高級長官會議以決定利歐波爾德的候補問題時，拿破侖第三却開始漸漸動搖了。皇后，陸軍大臣列波夫，外交大臣格拉蒙都主張戰爭。首相奧立維也對黷武主義的閣員們不表示反對。特別是陸軍大臣列波夫的話，更使好戰派非常囂張，支配了深夜的會場。他吹牛說：『我軍準備好了，並且完全準備好了。我們的軍隊已樣樣準備齊全，甚至連最後一個士兵靴子上的最後一個鈕釦已都釘好了』。他完全看不起普魯士的軍隊，很早以前他就有這麼一個警句：『普魯士軍隊嗎？它是沒有的，我否認他有軍隊』。主持外交的格拉蒙公爵也同樣是這種輕率的態度，他肯定說，法國雖然和奧國沒訂正式盟約，但在開戰以後，奧國一定是站在法國方面反對普魯士。

拿破侖第三不再動搖，最後的沒趣一齊來了。

拿破侖第三對威廉第一的要求

七月十二日夜深的御前會議甫經結束，不待天明就由巴黎拍出一個電報把貝納特蒂從睡夢中喚醒了。外交大臣格拉蒙公爵命令他再到延姆斯城的行宮向普國提出世界外交史上空前未有的下述要求：如果利歐波爾德再度被選為西班牙國王，國王威廉第一須得保證，正式負責禁止他接受王位。就本質而言，這個要求是不講情理的。作為一種進攻的口實是站立不住的。顯然，普魯士國王怎能禁止別個人推薦利歐波爾德繼承西班牙的王位呢？貝納特蒂接到格拉蒙從巴黎拍來的電報以後，過了幾小時，他已在七月十三日的清晨去謁見威廉了。那時普王正在花園看報，慇懃地迎接貝納特蒂坐了下來，並且說，問題全部解決了，這眞是一件大家歡天喜地的事。但猝然貝納特蒂又向他提出了法國政府的新的要求，於是普王被迫向他表示，像這樣的義務他是不能負責的。自然這次的會晤，不得要領，雙方苦燥地沒有多話客氣地告別了。

貝納特蒂走後，威廉第一又接到普國駐法公使維德爾（Verter）的一個報告。這個報告中說，格拉蒙公爵主張和普魯士立刻斷絕邦交，連御前會議的決議和打給貝納特蒂伯爵的電報也不滿意。這使普王實在憂慮。法國眞要使局勢極端惡化，一定要提出許多的要求挑動戰爭！格拉蒙向普國公使維德爾這樣說，他代表法國要求威廉第一正式聲明現在決不損害法國的利益和光榮。這些要求，普王應作書面的允諾。

七十三歲的老王威廉第一受了這種無端的刺激和侮辱以後，於是在當天的晚上（在七月十三日的晚上），當貝納特蒂又向國王求見時（這次謁見是爲要求正式的書面保證而來，這是國王從維爾德的報告裏看出來的），氣忿地拒絕了貝納特蒂的請求。但貝納特蒂在國王於七月十四日從延姆斯動身回柏林時還會見過國王一次。貝納特蒂趕到火車站去見普王，後者已經登車，祇是從車窗裏對貝納特蒂說了這麽一句：他要說的話，已經對貴公使說過了，此外他不能再說什麽。不過關於這個問題，將來還可以在柏林繼續談判。

國王從延姆斯動身前，命令他私人的外交顧問阿倍根（Abeken）把當天的事實草成一個電報發給俾斯麥。這樣，亙古未有的血戰和轉捩了時代的最感人吟味的最後一幕外交上的行動開始了。

本來俾斯麥從貝納特蒂和普王在延姆斯談判的最初頭一天起，就緊張地注視着瞬息變化的每一個階段。他已明白看出，巴黎是要戰爭，而威廉國王是怕戰爭，完全準備投降。起初，俾斯麥以爲利歐波爾德放棄西班牙王位後，普魯士是不可挽回地失敗了，可是他的牒報們從巴黎拍來的電報，則說事情不會這樣了結的，拿破侖第三還預備提出一些新的要求哩。

七月十三日晚，俾斯麥正巧和陸軍大臣豐綸、普軍總參謀長毛奇元師同棹進餐之際，阿培根由延姆

俾斯麥的『延姆斯急電』

斯發出的急電（報告延姆斯談話經過以及國王答應和法國公使貝納特蒂繼續在柏林舉行談判的急電）突兀送到俾斯麥的手裏。俾斯麥豐綸和毛奇三個人看了國王的電報以後，非常沮喪，想不到國王竟這樣的胆却畏縮，遭受這樣的侮辱。尤其使他們不能理解的，老年的國王在被人侮辱之後，現在還答應貝納特蒂在柏林從長討論法國所提出的無理的要求。

俾斯麥下了最後的决心。正如他在以後說的『普魯士不能和法國並存於世』。於是他釘着毛奇的兩隻眼睛問道：普軍的武器和全部軍隊是否眞能夠完全保證對法戰爭的勝利？毛奇毫不思索的回答：『是的，我軍决無問題』。當俾斯麥向陸軍大臣豐綸提出同樣的問題時，豐綸也堅决地肯定了毛奇的回答。俾斯麥笑起來了！『旣是這樣，大家繼續安心用餐吧。』他一個人離開了桌子，急忙走到另外一個房間把剛才拍來的急電又仔細讀了幾遍。他以後在他的回憶錄中說：『我又在聚精會神地讀起急電，我拿起了一管鉛筆，我把那說到貝納特蒂請求再度會見的地方大胆地塗去；我祇把急電上的頭尾兩段留了下來』。這樣他就把普王在車站上約會貝納特蒂伯爵到柏林繼續談判的話勾消了，電報的性質也完全變了：好像普王現在是拒絕和法國公使舉行談判，毫不客氣地斥退法國公使！俾斯麥讀完了他僞造的文書之後很高興地向客人們說：這是『一面激怒高盧牛的紅旗！』而毛奇也一唱一和地說：『他把退堂鼓的音調變成了衝鋒的號聲』。

恰巧第二天（七月十四日）又是法國一七八九年偉大革命的紀念日，俾斯麥料定法國的人民一定如癡如狂地在凱旋門前紀念革命的節日。他要給他們頭上傾一盆冷水，要使法國的好戰派火上加油。他不消磨一分鐘的時間，立刻把僞造的文書送到各報發表。火靶子點燃了，俾斯麥和拿破侖第三達到了共同努力的目標。一個比一個好戰，一分鐘緊似一分鐘，戰爭已不可避免了。一八七〇年七月十四日，巴黎慶祝國慶的人們，要求對普宣戰，高喊『直搗柏林！』翌日，即十五日，法蘭西帝國政府在立法會議上已通過了戰時公債的緊急議案，發表了戰爭迫來的聲明。此時法國的議員們，無論是在朝黨，抑或在野黨，他們絕大多數都對法國所蒙受的恥辱表示憤慨，也批准了公債，通過了對普戰爭的宣言。軍隊動員了，接着在一八七〇年七月二十日正式對普宣戰。那時祇有退爾，因爲他對普法兩國的作戰實力非常熟習，並深知法國對戰爭毫無準備，企圖提出異議，無如人心如鼎如沸，他祇好在咆哮和壓制下沉默。

英俄對拿破命第三的不滿及德意志人民高漲的抗戰情緒

俄皇亞歷山大二世在獲悉法國政府對普王威廉第一所提出的要求時，非常不滿，他曾對法國駐彼得堡公使佛履里將軍公開說：『你們以爲單祇你們才知自愛』，其實別人也是一樣的。亞歷山大這一句話，不啻對法國蠻橫態度的譴責，不啻支持了俾斯麥的政策。俾斯麥馬上抓住這個機會施展了他的手腕，進一步地使亞歷山大第二對拿破侖第三的行動表示仇視。這給普魯士的順利的戰爭造成了一個有利的環境。

在一八七〇年悶熱的七月，英國外交部對於這一個問題的觀感，也和亞歷山大第二不謀而合。不過他們的觀感，俾斯麥覺得不及俄國皇帝的重要，因爲普法兩國主要的是在陸上作戰。

俾斯麥的外交的確毒辣。他等法國宣戰以後，立刻把一八六七年法國駐普公使交給他的那份關於拿破侖第三對比利時的祕密要求，原原本本地在報上公佈出來了。這個文件，使英國政府全體好像出了一身冷汗，原來法國皇帝對英國還有這麼一着？這是對拿破侖第三最大的打擊之一，英國也肯定地指斥法國皇帝是一個侵略者和陰謀家。書面的證據最後打消了英國對法的聲援。

由此觀之，普魯士能發動這樣大的戰爭對抗法蘭西帝國，其中最重要的有三個原因：第一是德國資產階級的要求。在七十年代，德意志的統一，遭受到法國的破壞，資產階級則需要建立一個統一的國家。卑怯的德國資產階級不敢用革命方式完成統一，而且在俾斯麥的鐵血政策下國內毫無民主自由的設施，因此祇好贊助俾斯麥的對外戰爭以完成德意志的統一。雖然這是不愉快地，但是『俾斯麥正是分担着革命工作的一部分。他以他自己的方法進行革命的工作』。

第二個原因：就是拿破侖第三時代對德意志民族感情的百般侮辱和挑撥的行爲。一八七〇年七月的局勢，德國人民已經被拿破侖逼迫的忍無可忍。德意志人民爲了他們民族的光榮與獨立，不能不奮起進行自衞的戰爭。

第三個使普魯士馬上能動員人民作戰的原因，無疑問地，英俄對普魯士的同情，也加強了他們勝利的信心。站在拿破侖第三方面的，祇有法國的一部分人民，但站在普魯士方面的，除本國最大多數人民而外，還有英俄等國的同情。

這樣俾斯麥就領導起了反法戰爭。法人狂呼消滅普魯士，而普魯士及所有德意志人民則同仇敵愾一致抵抗法國。南部德意志與北部德意志果然聯合，過去分割的小邦，在愛國主義的高潮中，聯合爲一個統一的帝國。

結果，德軍在數日之內完全動員，一八七〇年七月二十日各國人民靜聆着歐洲大陸上的槍聲和大砲的轟鳴。

輿論對拿破侖第三的侵略戰爭及各國的輿論。

拿破侖第三爲什麼敢不顧一切而作戰呢？最重要的，他的黷武主義，甚至深入共和黨員之中。倘使法國沒有大羣狹義的愛國主義者，如資產階級，小有產階級，農民以及拿破侖在大城市中所造成和由農村中徵募來的帝國主義者海曼斯（G. E. Haussmann,1809—1891）建築業無產者，拿破侖就不能發動戰爭』。

但法國對外的戰爭，雖能獲得一部分人民的擁護，却不能獲得最下層的人民和各國輿論的同情。上文述過，英俄等國認爲法國政府蠻橫無禮，而各國的進步人士，則更把這種戰爭視爲刼奪的非正義的。法國必敗無疑。昂格斯在英國（Pall Mall Gazette）報上在一八七〇年十月十日討論法普戰爭時有這麼幾句話非常中肯：

法蘭西：『……善良而剛毅的民族，看出帝國的一切保衞自己的努力均歸無用，因爲它在近二十年之中完全被一羣冒險份子支配着它的命運，而這些冒險份子，則企圖將政府，軍隊及海軍，而且在事實上，是將整個法蘭西變爲個人利祿的泉源』。

『普魯士打着防禦戰』，『法國需要遭受一次痛打』，這是歐洲先進人類的評論。倘若德國失敗拿破侖主義就可獲得鞏固，德國就會破裂數年或數十年。反之，如德國勝利，窮凶惡極的拿破侖主義必被毀滅，而法國人民也可獲得更多的自由。

眞理站在德國方面，這是開戰初期的情形。

第十六章　法普戰爭與福蘭克府和約（一八七〇——一八七一年）

第一節　法普戰爭初期的軍事形勢及列强的對外政策

普法戰爭初期的軍事形勢

普法戰爭開始之後，普魯士的一百餘萬雄師在幾天之內完成動員，其速度之快及軍紀的嚴整，毛奇說是他生平所見到的第一次。普軍分三路迎戰：斯泰麥茲將軍（Gen. Steinmetz）由磨斯里（Moselle）出發，菲特烈‧查理親王（Prince Frederick Charle:）由巴拉第納特（Palatinate）直撲麥茨（Metz），菲特烈親王（Crown Prince Frederick）由萊因上游指向斯特拉斯堡（Strasbourg）。法軍的所謂準備週全，實際上是有意誇張。軍糧不足，裝置差池，大炮沒有炮彈，戰馬沒有鞍子。而且總司令麥克馬洪元師（Marshal Macmahon）尚在非洲的阿日及爾。

大戰開始不久，麥克馬洪所率法軍，便在斯特拉斯堡爲菲特烈親王所敗，大部軍隊被迫撤離阿爾薩斯。德軍進入斯特拉斯堡，向南錫（Nancy）疾進。另一路德軍在毛奇統帥下擊潰法將巳僧（Marshal Bazain），而在八月十六至十八日的兩次血戰，卽所謂馬爾斯‧拉托爾之役（Mars-la-tour）及格拉威洛（Gravelotte）之役幾乎將法軍全部消滅。麥茨要塞被圍，普軍向楷朗（Chalons）的進軍開始。拿破侖第三見勢不佳，御駕親征，急速與麥克馬洪元帥定出援救麥茨的計劃，同時皇后尤金亦急電麥帥揮軍前進以解救帝國於倒懸。結果法軍與德軍在法比國境的色當（Sedon）展開決戰。德軍攻勢旺發，九月一日，法軍便被最後擊敗。拿破侖第三被俘，投降者八萬五千人，傷亡者亦在二萬以上。色當一役後，法軍毫無鬥志，帝國亦因以覆滅。總計這次戰爭的時日，前後不過六星期而已。法蘭西『這個帝國的開始和結尾，純然是一篇歪詩諧文。』

法普戰爭分為兩個階段，在色丹一役前為第一個階段，在色丹一役以後為第二個階段。

俄·奧·匈·意等國對普法兩國的態度

在第一個階段之中，各國在對外政策上，不論對法國或對德國基本上都是一樣的，當時問題的中心，是讓戰爭限於地方呢？抑或擴大呢？交戰雙方的外交家，均在這個問題上努力。法國夢想奧匈和意大利參戰，將戰爭蔓延到中歐及意北以減輕法軍的重負，而德國則力使各國保持中立，盡量使戰爭地方化，集中兵力打擊法國。在這個問題上，俄國發生了決定的作用，俾斯麥的希望全部實現。

因拿破侖第三早在六十年代就是不斷的反對俄國在東方的政策的，尤其是在土耳其問題上，所以俄國最怕拿破侖第三再重演一次壓迫俄國的克里米亞的大聯合。它決不忘計強迫俄國所接受的可恥的巴黎和約，它知道拿破侖第三是製造巴黎和約最重要的一個。俄國黑海艦隊在當日之不能自由通行韃靼尼爾海峽，完全是拿破侖第三在反對。記憶尤為新鮮的，是一八六三年波蘭起義時期拿破侖第三對俄波關係的干涉，險些兒組成一個干涉俄國的大聯合，將俄國逐出波蘭。反之，俾斯麥則相當重視俄國的利益，不像拿破侖第三那樣處處和它作對。所以，除了接近普魯士而外，俄國實在沒有其他的路可走。俄國仇法的另一原因，就是普魯士失敗以後，俄國的近鄰奧，匈帝國的實力必然加強，嚴重的威脅到它的西部邊疆，特別是波蘭。所以俄皇政府情願普國獲勝而法國戰敗。

七月二十三日（即普法戰爭後的第二日），俄國的態度明朗化了。他正式宣佈中立。在『政府公報』上披露的中立宣言，最後有這麼一段話：『帝國政府時刻準備決為縮小軍事動作的範圍，縮短作戰的時間及恢復歐洲和平幸福而作最眞誠之努力，並對於努力於此種目的者，給與協助』。顯然這裏所說的『縮小軍事動作的範圍』一語，就是暗示它反對奧匈參加法普戰爭。就是要普法兩國進行一對一的戰爭。

奧匈對參戰問題有兩種主張。奧國皇室極欲參戰，皇帝法蘭西斯•約瑟，奧地利的軍人，貴族和封建僧侶階級，均以此為對普復仇的機會。奧國參戰的可能性極大。

然而抵抗這條政治路線的，却是奧國資產階級的和平路綫。他們不贊成任何一種反對德國的運動。匈牙利人反對參戰尤為積極。他們所以反對，是因為看出普魯士是他們反對斯拉夫人時的靠山，他們希望普國打勝，害怕奧地利哈布斯堡王朝勝利後，向匈牙利人勒索他們在一八六七年所得到的那些特權。因為有這種種原因，所以匈牙利的首相安特拉希 (Julius Count Andrassy 1823—1890) 堅决反對奧匈出兵作戰。

自然，奧匈統治階級內部兩條路線的鬥爭，本質上是不能與俄國政府的對外政策分離開的，而且他們的出發點，完全以俄國的立場來決定。奧地利人知道，一旦奧匈參戰，俄國必向奧匈宣戰。

俄國的對外政策勝利。在戰爭的第一個月之中，俄國外交部的集中努力，阻止了奧國向普國的復仇戰爭。而在戰局逐漸變化的與法不利之際，尤其在色當一役之後，奧國參戰的問題根本不存在了。

至於意大利國王維克多•愛麥廣限，最初頗為動搖，想和法國同盟。因為奧國首相比斯特 (Friedrich Ferdinand Beust 1809—1896) 為了向普復仇，曾允許割特稜提諾 (The Trentino) 的一部分交接意大利，並勸導法皇拿破侖撤退羅馬駐車。這是一方面。在另一方面，意大利在財政方面又依附着法國，如和拿破侖第三破裂，國家便面臨着破產的威脅。在開戰以前的九天，由奧國首相積極奔走的法、奧、意三角同盟的談判非常活躍，好像就要簽字。但拿破侖第三鑑於國內僧侶階級是他的主要靠山之一，不敢違背他們的意志，將羅馬的駐軍撤退，而聽任教皇自生自滅。意大利最重要的參戰條件既不能得到滿足，它當然決不可能與法國同盟。其次意大利人民在法意談判時發動示威，反對參加戰爭而幫助破壞意大利統一的法國皇帝，這也起了很大作用。所以法普之間的軍事行動開始後，談判就在事實上終止了。

俾斯麥極害怕意大利參戰。他看清楚了德意在同盟問題上的矛盾，於是竭力拉籠意大利，同時他甚至和瑪志尼及意大利其他的共和派進行談判，借以威脅維克多·愛麥虞限。他說，如意大利投到法國方面對普作戰，卽以金錢和武器支持共和派在意大利的起義。意大利的統治者非常猶豫，同時奧地利也因俄國中立宣言的發表不敢援法作戰。這樣法、奧、意三角同盟的計劃卒成畫餅。

一八七〇年八月七日，拿破侖第三又向意求援，十八日格拉威洛一役慘敗後，同意犧牲羅馬教皇了，但是時間已遲了，結果意大利在普法戰爭期間，不僅沒有站在法國方面，而且等到色當一役後，意軍借口過去與拿破侖一人訂的協定取消，而於九月二十日開進了羅馬城了。這樣看來，意大利的沒有參戰，俄國的對外政策影響最大。

色當一役之後俄國的態度

色當一役中普魯士的軍事勝利，對俄國的對外政策發生了強烈的影響，迥非奧國和意國對戰爭的態度可比。普魯士發展下去勢力太大，故俄國高恰科夫爲了不致使法國過度衰弱，認爲有督促雙方從速停戰的必要。普軍初期勝利的影響，卽在色當戰役發動的前幾日，俄皇已經寫了一封信給普魯士國王，勸他不能強迫法國接受屈辱的和平條約。那時威廉第一的回答已使俄國頗爲不安。普王指出：『輿論礙難容許放棄合併』，卽是說德國要併吞阿爾薩斯及勞倫了。

第二節　色當一役後普魯士對法國的刼奪政策

在這個時期，普魯士對法國的防禦戰爭，已轉變爲對法國的侵略戰爭，而在外交上，也完全放映了這種策略的轉變。在先，普魯士國王迭次鄭重聲明，他所進行的戰爭，不是反對法國人民，而是反對法國皇帝，同時法國在拿破侖第三帝國滅亡後新上台的統治者，也自願賠償德國的一切損失。可是俾斯麥是追蹤者拿破侖第三的脚跟，要求法國割讓土地。這樣就開始了普魯士的侵略的戰爭。英國（Pall Mall Gazette）早在九月九日由馬克斯寫的專論中指出：『對德國而言，早在波拿帕特軍國主義的千瘡百孔完全暴露之際，普魯士的軍士顧問們已決定把戰爭變爲侵略的戰爭。』

國防政府的對外屈辱政策

色當一役後的第二天，卽一八七〇年九月四日，巴黎人民蠭起騷動，法國首都由自命爲共和黨的議員們宣佈帝政覆滅，成立『國防政府』（Government of National Defense），組織成了資產階級的『第三共和國』，以甘必大(Leon Gamhetta 1838—1882)爲首領，在軍事上準備挽回已經失去的勝利，在外交上聯絡俄國壓抑普魯士。

國防政府成立之後，法國代理公使加里亞克也以德國過度強大的危險恐嚇高恰科夫。高恰科夫爲了雙方立刻媾和，對雙方採取了壓抑的政策。一方面勸法國『國防政府』作較多的讓步，另方面答應請求俄皇再寫信給威廉第一勸他適可而止，勿提出苛刻的條件。他附加了一句說，歐洲和會一旦召集，俄國在會場上的發言將是不偏不跛，足夠響亮的。加里亞克聽了這段話，立刻把俄國宰相的意見向本國政府做了報告。加氏在電報中插了這麽一句話；『俄國不容許不以我們領土完整爲基礎的和平』。但高恰科夫怕出亂子，曾要求加氏把電報稿子送他一閱，結果高恰科夫立刻勾掉了上述那一句話，並且說：所謂『不容許任何一種局面，對於一個大國來說，這就是要用武力來阻止這種局面的意思。這還離題太遠，俄國是不能走這條路的』。

是年十月，退爾到各國首都游說，請求各國爲法國『辯護』。俄皇和高恰科夫都接見了退爾，並對他殷勤款待，禮以上賓。可是法軍繼續敗退，巴僧的十七萬軍隊，盡成甕中之鼈，普軍已佔領了凡爾賽，這是一方面。在另一方面，巴黎的人民在社會主義者激進派領導之下，準備建立公社，打倒國防政府。加之巴黎存糧有限，革命危機比過去緊張百倍。俄皇最怕法國起來革命，因之高恰科夫的答案是俄皇主張快快『媾和』。高恰科夫這樣對退爾說：『皇上祇幫助你們談判，此外愛莫能助。』不過俄皇又答應再寫一信勸告威廉對法從寬發落。回信來了以後，高恰科夫又引見了退爾，並告訴他說：普國提出的和平條件，據他所知，不算苛刻：『和平是可能的』，法國『應當拿出胆量來議和』。俄皇的援助祇能如此。結果退爾整裝返法，並於回國後在十月三十日親赴普軍司令部所在地凡爾賽，在這裏直接與俾斯麥開始了休戰談判。

一八七〇年十月三十一日，巴黎人民發生暴動，對國防政府的信仰完全喪失。不過這次暴動被政府慘酷壓服，所以退爾在談判時不肯多作讓步。同時國內人民亦反對投降屈服的條約。他和俾斯麥的談判沒有什麽進展。可是當他知道俾斯麥决不讓步，同時國內工人的暴動，此起彼應，醞釀奪取政權時，他便爲了趕快動手對付國內工人階級以及日益擴大的革命運動，就向俾斯麥表示投降，準備接受俾斯麥所提出的苛刻的條件。『國防政府』準備步退爾的後塵，完全變成了一個賣國的政府。但他沒有勇氣吞下普軍的藥丸，巴黎的民衆直接監視着它。因之在民衆壓力下，政府還是拒絕了退爾從凡爾賽帶來的和平條件。政府中的所謂『土耳其代表團』組織了對普軍的抵抗，法軍的抵抗繼續到一八七一年一月廿八日，即巴黎陷落之日。

高恰科夫和退爾的談判，表明俄國外交的立場又有某些改變。一方面雖然繼續勸告普魯士人締結溫和的和約，但主要努力的目標，却變爲勸告法人趕快投降。從俾斯麥的備忘錄裏知道，這也是和他的希望完全符合的：他也害怕這次戰爭因別人的干涉而複雜起來，希望趕快和法國人直接談判。此外，高恰科夫堅决反對奧地利人所要求的列強對普國政府的集體行動，放棄了他自已在過去對普法戰爭所主張的歐洲和會的召集。

黑海中立的取消

俄國態度的變化，除法國革命的威脅可作說明外，還有另一個重要的原因，這就是俾斯麥早在一八七〇年九月二十一日批准了他在一八六六年對俄皇所作的諾言：在極關重要的問題上，即在廢除巴黎和約關於禁止俄國艦隊在黑海通行的條文上，完全支持俄國。俾斯麥的這一個策略，使俄皇非常滿意，因爲巴黎和約許多條文的廢除，正是俄國政府積年努力的目標。法國的失敗，使這個條約的主要發起人之一退出了國際舞台，從而使這一文獻的發展，創造了對俄有利的環境。俄皇支持普魯士，完全是爲自已的利益打算。

這樣，一八七〇年十月三十一日，高恰科夫便發表了一個通電，大胆的指斥各國破壞巴黎條約的情形。他的結論是：既然別國已破壞了巴黎和約，那麼別國也就無理由強迫俄國履行這個條約上的一切已被撕毀的條文了。他正式聲明，從此俄國拒絕承認剝奪她主權（在黑海上）的條文。

高恰科夫的通電，英奧兩國首先表示不滿。英國政府提議召集國際代表會議，共同討論巴黎和約的取消問題，而奧國也感覺俄國趁火打刼，應予制裁。可是高恰科夫却在覆文中着重指出：俄國政府的決定已無商量的餘地，俄國政府不拒絕召集代表會議，但是代表會議祇能是一個純粹形式的會議，不然俄國便不同意。俾斯麥認爲高恰科夫不必爲了廢除巴黎條約的某些條文，而忙着提出列強承認的問題。照他的意見，俄國只要開始建造軍艦，那麼其它各國准與不准有什麼關係呢？但話雖如此說，他總是履行了他的諾言，且而支持了俄國。

一八七一年一月在倫敦召開代表會議（Conference of London）。在未開會以前，大家預料拿破侖第三倒後，已沒有一個人會冒險反對俄國。果然，在代表會議上依照俄國的要求，廢除了一八五六年條約中的某些條文。倫敦會議批准了禁止外國軍艦通過海峽的原則。三月十三日，已簽了協定。

俾斯麥在背後給予俄國的幫助，保證了俄國對他的支援。兩國聯合起來強迫法國接受俾斯麥所提出的和平條件。

凡爾賽的預備和約與退爾政府

一八七一年一月二十八日巴黎陷落後，德國壓迫法國讓出了巴黎的要塞，賠償了普軍二萬萬佛朗，解除了巴黎軍隊的武裝。在這種情形下，普魯士的侵略完全表露，巴黎的新政府由退爾領導定下了賣國的政策。因此，緊跟着在一八七一年二月二十六日，雙方的預備和約便在凡爾賽簽字。德國獲得了阿爾薩斯，東部勞倫和五十億佛郎的賠款。阿爾薩斯和勞倫的合併以及五十億佛郎的賠款，使德國自衛的民族戰爭，在性質上變成掠奪法國的非正義的戰爭。

普魯士對法國無理的要求，正是霍亨索倫王室侵略觀念的發展。霍亨索倫王室歷來有這麼一個口號，在敵方的常備軍被擊潰以後，如繼續自衛是犯罪的。

但問題是法國國防政府爲什麼接受這種喪權辱國的條約，而不能繼續抵抗呢？主要的是因爲它被奧爾良派操縱著，而退爾是最反對革命的，甯肯把江山送給異族，不肯留給家奴。法國人民反對投降，英勇繼續抗戰，這樣就於一八七一年三月十八日在巴黎爆發了眞正人民的革命，建立了眞正代表勞動人民利益的政權——巴黎公社(Paris Commune)

第三節　巴黎公社時期各國的政策

巴黎公社的對外政策

在人類史上第一次勞工用革命方式產生的一八七一年的巴黎公社，在對內政策上實現了偉大的改革。它剷除了舊社會中的常備軍而代以人民的武裝，粉碎了過去的一切國家政府機關，組織了公社，剷除了官僚制度，實行了高度的民主自由。其最終的目的，是廢除階級及人與人之間的剝削，建立大同社會。在對外政策方面，則繼續抗戰，眞正肩負起解放祖國的重任。所以他的對外政策，給當時的國際關係以重大的影響。

在公社成立以後的最初幾日中，亞歷山大第二，不列顛內閣以及俾斯麥都認為這次起義，不久會被『國防政府』鎮壓下去，它不過是一八七〇年十月三十一日和一八七一年一月二十二日兩次流產的巴黎暴動的重覆。在德軍司令部中，有的人甚至還以此自慰，預料退爾和華維爾（Jules Favre）將因內部革命而在最後和約的條件上讓步。關於這些條件的談判，在凡爾賽預備條約簽字後馬上開始，並且祇剩下一些賠款的程序和時間等問題。俾斯麥從反動的觀點出發，在三月十八日以後，馬上向遷移到凡爾賽的退爾政府表示，他願在撲滅巴黎革命政府時予『國防政府』以支持。三月二十一日俄國駐柏林公使烏伯里（Ublri）打了電報給高恰科夫說：『昨晚我會到了俾斯麥親王。他已承認巴黎局勢嚴重，但他並不對此過分担憂。他極祕密地告訴我說，他已向退爾提議，如果退爾欲請求普軍幫忙，那麼他就可給他協助以克服危機。巴黎附近的軍隊，是足夠用的』。

這是一個眞實的報導。果然凡爾賽政府的全權代表和德軍司令部的代表，在盧昂（Rouen）談判結束以後，雙方在三月二十八日簽訂了一個軍事協定。普方允許退爾政府將巴黎的法軍擴充到八萬人，就是說，比預備和約上所許可的法軍的名額加多一倍。此外普方負責將一部份被俘的法國指揮官員，交還凡爾賽政府以備指揮軍隊與巴黎公社作戰。過了一個時期，俾斯麥又允許退爾擴充凡爾賽軍隊。普法兩國反動派決定與法國人民作戰了。『法蘭西現在的作戰，不但是為了本國的獨立，而且也是為的歐洲和德國的自由！』

但在人類史上初次出現的巴黎公社，却犯了嚴重的錯誤。以克柳塞爾為首的公社政府却幻想和德國佔領軍當局也來進行談判，並修望德人中立。俾斯麥不聽威廉第一的命令同意和公社談判。四月中旬克柳塞爾眞和德國代表談判幾次。顯然，俾斯麥所以與他們談判，目的在向凡爾賽政府作較多的勒索，並暗示它法國應趕快與普魯士締結最後和約，以便共同鎮壓公社。

代表凡爾賽的華維爾，聽到俾斯麥和公社談判的消息，卽刻向彼得堡申訴，並請求高恰科夫就這個問題徵求俾斯麥的意見。他向俄皇控訴說：『普魯士壓迫我們，拒絕了它在以前給與我們的精神援助，她變成了巴黎公社的同謀者了』。這是華維爾寫信給法國駐彼得堡公使加里亞克時說的。此外他說：『如果需要我們作證的話，我們就向全世界證明這個事實』。

這是神經過敏。俄國宰相對法國公使說，華維爾的責難完全沒有根據，俾斯麥祇是逼迫凡爾賽政府趕快締結最後和約，並忠實履行由和約所產生的義務。亞歷山大第二也是這麼勸導。華維爾的焦慮，由事實證明是不必要的了。

歐洲一致進攻公社

巴黎的人民政權，第一國際（First International）報以熱烈的同情，全歐洲進步的革命人士非常興奮。但反之，歐洲各國的反動君主和政治家們亟爲不安，一致認爲這種社會制度是對他們的一個嚴重的威脅。俄皇政府特別恐懼，在五月七日那天，加里亞克寫給華維爾的信中說：『我們可以相信的過去，俄國已經是，並且正在盡其所能，力勸普國於我們鎭壓起義時給予必要的幫助。這是高恰科夫剛才正式對我說過的，比最後一次談話還要說的明白……他對我說，俄皇和他本人都認爲必須從速協助我們削平暴動，因爲暴動正向各處蔓延而威脅到全歐洲社會。』

由於公社革命影響的擴大，俾斯麥和退爾之間對共同鎭壓公社的問題，雙方意見日益接近，完全達到了凡爾賽政府所希望的協定。因之在一八七一年五月六日，華維爾和俾斯麥在福蘭克府開始和平談判，而在五月十日和約簽字，完成一切手續。而且最重要的，關於鎭壓巴黎公社的問題，雙方還有共同作戰的協定。當然這是祕密的。

在和約簽字的前夜（卽一八七一年五月九日），俾斯麥從福蘭克府通知毛奇元帥說：『因爲有祕密的口頭的補充協定，我們允許（凡爾賽軍隊，）通過我們的戰線開跋，並由我方担負封鎖巴黎之責。』

公社到危急存亡的關頭了，在公社和凡爾賽政府之間進行決戰的時期，德軍果然禁止把糧食運入巴黎。他們不許巴黎人民逃出一個，免遭凡爾賽人的魔手（？）反之，却讓凡爾賽政府的軍隊通過佔領區開到首都的近郊。公社不聽偉大革命家的警告，竟幻想普魯士人的『中立』而受了欺騙。

革命公社對於新建立的德意志帝國的威脅，要求退爾從速消滅巴黎公社。不僅俾斯麥害怕，所有歐洲各國的政府也都採取了各種措置，防止革命勢力的蔓延。各國反動派把整個希望都寄托在德意志帝國的身上，因爲德國正担任了全世界「秩序」的保護人。俄國，奧國，和意國，都向德國政府宣佈：如德國對巴黎出兵干涉，各國必忻然贊助。這樣，巴黎公社就被退爾政府和俾麥斯消滅，而在五月二十一日至二十八日演出了『流血的星期』(Bloody Week)。

自然法國革命的撲殺，全世界的民主運動受到很大的打擊。而且有一個時期，非常沉寂。但整個國際間的保守派，則歡騰雀躍，慶祝俾斯麥在巴黎的成功，也慶祝違反人民利益的退爾政府的勝利。五月二十四日暴動形將被壓服下去的時候，加里亞克從彼得堡報告華維爾說：『我毋須對你說，這裏的輿論，是怎樣以輕鬆的心情迎接我軍開入巴黎的消息。歐洲社會都覺得自己已經從兩月來可怕的夢魔中解放出來了』。

第四節　福蘭克府和約及未來大戰的潛伏

福蘭克府和約（一八七一年）

福蘭克府和約(Treaty of Peace of Frankfurt)，成爲巴黎公社覆沒的前奏。它保證了德國的侵略。二月二十六日凡爾賽預備條約中所規定的那些基本條款，在福蘭克府完全認可。根據這個條約，法國割讓阿爾薩斯和一部分勞倫給德國，並支付賠款五十億佛郎。至於普軍共同出力撲滅公社，退爾政府另有報酬，就是：允許延期撤退法境德軍，賠款的支付條件非常苛刻。

掠奪性的戰爭，產生了掠奪性的和約，這是軍國主義德國必然的對外政策。但是有什麼原因在誘惑俾斯麥掠奪法國領土呢？

這裏主要原因是戰略上的理由。無論俾斯麥和毛奇都承認，一八七〇——一八七一年的戰爭，是不可能消滅法德之間的世仇的。既然與法國的新的戰爭是不能避免的，那就應該趁着德軍的勝利，獲取最有價值的戰略基地，以便保證德國的安全。俾斯麥在福蘭克府和約簽訂後的三個月，曾對法國公使露骨地說：『我並不存任何幻想』，麥茨（Metz）是法國領土，如果我們把麥茨奪取，那是我們的背謬。我並不願意把它變成德國的，但是參謀本部質問我，我能不能担保法國不向我們復仇呢？我的回答是反面的：我完全相信，這次戰爭，不過是德法之間將要進行的戰爭之第一次而已。從此以後，恐怕還有別的許多戰爭要發生。有人回答我，在這樣的情形下，麥茨是一個斜堤（Glacis），法國可以在它的後面配置十萬個兵士，我們不得不保存它。至於阿爾薩斯和勞倫問題，我的見解也一樣：如果和平是牢固的話，那麼我們佔領這兩個地方就是錯誤。因爲這兩個州對於我們是一種纍贅』。

阿爾薩斯和勞倫的奪取，依照當時的條件來說，確實給德國以重大的戰略利益。阿爾薩斯如果留在法國人的手裏，他們就可很容易地從這裏向德國南部進兵。其次，信仰天主教的南方，是新統一起來的德意志帝國中最脆弱的地方，它對帝國忠實與否，在當時頗成問題。祇有把阿爾薩斯拿到德國手中，法國人才可被趕出佛日山（Vosges）以外，同時從此法德之間的界邊，除了萊因河以外，當中還隔着一條大軍極難通過的佛日山脈。這樣，阿爾薩斯對德國的防禦意義極大。

但是勞倫在戰略的意義上說，却是便於德軍進攻的。在勞倫，德國人得到了進攻的跳板，它與巴黎的路程很近，很可能像一八七〇年那樣的便於進攻，經過所謂『佛日山穴』（即南部的佛日山和北部的亞爾丁山(Ardennes)之間的平原)而對巴黎實行攻擊。在德人手中的麥茨要塞，也就是它的戰略之鑰。這是非佔領不可的。

本來依照一八七一年二月二十六日的預備和約，蒂昂維爾(Thionville)以西的豐饒的勞倫鉄礦區，不是歸法國所有，但在談判最後和約時期，因俾斯麥考慮到了鐵礦的意義，才向法國提出了一個交換的條件。德國同意修正貝爾福(Belfort)附近的邊境，而法國則將蒂昂維爾以西的鐵礦區讓與德國。起初俾斯麥的要求被法國拒絕，同時最有趣的是，俾斯麥祇拼命去爭每十億佛郎的交付時期，而對法國的拒絕也不注意了。俾斯麥說：『在必要時期，我寧願放棄我國邊疆的擴張，而不願因此破壞了全部談判。』但法國人作了攷慮後，却同意和德國交換，法國擴大了貝爾福附近的疆界，至鐵礦區域則讓與德國。這個插曲，完全表明勞倫的鉄礦富源，在和約締結時期對法國是不關重要的。但對德國說，起了決定作用的，並不是它的鉄礦，而是它戰略上的價值。這個我們只要一想勞倫鐵礦在一八七一年時還沒有它的現實的意義，也就不足爲奇了。

普法戰爭後普法之間的關係

俾斯麥在合併法國領土之際，就預知德法的關係今後必更加複雜。於是他就根據客觀的形勢提出了下述的兩個問題：法德之間緊張的關係可緩和下去嗎？如果這種企圖沒有希望的話，那麼在未來戰爭中爲了取得勝利應當爲德國建立一個怎樣最有利的戰場呢？在後一個問題上，俾斯麥非常重視。

顯然，法國兩個州的合併，并非法德敵對的唯一根源。實際上早在這兩個州未併合以前，法國政府已在幾世紀之中就反對德國民族的統一。一八七一年以後，德國的統一已告完成，不問德國是否合併阿爾薩斯和勞倫兩州，法國的資產階級也是要削弱德國的。不過領土的合併，使法國的復仇運動，帶上一種防禦性的外形，同時也使得他們需臥薪嘗胆格外努力。世界革命偉人說過：『如果法蘭西的狹義愛國主義一向是保持舊的國家秩序，尋找某種物質上的理由，證實他從一八一五年以來，法國首都巴黎，因而也是法國本身，在幾次失敗的戰爭以後，是在無防禦的狀態中的話，那末邊疆一移到東方（卽佛日山）和北方（卽麥茨）之後，這狹義愛國主義，就得了怎樣豐富的養料呢？』福蘭克府和約是一個具有重大歷史意義的事件，可以說一九一四——一九一八年戰爭的萌芽，就是由這裏生長起來的。

普魯士的反動派借口『保障國境』，要求法國割地賠款。實則如從這種觀點出發，那麼奧國要求威尼斯及明綽河（Mincio）一帶，法國要求萊因河一帶做爲巴黎的屏障，也是合理的了。因爲巴黎的西北面，確比柏林的西南面更容易受到敵人的攻擊。倘若以軍事理由來決定國界，那麼要求便永無止境。蓋每個軍事據點，都必然有其弱點，都需在它的外國兼併若干土地來加強它的防衞。這樣戰勝者必貪得無饜，隨時壓迫戰敗者退讓，因而種下戰爭的種子。

普魯士人說，阿爾薩斯和勞倫原來都是德國的。這也不是正當理由。當時進步人士已經指出：『倘若現在歐洲的地圖，須要按照古代歷史的權利重新劃分，那麼我們必不可忘記勃蘭登堡(Brandenburg)的選帝侯，在過去是波蘭共和國的陪臣，而普魯士正是選帝侯的屬地。

在開戰之初，世界革命巨人已對戰爭的結局作過一個最深刻的分析。他在寫給德國社會民主黨(Social Democratic Workingmens Party)的中央委員會的信中說：

『軍事顧問們，教授，城市市民，在酒店的政治家們，都以爲普魯士奪取阿爾薩斯和勞倫，是永遠防止德法戰爭的方法。恰恰相反，這正是把一種戰爭變成歐洲的慣例的最正當的方法。這確是在勃興的德國中，使軍事專制主義永遠存在用以統制西部波蘭（阿爾薩斯和勞倫）的必要條件和最好的方法。這祇是在法國還沒有力量要回她的被割去的領土以前，而將未來的大戰變爲一種單純休戰狀態的正當方式……誰要是沒有完全被現在的叫囂震動的眼花耳聾，或不希望德國人民統統變成聾子，那就應該知道，一八七〇年的戰爭，必然要孕育出俄德之間的戰爭，如像一八六六年的戰爭，孕育了一八七〇年的戰爭一樣。』

普法戰爭及其對整個世界的影響

普法戰爭改變了歐洲的地圖，使歐洲的政治形勢發生了深刻的變動。德國民族統一，一八七一年一月十八日，普王威廉第一在凡爾賽的『鏡宮』(Hall of Mirros) 被德意志各邦，擁戴爲皇帝，同時南北兩部正式合併爲一帝國，稱爲德意志帝國(Germany Empirr)。雖然奥地利的德意志區域還沒有併入。意大利的統一也完成了，雖然的里雅斯德和特里恩特 (Trient) 還沒有併入。以前法蘭西的東隣，是一些弱小的國家，俄國的西陲是一個經常和奥國不和的二等國家即普魯士。但現在，則在俄法的邊境上，產生了一個世界上最強大的國家，即德意志帝國。

其次單就法國而言，不但在東境上的形勢起了變化，就是東南邊境上也發生了劇變。這裏，自一八五九年到一八七一年以來，意大利利用幾次戰爭，逐漸把八個意大利的小邦變爲一個大的王國。法國被夾在兩強之間，在南面也和一個已統一的意大利王國毗隣。奥匈也有類似的變動。總之。以前在大陸上的各大國之間，還有弱小國家構成一些脆弱的中間層，可作爲緩和各大國之間矛盾的緩衝地帶，現在則這些大國的領土犬牙相錯，一旦有事，變爲列強直接衝突的地方了。

普法戰爭重新分配了歐洲，繼而也引起世界的重新分配。它不僅使國際關係要比以前緊張萬分，而且這種緊張性，隨着資本主義的進入帝國主義時代，變成了新的國際關係的不可消滅的屬性。彼此重新找尋盟國，預伏了一九一四年的世界大戰。過去的均勢 (Balance of Power) 更難保存，德法之間的世仇，一變而爲以英德爲基本矛盾的兩大帝國主義國家在歐洲、在亞洲、在菲洲以及在世界其它一切角隅的鬬爭。

普法戰爭完結後，沒有幾年法德矛盾已甚緊張。當一八八八年二月俾斯麥在德國國會狂叫：『我們德國人除了上帝而外，在世界上沒有使我們可怕的東西』的時候，在萊因的西岸，便發出了令人凜冽的回答：

『你們什麼都怕，你們祇是不怕上帝！』不過在未來的國際關係中，掌握德意志政權和領導德意志對外政策的，已不是俾斯麥，而是另一些同他一個類型的人物。

俾斯麥在臨死前看了漢堡港出發到遠方的艨艟巨艦感喟地說：『是的，這是另一個世界了，新的世界……』

（一九四七年六月二日晚完）

敬啟

『民國專題史』叢書，乃民國時期出版的著名學者、專家在某一專題領域的學術成果。所收圖書絕大部分著作權已進入公有領域，但仍有極少圖書著作權還在保護期内，需按相關要求支付著作權人或繼承人報酬。因未能全部聯系到相關著作權人，請見到此説明者及時與河南人民出版社聯系。

聯系人 楊光
聯系電話 0371–65788063
2016年3月28日